Ḫalpa in Choresm (Ḫ^{w}ārazm) und *ātin āyi* im Ferghanatal

Zur Geschichte des Lesens in Usbekistan im 20. Jahrhundert

Teil I

SIGRID KLEINMICHEL

INHALT

Teil I

Teil II

Zur Wiedergabe von Namen und Zitaten

Ortsnamen, Namen von Völkern oder Ethnien und von Sprachen werden in populärer Umschrift gegeben. Das bedeutet z.B., daß stimmhaftes s nicht als z, sondern als s wie der stimmlose Laut dargestellt wird, z.B. usbekisch, kasachisch. Im Verzeichnis der Ortsnamen (S. 362) wird in einigen Fällen in Klammern eine Transkription gegeben.

Personennamen, Büchertitel und Zitate gebe ich in wissenschaftlicher Umschrift. Für arabische und persische Wörter verwende ich die Umschrift der DMG.[1] Namen von Personen, die im 20. Jahrhundert gelebt haben, stelle ich in vereinfachter Form in einem Wort dar, z. B. ᶜAbdurra'ūf. Für das Tschaghataische folge ich János Eckmann (1966) mit folgenden Ausnahmen: für غ steht ğ, für ڭ steht ñ und für و steht w. In modernen usbekischen Wörtern verwende ich ā für das labialisierte a, auch wenn das Wort turksprachiger Herkunft ist. Die Laute o und ö anderer Turksprachen, die im Usbekischen, wenn auch nicht in allen Dialekten, weitgehend zusammenfallen und die sowohl in der kyrillischen Schrift als auch in der geplanten Lateinschrift nur eine schriftliche Entsprechung haben, werden hier mit ŭ wiedergegeben.

Die kyrillische Form für das moderne Usbekische habe ich nicht gewählt, weil ein Schriftwechsel in Usbekistan bevorsteht. Der Zeichenbestand der neuen Lateinschrift wiederum ist noch nicht ganz sicher. Das erste Gesetz über den Übergang zur Lateinschrift von 1993 wurde bereits 1995 abgeändert, und es erscheint durchaus möglich, daß bis zur vollständigen Einführung der Lateinschrift weitere Änderungen vorgenommen werden. Wenn ich mündlich Mitgeteiltes im Dialekt wiedergebe, setze ich in Klammern die im Usbekischen sonst übliche Form hinzu.

Obwohl es die Lebendigkeit des Textes mindert, habe ich mich dafür entschieden, fast keine Namen von Frauen (und Männern) zu nennen, die mir Auskunft gegeben haben. Einige Frauen wünschten ohnehin nicht, daß ihr Name genannt werde. Andere wiederum hätten es sehr gern gesehen. Ich wollte die Möglichkeit, einiges zu kommentieren, nicht einschränken, und ich wollte nicht, daß die eine oder andere Frau bei unvorhersehbaren politischen Wendungen durch meine Darstellung in

---

[1] Die Transliteration der arabischen Schrift in ihrer Anwendung auf die Hauptliteratursprachen der islamischen Welt. Denkschrift, dem 19. internationalen Orientalistenkongreß in Rom vorgelegt von der Transkriptionskommission der Deutschen Morgenländischen Gesellschaft. Carl Brockelmann, August Fischer, W. Heffening und Franz Taeschner. Unveränderter Neudruck, Wiesbaden 1969.

Schwierigkeiten gerät, falls wissenschaftlich nicht Interessierte sie zufällig lesen sollten. So nenne ich nur die Namen Gestorbener oder über Achtzigjähriger. Wo ich die Biographie und die Tätigkeit einiger Frauen so vollständig wie möglich, d.h. soweit sie mir bekannt geworden sind, darstelle, wähle ich Initialen, die nicht denen ihrer wirklichen Namen entsprechen.

Vorbemerkung

1990 erzählte mir eine Mitarbeiterin des Instituts für Literatur der Usbekischen Akademie der Wissenschaften, daß eine ihrer Tanten Bücher in arabischer Schrift lesen könne. Studiert habe sie nicht und auch das Lesen in arabischer Schrift habe sie nicht eigentlich erlernt. Mir war bekannt, daß die wissenschaftlichen Mitarbeiter von Universitäten, Pädagogischen Hochschulen und Akademieinstituten, die sich mit der usbekischen Literatur des 20. Jahrhunderts befaßten, es durchaus nicht für notwendig hielten, die arabische Schrift zu erlernen, um z.B. die zwischen 1900 und 1929 geschriebenen Texte lesen zu können. Um so mehr überraschte mich dieser zufällige Bericht. Meine Bekannte erklärte, daß auch für sie und ihre Familie die Angelegenheit unverständlich und nicht durchschaubar sei. Früher sei die Tante von froher Natur und zu manchen Vergnügungen aufgelegt gewesen. Sie habe als Verkäuferin und als Kassiererin im Kino gearbeitet, bis sie eines Tages erkrankte und kein Arzt ihr helfen konnte. In ihrer Not habe sie viele Tage auf dem Friedhof verbracht. Dort habe sie einen *mullā* getroffen, der sie zu beten lehrte. Danach habe sie plötzlich auch Bücher in arabischer Schrift lesen können, und jetzt lese sie manchmal daraus vor. Ihr Charakter sei jetzt ganz verändert, von dem früheren Frohsinn sei nichts mehr zu spüren, sie sei streng und traurig.

Soweit der profane Bericht über eine nicht ganz profane Angelegenheit.

Nach einem Gespräch mit der Frau und einem nur kurz gewährten Blick auf einige ihrer "Bücher", war mir klar, daß hier ein Forschungsgegenstand war, der keinen Aufschub duldete. Die gesellschaftlichen Veränderungen in Usbekistan, damals noch Teil der Sowjetunion, würden auch die Leselandschaft stark verändern, und in wenigen Jahren würde nicht mehr erkennbar sein, was auch in sowjetischer Zeit – wenig sichtbar für den Außenstehenden – zum Alltag gehört hatte.

Die Reise im Jahre 1990 hatte noch im Rahmen meiner Tätigkeit an der Akademie der Wissenschaften der DDR stattgefunden und sollte eigentlich der Einarbeitung in ein anderes Thema – "Usbekische Dichtung im 20. Jahrhundert" – dienen. Ich beschloß, dieses Thema aufzuschieben und ein anderes in den Vordergrund zu stellen, das ich zunächst als "Alltag und Literatur in Choresm" bezeichnete. Auf der Grundlage eines Projektes mit diesem Titel erhielt ich 1992 eine Stelle beim Wissenschaftlerintegrationsprogramm (WIP) und 1994 eine auf drei Jahre befristete Mitarbeiterstelle am Institut für Turkologie der Freien Universität Berlin. Im Herbst 1992 fuhr ich erneut nach Choresm, um in Erfahrung zu bringen, welche Rolle das Lesen der Bücher in arabischer Schrift im Alltag spiele und wie die Beziehung zur Rezeption von Texten sei, die im 20. Jahrhundert entstanden sind.

Da ich bis dahin mein Wissen über die usbekische Literatur ausschließlich aus Büchern in Bibliotheken geschöpft hatte, war die neue Herangehensweise, die der Gegenstand verlangte, für mich recht kompliziert. Trotzdem habe ich – ungewollt – durch meine Erzählungen über diese Arbeit nach der Rückkehr von der mehrwöchigen Reise bei Ingeborg Baldauf eine Forscherleidenschaft entfacht. Ich glaubte der Wissenschaftlerin, die schon beim Sammeln usbekischer Volkslieder in Afghanistan äußerst produktiv gewesen war, gerne, daß es lohne, ausgerüstet mit Fotoapparat und Tonbandgerät erneut auf Reisen zu gehen, um in Schrift und Ton aufzunehmen, was bisher noch niemanden unter den Forschern interessiert hatte. Ingeborg Baldauf bot an, die technischen Angelegenheiten zu übernehmen, und wir reisten im März 1993 erneut nach Usbekistan. Natürlich blieb es nicht bei der technischen Unterstützung. Denn die ausgezeichneten Usbekischkenntnisse, das in Forschungsreisen erworbene Wissen um die alltäglichen Verhaltensweisen unter den Usbeken, die große Erfahrung bei der Untersuchung ethnokultureller Gegenstände in Mittelasien und die Eigenschaft, sich einem als interessant erkannten Gegenstand voll zu widmen, machten sie mir zu einer Partnerin, deren schnellem Schritt ich kaum folgen konnte. Alle auftretenden Fragen diskutierten wir gemeinsam, wir überlegten weitere Vorgehensweisen und brachten eine große Zahl Mikrofilme von handgeschriebenen und lithographierten Texten sowie Tonbänder und Kassetten von vorgetragenen Texten zurück.

Weiteres Material sammelte ich bei einem einmonatigen Forschungsaufenthalt im Frühjahr 1995 und während eines dreimonatigen Aufenthaltes vom November 1995 bis Januar 1996, für den ich mich von der Freien Universität Berlin hatte beurlauben lassen, um an der Universität in Urgentsch Deutsch zu unterrichten und meine Kenntnisse über den neuen Gegenstand – das Lesen und Vortragen religiöser Bücher durch Frauen in Choresm – zu vertiefen.

Ursprünglich hatte ich geglaubt, die usbekischen Wissenschaftler würden sich ebenfalls bald diesem Gegenstand zuwenden und interessante Studien über eine vergleichbare Tätigkeit der Frauen in anderen Gegenden des Landes publizieren. Doch das war nicht der Fall (vgl. Einleitung). Ich entschloß mich daher zu wissenschaftlichen Untersuchungen über das Textcorpus der religiösen Literatur, über den ritualisierten Vortrag der Texte durch Frauen und die sozio-kulturelle Funktion dieser Tätigkeit in einer anderen Gegend Usbekistans – dem Ferghanatal. Die ersten Beobachtungen während einer Reise 1997 zeigten, daß die Unterschiede gegenüber den Gegebenheiten in Choresm groß sind und daß sich eigenständige Forschungen lohnen würden. Sie konnten dann im Rahmen eines Projekts am Institut für Turkologie der Freien Universität Berlin, das 1998 und 1999 für die Dauer von achtzehn Monaten von der DFG durch Gehalt, Sachmittel und Reisekosten gefördert wurde, durchgeführt werden.

So stützt sich die Studie auf Material, das in zwei Regionen Usbekistans – in Choresm (Ḫ^{w}ārazm) 1992, 1993, 1995, 1996 und im Ferghanatal 1997 und 1999 – gesammelt wurde.

Ich danke Frau Professor Dr. Barbara Kellner-Heinkele dafür, daß sie meine Arbeit stets förderte und mich im Verlauf vieler Jahre an der guten wissenschaftlichen Atmosphäre ihres Instituts teilhaben ließ.

Frau Professor Dr. Ingeborg Baldauf danke ich für die umfangreiche Unterstützung bei der Materialbeschaffung, für viele Anregungen und für die Bereitschaft zur Diskussion der Konzeption und unzähliger einzelner Fragen.

Mein Dank gilt auch allen Frauen und Männern in Usbekistan, die mir Auskunft gegeben haben und die ich an dieser Stelle nicht nennen kann.

Herzlich danke ich Frau Brigitte Heuer für eine erste Lektorierung des Manuskripts und Beate Kleinmichel für die Gestaltung des Textes beider Bände.

Einleitung

Ḫalpa (< ḫalīfa, ḫalfa) heißen in Choresm Frauen, die zu feierlichen Anlässen aus Büchern Texte vortragen. Die beiden Wörterbücher "Uzbeksko-russkij slovar'" (1959) und "Ŭzbek tiliniñ izāḥli luġati" (1981) geben unter dem als "veraltet" gekennzeichneten Stichwort *ḫalfa* die uns interessierende Bedeutung nicht. "Uzbeksko-russkij slovar'" nennt die Bedeutung "Geselle" und "ältester unter den Schülern und Helfer des Lehrers". "Ŭzbek tiliniñ izāḥli luġati" nennt dieselben Bedeutungen und "ein Mensch, der die Grundregeln der *šarʿiyya* gut kennt". *ḫalīfa* dagegen ist in beiden Wörterbüchern "der Kalif".

Außerhalb Choresms hört man auch *bī* (<*bibi*, Frau) *ḫalīfa, bī ḫalpa.*

Aus dem heutigen Umgang mit dem Begriff in Choresm kann man nicht mehr erkennen, wem eine *ḫalpa* ursprünglich zugeordnet war. Nach A. L. Troickaja ist eine *ḫalīfa* eine Helferin des *ēšān*.[2]

Im folgenden verwende ich das Wort *ḫalpa* unverändert sowohl für Singular als auch für Plural. *Ḫalpalar* als Pluralform habe ich vermieden, weil ohnehin in vielen Fällen, da im Deutschen der Plural notwendig ist, im usbekischen die nichtmarkierte Form stehen würde.

Ḫalpačilik ist die Tätigkeit einer *ḫalpa* oder der *ḫalpa* in ihrer Gesamtheit.

Ātin āyi oder *ātin bibi, ātin buwi* nennt man Frauen mit vergleichbarer Funktion im Ferghanatal. Nach "Uzbeksko-russkij slovar'" und "Ŭzbek tiliniñ izāḥli luġati" ist auch dieser Begriff veraltet bzw. nur auf Ethnographisches bezogen und bezeichnet eine Lehrerin, die in vorrevolutionärer Zeit und in den ersten nachrevolutionären Jahren in ihrem eigenen Haus Kinder unterrichtete oder eine Frau, die Gebete und Trauerverse spricht, wenn jemand gestorben ist ("Uzbeksko-russkij slovar'"), bzw. die bei Zusammenkünften von Frauen Liebesghasele und religös-mystische Ghasele liest bzw. spricht ("Ŭzbek tiliniñ izāḥli luġati").

Jiří Bečka sind in der das 19. Jahrhundert und den Beginn des 20. Jahrhunderts betreffenden Literatur die Begriffe *bibi ḫalīfa, ātun bibi* und *bibi ātun* begegnet.[3]

---

[2] Troickaja 1929, 147.

[3] Bečka 1971, 301.

Ṭabīb (Arzt, Heiler), ein Begriff, der im Zusammenhang mit *ḫalpačilik* und mit der Tätigkeit der *ātin āyi* häufig vorkommt, verwende ich für Männer und Frauen, unterschieden nur durch den entsprechenden Artikel: der *ṭabīb*, die *ṭabīb*. Für die Tätigkeit des Heilers steht *ṭabībčilik*.

Mit männlichem oder weiblichem Artikel versehen kann auch *ustāẓ* (Meister, Lehrer) erscheinen.

Es ist bestimmten Bedürfnissen im Alltag und der Tätigkeit der *ḫalpa* und *ātin āyi* zu verdanken, daß ein ganzer Bereich der Literatur lebendig blieb, der sich andernfalls nur aus alten Handschriften, aus Samarkander, Bucharaer, Kokander, Taschkenter, Kasaner und teilweise auch Istanbuler Lithographien und Drucken rekonstruieren ließe.

Die Folkloreabteilungen an den verschiedenen wissenschaftlichen Einrichtungen Usbekistans befaßten sich bis 1990 mit der Publikation und wissenschaftlichen Beschreibung der von den *ḫalpa* und *ātin āyi* vorgetragenen Texte nicht. Die Literaturwissenschaftler, deren Arbeitsfeld die ältere Literatur war, spendeten ihnen kaum Aufmerksamkeit. Nur selten reichte das Interesse der Folkloreforscher oder Literaturwissenschaftler in den hier zur Debatte stehenden Bereich hinein. Es zeigte sich auf folgende Weise:

1. In den Bereich der Folklore fielen von den *ḫalpa* vorgetragene Texte, die in der Form von *dāstān* wie auch in der Form von *qiṣṣa* existieren. Zu den *dāstān* gehört z.B. "Yūsup wa Aḥmad". Für die *ātin āyi* im Ferghanatal waren allerdings die *dāstān*, seit es den alten Schultyp nicht mehr gab, ohne Bedeutung, vgl. 2.3 und 2.4.
2. Die Literaturwissenschaft nahm sich eines Teils der Dichtung an, die in verschiedenen Bevölkerungsschichten besonders beliebt war, wie die Mašrab zugeschriebenen Verse. Sie beteiligte sich in diesem Fall an der Umfunktionierung der Texte. Komponisten verfaßten Melodien für einzelne Ghasele und *muḫammas*. Sänger trugen die Verse als Lieder in der Öffentlichkeit vor. Literaturwissenschaftler arbeiteten eine Begründung für die Akzeptanz der Verse innerhalb der sozialistischen Kultur aus. Da die alte Funktionsweise – der Vortrag von Mašrabs Leben in Versen und Prosa durch die *ḫalpa* – fortbestand (die *ātin āyi* zeigen hierfür kein Interesse, vgl. 2.4 und 6.1), erhielt der Dichter ein Doppelleben, dessen beide Teile einander nicht glichen.
3. Dichtungen, die auf weltliterarisch überaus bekannten Stoffen fußen, wie ᶜAndalībs "Yūsuf wa Zalīḫā" und "Laylā wa Maǧnūn", wurden in die Literaturgeschichtsschreibung einbezogen.

Seit dem Ende der achtziger Jahre und in noch größerem Maße seit der Erklärung der Unabhängigkeit Usbekistans sind eine große Zahl von Texten publiziert worden. Die *qiṣṣa* wurden von Wissenschaftlern mit Vorworten versehen. Die Vorworte dienen jedoch nicht der historischen oder ästhetischen Charakterisierung der Texte. Ihre Aufgabe ist es vielmehr, jene Leser, denen der Texttyp *qiṣṣa* völlig unbekannt ist, mit diesem vertraut zu machen. Aus diesem Grund werden Werte aufgezählt, die der Leser in den *qiṣṣa* finde. In Übereinstimmung mit einem vorherrschenden Ton bei vielen Schriftstellern, Publizisten und Wissenschaftlern seit dem Ende der *perestrojka* (*qayta quriš*) und dem Beginn der Unabhängigkeit rät auch der Herausgeber von "Ibrāhīm b. Adham qiṣṣasi" (Tāškent 1991) in der Einleitung, S. 3-6, Texte dieser Art mit folgenden Zielen zu lesen: um Reinheit zu erlangen, um etwas darüber zu erfahren, mit welcher Opferbereitschaft Menschen für Gerechtigkeit stritten, wie tief sie über ihr Volk und ihr Land nachdachten, wie aufopferungsvoll Liebe sein kann. Die Werte, auf die hier orientiert wird, stammen aus unterschiedlichen kulturellen Bereichen. Islamisch-Sufisches findet sich in den Reinheitsvorstellungen. Aus den Epen mit nomadischem Hintergrund stammt ein Begriff wie *el-yurt qayġusi* (Sorge um Land und Leute). Die Gegenüberstellung von Hell – Dunkel kommt aus sozialistischen Zeiten, wenn sie auch nicht hier erstmals aufgetreten ist. *Nūrli ŭtmišimiz* (unsere leuchtende Vergangenheit, S. 4) und *bahādirāna ŭtmiš* (die heldenhafte Vergangenheit, S. 5) heißt es nun. Die Begriffe fallen deshalb auf, weil *nūrli* (hell) in sozialistischer Zeit auf semantischer Ebene inkompatibel mit *ŭtmiš* (Vergangenheit) war, es paßte nur zu *kelaǧak* (Zukunft), während *bahādirāna* (heldenhaft) am ehesten auf Gegenwärtiges bezogen werden konnte. Die politische Unabhängigkeit hat in einigen Bereichen eine Werteumkehr um 180 Grad mit sich gebracht.

Die Umkehr ist zwar als eindeutiges Bekenntnis zu verstehen, doch war die Zeit für eine genauere Prüfung der Begriffe und der Zusammenhänge zwischen Literatur, Geschichte, Ethischem und Ästhetischem keineswegs ausreichend. So bleibt zunächst die Vorstellung bestehen, daß eine Zeit in jeder Hinsicht hell glänzt und eine andere durch und durch finster ist. – Das erwähnte Vorwort paßt in keiner Weise zu dem Text, dem es vorangestellt wurde. Denn in dem "Ibrāhīm b. Adham"-Text gibt es keinen Kampf für Gerechtigkeit, kein Nachdenken über Volk und Land, und aufopferungsvolle Liebe kommt nur als Liebe zu Gott vor. Die Vorworte sind voller Versatzstücke aus unterschiedlichen Zeiten. Sie geben kaum Auskunft über die Meinung des Verfassers zum

Text. Wenn die Moral vermittelnden Worte überhaupt etwas mitteilen, dann eventuell die Auffassung des Autors über die potentiellen Leser, über das Maß des Neuen, das er ihnen zumuten kann. So scheinen die Vorworte stark zeitgebunden, nicht jedoch textgebunden zu sein.

Allerdings gibt es hin und wieder im Vorwort den Versuch einer Genrebestimmung, z. B. bei B. Sarimsāqov im Vorwort zu eben diesem "Ibrāhīm b. Adham"-Text. Für den Literaturwissenschaftler besteht kein Zweifel daran, daß es sich um Volksbücher (*ḫalq kitābi*) handelt. Nur gebe es zwei Auffassungen davon, bezogen auf die hier infragekommende orientalische Literatur. Nach der einen umfassen die Volksbücher nur die als *qiṣṣa* bezeichneten Werke, nach der anderen, der er sich anschließt, auch *dāstān*[4]. Die Volksbücher sieht er als Brücke zwischen epischem Volksschaffen und klassischer Literatur an, weshalb man auch den Formunterschieden zwischen den einen und den anderen keinen überhöhten Wert beizumessen brauche.

Diese Vorstellung ergab sich daraus, daß man genau zu wissen meinte, was die Volksdichtung in Mittelasien und was die klassische Dichtung sei, während man es von den *qiṣṣa* weniger genau wußte. Von einer Mittelstellung der *qiṣṣa* habe ich selbst hinsichtlich ihres Platzes zwischen Mündlichem und Schriftlichem gesprochen.[5] Aber keinesfalls gelangt man von der Volksdichtung über die *qiṣṣa* zur klassischen Dichtung. In inhaltlicher Hinsicht ist das Religiöse für die *qiṣṣa* genannten Texte maßgeblich. In formaler Hinsicht sind sie sehr unterschiedlich. Ein wesentliches Merkmal der *qiṣṣa* ist jedoch ihre Tradierungsweise, für die der schriftlich vorliegende Text und der mündliche Vortrag charakteristisch sind. Eventuell spielte bei einer Literatur wie der tschaghataischen bzw. der usbekischen vor ihrer modernen Phase die Tradierungsform bei der Genrebestimmung eine viel größere Rolle als formale textbezogene Kriterien.

In einigen wenigen wissenschaftlichen Arbeiten der achtziger und neunziger Jahre findet man Hinweise auf Texte, die zum Repertoire der *ḫalpa* gehören, so mehrfach bei S. Rūzimbāyev "Ḫ^{w}ārazm dāstānlari" (1985). Aus den Bemerkungen des Autors ist ersichtlich, daß im *ḫalpa*- und somit im Frauenmilieu Texte bewahrt sind, die im Männermilieu

---

[4] Die Verwendung dieses Begriffes im Usbekischen kann ebenfalls zu Verwirrungen führen, denn *dāstān* bezeichnet sowohl die Epen der Volksdichtung als auch die *maṣnawī* der *dēwān*-Literatur.

[5] Kleinmichel 1998.

bzw. in der von der Allgemeinheit anerkannten Dichtung als verloren oder gänzlich vergessen gelten (S.18, 56, 80). Hierbei handelt es sich um Epen, die von einigen *ḫalpa* noch vorgetragen werden. Rūzimbāyev erwähnt daneben kurz das Problem, ob Gedichte der *ḫalpa*, die als deren eigenständige Schöpfungen gelten, wirklich als solche betrachtet werden können oder ob es sich in Wirklichkeit um Epenauszüge handelt (S. 27-30). Aus dem Repertoire der *ḫalpa* werden auch einige zentrale Texte genannt, die keine Epen sind. Doch werden sie alle ohne nähere Charakterisierung als *dāstān* bezeichnet. Unter dieses Genre fallen sogar die Verse, die Aḥmad Yasawī zugeschrieben werden (der Dichter wird hier wie bei den *ḫalpa* selbst als Qulḫʷāğaaḥmad bezeichnet und in einem Wort geschrieben, S. 31). Die Aḥmad-Yasawī-Verse waren zum Zeitpunkt, da Rūzimbāyevs Arbeit publiziert wurde, noch nicht wieder gedruckt worden. Dies mag der Grund dafür sein, daß Qulḫʷāğaaḥmad hier als Titel erscheint und weder der sonst bekannte Name des Dichters noch der seit 1990 wieder übliche Titel "Ḥikmatlar" oder "Dĕwān-i ḥikmat" genannt werden. Es besteht kein Zweifel daran, daß dem Wissenschaftler die Verse und die Tatsache der Rezeptionslücke in der öffentlich verbreiteten Dichtung bekannt waren. Hätte sich aber jemand aus Rūzimbāyevs Buch ein Bild von der Tätigkeit der *ḫalpa* machen wollen, so hätte er sie nur als Epensängerinnen begreifen können, was der Wirklichkeit keineswegs entspricht. Dem Autor gebührt das Verdienst, die *ḫalpa* wieder ins Gespräch gebracht zu haben.

In einer Vorlesung, die er 1992 an der Universität in Urgentsch hielt, sagte S. Rūzimbāyev, die *kitābī ḫalpa* könne man auch *qirā'atḫʷān ḫalpa* oder *qiṣṣaḫʷān* nennen, die Sängerinnen auch *iğrāči sāzanda ḫalpa*. Die *dāstānči ḫalpa* sah er als eine dritte Gruppe an. Im Alltag trifft man die alten bzw. neuen und etwas künstlichen Bezeichnungen nicht, wie auch die Ausgliederung der Epen vortragenden *dāstānči ḫalpa* in eine eigene Gruppe nicht zu beobachten ist.

Tūra Mirzāev verteidigte 1986 als Dissertation für die Erlangung des Titels *Doktor nauk* seine Arbeit "Iskusstvo uzbekskich narodnych skazitelej i osobennosti ich ėpičeskogo repertuara", die er mir freundlicherweise im Manuskript zu lesen gab. Auf den Seiten 30 bis 32 befaßt sich der Autor mit der Tätigkeit der *ḫalpa*, die mich hier interessiert und die er *odinokie chalfa* (alleinstehende *ḫalpa*) nennt, weil sie ohne eine begleitende Gruppe von Musikern auftreten. Er nennt mehrere *dāstān*, die Gedichte von Maḫtūmqulī und festliche Lieder (*obrjadovye pesni*, eigentlich: Brauchtumslieder), die zum Repertoire der *ḫalpa* gehören. Sein Augenmerk gilt der Frage, ob die *ḫalpa* schöpferisch tätig sind oder ob sie etwas Fertiges aufführen (*prostoe ispolnitel'stvo*). Seine Schlußfolgerung lautet: "Die Probleme der Kunst der Chalfa, die schöpferischen Typen, die es unter den Chalfa gibt, die Wechselbeziehungen zwischen dem Meister und dem Lernenden, ihr Platz im kulturellen Alltagsleben des Volkes bedürfen einer detaillierten Konkretisierung und tieferer Untersuchungen." Tūra Mirzāev entwickelt die Fragestellung, wie man sieht, ausgehend von der Kenntnis des Epengesangs, der im Mittelpunkt seines Interesses steht.

Ātānaẓar Matyaᶜqūbov (< Muḥammad Yaᶜqūb) machte mich 1992 auf die Diplomarbeit seines Schülers Dawrān Raḥīmov mit dem Titel "Chorezmskie chalfa i ich repertuar" aufmerksam, die 1984 verteidigt worden war. D. Raḥīmov arbeitete zu diesem Zeitpunkt als Lehrer einer Musikschule in Urgentsch. Er gab mir seine ungedruckte Arbeit zu lesen. Darin hatte er auf Unterschiede zwischen den *kitābī ḫalpa* (Buch-*ḫalpa*) und den *sāzī ḫalpa* (oder *sāzči*, d.h. singende *ḫalpa*) hingewiesen, biographische Daten von ausgewählten *ḫalpa* gegeben und Titel einiger Bücher genannt, die die *ḫalpa* während ihrer Ausbildung lesen. Durch D. Raḥīmov wurde ich mit anderen Lehrern der Schule bekannt, die mir sehr engagiert vorführten, wie ein Epos von einer *ḫalpa* einerseits und von einem männlichen Epensänger andererseits vorgetragen wird. Die Unterschiede in der Vortragsweise sind so groß, daß man von *ḫalpa yūli* (Vortragsweise der *ḫalpa*) und *šāᶜir yūli* (Vortragsweise der *šāᶜir*, d.h. der Epensänger) spricht. Mir wurde klar, daß dies zu beschreiben die Aufgabe eines mit den Epen vertrauten Musikwissenschaftlers wäre und daß ich mich in meiner Arbeit allein auf die *kitābī ḫalpa* konzentrieren würde. Im Verlauf der Forschungen sollte es aber noch einige Male zu Verwirrungen hinsichtlich der beiden Typen von *ḫalpa* kommen, weil die jüngeren Gesprächspartner sich nur die Tätigkeit der singenden *ḫalpa* als Forschungsgegenstand vorstellen konnten.

Die Archäologen und Ethnologen des Moskauer Institut istorii material'noj kul'tury Akademii Nauk SSSR (später Institut ėtnografii Akademii Nauk SSSR), die seit 1937 archäologische und historische Forschungen in Choresm betrieben und sich seit 1945 auch ethnologischen Fragestellungen zuwandten, haben eine große Menge Material zusammengetragen, das teilweise die in dieser Arbeit untersuchten Probleme berührt. Das Material ist publiziert in "Trudy chorezmskoj archeologo-ėtnografičeskoj ėkspedicii", t. I-XIV, Moskva 1952-1984, in "Materialy chorezmskoj ėkspedicii", vypusk 1-7, Moskva 1959-1963, sowie in einigen Monographien. Auch für andere Gebiete Usbekistans und für die anderen mittelasiatischen Republiken gibt es interessante Beobachtungen der russischen und mittelasiatischen Ethnologen. Entsprechende wissenschaftliche Untersuchungen westeuropäischer und amerikanischer Religionsforscher, Ethnologen und Soziologen begannen wegen der zunächst nicht vorhandenen Forschungsmöglichkeiten später.

Die seit den siebziger Jahren in Rußland und Mittelasien wieder in größerer Zahl publizierten Arbeiten über das Verhältnis von Schamanismus und Islam in Mittelasien enthalten häufig Aspekte, die auch für das Tätigkeitsfeld der *ḫalpa* und *ātin āyi* interessant sind (Suchareva 1960, 1975, Murādov 1975, Basilov und Niyāzqlīčev 1975, Basilov 1975, 1986, 1992, 1995, Demidov 1975, 1978 u.a.). Bei der Interpretation des umfangreichen Tatsachenmaterials gehen die Forscher zumeist von zwei eigenständigen Erscheinungen aus, die sich teilweise überlagern. In einigen Fällen sprechen sie von einer Verschmelzung. Die Tendenz, das Schamanistische als einen Überrest zu betrachteten, der in kürzester Zeit vollständig der Vergangenheit angehören wird, kam in den Veröffentlichungen der fünfziger bis achtziger Jahre unter anderem darin zum Ausdruck, daß die Berichte sehr alten Männern, hin und wieder auch alten Frauen, in den Mund gelegt wurden. Diese wiederum erzählten so, als hätte es die jeweiligen Bräuche in ihrer frühen Kindheit gegeben, während sie jetzt vergessen seien.[6] Die Wissenschaftler können sich hinsichtlich der Trennung zwischen Schamanistischem und Islamischem auf frühere russische Forschungen stützen (Samojlovič 1909, Malov 1918, Troickaja 1927, 1929). Das Islamische selbst blieb, da es als zu brisant galt, nach der Wiederaufnahme der Forschungen zu den religiösen Riten nach dem Zweiten Weltkrieg lange Zeit uninterpretiert. Die Berührung mit islamisch geprägten Organisationsformen des Alltags war aber auch in dieser Phase der Forschungen nicht zu vermeiden, da die Aufmerksamkeit der Ethnologen sowohl der materiellen Kultur als auch den überlieferten kulturellen Institutionen galt. Die Forscher trugen viele Details zusammen, doch fragten sie mehr nach der Genese der verschiedenen Einrichtungen als nach ihren Funktionen im täglichen Leben. Als sie dann begannen zu publizieren, was sie längst über jene Rituale zusammengetragen hatten, die von der Bevölkerung als muslimisch begriffen wurden, wählten sie in ihren Zusammenfassungen Ausdrucksformen,

[6] So auch noch bei Basilov 1986a, 94. Man sollte jedoch nicht unberücksichtigt lassen, daß die genannte Darsellungsform zwei Funktionen hatte. Erstens schützte sie die Personen, von denen die Ethnologen Informationen erhalten hatten. Denn einen sehr alten Menschen, der verschiedene Riten aus früherer Zeit kennt, würden die staatlichen Stellen nicht der unerlaubten religiösen Propaganda verdächtigen. Zweitens konnte auf diese Weise begründet werden, daß die Forschungen dringend fortgesetzt oder intensiviert werden müßten.

die unterstreichen sollten, dies alles sei längst überholt.[7] Es erwies sich aber, daß das fast Totgesagte fortexistierte und eine Neubelebung erfuhr. – Eine vielschichtige religiöse Zeremonie in Nordafghanistan, die von denselben Elementen geprägt ist wie jene, welche die Forscher auf dem ehemals sowjetischen Territorium beobachtet haben, hat I. Baldauf als ein unteilbares Ganzes beschrieben.[8]

Ob die Forschungsbedingungen zu Beginn des neuen Jahrhunderts es erlauben, das religiöse Leben in Mittelasien stets in seiner Komplexität zu beschreiben, ist noch nicht sicher.

Eine Übersicht über die wissenschaftlichen Arbeiten zur religiösen Thematik erhält man durch Yuri Bregel, "Bibliography of Islamic Central Asia", Bloomington, Indiana 1. History Religion Culture, 1995.

Im Laufe der neunziger Jahre wurden verschiedene Seiten unseres Gegenstandes von einzelnen Forschern und Journalisten hin und wieder erwähnt.[9] Spezielle Untersuchungen liegen aber nicht vor.

Soweit im 20. Jahrhundert einige für die *ḫalpa* bzw. *ātin āyi* relevanten Dichtungen ins Blickfeld der Literaturwissenschaftler rückten, interessierten sie sich ausschließlich für die Texte selbst. Hierin läßt sich auch in der Zeit des kulturellen Umbruchs seit 1990 noch kein Unterschied erkennen. Die mittelasiatischen Folkloreforscher, die sich jahrzehntelang intensiv mit der Volksdichtung befaßten, haben die Fragen nach der Vortragsweise nicht gänzlich aus dem Kreis ihrer Interessen verbannt. Aber bei ihnen fand sich die Auffassung, *ḫalpačilik* wie auch die Tätigkeit der *ātin āyi* sei in ein Verfallsstadium eingetreten, und es lohne nicht, Arbeit zu investieren, um dieses Tätigkeitsfeld von Frauen im einzelnen kennenzulernen. Die Forschungsmethoden, mit denen Epen und religiöse Texte zu untersuchen sind, scheinen ihnen keiner Erneuerung bedürftig.

---

[7] Es fällt z.B. auf, daß in dem Band "Domusul'manskie verovanija i obrjady v Srednej Azii" Basilov (1975, 165) von Degenerierung und Barbarisierung des Sufismus spricht, Demidov (1975, 184) vom Niedergang des Sufismus und Troickaja (1975, 218) vom Verfall des Sufismus in Mittelasien.

[8] Baldauf 1989.

[9] Z.B. Poliakov 1992, 109f; Fathi 1997; Koroteyeva und Makarova 1998. Der Titel von Habiba Fathis Arbeit ließ eine interessante Studie erwarten, doch erwecken die Darlegungen den Eindruck, als beruhten sie auf Informationen von Personen, die die Tätigkeit der *ātin āyi* nur oberflächlich kennen (eventuell in religiösen Institutionen tätige Männer wie auch dem Gelehrten- und Journalistenmilieu zugehörende Frauen).

Die Epen liegen in Handschriften aus den zwanziger bis fünfziger Jahren in den Archiven der Akademie der Wissenschaften Usbekistans. Vieles davon ist seit dem Ende des Zweiten Weltkrieges publiziert worden. In Teilen werden die Epen heute noch von professionell ausgebildeten Epensängern (*šāᶜir*) im Radio und Fernsehen wie auch bei Volksfesten auf großen Bühnen in Häusern oder im Freien vorgetragen. Die meisten Wissenschaftler halten das vorhandene Material für ausreichend. Die *ḫalpa* dagegen seien nur schlechte Epensängerinnen, soweit sie das Genre des Epos überhaupt in ihr Tun einbeziehen.

Die *qiṣṣa* sind ebenfalls zum größten Teil in Handschriften, Lithographien und Drucken, zumeist vom Ende des 19. Jahrhunderts bis 1918, vorhanden. Sie werden wieder publiziert, denn man müsse sich auf die islamischen Werte besinnen. Die *ḫalpa* und *ātin āyi* mit ihrer geringen Bildung trügen die *qiṣṣa* dagegen nur schlecht vor. Daraus könne man keinerlei neue Erkenntnisse gewinnen. So leisten die Gelehrten eine umfangreiche Arbeit, um die *qiṣṣa* in populärer Form zu edieren. Aber ein Beitrag über Wesen und Funktion von *ḫalpačilik* und über die Tätigkeit der *ātin āyi* ist vorerst von ihnen nicht zu erwarten.

Die Wirkungsprobleme der Dichtungen wurden im 20. Jahrhundert immer nur als politisches und geistiges Faktum thematisiert. War ausgegliedert, was zum jeweiligen Zeitpunkt nicht brauchbar erschien, wurde nach der Rezeption nicht mehr gefragt.

Das Material für die vorliegende Arbeit wurde mit dem Ziel zusammengetragen, die Wirkung und die Rezeption von religiösen Texten in tschaghataischer und usbekischer Sprache im zwanzigsten Jahrhundert zu beschreiben. Diese Texte hatten seit den zwanziger Jahren außerhalb des literarischen Kanons gestanden, waren aber dennoch – insbesondere im Frauenmilieu aus Anlaß von Totenfeiern und religiösen Feiertagen – tradiert worden. Sie sollen nun im Zusammenspiel mit ihren von den Lesenden bzw. Vorlesenden gewünschten und – soweit möglich – tatsächlichen Wirkungen betrachtet werden. Das mit dieser Arbeit Vorgelegte kann jedoch nur ein erster Schritt sein.

Da die Texte, die im Zentrum der Aufmerksamkeit der *ḫalpa* und teilweise der *ātin āyi* stehen, noch über lange Zeit – gewiß über mehrere Generationen – ihre Wirksamkeit behalten werden, wird es sich lohnen, spezielle Untersuchungen über die Rezeptionsweise einiger in dieser Arbeit genannten Texte vorzunehmen. Ebenso kann der poetische Gehalt der Texte erst durch Einzeluntersuchungen erschlossen werden. Die jetzt vorhandene Materialbasis ist dafür recht günstig.

Das zusammengetragene Material stammt aus zwei Gegenden Usbekistans, die im Alltagsleben der Bürger und in ihrem Selbstverständnis sehr unterschiedlich sind. Der Grund liegt in einer unterschiedlichen historischen und kulturellen Entwicklung.

Choresm (Chanat von Chiwa) und das Ferghanatal (Chanat von Kokand) hatten ungleiche Bindungen an andere Teile der islamischen Welt. Zu Choresm hatten die Bewohner der Goldenen Horde im Nordwesten wie auch deren Nachkommen und die Türkmenen im Westen und Südwesten sehr intensive Beziehungen, zum Ferghanatal die Uighuren in Ostturkestan und die Muslime des Südens von Nordindien bis Afghanistan. Die im Ferghanatal lebenden Usbeken knüpften in stärkerem Maße an Traditionen einer seßhaften Bevölkerung an, die in Choresm lebenden in stärkerem Maße an Traditionen von Nomaden. Im Ferghanatal ist die Religiosität der Bevölkerung stärker ausgeprägt als in Choresm. Inwiefern die Zugehörigkeit zu verschiedenen Orden eine Rolle spielte, muß von Religionshistorikern und Soziologen weiter untersucht werden. So wies das intellektuelle und religiöse Leben beider Gebiete immer sehr große Unterschiede auf. Die Alltagssitten im Ferghanatal gelten als feiner als die in Choresm, was den Bewohnern beider Gebiete wohl bewußt ist. Doch erscheint diese Tatsache den in Choresm Lebenden nicht als Nachteil. Sie meinen, daß ihre Direktheit und geringere Beachtung von Höflichkeitsregeln auch Vorteile für die Kommunikation hat.

Die politische Situation im Ferghanatal 1997 und 1999 war eine ganz andere als die in Choresm Anfang bis Mitte der neunziger Jahre, was sich deutlich in den Ergebnissen der Feldforschungen niederschlug. Einzelheiten hierzu werden unter "Arbeitsbedingungen" dargelegt.

Um eine Vorstellung von dem untersuchten Gegenstand in seinen verschiedenen Ausprägungen geben zu können, bietet es sich trotzdem an, das Material beider Gegenden zusammenhängend darzustellen und die jeweiligen Besonderheiten zu benennen.

0 Arbeitsbedingungen. Mißverständnisse und deren Klärung

0.1 Allgemeines

Anfang der neunziger Jahre wurde es möglich, sich mit der Tätigkeit der *ḫalpa* und der *ātin āyi* zu beschäftigen, ohne bei der usbekischen Seite in den Verdacht zu geraten, man wolle aus seinem Wissen politisches Kapital schlagen und an den Grundprinzipien des Staates rütteln. Doch waren die Arbeitsbedingungen im Verlaufe der neunziger Jahre und in den unterschiedlichen Regionen keinesfalls gleich. In der Zeit vom Anfang bis zur Mitte der neunziger Jahre nahm bei den *ḫalpa* in Choresm die Zurückhaltung, über ihre Arbeit zu sprechen und ihre Bücher zu zeigen, ab. Die Tatsache, daß ich mehrfach in Choresm war und einige *ḫalpa* wieder und wieder besuchen konnte, war äußerst günstig für die Forschungen. Allerdings traten im Verlaufe der Zeit auch neue, für mich unerwartete Widerstände hervor. Hatte vor der Erlangung der Unabhängigkeit in der usbekischen Öffentlichkeit volles Stillschweigen über das Vorhandensein von Frauen geherrscht, die religiöse Texte in arabischer Schrift lesen, ohne je eine Universität besucht zu haben, so schnellte das Interesse der Medien für eben diesen Bereich des gesellschaftlichen Lebens innerhalb von zwei oder drei Jahren in die Höhe. Anfangs erregte diese Tatsache Freude und Stolz bei vielen Frauen. Nur wenige sehr fromme Frauen hielten den Lärm um ihre Tätigkeit für überflüssig. Mit der Zeit sah sich aber manche Frau von den Medienvertretern so bedrängt, daß sie Mitte der neunziger Jahre Gespräche mit den Worten, sie hätte den Journalisten schon alles gesagt, abwehrte.

Im Ferghanatal hatte ich vor allem hinsichtlich der gelesenen Texte eine andere Situation als in Choresm erwartet, da bereits innerhalb Choresms in den einzelnen Orten recht große Unterschiede sichtbar geworden waren und da allgemein bekannt ist, daß die Frauen im Ferghanatal im Gegensatz zu denen in Choresm den Koran lesen, was den Wirkungsraum der tschaghataischen Texte einengt. Das Lesen des Korans mußte den Zusammenkünften der Frauen einen eigenen Stempel aufdrücken. Im September 1997 konnte ich in Namangan ohne Schwierigkeiten an zwei Unterrichtsstunden für das Koranlesen teilnehmen. Einer *Muškil kušād*-Zeremonie (vgl.2.2) zuzusehen und einige tschaghataische Texte kennenzulernen, war ebenfalls möglich, wenngleich sie viel seltener als der Koran und meist nur in Auszügen gelesen werden. Da ich inzwischen eine Menge guter Bekannter unter den Studenten in Namangan hatte, hoffte ich auf aktive Unterstützung für meine Feldforschungen im März und April 1999. Doch erwiesen sich die Forschungsbedingungen zu diesem Zeitpunkt als so ungünstig, wie man Mitte der neunziger Jahre nicht hätte ahnen können. Die Ursache dafür waren zwei politische Ereignisse und deren Folgen. Der Mord an vier Polizisten in Namangan im Dezember 1997 und die Art seiner Ausführung hatte die Regierung vermuten lassen, daß religiöse Kräfte am Werk gewesen seien. Eine Verschärfung der Gesetzgebung hinsichtlich der Religionsausübung im Mai 1998 war die Folge. Die *ātin āyi* waren vor allem betroffen von der Bestimmung, daß religiöse Inhalte nicht ohne behördliche Erlaubnis unterrichtet werden dürfen.[10] Dann explodierten am 16. Februar 1999 in Taschkent fünf Bomben, die offensichtlich unter anderem dem Leben des Staatspräsidenten Islam Karimov gegolten hatten. Als Hintermänner der Bombenanschläge kamen nach Auffassung der Regierung u.a. wiederum religiöse Kräfte in Frage. Da das Ferghanatal und dort besonders die Stadt Namangan als religiöses Zentrum gelten, waren die Restriktionen gegenüber den *ātin āyi* dort besonders deutlich. Die Administration (*ḥākimiyat*) hatte die Frauen wissen lassen, sie mögen jeglichen Unterricht im Koranlesen einstellen. Die jungen Frauen sollten das Lesen von Büchern in arabischer Schrift ganz sein lassen, und die älteren sich auf das individuelle Lesen zu Hause beschränken. Davon wurde mir mehrfach in dieser Weise erzählt. Man kann sicher sein, daß alle *ātin āyi* der Anweisung, so weit sie es für nötig hielten, folgten und daß keine einzige sich an das *ḥākimiyat* mit der Bitte wandte, ihren Lesezirkel zu registrieren und damit zu legitimieren. Die Angst aber erfaßte jeden und jede auf eigene Weise. In allen Orten außerhalb Namangans fürchtete man die Ankunft einer beliebigen unbekannten Person aus Namangan. Die Pädagogische Hochschule in Kokand (drei bis vier Autobusstunden von Namangan entfernt) verlangte bei einem ersten Telefongespräch einen speziellen Dienstauftrag, möglichst in Taschkent ausgestellt, als ich, da ich ohne Kokander Adresse war, darum bat, daß die Fakultät für Sprache und Literatur mich bei meinen Forschungen zur usbekischen Literatur unterstützen möge. Spezifiziert hatte ich mein Forschungsinteresse in diesem Gespräch noch nicht. In einem kleinen Ort östlich von Namangan erklärte die Frau, die mich bei einer Totengedenkfeier vorstellte, ich käme aus Kokand. Ihre Nichte berichtigte: aus Namangan.

---

[10] Mitgeteilt in "Ḫalq sūzi" vom 19.5.1998. Ich danke Stefan Hanisch für die ausführliche Information zur Gesetzeslage und Brigitte Heuer für Hinweise auf Zeitungs- und Zeitschriftenartikel zu diesen Fragen.

Später erklärte mir die Nichte: Wir wollen immer Kokand sagen, die Leute fürchten sich, wenn von Namangan die Rede ist. Was man von einer aus Namangan kommenden Ausländerin dachte, ist nicht ganz klar. Am ehesten fürchtete man wohl eine Provokation irgendeiner Art. Ein Namanganer Student, der glücklich schien, mich wiederzusehen und der noch bei meiner Ankunft manche Begegnung versprochen hatte, tauchte trotz eines vereinbarten Termins nie wieder auf. Ein anderer Student, den ich fast täglich sah und der genau über meinen Wunsch informiert war, redete sich am Ende heraus: Diejenigen *ātin āyi*, von denen er wüßte, seien ohnehin alle sehr jung und unerfahren. Natürlich hatte ich ihn nicht "zur Rede gestellt", es war ihm selbst peinlich, daß er mir nicht in der für meine Forschungen wichtigsten Angelegenheit hatte helfen können. Etwas weniger ängstlich waren einige Studentinnen, die nicht so weit wie die jungen Männer von der Tätigkeit der *ātin āyi* entfernt sind und die zur Vermittlung nicht die Hilfe ihrer Mütter oder anderer älterer weiblicher Verwandter in Anspruch nehmen müssen, es sei denn für eine kurze Beratung. Außer ihnen ist es dem Engagement einiger furchtloser Frauen zu verdanken, daß ich schließlich doch einiges wenige erfahren konnte. Diejenigen Mädchen und Frauen, die mir geholfen haben, begriffen, daß in meinem Wunsch, mit einigen *ātin āyi* zu sprechen, nichts Staatsgefährdendes lag und somit auch ihnen keine große Gefahr drohte, wenn sie mich unterstützten. Das übrige schenkte der unter diesen Bedingungen allerdings seltene Zufall.

Ich erlebte in einem knappen Jahrzehnt, wie günstig es für wissenschaftliche Forschungen zu gesellschaftlich relevanten Phänomenen ist, wenn diese weder unter einem grellen, sie in den Himmel hebenden Licht der Politik stehen, noch von dieser als das größte Übel verdammt werden. Auch in Zukunft wird das Interesse der Medien an der Tätigkeit der *ḫalpa* und der *ātin āyi* den Wellenbewegungen der Politik folgen, die eigene Gesetze hat. Für die Wissenschaft ist dieser Lebensbereich in literarischer, linguistischer und soziologischer Hinsicht interessant. In dieser Arbeit werden literarische und literatursoziologische Aspekte behandelt.

0.2 Kommunikationsschwierigkeiten

Außer den Hindernissen für die Forschungen, die den jeweiligen gesellschaftspolitischen Bedingungen geschuldet waren, ergaben sich teilweise erwartete, teilweise unerwartete Probleme aus dem usbekischen Alltag und aus dem Wesen der Tätigkeit von *ḫalpa* und *ātin āyi* selbst.

Die politische Situation im Ferghanatal führte im Frühjahr 1999 dazu, daß sich einige *ātin āyi* verleugnen ließen. Symptomatisch war folgende Absage: Eine Frau hatte mir bereits 1997 versprochen, daß sie mich mit ihrer Lehrerin im Koranlesen bekannt machen wolle, mit der der Umgang viel leichter sei als mit der resoluten *ātin āyi*, bei der wir uns zufällig getroffen hatten. 1999 war die freundlichere *ātin āyi* angeblich verzogen. Nach einigem Nachfragen erfuhr ich, daß in ihrer Familie zwei Männer verhaftet seien und sie deshalb natürlich keine Person wie mich empfangen konnte. Das Verleugnenlassen der eigenen Person konnte – gemessen an den usbekischen Sitten der Gastfreundschaft – ziemlich groteske Formen annehmen: Der Gast wird vor dem Hoftor stehen gelassen; die Frau, die das Gespräch vermitteln will, zieht das Tor hinter sich zu; die vermittelnde Frau kommt nach fünf bis zehn Minuten heftigen Gesprächs wieder heraus und erklärt, die *ātin āyi* sei nicht zu Hause, ich könne sie weder heute noch morgen sprechen. Nur diese beiden Tage standen mir aber zur Verfügung. Oder dieselbe Situation, bei der der Gast jedoch nach fünf bis zehn Minuten ungebetenerweise durch das halb offenstehende Hoftor hineintritt, um nun innen am Tor stehenzubleiben. Nach weiteren zehn Minuten tritt die vermittelnde Frau hervor, winkt und bittet herein. Aber die ersten dreißig bis vierzig Minuten vergehen so, daß der Gast sich fragt, warum wir hier eingekehrt sind. Es scheint unmöglich, irgendetwas zu erfahren. Da holt die Frau plötzlich unter dem Tisch ein Buch hervor, das offensichtlich in dem vorbereitenden Gespräch dorthin gelegt wurde, um es dem Gast zu zeigen, falls er sich als würdig erwiese. Ein fast normales Geprãch beginnt, wenn man auch ertasten muß, welche Fragen man besser ausläßt, um nicht gesteigerte Angst zu hinterlassen. Dazu gehörte nun in dieser Situation auf jeden Fall die Frage nach den Zusammenkünften zum Zweck des Koranlesens.

In nicht wenigen Fällen verlief das Gespräch 1999 wie ein Abfragen. Ich frage, ob die *ātin āyi* dies und jenes Buch kenne. Sie verneint oder sagt, sie kenne es, besitze aber den Text nicht oder sie habe ihn verliehen. Fast nichts erzählten die *ātin āyi* über die Rituale bei den Totenfeiern. Über Lesungen anderer Art sprachen sie nie von sich aus. Auf meine Fragen gaben sie spärliche Auskunft. Die meisten erklärten, keine Schüler zu haben. Von ihren *ustāẓ* (Lehrerinnen) erwähnten sie so gut wie nichts. Auf ihre Heilkunst gingen sie nicht ein. Über ihre Treffen zum Zwecke des Erlernens des Koranlesens schwiegen sie. Was sich fast keine der Frauen versagte, waren dagegen die Fragen nach meiner Familie –

Kindern, Enkeln, Ehemann – und die Versuche, mich zum Islam zu bekehren.

Zum usbekischen Alltag der neunziger Jahre gehörte es, daß man die Aufforderungen, die lauteten "Rufen Sie doch an und kommen Sie wieder vorbei!", nur sehr schwer verwirklichen konnte. Sicher sind derartige Angebote nicht immer ernst gemeint, aber im Prinzip darf man sie nutzen, ohne die Höflichkeitsregeln allzu weit zu übertreten. Die Angebote sind außerordentlich wichtig, weil oft erst das zweite oder dritte Gespräch ergibt, was man wissen möchte. In diesen Jahren sind jedoch sehr viele Familien so verarmt, daß sie die Telefonrechnungen nicht bezahlen können und ihr Telefon abgeschaltet ist. Bis man herausbekommt, daß es Nachbarn oder Verwandte gibt, über die man etwas ausrichten lassen kann, vergeht oft viel Zeit und Mühe. Auch die Verkehrsbedingungen sind aus europäischer Sicht katastrophal. Am Tag kann man die einige Dutzend Kilometer von einer größeren Stadt entfernt gelegenen Orte recht gut erreichen. Fährt man, weil die Umstände es so ergeben, erst am Nachmittag los, bleibt höchstens eine Stunde zum Gespräch, dann muß man sich wieder auf den Weg machen, will man nicht an Ort und Stelle übernachten. Ab 18 Uhr gibt es zwar noch Leben in den Straßen. Die Kinder spielen draußen, die Frauen besuchen die Nachbarn. Aber Autobusse oder Linientaxis fahren mit dem Hereinbrechen der Dunkelheit nicht mehr. Bittet man um ein Taxi, das man selbst bezahlen möchte, so ist das für die Gastgeber eine große Peinlichkeit. Der Preis kann einem halben oder ganzen Monatslohn eines Lehrers, einer Krankenschwester, eines Milizbeamten oder eines leitenden Mitarbeiters eines Agrarbetriebes entsprechen, und es ist einfach nicht üblich, daß man dem Gast gestattet, den Weg selbst zu bezahlen. Fährt man zufällig mit einem Autobesitzer, so sitzt dieser störend beim Gespräch dabei ...

Hinderlich ist manchmal auch die Rivalität unter den Laien, die der unter den *ḫalpa* und *ātin āyi* selbst ähneln kann. Eine Frau möchte, daß man vor allem diese und jene *ḫalpa* kennt, nicht aber eine dritte. "Nein", heißt es dann, "da brauchen Sie gar nicht erst hinzugehen. Die *ḫalpa* hat ohnehin keine guten Bücher, alles nur Abgeschriebenes." Die Gespräche mit einer derartig schlecht mit Büchern ausgestatteten *ḫalpa* wurden dann aber gerade interessant, und nach längerer Bekanntschaft erfuhr ich, daß die Frau auch eine Heilerin ist.

Die Bereitschaft junger Frauen zu helfen, hat oft nicht das Ergebnis, das sie sich vorstellen. Eine Frau machte mich mit der Schwiegermutter ihrer Schwester bekannt, welche sie als *ḫalpa* bezeichnete. Sie glaubte, ich könne mit der Frau ein abendfüllendes Gespräch führen. Aber das

Gespräch kam nicht richtig in Gang. Die wichtigsten Dinge hatte ich schnell erfragt, und mehr gelang nicht. Die Frau war noch keine *ḫalpa*, wollte aber dereinst eine werden. Die Bücher waren sämtlich in jüngster Zeit auf den Basaren erworben, nichts Älteres, nichts Abgeschriebenes. Sie waren ohne jegliche Vergangenheitsspur. Zwar war das Wenige, das ich erfahren konnte, auch eine Bereicherung, aber es entsprach keinesfalls dem, was sich meine Bekannte vorgestellt hatte, die die Gelegenheit nutzen wollte, mit ihrer Schwester in Ruhe Details über das Familienleben auszutauschen.

Im Ferghanatal leuchtet es vielen *ātin āyi* nur schwer ein, daß man sich mit Texten befassen will, die für sie zweit- und drittrangig sind und in ihrer Bedeutung weit hinter dem Koran zurückstehen. Den Koran liest man, wie schon die Dschadiden ärgerlich beschrieben, ohne ihn zu verstehen. Aber die Welle der Rückkehr zum Glauben wird gegenwärtig von sehr vielen als ein Hingelangen zur eigentlichen Identität begriffen. Sogar manche ehemalige Literaturlehrerin läßt alles bisherige Wissen hinter sich, fragt nicht einmal nach tschaghataischen Texten von Aḥmad Yasawī oder anderen hochangesehenen Dichtern, die früher nur sehr schwer auffindbar waren. Nur der Koran soll es sein. Eine wenig gebildete und wenig wissende Frau stellte das Verhältnis von Koran und tschaghataischen Texten so dar: Ihre Verwandte, eine neunzigjährige Frau, besitze sehr viele Bücher. Das sei deshalb so, weil man früher (in sowjetischer Zeit) den Koran nicht lesen konnte. Da habe man sich mit anderen Büchern begnügt. Diese seien an sich überflüssig. Sehr gerne hätte ich die Frau mit den "überflüssigen Büchern" kennengelernt, um so mehr als es von ihr hieß, sie könne noch gut hören und sehen. Aber die Bekanntschaft kam leider nicht zustande.

Zu Beginn meiner Forschungen in Choresm, als ich noch nicht wußte, welche Texte zum *corpus* der *ḫalpa* gehören und als es noch nicht üblich geworden war, die Tätigkeit der *ḫalpa* im Fernsehen zu rühmen, bestand die größte Schwierigkeit darin, die Bücher zu Gesicht zu bekommen. Es war den Frauen unvorstellbar, daß ich lesen könnte, was ihnen durch schwere Krankheit und die Hilfe Gottes und verschiedener heiliger Männer gegeben worden war. Sie zeigten maximal ein Buch, waren aber bereit, daraus vorzulesen. Was zum Kern ihrer Arbeit gehört, wollten sie gern auch einer Fremden, die Interesse daran hatte, vorführen. Darüber hinausgehende Wünsche konnten sie nicht akzeptieren. Nannte ich bei einer zweiten *ḫalpa* das gesehene Buch, um das Gespräch in Gang zu bringen, so wurde sogleich wieder dieses hervorgeholt und nur dieses.

(Vgl. 3.1 Bücher sind zum Vorlesen bestimmt.) Ich mußte meine Strategie ändern ...

Wenn es der Zufall wollte, daß man zwei *ḫalpa* in einem Haus kennenlernte, gelang es in der Regel nicht, die eine später allein zu treffen, um mit ihr zu reden. Es fällt den *ḫalpa* schwer, eine Einladung auszusprechen, weil diese immer mit einem üppigen Mahl verbunden sein muß, das man nur denjenigen ausreden kann, mit denen man bereits gut bekannt ist. Außerdem können sich die *ḫalpa* schwer vorstellen, was man mit ihnen noch besprechen möchte, wenn sie ihre Vortragskunst bereits gezeigt haben. Die Frage, weshalb eine *ḫalpa* ihre Tätigkeit aufgenommen habe, kann ihr noch plausibel erscheinen, weil es die für sie selbst wichtige Initiation berührt. Aber Fragen nach Historischem oder nach den sozialen Bedingungen ihrer Tätigkeit sind vom Inhalt der Bücher, die ihr das Wichtigste sind, ungeheuer weit entfernt.

Taucht im Verlaufe des Gesprächs mit einer *ḫalpa* oder einer *ātin āyi* eine Schwiegertochter der Frau auf und setzt sich zu ihr und dem Gast, kann man annehmen, daß sie auch etwas von den religiösen Büchern und von den Riten, für die sie benötigt werden, versteht. Doch niemals ist es möglich, auch nur ein Wort aus ihrem Mund zu hören. Auch wenn die Schwiegertochter mindestens das fünfzigste Lebensjahr erreicht hat, schweigt sie im Beisein der Schwiegermutter und des Gastes. Selbst das Wort an sie zu richten, wäre äußerst unhöflich und unangemessen. Man müßte sich schon längere Zeit an jedem Ort aufhalten, um die Möglichkeit zu erhalten, außerhalb des Hauses einer älteren *ḫalpa* oder *ātin āyi* mit deren jüngeren Verwandten ins Gespräch zu kommen. Mit den Töchtern verhält es sich im Prinzip genauso. Eine *ḫalpa* kann stolz ihre Tochter im Alter von Mitte zwanzig vorstellen und sagen, daß diese auch bereits lese und heile. Eine Bedingung dafür, daß sie dies tut, ist, daß sie verheiratet ist und in einem anderen Stadtviertel wohnt. Auf die Frage, ob man sie in ihrem Haus besuchen dürfe, werden beide Frauen mit ja antworten. Doch wird ein derartiges Treffen kaum zustande kommen. Die Mutter ist nicht daran interessiert, und die Tochter wagt nicht, eine Zusammenkunft gegen den Willen der Mutter herbeizuführen.

Da man in der Regel nicht zu einer *ḫalpa* geht, um mit ihr zu plaudern – sie ist ja eine wichtige Persönlichkeit und eine vielbeschäftigte Frau –, ist es Laien in der Regel nur möglich, eine Begegnung zu vermitteln, indem sie die *ḫalpa* zu sich einladen. Das geschieht wiederum nicht, ohne daß noch andere Personen eingeladen werden, und schon ist ein großer Kreis von Leuten zusammen, der das Gespräch erschwert und die *ḫalpa* beim Antworten zwingt, auf ihren Ruf, den sie in der Gegend hat, bedacht zu sein.

In Choresm lernte ich im Verlaufe der Zeit, die Antworten der *ḫalpa* zu deuten. Fragte ich danach, wie häufig eine *ḫalpa* eine bestimmte Handlung ausführt, konnte geantwortet werden: "Sehr oft". Die Antwort war eine von zwei möglichen. Die alternative Antwort lautete: "Sehr selten". Diese verwendet man, wenn man weiß, man sollte dies oder jenes nicht tun, oder wenn man gar gerade darüber gesprochen hat, daß andere es verwerflicherweise tun. Auch wenn befürchtet wird, der Gesprächspartner könne denken, man werde reich von einer bestimmten Tätigkeit, wird die Antwort lauten, man tue es sehr selten. Die Antwort "sehr selten" kann das Gegenteil von ihrem Wortlaut bedeuten. Über die Tätigkeit selbst, auf die diese Antwort bezogen ist, kann man auf diesem Wege fast nichts erfahren. Eventuell kann man die Bedingungen, unter denen die Tätigkeit ausgeführt wird, erkennen. Eine Antwort "sehr oft", dagegen zeigt auf jeden Fall, daß man mit der entsprechenden Tätigkeit Ansehen erntet. Die Antwort sagt damit etwas über die Bedeutung der Tätigkeit unter den *ḫalpa* oder unter der Mehrzahl der Frauen in Choresm aus. Ähnlich verhielt es sich mit den Antworten "viel" und "wenig" hinsichtlich des Besitzes von Büchern, der Zahl der Schülerinnen, der Zahl der Enkel (aber hier spielt noch Gott als der Schenkende eine Rolle, vgl. 0.3) u.ä. "Viel" sagt man, wenn es ehrenvoll und ungefährlich ist, viel zu haben: Viele Bücher besitzen, was man ab zehn Büchern mit Sicherheit sagen kann, usw. Aus der Antwort "wenig" dagegen kann man gar nichts entnehmen. Vielleicht ist es nicht wenig aus der Sicht des Sprechenden, aber es geht den Fragenden nichts an oder man ist sicher, daß der Fragende den Wert ohnehin nicht ermessen kann. Und zudem ist es in diesem Fall unter den gegebenen Bedingungen nicht ungefährlich, "viel" zu haben.

Wenn eine *ḫalpa* erklärt, diesen oder jenen Text besäßen nur drei oder vier Frauen in Choresm, so kann man daraus nur schließen, daß sie stolz darauf ist, den Text zu besitzen und in der Lage zu sein, ihn vorzutragen. Möglicherweise entsteht sogar dieser Stolz erst in dem Augenblick, da ein naiv, weil allzu direkt Fragender aus Europa sie auf die Besonderheit ihres Textes aufmerksam macht. Weder eine *ḫalpa* noch eine andere Person kann einen Überblick darüber haben, wieviel Exemplare eines gegebenen Textes sich zu einem bestimmten Zeitpunkt in den Händen der *ḫalpa* befinden. Bestenfalls kann die *ḫalpa* darüber informiert sein, wieviel Frauen außer ihr sich den Text aus demselben Exemplar, das sie benutzte, abgeschrieben haben.

Im Ferghanatal konnte ich nicht einmal prüfen, ob die Strategie der *ātin āyi* zu antworten ähnlich ist, weil die Gespräche durch die gegebene politische Situation viel weniger offen waren.

0.3 Namensnennung. Hinwendung zu Gott oder Wunsch, Ruhm in Europa zu erlangen

Da sich 1993 Ingeborg Baldauf an der Materialaufnahme in Choresm und an der Diskussion der Ergebnisse beteiligte, spreche ich im folgenden hin und wieder von "wir" und "uns".

Eine *ḫalpa* machte uns 1993 mehrfach darauf aufmerksam, daß keinesfalls ihr Name genannt werden sollte. Ähnlich erging es mir 1997 im Ferghanatal, als eine *ātin āyi* auf ihrer Namenslosigkeit bestand, obwohl sie sicher sein konnte, daß ihre Freundin den Namen nennen würde. Die Bitte, den Namen zu verschweigen oder die Verweigerung der Auskunft über den Namen war jedoch damals die Ausnahme.

Es scheint – meine Beispiele lassen dies vermuten –, daß Namenslosigkeit in jener Zeit im Vergleich zum Besitz eines profanen Namens allein auf einen höheren Grad von Frömmigkeit verwies. Die *ḫalpa* oder *ātin āyi* fühlte sich in diesem Fall nur Gott verpflichtet. Ihre Tätigkeit diente nur der Anleitung der Frauen zu einer ähnlichen Haltung. Sie wollte sich dessen vor Menschen nicht rühmen.

Einen vergleichbaren Ruhmverzicht aus Frömmigkeit kann man bei älteren Frauen in einem anderen Zusammenhang finden. So antwortete eine lesekundige 1914 geborene Frau, die ich recht gut kannte, auf meine Frage, wieviel Enkel und Urenkel sie habe (ein Urenkel, der nicht bei ihr wohnte, war gerade hereingekommen), sie wisse es nicht. Sie machte keine Anstalten nachzuzählen, und auch ihr dabeisitzender Sohn fand ihre Antwort ausreichend. Als ich mit jüngeren Frauen aus anderen Familien darüber sprach, erklärten diese, man dürfe sich nicht der großen Enkel- und Urenkelzahl rühmen. Eine Nennung der Zahl wäre bereits als Selbstlob auslegbar. Eine große Nachkommenschaft sei nicht das Verdienst des einen oder anderen Menschen. Allein Gott entscheide darüber. Und so ist es angemessen, über diesen Gegenstand zu schweigen.

Denkbar ist bei der Bitte, den Namen zu verschweigen, auch ein nicht näher begründetes Tabu, wie es uns hinsichtlich des Abschreibens begegnete (vgl. 3.2.3).

In Choresm konnte einem auch das Umgekehrte begegnen. So bestand die Tochter einer *ḫalpa* darauf, daß der Name ihrer Mutter notiert werde. Dahinter stand die Hoffnung, daß man in Europa von ihr erführe.

Bei Nichtbeteiligten – besonders auch bei Männern – war hin und wieder eine Begierde nach kollektivem Ruhm zu spüren. Nach ihrer Vorstellung hätte ein Buch über *ḫalpačilik* die Aufgabe, die Vorleserinnen zu rühmen. Sie wollten nach ihrem Geschmack auswählen, welches die besten *ḫalpa* seien, deren Tätigkeit zu beschreiben lohne. Andere – aus ihrer Sicht schlechte *ḫalpa* – brauche man nicht zu besuchen. Dieses irrtümliche Verständnis vom Gegenstand der Forschungen zeigte sich vor allem bei Personen, die seit vielen Jahren in den verschiedensten Bereichen der Administration, der Wirtschaft oder der Kultur tätig gewesen waren und zu deren Gewohnheit es gehörte, die Tätigkeit anderer zu lenken, handele es sich auch um einen Bereich, für den ihr Wissen nicht ausreichte.

In Urgentsch hatte es sich im Laufe der Zeit herumgesprochen, daß zwei europäische Frauen zu den *ḫalpa* gehen. Die eine oder andere *ḫalpa* begann sich dessen zu rühmen, daß man sie aufgesucht habe. Diese Angeberei wurde nun wieder von frommen Frauen abgelehnt. Diese begriffen, daß hier eine wesentliche Funktion von *ḫalpačilik*, die Menschen durch die alten, auf Gott verweisenden Geschichten zu trösten, ins Gegenteil verkehrt wurde. Denn die ruhmsüchtigen *ḫalpa* stellen ihre Person und nicht Gott in den Vordergrund. Aber die Materialsammlung wurde durch den profanen Wunsch der *ḫalpa*, sich selbst zur Geltung zu bringen, ob dies nun ganz offen zutage trat oder halb verborgen blieb, erleichtert. Die eine oder andere *ḫalpa* war nun recht schnell bereit, ein Buch abfotografieren zu lassen. Nach den Vorstellungen der *ḫalpa* schön und fehlerlos abgeschriebene Texte konnten einem dann unter Umständen regelrecht aufgenötigt werden. Es konnte auch geschehen, daß eine *ḫalpa* danach fragte, wo denn das Tonbandgerät sei, sie wolle gerne einen Text sprechen. Die Faszination, die technische Geräte wie Videocamera (die wir nicht besaßen), Fotoapparate und Tonbandgeräte in Choresm ausstrahlen, kam uns entgegen. Bei den gutgestellten Familien gehört die Duplizierung des Feierlichen – sei es fröhlich oder traurig – durch Bild und Ton und dessen Reproduktion in der Freizeit zum Zwekke der Erbauung von Familienmitgliedern und Gästen zu den höchsten Genüssen.

0.4 Erwartung eines Beitrags zur Verbreitung religiösen Wissens

Es war unsere Absicht, möglichst viele Texte zu fotografieren und den Vortrag auf Tonband und Kassette aufzunehmen, um sie später mit den in den Bibliotheken zugänglichen Handschriften, Lithographien und anderen Drucken vergleichen zu können, um die Art des Vervielfältigens bis 1990/91 zu dokumentieren, um die Sprache der Texte kennenzulernen sowie Text und Ton einander gegenüberzustellen. Dieser Wunsch mußte den *ḫalpa* zunächst ungewöhnlich erscheinen. Aus ihrer Sicht existiert ihr Text nur für ihren Vortrag oder für den Vortrag einer anderen *ḫalpa*, die ihn in diesem Falle abschriebe oder abschreiben ließe. Darüber hinausgehende Zwecke sind für die Mehrzahl der *ḫalpa* nicht vorstellbar (vgl. 3.1). Mit der Tatsache, daß ihre Texte Forschungsgegenstand sein und dazu beitragen könnten, einen Teil der gegenwärtigen mittelasiatischen Kultur sachlich zu beschreiben, wurden die *ḫalpa* durch unsere Forschungen zum ersten Mal konfrontiert. Das Argument, wir wollten diese Texte unseren Studenten näherbringen, bewirkte jedoch, daß einige unter ihnen unserem Wunsch entgegenkamen. Ja, sagte dann die eine oder andere, gleichsam sich selbst überredend, die Bücher sollten möglichst vielen Menschen zukommen.

Eine *ḫalpa* aus Urgentsch war der Meinung, wir wollten den Europäern genau das vermitteln, was sie auf ihre Weise ihren Mitbürgerinnen vermitteln möchte. Da sie wußte, daß wir keine Musliminnen sind, muß sie geglaubt haben, daß ihre Wahrheit, nur richtig weitervermittelt, eine Wirkung in ihrem Sinne haben werde. So erteilte sie uns Ratschläge darüber, welche Glaubensinhalte am Anfang des Buches, das wir schreiben würden, zu stehen hätten, welche an anderer Stelle und was wir keinesfalls zu sagen vergessen sollten. Dies korrespondiert mit den Bekehrungsbemühungen, denen Ingeborg Baldauf und ich in Choresm oft ausgesetzt waren. Ähnliches erlebten einige Studenten und ich im Ferghanatal. Kam mit einer *ātin āyi* ein relativ vertrauensvolles Gespräch zustande, blieb ein Bekehrungsversuch nicht aus.

In den Augen der *ḫalpa* und *ātin āyi* mußten wir ein ideales Objekt für derartige Bemühungen sein, kannten wir doch schon vieles von dem, was für sie ein wichtiger Teil ihres Lebensinhaltes war und was sie weit über gewöhnliche Muslime, die davon viel weniger wußten, hinaushob. Daß es in Europa ein religions- und kulturwissenschaftliches Interesse an den Glaubensinhalten des Islams, ein literarisches Interesse an den gelesenen Büchern, ein soziologisches Interesse an den Funktionen des Vorlesens, ein linguistisches Interesse an der Sprache der geschriebenen Texte und an deren Reproduktion oder Interpretation in verschiedenen Regionen des Landes geben könnte, konnten sie sich nicht vorstellen.

0.5 Der böse Blick und rituelle Reinheit

Sehr fromme Frauen in Choresm baten, wenn sie ein Fotografieren der Texte erlaubten, um Umsicht: Wir mögen die fotografierten Texte gut hüten, der "böse Blick" möge nicht darauf fallen (*küz tegmasin*), es könne ihnen oder ihrer Familie sonst etwas Schlimmes zustoßen, es könnte jemand aus ihrer Mitte sehr krank werden o.ä. Der "böse Blick" ist ähnlich wie die Bitte um Anonymität auf zweierlei Weise deutbar. Für die *ḫalpa* handelt es sich um sakrale Texte, auch wenn sie von ihnen selbst oder von einem ihrer Verwandten oder Bekannten gerade erst abgeschrieben wurden. Die Texte werden dem Koran fast gleichgestellt und sind wie dieser zu behandeln (vgl. 3.4). Mißachtet aber eine zweite oder dritte Person die richtigen Formen des Umgangs mit den sakralen Texten, könnte dies auf die Frau zurückwirken, die den Text weitergegeben hat.

In anderen Fällen war der "böse Blick" eine Metapher für die Mitarbeiter realer Institutionen, denen die *ḫalpa* zutrauten, daß sie sich im Verlauf von zwei bis drei Jahren noch nicht voll gewendet hatten oder daß sie sich sofort "zurückwenden" würden, käme es wieder zu einer Neubestimmung der politischen Ziele. Worte dieser Art hörte man selbstverständlich nicht von den *ḫalpa* selbst. Sie wußten, daß die religiösen oder quasireligiösen Riten, die sie vollzogen, nach 1990 nicht mehr zu dem Verbotenen, nur halb Erlaubten oder von staatlichen Institutionen ungern Gesehenen gehörten, waren jedoch nicht sicher, ob es nicht plötzlich "anders kommen" könnte. In dem Fall hätten die an Fremde gegebenen Texte aus ihrer Sicht eventuell für Denunziationen gegen sie Tür und Tor geöffnet.

Wie die Furcht vor dem "bösen Blick" jeweils zu übersetzen war, konnte man nur ahnen, wenn man die *ḫalpa*, die davon sprach, sehr gut kannte.

Kann der "böse Blick" eine Chiffre für unterschiedliche Seinsebenen sein, so ist die Forderung nach ritueller Reinheit eindeutiger. Mit ihr wurde ich in Choresm und im Ferghanatal wiederholt konfrontiert. In Choresm bezieht sie sich auf alle Bücher, die die *ḫalpa* lesen. Nicht alle *ḫalpa*, aber einige, fragten nach der rituellen Reinheit (*ṭahārat bärmi*? oder: *ṭahārat qildiñizmi*?), bevor sie ihre Bücher zeigten und sie zu berühren erlaubten. Einige verlangten resolut, die rituelle Reinheit müsse unbedingt in ihrem Haus noch einmal hergestellt werden, bevor sie mir ihre Texte zeigen könnten. Eine *ḫalpa* bezog die Forderung nach ritueller Reinheit auf nicht anwesende Personen und brachte sie vor, als ich um Erlaubnis bat, einen Text abfotografieren zu dürfen. Ich würde den Text dann mitnehmen, sagte sie, und vielleicht würde ihn jemand in Europa lesen, ohne rituell rein zu sein (*ṭahāratsiz*), davon würde sie krank werden.

Auch das Tragen eines Kopftuches bringen die religiösen Frauen mit der Reinheit in Zusammenhang. Nicht wenige *ḫalpa* und *ātin āyi* verlangen, daß die Haare verhüllt werden, sobald sie ihre Bücher zeigen. Die Unterschiede, denen man begegnen kann, hängen einerseits mit dem Charakter der jeweiligen Frau zusammen, andererseits damit, welche Anerkennung in der Stadt oder im Dorf sie bereits genießt und wie sie sich anderen anwesenden Frauen gegenüber präsentieren möchte. So kann eine jüngere *ḫalpa*, die noch um ihre Anerkennung ringt, einer bedeutend älteren ausländischen Besucherin höflich, aber unzweideutig zu verstehen geben, wie sehr sie es mißbilligt, daß sie das Zimmer ohne Kopftuch betreten hat. Eine ältere hingegen kann einer Europäerin bedeuten, die Verhüllung des Haares mit einem Tuch sei nicht notwendig. Auch muß das Kopftuch die Haare nicht unbedingt völlig verdecken. Besonders jüngere Frauen tragen es mehr als Symbol der Achtung gegenüber den einheimischen Reinheitssitten.

Vielleicht lasteten auf der einen oder anderen *ḫalpa* Vorwürfe aus ihrer Umgebung der Art, daß es nicht richtig sei, einer Europäerin die heiligen Texte zeigen, um so deutlicher stellte sie dann ihre Bedingungen. Mit der Aura, die die *ḫalpa* um sich schaffen (vgl. 0.6), hat das Erzwingen ritueller Reinheit sicher bei weniger frommen *ḫalpa* zu tun. Doch würden sie sich die Tatsache, daß Gegebenheiten aus dem profanen Alltag eine Rolle spielen, nicht einmal selbst eingestehen, geschweige denn zu anderen davon sprechen.

Im Ferghanatal wurde die Sorge um den "bösen Blick" viel seltener ausgesprochen. Das hat damit zu tun, daß ich nach Texten in tschaghataischer Sprache fragte. Hier muß aber vor allem der Koran geschützt werden. Für diesen gilt natürlich das Gebot der rituellen Reinheit der Betrachterin. Wollte mir eine *ātin āyi* oder eine einfache fromme Frau ihren Koran zeigen, so stellte sie die Frage nach *ṭahārat*.

Die Ängste und Vorschriften, die die Frauen dem Wunsch, ihre Texte kennenzulernen, entgegenstellten, waren manchmal unbequem. Manchmal vereitelten sie die Hoffnung auf ein weiteres Mosaiksteinchen zum Verständnis für ihre Tätigkeit. Andere Frauen, unter ihnen sehr fromme und weniger fromme, erwähnten weder den "bösen Blick" noch die rituelle Reinheit.

0.6 Das Wahren der Aura und Denken in sakralen Zeitbezügen

In dem Maße, in dem die Frauen in Choresm Vertrauen gewannen und merkten, daß ein ernsthaftes Interesse an ihrer Tätigkeit bestand, wurden sie auch aufgeschlossener. Doch blieb es stets schwierig, Auskunft über einige Bereiche zu bekommen, die aus europäischer Sicht unproblematisch erscheinen mögen. So war es von Anfang an schwierig, Angaben über das Leben der *ḫalpa* zu bekommen. Welche *ḫalpa* möchte schon einem Fremden mehr sagen, als sie ihren Landsleuten sagt. Und diese werden mit Legenden abgespeist, die die *ḫalpa* für ihr Herausgehobensein aus dem Alltag braucht. Die Angaben über das eigene Leben werden so verschoben, daß der Lebenslauf mehr Eindruck erweckt, falls überhaupt Auskunft darüber gegeben wird. Eher entspricht es wohl dem Wesen der *ḫalpa*, möglichst viel im Dunkeln zu lassen.

Manche Legende hätten auch wir für Wahrheit nehmen können, wenn wir es nicht durch Familienmitglieder oder Bekannte der *ḫalpa* besser gewußt hätten (vgl. 1.4). Die meisten *ḫalpa* teilten ungern mit, wann sie das Lesen der arabischen Schrift erlernt hatten und wieviel Zeit sie dafür benötigten. Für uns war jedoch diese Auskunft nicht nur wichtig, weil wir bemüht waren, uns eine genaue Vorstellung von der Biographie einer *ḫalpa* zu bilden, sondern auch, weil wir globale Urteile wie "in sowjetischer Zeit konnte man die alten Bücher nicht lesen, es war verboten" prüfen und möglichst viele Tatsachen für eine Geschichte des *ḫalpačilik* im 20. Jahrhundert zusammentragen wollten. Daß Sätze der zitierten Art der Wirklichkeit nicht voll entsprachen, war schon sehr bald offenbar geworden. Aber wie sah die Realität aus? In welchen Jahren war das Vorlesen als unerlaubte religiöse Tätigkeit streng untersagt, in welchen wurde es geduldet usw.?

Diesen Fragen war nachzugehen. Allerdings blieben die Angaben hierzu spärlich.

Dafür, daß viele *ḫalpa* klare Antworten auf die Frage des Lernbeginns meiden, gibt es in den neunziger Jahren keine im Gesellschaftssystem liegenden Gründe mehr. Die alte Furcht vor ungünstigen politischen und sozialen Folgen, vor Bestrafung durch gesellschaftliche Institutionen könnte eventuell noch nachwirken. Doch das wichtigste Hindernis scheint die von den *ḫalpa* gewünschte Darstellung der eigenen Person zu sein. Die Aura, mit der sich eine *ḫalpa* zu Beginn ihrer Tätigkeit umgibt, muß jedem Fragenden gegenüber aufrecht erhalten werden, damit es keinerlei Durchlässigkeit gibt. Im Erscheinungsbild, das die *ḫalpa* von sich schafft, spielen Krankheit, Berufung und Erteilung der *fātiḥa* eine

Rolle, nicht jedoch der Lernprozeß an sich. Zudem glauben viele *ḫalpa* wahrscheinlich im Verlaufe der Zeit immer stärker an ihre Berufung, die für sie fast außerhalb des realen Zeitverlaufs stehen kann. Höchstens der Bezug auf eine andere Person, die ihr *ḫalpa*-Werden beförderte, ist für sie von Bedeutung.

Ähnlich wurden andere Fragen, die sich auf den Zeitpunkt eines Ereignisses im Leben der *ḫalpa* beziehen, außer der Frage nach dem eigenen Geburtsjahr, fast immer ungern oder gar nicht beantwortet. Manchmal ließ sich eine Antwort erhalten, wenn man nach den für alle einschneidenden Ereignissen fragte (war es vor dem Krieg oder nach dem Krieg, war es vor der Unabhängigkeit oder danach) oder nach wichtigen Zeitabschnitten im privaten Leben (war es vor Ihrer Heirat oder danach, vor der Geburt der Kinder, vor dem Tod der Eltern usw.).

In vielen Fällen werden die Fragen von den *ḫalpa* sicher als unpassend empfunden, weil sie selbst nicht in den Kategorien der Fragenden denken. Sie haben sich ganz dem Vortrag sakraler Texte gewidmet, und diese Tätigkeit bestimmt ihr Leben als Ganzes. Jahreszahlen sind zu profan, um für ein aus dem Alltäglichen herausgehobenes Leben von Bedeutung zu sein. Hat eine *ḫalpa*, weil sie ihren Beruf noch nicht lange ausübt oder wegen ihrer Herkunft und ihrer persönlichen Entwicklung, weniger fromme Vorstellungen von ihrer Tätigkeit, wird sie in der Regel versuchen, sich nach außen möglichst genauso wie die anderen *ḫalpa* zu zeigen. Allerdings gibt es Ausnahmen bei Frauen, die in den langen Jahren ihres Berufslebens europäische Kommunikationsformen angenommen haben. Wenn Frauen dieses Typs *ḫalpa* werden, verhehlen sie einer Europäerin gegenüber die zweite Seite ihres Wesens nicht (vgl. 1.4).

Im Ferghanatal konnte ich, trotz der ungünstigen Forschungssituation, den Eindruck gewinnen, daß es sich bei den dortigen *ātin āyi* etwas anders als in Choresm verhält. Eine *ātin āyi* empfindet sich nicht in dem Maße als eine aus der Menge herausgehobene Person wie die *ḫalpa*. Sie versteht sich vor allem als Lehrerin. Sie weiß über die sakralen und – aus der Sicht der meisten Schülerinnen – auch über die profanen Dinge besser Bescheid als die übrigen Frauen. Doch unterscheidet sie sich von ihnen nur durch ihr größeres Wissen, es sei denn sie heile auch, was ihr einen besonderen Status verliehe. Natürlich gibt es auch hier Frauen, die sich über ihre Person prinzipiell in Schweigen hüllen. Welche Gründe es hierfür außer der politisch motivierten Angst gab, konnte ich nicht klären. Aber die Mehrzahl der Frauen scheint ihre Tätigkeit des Koranlesens und der Vermittlung dieser Fähigkeit an andere deshalb auszuüben, weil es in ihrer Familie Frauen gab, die dasselbe getan haben und weil es ihnen Freude macht und als sinnvoll erscheint. Hinzukommt, daß in den neunziger Jahren die Tätigkeit als Lehrerin im Koranlesen für manche junge Frau im Alter von Mitte zwanzig, deren Kinder aus dem Babyalter heraus waren, die einzige Möglichkeit eines Wirkens über den Kreis der Familie hinaus war.

Mir schien, daß die Tätigkeit der *ātin āyi* als etwas Natürlicheres genommen wird als die der *ḫalpa*. Das könnte mit dem gelesenen Text zusammenhängen. Bei den *ātin āyi* ist es der Koran.

Diesen zu lesen, sollten nach ihrer und ihrer Mitbürgerinnen Auffassung möglichst viele Personen in der Lage sein, weshalb man auch Lesezirkel organisiert. Längst nicht alle Lesenden haben den Wunsch, selbst *ātin āyi* zu werden. Manche Frauen sind auch nach zwei oder drei Jahren noch sehr ungeübt im Lesen, besuchen aber regelmäßig die Zirkel, weil ihnen die Art der meist wöchentlichen Zusammenkünfte mit Gesprächen und gemeinsamem Essen neben dem Koranlesen ein wichtiger Lebensinhalt ist. Wer in Choresm in den neunziger Jahren die alten Texte las, wollte gewiß selbst *ḫalpa* werden. Das wird zwar nicht offen erklärt, denn man muß ja die Berufung abwarten (vgl. 1.1 bis 1.4), aber in den Gesprächen mit den Frauen, die noch im Lernprozeß standen, konnte man diesen Eindruck erlangen. Die große Zahl der Frauen im Ferghanatal dagegen genoß die Zusammenkünfte als Plauderstunde, und nur sehr wenige Frauen schienen zu Hause überhaupt einen Blick auf die Hausaufgaben im Koranlesen geworfen zu haben. So ergibt sich ein gewisses Paradoxon der Art, daß der Text, dem nach Meinung aller Muslime in Mittelasien die höchste Bedeutung zukommt, der Koran, dort, wo er am häufigsten gelesen wird – in den Lesezirkeln – zwar einer freundlichen, aber keiner ausgesprochen sakralen Atmosphäre bedarf. Er bewirkt nicht, daß die Lehrerinnen eine besondere Aura erhielten. Die von den *ḫalpa* gelesenen Texte dagegen, die nach allgemeiner Auffassung keineswegs die Bedeutung des Korans erreichen, produzieren, jedesmal wenn sie gelesen werden, Sakralität und stärken die Aura der *ḫalpa*.

0.7 Einbeziehung in Alltagsprobleme

Günstig für den Gesprächsbeginn war stets die Vermittlung von Verwandten oder von Leuten, die im *maḥalla* (Stadtviertel) sehr gut bekannt sind. Konnte mein Begleiter oder meine Begleiterin mehrere Personen nennen, die die *ḫalpa* auch kannte, so war eine gute Gesprächsgrundlage geschaffen. Je mehr Grundwissen über die Tätigkeit der *ḫalpa* und *ātin āyi* man besitzt, um so schneller kann man eine Vertrauenssituation schaffen. Die *ḫalpa* wissen es zu würdigen, wenn man ihre Bücher kennt und ihnen somit nahesteht. Denn in der Regel haben Leute, die keine *ḫalpa* sind, keine Vorstellung davon. Schnell konnte man dann sogar zu einer Vertrauensperson werden, der die *ḫalpa* ihr Herz über Schwierigkeiten in der Familie ausschüttete. Hält man sich längere Zeit in einer Gegend auf, wird man, ohne daß es besonderer Anstrengungen bedarf, schnell in das Leben einbezogen. Den eigenen Freundinnen können die Frauen manches Problem nicht erzählen, weil diese häufig zugleich nahe oder entfernte Verwandte sind oder diese gut kennen. So gehen die Nachrichten über Schwierigkeiten und Meinungen wie ein Lauffeuer herum und erreichen auch die Personen, die keineswegs etwas davon erfahren sollten. Eine Russin, die am gleichen Ort arbeitet, oder eine Ausländerin wird in solchen Fällen gern zu Rate gezogen. Bei diesen Personen kann man sicher sein, daß bei ihnen nicht ein eigenes Interesse gegenüber den Personen, die in die Angelegenheit verwickelt sind oder von ihr berührt werden, vorliegt. Und manchmal verfehlen auch Argumente, die aus einer anderen Lebenssituation geschöpft sind, nicht ihre Wirkung. Außerdem wird – in der Regel zu Unrecht – von einer Nichtusbekin hin und wieder Hilfe erwartet, wie sie sonst von den usbekischen Männern erwartet wird – eine Fürsprache bei Leuten von der Universität o.ä.

Einige Male wurde nach Büchern gefragt. Ob ich wohl wüßte, wer dieses oder jenes Buch besäße, man wolle es sich so gern abschreiben.

Bei einer Zusammenkunft, die keine Totenfeier ist, kann man aufgefordert werden, einen Koranvers zu sprechen.

Es kam auch vor, daß ich gebeten wurde, diesen oder jenen Familienangehörigen nicht zu sagen, daß die *ḫalpa* ihre Texte fotografieren ließ. Eine Frau sagte, sie könne das Fotografieren eigentlich nicht gestatten, denn sie habe einen sehr bösen Ehemann. Diese Dinge waren schwer auflösbar. In einigen Fällen mag der Wunsch dahinter gestanden haben, die Europäerin möge die Großzügigkeit, die die *ḫalpa* zeigte, durch ein Geschenk würdigen.

Anders als das Fotografieren, erwies sich das Abschreiben eines Textes für eine Europäerin und Nichtmuslimin nicht als Problem. Ihre Abschreiberin, sagte eine *ḫalpa*, schreibe für jeden, ob es nun ein Usbeke, ein Araber oder ein Russe (d.h. ein Europäer) sei. Und für denjenigen, der den Text lese, werde die Abschreiberin auch in jener Welt ein gutes Wort einlegen, so daß er wie sie ins Paradies komme ...

Im Ferghanatal wurde ich seltener in die alltäglichen Sorgen einbezogen, doch läßt sich dies durch die Gesamtsituation erklären, die es mir nur ausnahmsweise gestattete, eine Frau so oft zu besuchen, daß sich ein Vertrauensverhältnis herstellte. Aber ähnlich wie in Choresm einige reisebegeisterte *ḫalpa* deuteten auch im Ferghanatal einige *ātin āyi* Bitten um Unterstützung für Reisen nach Europa an – ob es nun sie selbst oder eines ihrer erwachsenen Kinder betraf. Unter günstigeren äußeren Umständen, die es erlaubt hätten, mehr über die Tätigkeit der *ātin āyi* in Erfahrung zu bringen, wäre zweifellos das Bestreben, eine Forscherin in den mittelasiatischen Alltag einzubeziehen, im Ferghanatal ebenso intensiv gewesen wie in Choresm.

0.8 Mißverständnisse: *ḫalpa* und *kitābī ḫalpa*

Den Wunsch, verschiedene *ḫalpa* kennenzulernen, hatten Ingeborg Baldauf und ich an mehrere Bekannte herangetragen, weil es sich als unmöglich erwiesen hatte, über eine *ḫalpa* eine weitere *ḫalpa* kennenzulernen, zu groß ist das Konkurrenzdenken unter ihnen. Unser Wunsch führte zu Mißverständnissen.

Besonders jüngere Menschen denken, wenn sie das Wort *ḫalpa* hören, an Frauen, die Akkordeon spielen und singen (*sāzči ḫalpa*). Die *ḫalpa*, welche die uns interessierenden traditionellen Texte lesen, werden, wenn der Unterschied relevant ist, *kitābī ḫalpa* (Buch-*ḫalpa*, Bücher lesende *ḫalpa*) genannt. Doch macht man diese Unterscheidung nur deutlich, wenn sie nicht aus den Umständen selbst hervorgeht. Zu einer Trauerfeier wird man keinesfalls eine *ḫalpa* mit Akkordeon einladen. Aber als Forschungsgegenstand, als Teil der usbekischen Kultur erschien einigen unserer Bekannten der Typ der *ḫalpa* mit Akkordeon, am besten noch in Begleitung eines Tamburinspielers oder einer Tamburinspielerin und einer Tänzerin, viel interessanter, und sie luden uns zu derartigen Treffen ein. Ein so zusammengesetztes Ensemble tritt in der Regel bei Hochzeitsfeiern oder bei anderen freudigen Ereignissen auf. Obwohl die Lieder und Tänze nicht Gegenstand unserer Untersuchungen waren und wurden, konnten wir doch auch von den singenden *ḫalpa* einiges Interessante erfahren. Und im Initiationsritus gibt es regelrecht Parallelen zu unserem Forschungsgegenstand.

Den Begriff *dīnī ḫalpa* (religiöse *ḫalpa*) statt *kitābī ḫalpa* verwenden Personen, die von der Tätigkeit der Frauen sehr weit entfernt sind. Mit "religiös" ist nichts gesagt, denn die Akkordeon spielenden und singenden *ḫalpa* sind nicht fern von Religiösem. Nur tragen sie auf andere Weise und dem Inhalt nach Fröhlicheres vor als die *kitābī ḫalpa*.

Im Ferghanatal gibt es nur einen Typ von *ātin āyi*. Ihr Tätigkeitsbereich ist nur in Abhängigkeit von den Lebensbedingungen, von der Region, in der sie wohnt (vgl. 2.3), und von der Individualität der Frau weiter oder enger.

1 Wie wird man *ḫalpa*, wie wird man *ätin äyi*

1.1 Krankheiten

Mehrere *ḫalpa* begannen, wenn sie bereit waren, etwas über ihren Weg zu *ḫalpačilik* zu sagen, mit der Tatsache, daß sie schwer krank gewesen seien. Der religiöse Aspekt der Krankheitsgeschichten war nicht immer von Anfang an zu erkennen. Häufig wurde er erst bei der nächsten oder übernächsten Stufe des Weges zum *ḫalpačilik*, bei dem Verweilen auf nahen Friedhöfen oder auf weithin bekannten Pilgerstätten oder erst beim Berufungstraum erkennbar.

Es ist üblich, die Krankheiten zunächst nicht weiter zu spezifizieren. Es war eine schwere unheilbare Krankheit, heißt es. Fragt man weiter nach, so hört man am häufigsten von Nervenkrankheiten. Diese können auch mit Schreikrämpfen verbunden gewesen sein. Nicht immer kommen derartige Krankheiten gleichsam aus dem Nichts. Neben Begründungen aus einer nichtrealen Sphäre, von denen unten die Rede ist, gibt es auch Schicksalsschläge, die Auslöser für ein Krankheit sein können. So starb einer Frau der zwanzigjährige Sohn bei einem Badeunfall, bevor ihre Krankheit ausbrach. Neben Nervenkrankheiten werden Rheumatismus, starke Kopfschmerzen und Migräne (manchmal bildhaft: eine schwere Pranke lag gleichsam auf Kopf und Augen), Hepatitis, Nierenkrankheit, Wassersucht, Lähmungen u.a. genannt.

Eine Frau, die mit vierzig Jahren fünf Kinder und ein Enkelkind hatte, sagte, ihre Krankheit, die sie nicht näher beschrieb, sei nach einer Operation aufgetreten.

Einige der Frauen erklärten, sie hätten lange, manchmal jahrelang, nicht gewußt, worin ihre Krankheit bestehe. Sie seien zur Heilung hierhin und dorthin gefahren (Jalta, Taschkent, Nowosibirsk), aber alle Heilungsversuche seien fehlgeschlagen. Dann endlich hätten sie erfahren, daß ihnen die Heiligen helfen können usw. Es folgen in der Regel die zwei nächsten Abschnitte der Berufungsgeschichte, und am Ende heißt es immer, seit sie "lese" (vgl.4.1), sei die *ḫalpa* nicht mehr krank.

Die relativ einfachen Berichte über komplizierte Situationen können von Familienmitgliedern, deren Lebenssphäre fern von der einer *ḫalpa* ist, in noch profanerer Form dargestellt werden. So erzählte der Ehemann einer *ḫalpa*, die von einer zwanzigtägigen Krankheit gesprochen hatte, einer mir bekannten Person, es handele sich um eine Nervenkrankheit, die 1973 nach einem großen Familienfest ausgebrochen sei.

Seine Ehefrau sei damals in eine Nervenklinik gekommen, habe sich aber gleichzeitig an eine *ṭabīb* gewendet. Trotzdem sei sie seither nicht wieder voll genesen. Sie sei auch heute noch unter ärztlicher Kontrolle. Natürlich hatte auch diese Frau gesagt, sie sei gesund, seit sie "lese". Ein derartiger Bericht von außen zeigt auch die Differenz in der Alltagsbiographie und der "sakralen Biographie" einer *ḫalpa*. Sie selbst hatte gesagt, schon bald nach der Krankheit habe sie zu "lesen" begonnen, und dies seien nun zehn bis fünfzehn Jahre. Nach den Angaben des Ehemannes hätten es um 1995 schon über zwanzig Jahre sein müssen. Es ist an sich kein Grund vorstellbar, der eine Frau veranlassen könnte, eine kürzere als die wirkliche Zeit für ihre *ḫalpa*-Tätigkeit anzugeben. Vielleicht hängen im realen Leben der Frau die Krankheit, das Eintreten der Krankheit in ein beruhigteres Stadium und der Beginn von *ḫalpačilik* weniger eng zusammen, als sie es gewohnt ist, ihren Zuhörerinnen zu erzählen. Die sakrale Biographie hat sich verselbständigt. Dieser Vorgang dürfte nicht allzu selten sein.

Auch die Tatsache, daß einige *ḫalpa* einen ganz und gar kranken Eindruck machten und daß eine durch ihre Tätigkeit "gesund gewordene" *ḫalpa* im Laufe der Zeit erzählte, daß sie jedes Jahr zu einem Kuraufenthalt fahre, weil sie herzkrank sei, was man ihr ohne weiteres glauben konnte, sind nicht in Übereinstimmung mit der sakralen Biographie zu bringen. Natürlich könnte die Berufungskrankheit eine andere als die jetzt wirkende sein. Die *ḫalpa* erörtern aber diese Dinge ungern. Wegen der besonderen Bedeutung, die die Krankheit im Vorgang des *ḫalpa*-Werdens hat, ist die Verweigerung eines detaillierten Gesprächs darüber verständlich.

Die Krankheit der Alma *ḫalpa* war ihrem Bericht zufolge der vorübergehende Verlust des Augenlichts. Sie ist eine der wenigen *ḫalpa*, die auch als Dichterin bekannt sind (Ālmaḫān Ātağānova) und deren Name in den Publikationen über die Kultur Choresms genannt wird. Als Dichterin hatte sie die Krankheit, welche die Dichter in alten Zeiten zu haben pflegten – Blindheit, die den Blick nach innen lenkte und dem Dichterwort eine besondere Kraft verlieh. Sie unterstrich ihre Nähe zu anderen Dichtern auch, indem sie den Namen ihres *pīr* nannte, während die meisten *ḫalpa* dies nicht tun. Es war Mašrab.

Niemals wird Epilepsie als Krankheit erwähnt, die jedoch bei den *ḫalpa* auch vorkommt, wie man von Außenstehenden erfahren konnte. Es ist anzunehmen, daß in diesem Fall – ähnlich wie bei der oben erwähnten Nervenkrankheit – moderne Heilmethoden mit denen eines oder einer *ṭabīb* kombiniert werden und zusätzlich *ḫalpačilik* als angemessener Beruf gewählt wird.

Durch Gespräche mit Frauen, die nicht *ḫalpa* sind, über die *ḫalpa* erfährt man mit der Zeit, daß es sich häufig um ganz andere Krankheiten als die von den *ḫalpa* genannten gehandelt hat. Es sind zwar Krankheiten, die zum Teil des Berufungserlebnisses werden, aber die Frauen nennen nur dann die wirkliche Krankheit, wenn ihnen scheint, daß diese zur Legitimation gut geeignet ist. An sich spielt die Art der Krankheit im *ḫalpa*-Milieu keinerlei Rolle.

Einigen *ḫalpa* liegt es nicht, besonders viel Aufhebens von ihrer Krankheit zu machen. Die Tätigkeit der *ḫalpa* aber lieben sie sehr. So sagte eine Frau erst nach mehrmaligem Fragen, ja sie sei im Alter von 39 Jahren im Jahre 1959 krank gewesen, und diese Krankheit sei für sie der Anlaß gewesen, mit dem Zusammentragen von Büchern zu beginnen, die man für *ḫalpačilik* braucht. Anderes wollte sie darüber nicht berichten. Mit der Tätigkeit selbst hat sie erst im Alter von Anfang 50 begonnen, als ihre Rentenzeit begann.

Eine *ḫalpa*, der der Zufall half, schon in der Schulzeit das Lesen der in arabischer Schrift geschriebenen Bücher zu erlernen, obwohl in ihrer Familie weder eine *ḫalpa* noch ein *mullā* gewesen war, und die in ihrer Gegend große Anerkennung genießt, sagte auf die Frage nach einer Krankheit zum Beginn ihrer Tätigkeit, sie sei nicht, weil sie krank gewesen wäre, *ḫalpa* geworden, sondern weil ihr das Lesen Spaß gemacht habe, weil sie Lust darauf hatte (*hawaslandim*, vgl. auch *hawas bilan ŭqiganman* unter 1.3).

Eine Frau, die Dichtungen verfaßte, welche sich zum Vortrag durch die *ḫalpa* eignen, traf auf meinen Wunsch mit mir zusammen. Sie war selbst keine *ḫalpa*, kannte aber alle Elemente des *ḫalpačilik* sehr gut und war bemüht, ihr Wesen dem einer *ḫalpa* anzupassen, obwohl sie an sich eine durch und durch moderne Frau war. Sie modernisierte die Tatsache des Krankwerdens bis zur Kuriosität, indem sie bei der Vorstellung nicht nur ihren Namen und ihren Wohnort nannte, sondern die durchlebten Operationen im Krankenhaus gleich anfügte. Ihr Verhalten könnte das Ergebnis des Umgangs mit Journalisten sein, die ein neues Thema für die Presse entdeckt haben.

Schließlich wird, wenn auch viel seltener, von einer Art des Krankwerdens erzählt, die wohl der Idee des *ḫalpačilik* am nächsten kommt. Nichtirdische Kräfte hätten die *ḫalpa* zu ihrer Tätigkeit gezwungen. Diese Kräfte machten sich als Krankheit bemerkbar, der sie nur Herr werden konnte, indem sie begann, sich dem Vortrag der religiösen Texte in arabischer Schrift zu widmen.

In der Familie einer *ḫalpa* gab es 1995 in drei Generationen je eine Frau dieses Berufes. Ich fragte die Frau aus der mittleren Generation, die ich gut kannte, ob ihre Tochter keine Angst gehabt habe, sich dem *ḫalpačilik* zuzuwenden. Denn von G. (vgl. 5.4) hatte ich gehört, daß sie sich für zu jung hielt, um sich mit den traurigen Büchern zu beschäftigen. Die Antwort lautete, sie habe sich nicht gefürchtet, denn sie sei lange Zeit so krank gewesen, daß sie hätte sterben können, wenn sie nicht endlich *ḫalpa* geworden wäre.

N. berichtete folgendermaßen. Ihre Schwiegermutter war *ṭabīb* und zugleich oder als solche ein *arqalï adam* (*ārqali ādam*).

Dieser Begriff, den man häufig hört, wird in den Wörterbüchern kaum erklärt. In die Nähe des hier Gemeinten kommt nur die hin und wieder gegebene Bedeutung "eine Stütze habend, Hilfe habend".

Ganz gut paßt zu *arqalï* die von Judachin[11] im Kirgisischen gegebene Bedeutung für *arqï* "jenseitig".

N. erklärte, ein *arqalï* sei jemand, der einen *pīr*, einen *yūldāš* habe, also einen heiligen Mann als Beschützer, Wegbegleiter und Vermittler der besonderen Gaben, die der oder die *arqalï* besitzt.

Von Laien wird manchmal auf die Frage, was *arqalï* sei, geantwortet, jeder der heilen könne, sei es mit den Händen, mit Kräutern oder mit Blut, sei ein *arqalï*.

Die Schwiegermutter konnte als *ṭabīb* den Leuten ansehen, ob sie gesund werden oder bald sterben werden. Wußte sie, daß ein Patient an seiner Krankheit sterben werde, so begann sie keine Heilbehandlung. Dann starb die Schwiegermutter, und als ihr Körper gewaschen wurde, ging N. in deren Haus. Dort sah sie ein eigenartiges Licht. Es war jedoch kein Licht, sondern die Seele (*rūḥ*) der Schwiegermutter, wie sie dann begriff. Plötzlich überfiel N. eine Lähmung. Sie konnte die Hände und Füße nicht mehr bewegen. Auf diese Weise hat ihr die Schwiegermutter ihre besonderen Kräfte übertragen. Die Krankheit, die sie nun zusammenfassend als Nervenkrankheit (*rūḥī kasallik*) bezeichnet, dauerte drei oder dreieinhalb Jahre an und zwang sie endlich, sich drei Monate auf einem nahe gelegenen Friedhof aufzuhalten. Dann folgten Traum und Lernprozeß. Sie wurde aber selbst nicht *ṭabīb*, sondern eine *ḫalpa*, die Bücher vorträgt.

---

[11] Kirgizsko-russkij slovar' 1985, 68.

Von der Weitergabe des *arqalï*-Seins an Blutsverwandte oder andere Familienangehörige konnte man auch in anderen Fällen hören. Saᶜādatġān wurde z.B. *arqalï* genannt, vgl. 6.3.

Eine *ḫalpa*, die 1995 die Kunst des *kitāb qaraš* (vgl. 2.5) beherrschte, sagte 1995 in einem Gespräch mit Jakob Taube, sie sei wegen ihrer Krankheit zu den *pālmīn* (*fālbīn*) gegangen und diese hätten gesagt, sie sei *arqalï*. Zunächst habe sie nicht gewußt, was das bedeute. Dann habe sie es mit der Zeit durch viele Stimmen erfahren.[12]

Eine Frau, die 43 Jahre lang als Lehrerin gearbeitet hatte und zum Zeitpunkt des Gespräch gerade in Rente gegangen war, erzählte, wie sie einmal zu einer Wahrsagerin (*fālbīn*) gegangen war, um sich weissagen zu lassen (*fāl āčiš*). Diese sah sie an und erklärte, es ginge bei ihr nicht, denn sie sei *arqalï*. Davon hatte sie bis zu diesem Zeitpunkt nichts gewußt. Nach zwei Jahren versuchte sie es noch einmal bei einer anderen Wahrsagerin in einem Sanatorium bei Taschkent. (Ich nehme an, die Ärzte wußten, daß die Wahrsagerinnen an dieser Stelle unter den Patienten gute Kunden finden, und duldeten deren Tätigkeit, obwohl die Voraussagen hinsichtlich der Gesundheit in ihren Verantwortungsbereich hineinreichten.) Die zweite Wahrsagerin antwortete dasselbe wie die erste. Die Lehrerin hat weder damals noch später einen Beruf aus ihrem *arqalï*-Wesen gemacht. Doch fiel ihr ein, wo es herkam. Ihre Großmutter war *ṭabīb* gewesen, unter anderem hatte sie Massagen im Schwitzbad gemacht. Sie war eine Tatarin, die in Sibirien lebte. Die Tochter dieser *ṭabīb* und ihr Mann waren, dem Hunger in Sibirien entfliehend, nach Taschkent gegangen. Dort hatte der Mann, der Vater meiner Gesprächspartnerin, zunächst als Maurer gearbeitet und abends, wie auch seine Frau, eine Arbeiter- und Bauernfakultät besucht. Nach deren Abschluß waren die Eltern selbst als Lehrer an ähnliche Einrichtungen in kleinere usbekische Städte gegangen. Ihre Mutter hätte von der Großmutter die Tätigkeit des *ṭabīb* übernehmen können, doch habe sie sich vor einem Ritus gefürchtet, der den Worten der Großmutter zufolge dem Beginn dieser Tätigkeit vorauszugehen habe: man müsse zusehen, wie eine Schlange ansetze, einen Frosch zu fressen, und ihr diesen im letzten Augenblick entreißen. Obwohl also bereits die Mutter die besonderen Fähigkeiten, die sie hätte haben können, nicht angenommen hatte, war davon noch etwas bis zur Enkelin durchgedrungen. Als Fordernde waren in diesem Fall weder der *pīr* noch die Seele (*rūḥ*) der beiden Vorgängerinnen an die ehemalige Lehrerin herangetreten.

Im nichtreligiösen Bereich kann der Begriff auch für Dichter verwendet werden. Meistens heißt es dann, der und der sei *arqalï* (oder *arqalïq*). Damit wird eine besondere Wertschätzung ausgedrückt, der Dichter sei besessen vom Dichten, aber zugleich wird auf sein Anderssein hingewiesen. In seinen Lebensformen sei etwas nicht Normales.

Eine sehr fromme *ḫalpa* hat ihren Werdegang ausführlich erzählt, ohne das Wirken von überirdischen Kräften ausdrücklich als solches zu

---

[12] Jakob Taube danke ich herzlich für den Gesprächbericht.

bezeichnen. Bei ihr begann das ḫalpa-Werden nicht mit der Krankheit, sondern mit dem Lernprozeß. Ihre Lehrerin war ihre Schwiegermutter, eine Frau, die den Koran lesen konnte und die sich in den alten Büchern gut auskannte. Sie war lange Jahre vor ihrem Tod krank. Als die Schwiegermutter dann starb, wurde sie selbst krank. Viele Tage lang konnte sie nicht schlafen oder wagte nicht zu schlafen. In der Zeit zwischen dem Tod der Schwiegermutter und der Jahresfeier (*yil āši*), die in diesem Fall nach 8 Monaten gegeben wurde, verringerte sich ihr Körpergewicht um 18 kg. Erst nach dieser Zeit wurde sie selbst *ḫalpa*. Eine andere Frau an ihrer Stelle hätte gewiß einen Tupfer Undurchschaubares hinzugegeben, und schon gliche ihre Geschichte der der vorhergehenden *ḫalpa*. Aber diese Frau behielt es, falls es für sie existierte, für sich. Allerdings schien ihr die Krankheit so wichtig, ja fast wertvoll zu sein, daß ihr Bericht wie eine Poetisierung der Krankheit wirkte. Es handelt sich um jene Frau, für die auch die Speichelübergabe eine Rolle spielte, vgl. 1.4.

In die Reihe der Krankheiten, bei denen überirdische Kräfte wirksam werden, gehört die einer singenden *ḫalpa* (*sāzči*), deren Tätigkeitsbereich außerhalb meiner Forschungen blieb, da er mehr ins Fach der Musikwissenschaftler gehört. Doch waren die Erscheinungsformen ihrer Krankheit bzw. deren Begleiterscheinungen, über die sie Ingeborg Baldauf und mir berichtete, so beeindruckend, daß ich sie hier wiedergeben möchte. Die Frau litt fünf Jahre lang an einer Nerven- und Herzkrankheit. Deswegen mußte sie sich wiederholt ins Krankenhaus begeben. Man wollte ein EKG machen. Doch das gelang nie, da der Apparat immer stehenblieb. Das geschah zuerst in Choresm, dann ebenso in Taschkent. Der Taschkenter leitende Arzt erriet, daß sie eine besondere Veranlagung zu Träumen habe. Diese müßten, so meinte er, der Grund dafür sein, daß alle medizinischen Instrumente aussetzen, sobald sie mit ihrem Körper in Berührung kommen. Mit dieser Vermutung hatte er, wie die *ḫalpa* sagte, die Wahrheit getroffen.

Das Idealbild des *ḫalpa*-Werdens, bei dem schon auf der Krankheitsstufe deutlich Kräfte hervortreten, die mit der physischen Existenz der künftigen *ḫalpa* wenig zu tun haben, wird nicht allzu oft in reiner Form erzählt. Fast immer ist aber eine der folgenden Etappen des Werdegangs so, daß man nachträglich die Krankheit als einen notwendigen ersten Schritt auf diesem Weg erkennen kann.

Die Frauen erzählen dann, daß die Ärzte in den Polikliniken und Krankenhäusern kein Mittel gegen ihre jeweilige Krankheit fanden. Darauf folgt die Hinwendung zu Heiligen.

Wenn eine *ḫalpa* auf den Krankheitsbericht verzichtet oder die Bedeutung einer einschneidenden Krankheit eher herunterspielt als ausstellt, hat sie meistens ein großes Maß an Selbstbewußtsein. Dieses kann aus der Stärke der Familientradition, in der die *ḫalpa* aufwächst, rühren oder, wie oben erwähnt, aus einem starken, ebenfalls nicht sakral begründeten Interesse an *ḫalpačilik*. Ähnliches ist auch bei den Träumen zu beobachten, vgl.1.3. Die verschiedenen Möglichkeiten der individuellen Realisierung des Weges zur Tätigkeit der *ḫalpa* lassen noch die zwei Quellen erkennen, aus denen *ḫalpačilik* genährt wird: Schamanistisches hier und islamische Gelehrsamkeit da.[13]

Bei den nichtirdischen Zwängen, die den Besuch eines Friedhofs in der Krankheitsphase besonders stark bestimmen, wird man in der Regel an schamanistische Relikte denken. Von dem Auftreten nichtirdischer Wesen, deren Wirkung der von Schamanengeistern gleicht, sind in Mittelasien, wie es einige Male beschrieben wurde, auch Epensänger und Dichter betroffen.[14] Die Nähe der Erlebnisse dieser Personen zu denen der *ḫalpa* überrascht nicht, wenn man bedenkt, daß zum Repertoire einiger *ḫalpa* Epen gehören und daß sie hin und wieder selbst als Dichterinnen hervortreten. Ein weiterer Lebensbereich, dessen Vorstellungen in die Gedankenwelt der *ḫalpa* teilweise Eingang gefunden haben könnte, ist der der *naqšbandiyya*, die in Mittelasien weit verbreitet ist. Auch hier unterliegt der Novize einer Machtausübung oder Verfügungsgewalt des Meisters (*taṣarruf*)[15]. Doch scheint der Novize sich darüber im Klaren zu sein, daß der Verursacher der Lehrer und Meister ist, ob er noch unter den Lebenden weilt oder nicht. Die jetzt zu erwartenden Untersuchungen zur *naqšbandiyya* in Mittelasien dürften deutlicher zeigen, wo mit ihrem Einfluß zu rechnen ist und wo nicht. Hinsichtlich Maḫtūmquli̊'s ist bereits sichtbar, daß es unterschiedliche Interpretationen gibt. Bertel's hatte in seinen Aufsätzen (1944 und 1960) die Initiation als Sänger und Dichter betont. Demidov dagegen macht den Zusammenhang mit der *naqšbandiyya* deutlich.[16]

---

[13] Basilov 1992 erörtert die Verknüpfung der beiden Quellen im Alltag anhand zahlreicher Beispiele vor allem in dem Kapitel "Šamanstvo kak ėlement bytovogo islama", 279-303.

[14] Vgl. z.B. Bertel's 1960; Basilov 1986b und 1995.

[15] Vgl. Meier 1994, besonders 245-247, 250.

[16] Demidov 1978, 72f und 91-93. Der Autor stützt sich dabei unter anderem auf persische Quellen, die in Auszügen bereits in "Materialy po istorii turkmen i Turkmenii", t. 1-2, Moskva 1938, 1939, veröffentlicht worden waren. Bertel's, der sich mehrere Jahrzehnte lang

Allerdings spielt die *naqšbandiyya* für die Frauen nur eine geringe Rolle.[17] Und für die *ḫalpa* scheint es lange Zeit durchaus nicht klar zu sein, worum es sich eigentlich handelt. Sie gehen zuerst ratlos zu Ärzten, ehe sie sich für den Gang zu einem Friedhof entscheiden.

Im Ferghanatal hat keine der *ātin āyi*, mit denen ich gesprochen habe, den Beginn oder die Ursache ihrer Tätigkeit mit einer Krankheit verbunden. Ich deute das so, daß in dieser Gegend die vom Schamanismus herkommenden Elemente viel schwächer oder ganz verloren sind, vgl. auch 1.3.

1.2 *Ḫalpa* und Pilgerorte, *ātin āyi* und Pilgerorte

Wie die Krankheit, die zu *ḫalpačilik* führt, wird auch der Besuch eines Friedhofs in der Nähe oder einer bekannten Pilgerstätte in weiterer Entfernung vom Wohnort in der Regel als ein einfacher und selbstverständlicher Vorgang dargestellt. "Da sagten mir meine Verwandten, daß ich auf den Friedhof gehen und dort nächtigen sollte", zum Beispiel. Oder: "Da wußte ich, daß mir nur noch die Heiligen (*ulyalar* < *awliyā-lar*) helfen können." Nur wenige *ḫalpa* sagen, sie seien mehrmals während ihrer Krankheit zu dieser oder jener Pilgerstätte gegangen. Denn dies bedeutet, daß sie wie einfache Muslime an demselben Tag hin- und zurückfuhren. Die meisten hielten es für notwendig, längere Zeit, seien es Tage oder Wochen, bei den Gräbern zu verweilen und auch die Nacht dort zu verbringen. In sowjetischer Zeit hat man nahegelegene Friedhöfe bevorzugt, um nicht übermäßig aufzufallen und wohl auch weil es einfacher war, die benötigten Lebensmittel dorthin zu bringen oder von Verwandten oder anderen Helferinnen bringen zu lassen. Die weithin bekannten großen Pilgerstätten hatten an sich Zellen für Kranke gehabt, doch waren diese verfallen.

Wie stark die Anziehungskraft eines Friedhofs vom Rang eines oder mehrerer dort Beerdigter abhängt, erfährt man am Rande des Textes "Maġpiraġān" (vgl. 6.3). Darin wird beschrieben, daß die Friedhofsverwaltung gegen die Überführung des Körpers von Maġpiraġāns Vater auf einen anderen Friedhof war, obwohl die Tochter darauf bestand. Über

---

intensiv mit dem Sufismus in den orientalischen Literaturen beschäftigt hat, dürfte diese Deutung ebenfalls bekannt und nahe gewesen sein. Es ist anzunehmen, daß er sie vernachlässigte, um der Rezeption der Dichtung Maḫtūmquli's in den Jahren, als man in der *naqšbandiyya* eine ausschließlich negative Erscheinung sah, keinen Schaden zuzufügen.

[17] F. Meier 1994, 163f.

den Grund des Protestes der Verwaltung teilt der Text nichts mit, doch
der Leser ahnt, daß die Ursache die hohe Verehrung war, die der Tote
genoß. Da Maġpiraġān ihren Wunsch unbedingt verwirklichen will,
bleibt ihr nur die Möglichkeit, die Leiche bei Nacht wegschaffen zu
lassen. In weniger dramatischer Form bestätigt S.M. Demidov das Prinzip des Anlegens von Friedhöfen beim Grab eines heiligen oder ehrwürdigen Mannes (*gonambašĭ*) bzw. des nachträglichen Erdenkens von
passenden Legenden in Türkmenistan. Dahinter erkennt er die Vorstellung, daß die Toten wie die Lebenden des Schutzes durch einen
herausragenden Menschen bedürfen.[18] Die dazu gehörende soziale Kom-
ponente ist weder hier noch dort deutlich herausgestellt. Doch ist zugleich offensichtlich, daß die Bewohner der umliegenden Orte einen
Friedhof besonders gerne dann besuchen, wenn dort nicht nur die eigenen Verwandten, sondern auch eine von allen verehrte Person liegt. Und
dies ist nicht zum Schaden der Verwaltung und der *mullā*, die – gegen
eine geringfügige Bezahlung oder ein Geschenk – für die verstorbenen
Verwandten der Friedhofsbesucher beten.

Mit der Erlangung der Unabhängigkeit hat der Besuch der Pilgerstätten einen großen Aufschwung erfahren. Eine Kranke, die *ḫalpa*
werden möchte, kann ungehindert ein beliebiges Heiligengrab aufsu-
chen, soweit es natürlich ihre materiellen Möglichkeiten erlauben.

Der Übernachtung auf dem Friedhof in dieser Phase kommt eine große
Bedeutung zu. "Friedhöfe und Gräber sind sakrale, mit überirdischer
Kraft geladene Stätten", sagt Richard Gramlich.[19] Und so fördern sie
denn nicht selten das Erscheinen der Träume, derer die *ḫalpa* bedürfen.
Ein weiterer Besuch eines Heiligengrabes ist erforderlich, wenn die
künftige *ḫalpa* ihren Lernprozeß abgeschlossen hat, bevor sie in ihre
eigentliche Tätigkeit eintritt. Diesen Besuch nennt man *ulyaga qŭl beriš*
(dem Heiligen die Hand reichen) oder *pīrga qŭl beriš* (dem *pīr* die Hand
reichen). Den Namen des Heiligen, zu dessen Grab man gegangen ist,
wird man, wenn man von diesem Vorgang berichtet, nicht nennen. Der
Grund dafür ist nicht etwa, daß der Name ein Geheimnis wäre, er ist
einfach an dieser Stelle unwichtig. Es gibt auch selten eine Übereinstimmung zwischen demjenigen, den man im Traum sah oder den man
aus einem anderen Grund als seinen Meister ansieht, und dem Vorgang
des *qŭl beriš*. Denn es kommt auch vor, daß eine Frau sagt, ihr Meister

---

[18] Demidov 1978, 120-122.

[19] Gramlich 1987, 400.

sei allein Gott (*ḫudā*), oder eine Frau sagt, ihr Meister sei Mašrab, und für den 1710/11 in Balch hingerichteten Dichter gibt es keine Pilgerstätte weit und breit. Es ist nur üblich, die fromme Tätigkeit nicht ohne den Segen eines heiligen Mannes zu beginnen. In der Regel wird man dann einen bei der Pilgerstätte tätigen *mullā* oder den *imām*, durch den gleichsam der *pīr* spricht, bitten, die *fātiḥa* zu beten.

Eine *ḫalpa* berichtete ausführlich über diese Phase: Als sie gelernt hatte zu lesen und eine schwere Krankheit durchgemacht hatte, konnte sie sich noch nicht als *ḫalpa* betrachten. Erst ein oder zwei Jahre nach der Krankheit, im Jahr 1980, wurde sie *ḫalpa*. Damals fand sie auf der Straße 40 Rubel. Das war eine große Summe für sie, denn die Familie war arm. Sie hätte das Geld sehr gern selbst verwendet. Da es aber heißt, gefundenes Geld dürfe man nicht behalten, man müsse es für Waisen spenden oder an den heiligen Plätzen ausgeben, war sie in großen Zweifeln, was sie tun sollte. Eine Person sagte zu ihr, sie solle das Geld in eine Mauerritze stecken, der wirkliche Besitzer werde kommen und es holen. Sie wußte aber im Inneren, daß Gott ihr dieses Geld geschickt hatte. Denn sie hatte vor, zu einem Pilgerort (*ziyārat ǧāyi*) zu gehen, und das kann man nicht mit leeren Händen tun. So nahm sie drei Rubel von der Summe für ein Dankgebet und siebenunddreißig Rubel für den Besuch an einem heiligen Ort. Dort ließ sie sich von einem *mullā* die *patiḥa* (*fātiḥa*) geben, damit ihr Vorlesen gesegnet sei, wie es die Tradition verlangt. In der darauffolgenden Nacht sah sie den Koran im Traum. Daraus erkannte sie, daß sie die Erlaubnis erhalten hatte, den Koran und andere Texte vorzutragen. Sie war nun *ḫalpa*.

Hat eine Frau schließlich ihren Beruf als *ḫalpa* aufgenommen, so ist sie auch weiterhin bemüht, ab und zu einen heiligen Ort zu besuchen. Dies war in sowjetischer Zeit leichter zu verbergen als die mehrtägigen oder mehrwöchigen Besuche vor Beginn von *ḫalpačilik*. Z.B. konnte man, wie einige *ḫalpa* sagten, sehr früh am Morgen hingehen. Handelte es sich um ein Mausoleum, das den Status eines Architekturdenkmals erhalten hatte, wie das des Pahlawān Maḥmūd in Chiwa, hätte man, befragt, das Pilgern relativ leicht als Besuch des Denkmals hinstellen können.

Der Besuch der heiligen Stätten hat in den verschiedenen Lebensphasen der *ḫalpa* jeweils seine eigene Funktion. Zuerst gilt er der Hoffnung, von einer scheinbar unheilbaren Krankheit befreit zu werden, dann dem Zeremoniell, dem Heiligen "die Hand zu reichen" und die *fātiḥa* zu erlangen (wie unauffällig dies auch oft ausgeführt worden sein mag), und schließlich der Bekräftigung der Verbindung zu den Heiligen.

Die Tatsache, daß das Pilgern in sowjetischer Zeit verboten oder zumindest unerwünscht war, könnte das Gegenteil des Beabsichtigten bewirkt haben: Die tradierten Vorstellungen vom Übernatürlichen gerieten nicht in Vergessenheit, sondern bei den *ḫalpa* wurde die Überzeugung, daß man der Aufgabe des *ḫalpačilik* nicht entgehen kann, weil nichtirdische Kräfte es so wollen und einen andernfalls aus der Krankheit nicht entlassen, noch bestärkt.

Auffallend ist, daß gerade die eine oder andere *ḫalpa*, deren Herkunft aus einer Familie von *mullā* oder *ēšān* sicher ist, weder einen Krankheitsbericht noch eine Erzählung über das Nächtigen auf einem Friedhof bemühten, um den Beginn ihrer Tätigkeit verständlich zu machen. Vielleicht war die Zurückdrängung der traditionellen Wege, nämlich die Weitergabe von *ḫalpačilik* innerhalb der Familien, sozusagen als Erbe, und die Aneignung der entsprechenden Kenntnisse ebenfalls in der Familie oder in einer *maktab*, die große Chance für diejenigen, die auf derartige Familientraditionen nicht zurückblicken konnten. Sie nahmen dann die Legitimation für die Tätigkeit der *ḫalpa* aus der Krankheit und den nachfolgenden Phasen des *ḫalpa*-Werdens. Denkbar ist aber auch, daß es in Choresm schon seit Jahrhunderten beide Wege nebeneinander gab.

Jetzt, da das Pilgern wieder zur Gewohnheit geworden ist, da auch jüngere Frauen, wenn es ihnen ihre Zeit erlaubt, daran teilnehmen und da junge Frauen häufig das Lesen und sogar das Schreiben in arabischer Schrift erlernen, ohne einer Rechtfertigung durch Krankheit zu bedürfen, scheint es keine so deutliche Begründung für den einen oder anderen Heiligengrabbesuch mehr zu geben. Die Pilgerfahrten werden gleichsam in den Alltag integriert, und ihre Zwecke sind nicht deutlich voneinander abgegrenzt. Nur der Besuch vor dem Beginn der *ḫalpa*-Tätigkeit, der der Erlangung des Segens dient, dürfte noch als etwas Besonderes unter den anderen Pilgerfahrten herausragen.

Der Rang eines heiligen Ortes hängt in keiner Weise damit zusammen, welche Bedeutung der Mann, mit dessen Namen der Ort verbunden wird, in der Ideengeschichte oder im Geschichtsablauf Mittelasiens hatte. So wurde das Grabmal des Nağmu 'd-dīn Kubrā, dessen geistiges Erbe unübersehbar ist und der bei der Einnahme des alten Urgentsch durch die Mongolen ums Leben gekommen sein soll, sehr selten genannt. Andere Pilgerorte dagegen, an denen sich nur symbolische Gräber oder symbolische *qadam ğā* (auch: *qadam ğāy*, *qadam ğāh*, d.h. Orte, wohin der Heilige seinen Fuß gesetzt haben könnte) befinden, während die wirklichen Gräber im arabischen Raum oder in Iran sind, werden überaus häufig besucht. Ebensowenig wie sich die *ḫalpa* für die Autoren der Texte interessieren, fragen sie nach den historischen Umständen im realen Leben der Heiligen. Es ist, als haben die heiligen Männer keine historische, nur eine sakrale Lebenszeit. Die *ḫalpa* beten an einem bestimmten Platz, weil es Tradition ist, und Tradition ist überall das Ausschlaggebende.

Allerdings gibt es auch profane Gründe dafür, daß eine *ḫalpa* diesen und jenen Pilgerort bevorzugt. Hier sind es Verwandte, die den Aufenthalt am Pilgerort besonders wünschenswert erscheinen lassen, dort Schüler, die man erfolgreich unterrichtet, oder Patienten, die man geheilt hat.

Mit der Frage, ob es richtig sei, die Heiligengräber zu besuchen, werden die *ḫalpa* offenbar hin und wieder konfrontiert, wie ein im Zusammenhang mit Qul ḫʷāǧa Aḥmad zitierter orakelhafter Spruch zeigt (siehe unten). Das Wissen um diese Problematik enthält auch ein anderer von einer *ḫalpa* zitierter Vers: *ulyalar ḫūdā emas, // ḫūdādan ǧudā emas* (die Heiligen sind nicht Gott, // sie sind von Gott nicht getrennt).

Früher habe es, sagte eine Frau, an beiden großen muslimischen Feiertagen, dem Fest am Ende des *ramażān* und dem Opferfest, an allen Pilgerorten eine große festliche Zusammenkunft (*sayl*) gegeben. Sie erinnere sich bis etwa 1935 daran. Danach seien diese Feste bis 1991 nicht mehr möglich gewesen. Ob die Aussage bezüglich des *sayl* für Choresm insgesamt zutrifft, wäre weiter zu untersuchen. Die Frau lebte in jener Zeit in Karakalpakien. Andererseits wäre es interessant zu erfahren, ob diese *sayl* denselben Charakter hatten wie die von Snesarev[20] für Ulu pīr (bei ihmYūsuf al-Hamadānī) beschriebenen. Bei diesen *sayl* saßen Männer und Frauen in großen Gruppen zusammen, die manchmal als *elat* (Leute aus einem Stadtviertel, aus einer Dorfgemeinschaft) und manchmal als *qawm* (Großfamilie, Sippe) bezeichnet werden: sie saßen *qawm-qawm* (großfamilienweise) zusammen. Sie verbrachten einen ganzen Tag und eine ganze Nacht in fröhlichem Treiben. Doch dies fand an Donnerstagen im September statt, und Snesarev bringt es in Zusammenhang mit alten Fruchtbarkeitsriten. Dasselbe Bild erhielt ich aus Erzählungen über Feiern bei Ismamit ata. Hier findet das *sayl* Ende August statt. Von einer Zeit völliger Verbote war nicht die Rede, nur von Versuchen der Administration, die Feste zu unterbinden – z.B. in der zweiten Hälfte der achtziger Jahre –, was aber nicht gelungen sei. Wie

[20] Snesarev 1983, 49, 115-120, 124.

es sich in den dreißiger bis fünfziger Jahren verhielt, müßte noch untersucht werden. Eine *ḫalpa* erklärte, das Fest finde am 28. August statt. Sie nannte den Tag *yil*, eine Bezeichnung, die sonst für die Totengedenkfeier nach einem Jahr gewählt wird. Man nehme dorthin auch die Kinder mit, was bei den sonstigen Pilgerorten nur im Ausnahmefall geschieht. Falls sich die Männer anschließen, nehmen sie einen eigenen Bus. Man verbringt die Nacht bei Ismamit und kehrt zum Morgengebet in die Häuser zurück. Die Informanten waren Leute, die von den anderen Urgentschern als *türkmen* bezeichnet werden. In ihrer Frömmigkeit unterscheiden sie sich nicht von den anderen Bürgern oder wenn doch, so höchstens durch ein höheres Maß an Gottergebenheit. Aber in ihren Bräuchen scheint doch etwas von nomadischer Lebensweise durch, die bei anderen verloren gegangen ist.

Seit 1990/91 pilgern die Frauen gern gemeinsam zu entfernter liegenden Orten. Mehrere *ḫalpa*, künftige *ḫalpa* und Frauen, die sich für dieselben Gegenstände wie die *ḫalpa* interessieren, vereinbaren ein Ziel oder eine Reihe von Zielen und mieten gemeinsam einen Bus, um dorthin zu gelangen. In der Regel fahren 20 bis 40 Frauen gemeinsam. Eine *ḫalpa* sprach 1992 davon, daß sich bei Narīmğān buwa siebzig *ḫalpa* versammelt hätten. Diese Zahl mag nicht übertrieben sein. Wenn sich die Pilgerinnen aus zwei oder drei Autobussen treffen, ist sie schon erreicht. 1995 berichtete eine Frau von jetzt jährlich stattfindenden Busfahrten der *ḫalpa*, die sieben bis zehn Tage dauern. Man wählt z.B. die Route Urgentsch, Nurata, Nawaï, Buchara (Bahā'u 'd-dīn), Samarkand (Šāh-i zinda), Turkestan (Qul ḫʷāğa). Das Pilgern in Gruppen hat neben den ernsten Aspekten durchaus fröhliche Seiten. Die Frauen sind für einige Tage dem anstrengenden Alltag entronnen und fühlen sich wohl unter den Gleichgesinnten. Eine Frau erzählte, daß auch der Schofför unterwegs gesungen habe. Eine derartige Pilgerfahrt hat für die Frauen auch einen Erholungseffekt. Außer einem Sanatoriumsaufenthalt, den sich nur sehr wenige leisten können, haben die Frauen ja sonst keinerlei Möglichkeit zu reisen.

Die einzigen Besucherinnen sind die Gruppen nicht, wenn auch die Frauen fast immer in der Mehrzahl sind. Außer ihnen kommen einzelne Besucher, die in der Nähe wohnen, wie auch Großfamilien, die sich beim Heiligen für ein überwundenes Hindernis bedanken, z.B. wenn ein junger Mann gesund vom Armeedienst zurückgekehrt ist, ein Familienmitglied einen Studienplatz erhalten oder das Studium abgeschlossen hat. Die Familienbesuche an heiligen Orten soll es auch in sowjetischer Zeit gegeben haben, wenn auch in geringerem Ausmaße und manchmal als Brigadeausflug deklariert.

Eine junge *ḫalpa* pilgert jede Woche zu Ulu pīr, jedes Jahr zweimal zu Bahā'u 'd-dīn Naqšband und einmal zu Qul ḫʷāğa Aḥmad. Mitte der neunziger Jahre gab es wenige Frauen, deren materielle Mittel für derartig weite Reisen reichten. Die Jahreszeit spiele für das Pilgern keine Rolle, erklärte die junge Frau. Sie pilgere dann, wenn sie durch den Heiligen dazu aufgefordert werde. Sie sehe dann jeweils das Grab des Heiligen im Traum und höre eine Stimme, durch die sie sich zur Pilgerschaft aufgefordert fühle.

Eine *ḫalpa* gab an, daß sie jedes Jahr einmal zu Ibrāhīm b. Adham pilgere, wofür man von Urgentsch aus zwei Tage brauche, weiterhin mehrmals zu Narīmğān buwa wie auch zu Palwān Maḥmūd pīr (Pahlawān Maḥmūd). Außerdem fährt sie jedes Jahr einmal mit dem Bus zu den Imāmlar bei Nawaï und zu Bahā'u 'd-dīn bei Buchara. Die letzten beiden Pilgerstätten können miteinander verbunden werden. Viermal war sie bisher bei Qul ḫʷāğa, wofür man sechs bis sieben Tage brauche. Obwohl einige Orte von Urgentsch nicht weit entfernt sind, erscheint mir das Programm sehr umfangreich. Es ist jedenfalls höchstens von einer Frau zu bewältigen, deren Schwiegertöchter bereits sämtliche Aufgaben im Haus übernommen haben.

Frauen, die materiell weniger gut gestellt sind oder trotz des *ḫalpačilik* gesundheitliche Schwierigkeiten haben, pilgern nur in die Orte, die mit öffentlichen Verkehrsmitteln schnell erreichbar sind. So zählte eine *ḫalpa* Palwān pīr, Schahi Mardan bei Chiwa, Ulu pīr, Bilāl buwa auf. Eine andere Frau, die vor ihrer Tätigkeit als *ḫalpa* nur die Friedhöfe besucht hatte, auf denen ihre Verwandten liegen, nannte Ulu pīr, Āḫūn buwa (Āḫūnd buwa) in Taschaus, Ismamit ata, Sulṭān buwa, Narīmğān und Üčyüzaltmiš. In ihrer Aufzählung kam, obwohl sie die "Ḥikmat" im Traum gesehen hatte und deshalb sicher hätte hinfahren wollen, Qul ḫʷāğa nicht vor.

An dieser Stelle seien die heiligen Orte genannt, die von den Frauen in Choresm bevorzugt besucht werden.[21] Es sind Orte, die als wirkliches Grab eines Heiligen gelten oder als *qadam ğā*. Auch an letzteren sieht man ein Grab, das dann symbolischen Wert hat. Die Pilgernden legen

---

[21] Vgl. auch die Angaben bei Bennigsen/Lemercier-Quelquejay 1970, besonders: Geographie des lieux saints, 181-216. Seit den achtziger Jahren erschienen mehrere Arbeiten über die heiligen Orte in Mittelasien, darunter Snesarev 1983, Subtelny 1989, Tyson 1997, Mu'minov 1996.

sich nicht die Frage vor, ob ihr Heiliger hier begraben wurde oder nicht. Das Zeichen ist ihnen Wirklichkeit genug.

Bahā'u 'd-dīn Naqšband[22]. Das Grab des Begründers der *naqšbandiyya* bei Buchara ist wieder ein beliebter Pilgerort geworden.

Bilāl buwa oder Bilālğān buwa.[23] Ein Pilgerort, der dem 640 gestorbenen ersten Gebetsrufer Muḥammads gewidmet ist, befindet sich 10 km von Taschaus entfernt. D., vgl. 5.4, berichtete, daß sie bereits fünf- bis sechsmal dort gewesen sei. Nach der Auskunft einer anderen *ḫalpa* liegt der Ort in der Nähe von Schawat. Er dürfte demnach zwischen den beiden Städten liegen.

Čaġatay buwa. Diesen Pilgerort bei Taschkent erwähnte nur eine *ḫalpa*.

Ǧamīlğān. Sein Grab befindet sich neben dem von Nağmu 'd-dīn Kubrā in Kunja Urgentsch, dessen Schüler er gewesen sein soll. Legenden berichten von der Treue des Jungen und von der Verleumdung des Meisters und seines Schülers. Nağmu 'd-dīn Kubrā wird nachgesagt, er sei ein *oġlanbāz* (ein Mann, der sich mit Knaben vergnügt). Der Knabe wird getötet und in den Fluß geworfen. Auf den Ruf des Lehrers kommt er mit dem eigenen Kopf unter dem Arm aus dem Fluß und reicht dem Lehrer das Waschwasser, das er in einem Gefäß unter seiner Jacke warm gehalten hat. In den mündlich erzählten Varianten spielt die Wiederbelebung nach dem Tod, die auch in anderen choresmischen Legenden ihren Platz hat (z.B. Saᶜd Waqqāṣ und sein Sohn ᶜAbdu 'llāh), und die Frage, ob Gott die Wiederbelebung zuläßt, eine nicht geringe Rolle. In einer Variante spricht Nağmu 'd-dīn Kubrā eine Verfluchung aus, die – so wird angedeutet – den Mongoleneinfall nach sich zieht. Gleb Snesarev hat die Legende von Männern erzählen hören.[24] Sie scheint im Milieu religiöser Männer und Frauen gleichermaßen verbreitet zu sein. Vgl. auch Nağmu 'd-dīn Kubrā hier und unter 6.2.

---

[22] Bennigsen/Lemercier-Quelquejay 1970, 213.

[23] Bennigsen/Lemercier-Quelquejay 1970, 202, gibt einen heiligen Platz für Billal Baba [so] bei Denau am mittleren Amu Darja an. Bilāl baba ordnet sich auch eine der Untergruppen der šīḫ zu, vgl. Demidov 1976, 109.

[24] Snesarev 1983, 147f.

Ḥakīm ata, das ist Sulaymān Baqirġanī (gest. 1186), der Schüler Qul ḫʷāğa Aḥmads, d.h. Aḥmad Yasawīs. Sein Begräbnisort befindet sich südlich von Kungrat. Seine Lebenszeit verlegen die *ḫalpa* oft in die Zeit des Propheten. Verse und Prosa über Ḥakīm ata und seinen Sohn Ḥubbī, die von den *ḫalpa* nicht mehr erwähnt wurden, findet man in KFIR (Nr. 517-520).[25]

Ibrāhīm b. Adham. Der *qadam ğā* für den heiligen Mann, dessen poetisierte Lebensgeschichte jede *ḫalpa* kennt, befindet sich in Türkmenistan in der Nähe des Grabes des *pīr* der Sänger und Schauspieler (*artistlarniñ awliyāsi*) ᶜĀšiq Aydin pīr[26]. Die *ḫalpa*, die den Pilgerort besucht haben, haben die Reise dorthin unbedingt empfohlen. Vielleicht ergab sich die stärkere Werbung daraus, daß der Ort touristisch weniger interessant und deshalb auch weniger bekannt ist als z.B. die Pilgerorte in der Nähe von Buchara oder Qul ḫʷāğa Aḥmad in Turkestan.

Imāmlar. Das sind Ḥasan und Ḥusayn, von denen auch einer der am meisten gelesenen Texte handelt. Der ihnen gewidmete Pilgerort befindet sich bei der Stadt Nawaï.

Ismamit ata[27]. Der Heilige gilt als Stammvater einer Gruppe der türkmenischen *šīḫ* (< *šayḫ*), die sich keinem anderen türkmenischen Stamm zuordnen, sondern an die Abstammung von dem Araber Ismamit ata und seinen Söhnen glauben. Sie haben ihre endogamen Heiratsregeln auch heute noch nicht völlig aufgegeben.[28] Der Pilgerort befindet sich west-

---

[25] Einer der Texte gehörte einer Frau, mindestens einer war von einer Frau geschrieben. Der Umfang der Texte ist 3 Blatt bis 55 Blatt, falls es sich bei der letzten Angabe nicht um einen Irrtum handelt. Snesarev 1969a, 248, 250-253, 258, und Snesarev 1983, 47, 62, 185, über die Rivalität zwischen Sulaymān Baqirġanī und seinem Sohn Ḥubbī, der aus dem Haus fliehen mußte; Ḥubbī als Heiliger, der im Verborgenen lebt und jederzeit wieder hervorkommen kann *(ġā'ib)*; hier auch ein Verweis auf Salemann 1898. Die Verbindung Ḥubbīs mit einem Wasserkult erwähnt Mu'minov 1996, 364. Demidov 1978, 38, teilt mit, daß das Grabmal "gegenwärtig" von vielen Pilgern besucht werde. Heute dürfte dessen Anziehungskraft nicht geringer sein als in den sechziger und siebziger Jahren.

[26] Basilov 1970, 61, 63; Bennigsen/Lemercier-Quelquejay 1970, 199, unter "Vorislamische heilige Stätten".

[27] Erörterungen zum Namen des Heiligen und zum historischen Hintergrund bei Snesarev 1983, 75-80.

[28] Zu den šīḫ (šiḫ) und anderen vergleichbaren Gruppen siehe Ataev 1963, 71-80, der

lich von Schawat in Türkmenistan.[29] Zu den *sayl* an dieser Stelle vgl. Seite 50.
Seinen Namen trägt auch eine Moschee am Rande von Urgentsch im Ortsteil Ġaybu. Sie wurde in der ersten Hälfte der neunziger Jahre wieder errichtet. Früher gab es dort auch eine *madrasa* und wohl eine *maktab* für Mädchen. Beide Lehreinrichtungen werden manchmal erwähnt. Diese Gebäude werden mit dem jüngeren Bruder des Ismamit in Zusammenhang gebracht. Von diesem wird die *Ǧān ḫūroz* (pers. ḫorus, lieber Hahn) genannte Legende erzählt: Er sei einmal von Feinden in den Backofen (*tandir*) geworfen worden. Als die Feinde sich seines Todes sicher waren und das Feuer löschten, kam er lebendig und nur sehr rot gebrannt hervor. Darauf erhielt er den obengenannten Spitznamen.

Mīr Kulāl oder Amīr Kulāl oder Sayyid Amīr Kulāl (1284/85 bis 1370/71) in Buchara. Der Heilige wurde nur von einer *ḫalpa* genannt. Sie sagte Mihr-i Kulāl. Der Lehrer von Bahā'u 'd-dīn Naqšband wird häufig auch zu Timur und dessen Vater in Beziehung gesetzt.[30]

In Chiwa wird im Mausoleum des Sayyid ᶜAlā'u 'd-dīn pīr eine Geschichte über Amīr-i Kulāl erzählt: Sayyid ᶜAlā'u 'd-dīn pīr war der Schüler von Mīr-i Kulāl. Dieser fragte seinen Meister, ob er erlaube, daß er ihm hier in Chiwa ein Mausoleum erbaue. Der heilige Mann bejahte, sagte aber, Sayyid ᶜAlā'u 'd-dīn solle zwei Grabstätten nebeneinander errichten, die zweite für sich. Der, erfreut über die Ehre, folgte dem Rat. Doch schließlich wurde der Schüler allein darin begraben, denn Mīr-i Kulāl starb außerhalb der Mauern von Chiwa, und in einem derartigen Fall war es verboten, den Körper in die Stadt hereinzubringen. Sein Grab ist jetzt in Buchara.

---

auch die qizil šīḫ von Taschaus erwähnt (71); Vasil'eva 1969, 71-73, 303, 320-323; Demidov 1976, 86-113, nennt neben den Ismamit-ata-šīḫ noch die Bilāl-baba-šīḫ und die Āstāna-šīḫ in Türkmenistan.

[29] Bennigsen/Lemercier-Quelquejay 1970, 201; Snesarev 1983, 71-80; Tyson 1997.

[30] Bartol'd 1964, 425f; Algar 1990, 124, meint, daß die Verbindung zu Mīr Kulāl für Timur keine große Bedeutung gehabt haben könne; vgl. auch Paul, 1991, 238f; Aḥmedov 1995, 595, nennt Amīr Kulāl den pīr von Timur und dessen Vater. Auszüge aus "Maqāmāt-i Mīr Kulāl" wurden für breite Leserkreise unter dem Titel "Durdāna. Mīr Kulāl wa Šāh-i Naqšband maqāmātlaridan" (Taškent 1993, S. 7-33) aus dem Persischen ins Usbekische übersetzt; eine vollständige Übersetzung soll später vorgelegt werden, wie die Übersetzer Ṣadriddīn Salīm Buḫārī und Isrā'īl Subḥānī im Vorwort, ebenda S. 5, mitteilen.

Miskīn buwa. Der Heilige hat seinen Ort bei Schawat. Er war Mitte der neunziger Jahre bekannt, weil dort eine Frau lebte, die die Pilgerfahrt nach Mekka vollzogen hatte und ausgezeichnete Fähigkeiten für das Heilen besaß, die von Frauen und Mädchen genutzt wurden.

Naǧmu 'd-dīn Kubrā. In den neunziger Jahren erwähnten die *ḫalpa* sein Grabmal kaum. Interessanter für sie war die Gestalt des Ǧamīlǧān, vgl. oben.

Narīmǧān buwa oder Sayyid Narīmǧān walī buwa[31]. Der Pilgerort rechts des Amudarja nördlich von Urgentsch bei Ellikkala auf dem Territorium Karakalpakistans wird häufig besucht, bevor man zu Sulṭān Uways fährt. Auch die Patienten des Sanatoriums in Ellikkala gehen dorthin. Eine *ḫalpa* erklärte, daß man dort nur kurz verweilen solle. Der Heilige liebe nicht den langen Aufenthalt der *ḫalpa* oder der Kranken dort. Wie man bei Qul ḫ^{w}āǧa (siehe unten) zu wissen meint, wie er sich die Gestaltung des Aufenthaltes an seinem Grab vorstellt, gibt es also auch bei Narīmǧān eine derartige Überlieferung, bzw. einen Ansatz dazu. Man legt sich die passende Überlieferung zurecht. Auf diese Weise kann man an einem Tag zwei heilige Orte besuchen. Sollte es den pilgernden Frauen gelingen, durch einen Vers oder auf andere Weise die Kurzbesuche noch deutlicher zu rechtfertigen und zu sakralisieren, hätten sie eine neue Tradition geschaffen, die leicht als eine alte ausgegeben werden könnte. Vorläufig aber ist auch das längere Verweilen am Narīmǧān buwa-Grab noch möglich. Eine Frau, die noch nicht als *ḫalpa* auftrat, jedoch schon in die Lernphase eingetreten war, hatte sich wegen ihrer Krankheit einunddreißig Tage lang am Heiligengrab von Narīmǧān buwa aufgehalten. Ihr Wohnort befand sich in der Nähe, und sie wußte sicher nichts oder noch nichts von den anderslautenden "Wünschen" des Heiligen.

Pahlawān Maḥmūd, häufig sprechen die *ḫalpa* von Ḥażrat-i Pahlawān Maḥmūd pīrimiz oder von Palwān pīr.[32] Der Heilige und Dichter lebte 1247-1326. Sein 1664 erbautes und 1810-1835 rekonstruiertes Mauso-

---

[31] Vgl. Bennigsen/Lemercier-Quelquejay 1970, 209. Snesarev 1983, 198 erwähnt das Grabmal bei Narinkala.

[32] Nach Demidov 1963, 123f wird der Heilige bei den Türkmenen mit Noah gleichgesetzt. Zum Pilgerort vgl. weiterhin Bennigsen/Lemercier-Quelquejay 1970, 214; Snesarev 1983, 169-185.

leum[33] befindet sich in Chiwa. Die Pilger oder Pilgerinnen legen einen Geldschein oder ein Fladenbrot auf das mit einer Decke verhüllte Grab. Sie brechen sich ein Stück von dem dort liegenden Brot ab und essen es. Dieser Vorgang ähnelt dem Verhalten in den Häusern. Wenn eine Nachbarin auch nur kurz vorbeikommt, um etwas zu fragen oder mitzuteilen, wird ihr doch stets Tee und Brot vorgesetzt. Aus Höflichkeit muß sie mindestens ein Krümchen von dem dargereichten Brot essen.
Von den *ḫalpa*, die mir begegneten, hielt sich Alma *ḫalpa* in ihrer Jugend wegen ihrer Blindheit des öfteren an diesem Ort auf. Sie wurde von ihrer Blindheit geheilt. Jedoch ist nicht Pahlawān Maḥmūd, sondern Mašrab, ihr *pīr* geworden. Über die *rubāʿī* des Pahlawān Maḥmūd sowie Legenden um die Person des Dichters vgl. unter 6.2.

Qul ḫʷāğa Aḥmad (Aḥmad Yasawī, gest. 1166)[34]. Einige *ḫalpa* in Choresm wie auch einige Frauen im Ferghanatal zweifeln nicht daran, daß ein dreimaliger oder ein siebenmaliger Besuch bei Qul ḫʷāğa Aḥmad in dem Ort Turkestan in Kasachstan die Pilgerschaft nach Mekka ersetze: *Mekkega bārgan bilan teñ* (entspricht einer Pilgerfahrt nach Mekka). Andere nehmen nicht so offen Stellung, sagen jedoch: *Madīnada Meḥemmed, Turkistānda Qul ḫʷāğa Aḥmed* (in Medina Muḥammad, in Turkestan Qul ḫʷāğa Aḥmad)[35].

Eine *ḫalpa* erklärte, man besuche, wenn man nach Turkestan fahre, auch das Grab von Qul ḫʷāğas Lehrer Arslan baba (auch Arslan bab genannt). Qul ḫʷāğa habe gesagt: *sizde tünesin, menden tilesin* (*sizda tunasin, mendan tilasin*) (Bei Ihnen möge man übernachten, mich möge man um Wunscherfüllung bitten). Nach Turkestan pilgern nicht nur die Kasachen in großer Zahl. Obwohl die Reise von Choresm aus weit ist, fahren und fuhren nicht wenige *ḫalpa* dorthin.

Saʿādatğān, über die ein moderner religiöser Text berichtet (vgl. 6.3), soll zehnmal dorthin gepilgert sein. Andererseits waren einige sehr fromme *ḫalpa* nicht an diesem Pilgerort. Ich erhielt nicht den Eindruck, daß sie sich aus materiellen Gründen die Pilgerreise keinesfalls leisten

---

[33] Vgl. ŪSĖ t. 8, 482f.

[34] Vgl. Bennigsen/Lemercier-Quelquejay 1970, 214f; Subtelny 1989, 599.

[35] Demidov 1978, 83f, zitiert dies auf russisch folgendermaßen: *V Mekke-Medine Muchammed, a v Turkestane chodža Achmed.* Er meint, die Wendung bringe eine Entfernung vom orthodoxen Denken zum Ausdruck. Auf jeden Fall drücken diese Worte eine hohe Wertschätzung für Aḥmad Yasawī aus.

konnten. Für ihre Zurückhaltung sind zwei Gründe möglich: Sie sparen, um zu einem späteren Zeitpunkt eine Pilgerreise nach Mekka unternehmen zu können, dem einzigen Ort, der ihnen als heilig gilt, oder sie gehören nicht zu den reiselustigen Leuten. Daß die Pilgerschaft keinesfalls allein mit religiöser Motivierung zu tun hat, habe ich einige Male erfahren. Jetzt pilgernde Frauen sind häufig auch in sowjetischen Zeiten gereist, damals in Touristengruppen zumeist nach Europa. Von ihrer Seite konnte auch in den neunziger Jahren noch die Frage aufgeworfen werden, ob man heute ohne allzu große Ausgaben nach Europa reisen könne. So ist die größere oder geringere Freude am Reisen auch für Pilgerfahrten ein stimulierendes oder hemmendes Moment.

Šāh-i mardān. Ein *qadam ǧā* für ᶜAlī ist nicht nur der bekannte Ort im Ferghanatal, sondern auch ein weiterer Ort bei Nurata, bzw. zwischen Nurata und Samarkand, und ein dritter bei Chiwa[36]. Die letzten beiden werden von den *ḫalpa* aus Choresm häufig besucht.

Sayyid Maḫzūm pīr bei Schawat wird von den *ḫalpa* in Schawat und Umgebung besucht. Eine Frau ging wegen ihrer Nervenkrankheit siebenmal hintereinander an einem Freitag dorthin. Da sie noch keine Genesung erfuhr, wiederholte sie dasselbe am Grabe des Ulu pīr.

Sulṭān Uways oder Sulṭān buwa (Uways al-Qaranī oder al-Qarānī, al-Qārānī)[37]. Der Pilgerort befindet sich in den Sulṭān-Uways-Bergen, nördlich von Urgentsch und rechts des Amudarja in Karakalpakistan. Er gehört zu den vielbesuchten Orten. 1995 fuhr jeden Donnerstag ein Bus von Ulu pīr dorthin. In Urgentsch und anderen Orten mieten die Leute Busse, um am heiligen Ort einen Hammel zu opfern und dort zu speisen. Man zeigt einen langen Sarg, denn der Heilige sei 11 m groß gewesen. Auch sein Fußabdruck in der Nähe ist doppelt so groß wie ein großer Männerfuß.

Eine *ḫalpa* wußte, daß es auch im Ferghanatal einen Pilgerort für Sulṭān Uways gibt. Dieser befindet sich in der Nähe von Namangan am

[36] Snesarev 1969a, 159, 162f, und Snesarev 1983, 55, erwähnt den Ort bei Chiwa ebenfalls.

[37] Bennigsen/Lemercier-Quelquejay 1970, 209; Snesarev 1983, 80-100; Subtelny 1989, 600.

Baliklik Kul (auch Balik Kul, statt Balik Kuli genannt).[38] Besonders in der näheren Umgebung kennt man ihn gut. Doch sind andere Pilgerorte bekannter, so daß seine Bedeutung für das Ferghanatal hinter der des Pilgerortes für denselben Heiligen in Choresm weit zurückbleibt. Häufig besucht man ihn auf dem Wege zu Safēd Bulān. Seine Rolle ist somit der des Pilgerortes für Narīmğān buwa in Choresm vergleichbar.

Üčyüzaltmiš (Učyuzāltmiš) oder Üčyüzaltmiš *pīr* oder Üčyüzaltmiš ulya (Dreihundertsechzig oder die dreihundertsechzig *pīr* oder die dreihundertsechzig Heiligen) werden jene Heiligen genannt, die ihr Grab in Kunja Urgentsch haben. Manche Frauen sagen, es sei nicht sicher, ob es wirklich genau 360 seien, aber sehr viele seien es schon, es können auch mehr als 360 sein. Die eine oder andere Frau vermutet auch das Grab des Ibrahīm b. Adham an dieser Stelle, das nach anderen Auffassungen weiter westlich in Türkmenistan liegt. Das Mausoleum des Nağmu 'd-dīn Kubrā befindet sich hier, doch wird es von den *ḫalpa* selten erwähnt. Zum Grabmal für Šayḫ Šaraf vgl. 6.2 unter "Marğuwwa".

Ulu pīr. Der Pilgerort befindet sich zwischen Urgentsch und Schawat. Er ist zwei heiligen Männern gewidmet. Unter Ulu pīr versteht man in der Regel ᶜAbdu 'l-qādir Gīlānī (1077/8 – 1166), bekannt als Ġawṯu 'l-Aᶜẓam. Seine ins Tschaghataische übersetzten "Manāqib" werden in Choresm von den Frauen gelesen. Die zweite Person, deren symbolisches Grab sich ebenfalls an zentraler Stelle an diesem Pilgerort befindet, ist Yūsuf al-Hamadānī (1048/49 – 1140).[39]

---

[38] Die Verbindung des Sulṭān Uways mit heiligen Fischen ist in beiden Fällen gegeben. Im Ferghanatal ist sie auffallend, weil der Pilgerort nach den für fromm gehaltenen Fischen und dem See, worin sie sich befinden (heute eher eine Gruppe von miteinander verbundenen Teichen) benannt ist. Snesarev 1983, 82f, 90f, erwähnt, gestützt auf seine Forschungen in den fünfziger Jahren, das Fischbecken, Fischbeerdigungen und die Bedeutung der Wassernähe am Sulṭān Uways-Pilgerort in Choresm. Dort finden sich auch Angaben über Sulṭān Uways als Beschützer der Kamele (87f, 92), über Uways (auch Oysīl qara, Ways, Waysī) bei den Kasachen, Türkmenen und anatolischen Türken (92, 94f) und ein Hinweis auf den Orden Uwaysiyya in Kaschghar (95-97). Vgl. auch Baldick 1993, DeWeese 1993 und 1996. Sulṭān Uways als *pīr* der Kamelhüter auch bei Demidov 1978, 54.

[39] Als Pilgerorte für Yūsuf al-Hamadānī in Mittelasien werden in der Literatur außerdem einer bei Bairam-Ali in Türkmenistan und einer bei Kulab in Tadschikistan genannt, z.B. Bennigsen/Lemercier-Quelquejay 1970, 202, 211; Demidov 1978, 16f, über den Hʷāğa Yūsup Baba genannten heiligen Ort bei Bairam-Ali; Snesarev 1969a, 301-306; Snesarev 1983, 111-124, außerdem S. 49 über den aus seinem Grab hervortretenden und lächelnden Yūsuf al-Hamadānī, wenn die Menschen dort fröhlich feiern; Tyson 1997, 26f.

Die Pilgerstätte wird vor allem mittwochs besucht. Frauen, die bei dem Heiligen auf dem Friedhof, der ihrem Wohnort am nächsten gelegen ist, keine Genesung finden konnten, wenden sich häufig an Ulu pīr.

Yūsuf al-Hamadānī vgl. Ulu pīr.

Zaynu 'l-ᶜĀbidīn. Für den Sohn Ḥusayns gibt es einen *qadam ǧā* bei Chiwa. Der Ort wurde aber selten genannt.

Zengī baba (Zangī bābā).[40] Der Heilige wird auch Zengī ata genannt. Ein ihm gewidmeter Pilgerort, mit dessen Rekonstruktion man Anfang der neunziger Jahre begonnen hatte, befindet sich bei Taschkent. Dort hält man den Heiligen für den Schwiegersohn Aḥmad Yasawīs. Eine nicht ganz so feste Beziehung zu Aḥmad Yasawī stellt der Artikel in ŬSĖ her: Zengī ata habe zum *awlād* des Arslanbab gehört, der als Lehrer von Aḥmad Yasawī gilt.[41] In Choresm zeigt man in der Nähe des Fußabdrucks von Sulṭān Uways ein Grabmal für ᶜAnbar ana oder Änwär änä und Fāṭima, von denen die erste Zengī babas Ehefrau, die zweite seine Tochter sei. Nach Snesarev[42] war ᶜAnbar ana Ḥubbīs Mutter, d.h. Ḥakīm ata's (Sulaymān Baqirġanī's) Ehefrau. Sie sei in zweiter Ehe mit Zengī ata verheiratet gewesen.

Für die Pilgerorte, die im Leben der *ḫalpa* von Choresm eine Rolle spielen, soll keine Vollständigkeit behauptet werden. Insbesondere für die *ḫalpa* in den von Urgentsch weit abgelegenen Orten kommen eventuell noch andere Pilgerorte in Frage.

Für das Ferghanatal sind meine Angaben wegen der Forschungssituation ab Mitte der neunziger Jahre sehr bruchstückhaft. Zunächst fällt bei den Gesprächen im Ferghanatal auf, daß mehr Frauen als in Choresm den Wunsch haben, nach Mekka zu pilgern, oder in den neunziger Jahren bereits gepilgert sind. Weder in Choresm noch im Ferghanatal wird aber die Pilgerfahrt nach Mekka mit dem Beginn der Tätigkeit einer

---

[40] Ǧabbārov 1967, 33; Bennigsen/Lemercier-Quelquejay 1970, 214. Nach ŬSĖ 4, 433-434, gibt es auch im Gebiet Andidschan ein nach Zangī Bābā benanntes Dorf. Bekannt ist weiterhin der Pilgerort für den Heiligen bei Baharden, nord-östlich von Aschchabad in Türkmenistan, vgl. Bennigsen/Lemercier-Quelquejay 1970, 202.

[41] ŬSĖ 4, 433.

[42] Snesarev 1969, 240-243. Vgl. auch die Anmerkung zu Ḥakīm ata.

ḫalpa oder *ātin āyi* in Verbindung gebracht. Die Pilgerreise unternimmt man, weil es religiöse Pflicht ist, und nicht, weil man eine Berufung erlangen will. Unter den Mekkapilgerinnen im Ferghanatal sind nicht selten Frauen, die dem äußeren Anschein nach sehr bescheiden oder arm leben. Diejenigen, die die Pilgerfahrt vollzogen haben, zeigen in der Regel ein geringes Interesse für andere Pilgerorte, oder sie lehnen deren Verehrung ganz und gar ab. Diese Haltung entspricht der allgemeinen Tendenz im Ferghanatal: Gelesen wird der Koran und nicht in *türkī* Geschriebenes und gepilgert wird nach Mekka und nicht zu den weniger heiligen Orten.

Auffallend ist auch ein gewisser Stolz der zur Gruppe der *ḫʷāğa*[43] Gehörenden darauf, daß sie die Pflichten der Muslime besser einhalten als die zur Gruppe der *qārača* Gehörenden. In einem Ort des Ferghanatals, der ausnahmsweise eine auffallende Zweiteilung in *ḫʷāğa* und *qārača* hatte – auf der einen Seite eines breiten Grabens leben etwa 4000 *ḫʷāğa*, auf der anderen Seite etwa 2000 *qārača* – hieß es, in den Jahren seit 1990 seien auf der Basis eigener Mittel fünf *ḫʷāğa* (allerdings Männer) nach Mekka gepilgert und kein einziger Vertreter der *qārača*. Gleichzeitig sagt man, daß die *ḫʷāğa* keinesfalls mehr Reichtum besäßen als die *qārača*. Sie sind auch heute noch im Bewußtsein eines großen Teils der Bevölkerung die Edleren und kennen die Bedeutung der Pilgerfahrt nach Mekka besser als die Vertreter der anderen Bevölkerungsgruppe.

Den Wunsch, einmal in ihrem Leben nach Mekka pilgern zu können, konnte man im Ferghanatal auch aus dem Munde sehr junger Frauen hören. Frauen mittleren Alters realisieren ihren Wunsch der Pilgerschaft in der Regel, indem sie mit ihrem Ehemann zusammen auf Reisen gehen. Manchmal schließen sich noch ein oder zwei weibliche Verwandte der Frau oder des Mannes an, die keinen Ehegatten mehr haben. Ältere Frauen, deren Gatte verstorben ist, fahren zusammen mit ihrem Sohn, einem jüngeren Bruder oder, wenn sie keinen von beiden haben, mit einem ihnen an die Seite gegebenen jungen Mann (*maḥram* "Vertrauter"). So kommt es, daß auch eine größere Zahl jüngerer Männer bereits *ḥāğ(ğ)ī* sind. Allerdings wurden in der zweiten Hälfte der neunziger Jahre, im Zusammenhang mit der Furcht vor der Verstärkung der religiösen Tätigkeit im Ferghanatal, die Busreisen nach Mekka untersagt. Diese waren stets von den Bürgern selbst organisiert und bezahlt worden, während die Flugzeugreisen für Auserwählte die Gebietsverwaltungen (*ḥākimiyat*) organisierten und bezahlten. Anfang bis Mitte der neunziger

[43] Hinsichtlich der *ḫʷāğa* in Türkmenistan vgl. Demidov 1976, 54-86.

Jahre waren die Auserwählten neben hochstehenden Persönlichkeiten solche Männer und Frauen, deren jüngere Verwandte eine unentgeltliche Pilgerfahrt für sie beantragten, weil sie oder er zur Stalinzeit oder danach staatlichen Repressionen ausgesetzt gewesen waren. Ob sich als Folge der Einschränkung der Zahl der Pilgerfahrten nach Mekka, falls diese Situation länger bestehen bleibt, das Pilgerverhalten ändert und sich das Interesse stärker Heiligen auf mittelasiatischem Territorium zuwendet, bleibt abzuwarten.

Wie oben unter Qul ḫʷāǧa Aḥmad für die Pilgerinnen aus Choresm bereits erwähnt, beruht der Wunsch zu pilgern nicht allein auf tiefer Religiosität, sondern auch auf allgemeiner Reiselust.

So wurde auch im Ferghanatal von Frauen, von denen man es keinesfalls erwartet hätte, der Wunsch oder die Bitte um Unterstützung für eine Europareise geäußert. Unter den Bittenden war eine rüstige, lebendige Fünfzigerin, die sich ganz dem Koran zugewandt hatte, die für die Verhüllung des Gesichtes der Frauen auf der Straße plädierte und die es bedauerte, daß die Regierung sich für den Übergang zur Lateinschrift statt zur arabischen Schrift entschieden hat. Ihrer Sehnsucht nach einer Europareise gab auch eine junge Frau Ausdruck, die selbst schon Koranlehrerin war. Ihr religiöser Ehemann hatte ihr verboten, sich weiter als bis zum Hühnerstall neben dem Haus aus der Wohnung zu entfernen. Die Einkäufe erledigte er. Wenn ein Besuch ihrer Verwandten unumgänglich war, fuhr er mit ihr und den Kindern hin und bestimmte Abfahrtszeit und Zeit der Rückkehr nach seinem Gutdünken. Ich erhielt den Eindruck, daß die neue Identität sogar einigen von jenen Frauen Schwierigkeiten bereitet, die sich ihr schon fast ganz unterworfen haben.

Daß für manche Frauen nicht der sakrale Ort im Mittelpunkt steht, sondern das Reisen als solches, wurde durch ein Gespräch bestätigt, in dem eine Frau sagte, dreimal nach Turkestan (zum Grab Aḥmad Yasawīs) zu pilgern, entspreche einer Pilgerschaft nach Mekka (*ḥaǧǧ*), sie sei aber noch nicht dort gewesen, während sie in Moskau, Taschkent, Samarkand, Andidschan schon gewesen sei. Die Frau war nicht übermäßig fromm, besuchte aber die wöchentlichen Koranlesestunden regelmäßig. Die Richtigkeit des dort Vermittelten stellte sie sicher nicht in Frage, aber am wichtigsten an diesen Stunden war für sie zweifellos die Kommunikation mit den anderen Frauen.

Ebensowenig wie die *ātin āyi* Krankheiten als Bestandteil einer Initiation darstellen, erwähnen sie den Besuch verschiedener Pilgerstätten in einem derartigen Zusammenhang. Das schließt nicht aus, daß einige *ātin āyi* sich an Fahrten zu verschiedenen Pilgerstätten innerhalb Mittelasiens gern beteiligen. So war von einer *ātin āyi* zu hören, daß sie zweimal in Turkestan war, einmal in Buchara bei Bahāʼu ʼd-dīn Naqšband, zweimal in Samarkand, mehrere Male bei Safēd Bulān, bei einem Pilgerort in der Nähe von Andidschan und – dies auf meine Frage hin – bei

Šāh-i mardān. Das Initiationsmoment scheint aber ganz verloren zu sein, oder wenn es existiert, wird es jedenfalls nicht mit den heiligen Männern und Frauen an den Gräbern in Verbindung gebracht. Wie oft man innerhalb des Landes pilgert, hängt von der Wohngegend ab – d.h. davon, ob ein bekannter Pilgerort in der Nähe ist oder nicht –, bei weiter entfernt liegenden Pilgerstätten von der ökonomischen Situation, in der sich die Familie der *ātin āyi* befindet, und schließlich, wie oben auch für die *ḫalpa* in Choresm berichtet, von der Mentalität der Frauen.

Genannt seien folgende Orte, die für die Frauen im Ferghanatal besonders wichtig sind:

Baliklik Kul oder Balik Kul, ca. 50 km nördlich von Namangan. Vgl. oben unter Sulṭān Uways. Es handelt sich um mehrere miteinander verbundene Teiche mit 40 bis 60 cm großen Fischen, die als heilig gelten und sich deshalb ungehindert vermehren können. Das Grab für Sulṭān Uways unmittelbar neben den Teichen ist aus einfachem Lehm errichtet und hat nicht die Übergröße wie das in Choresm. In 6 km Entfernung von diesem Ort soll sich noch in Sutli Bulak das Grabmal für die Mutter von Sulṭān Uways befinden.

Huwaydā pīrim oder Huwaydā Čimyānī. Die Lebensdaten des Dichters werden an seinem Grab in Tschimjan, südlich von Marghilan und Ferghana gelegen, mit 1704-1774 angegeben, während man sonst in der Literatur kein Geburtsjahr und als Sterbejahr ca. 1780 nennt. Das Grab wird von den in der näheren Umgebung Wohnenden gern besucht. Vor sechs Jahren, ca. 1993, hat man begonnen, ein neues Grabmal für den Dichter und heiligen Mann zu bauen. Die Mauern des geplanten Gebäudes sind etwa 2 ½ m hoch, ca. 4 m sollen es offenbar werden. Aber das Geld ist wohl ausgegangen. Außer Huwaydās Grab befindet sich hier das eines Qāsim buwa. Als ich in Begleitung einer *ātin āyi* und einer Lehrerin aus Kokand am Grab Huwaydās war, kam eine Gruppe von acht Frauen, die dort beteten und anschließend einer Frau – sicher auch einer *ātin āyi* – und unserer *ātin āyi* Geld zusteckten. Es war ein Mittwoch, etwas 14 Uhr, und man kann vermuten, daß sie von einer *Muškil kušād*-Lesung kamen (vgl. 2.2), von der unsere Begleiterin weggerufen worden war, als wir als Gäste erschienen. Das Gebet am Grabmal könnte dort Brauch zum Abschluß einer derartigen Lesung sein. Auf meine diesbezügliche Frage wurde – wohl aus Angst – nur ausweichend geantwortet.

Qawunči ata. Dieses Grabmal, bei dem auch geopfert werde, soll sich unweit von Tschimjan, vielleicht in der Nähe von Ferghana, befinden.

Safēd Bulān, Safēd Bulāl oder **Safēd Bilāl**, benannt nach einer jungen schwarzen Muslimin, deren Haut wegen ihrer aufopferungsvollen Tat weiß wurde. Dem Pilgerort, nördlich von Baliklik Kul auf dem Territorium Kirgisiens, wird wie einigen anderen eine große Wirkung zugesprochen. Pilgere man dreimal dorthin, so komme dies einer Pilgerreise nach Mekka gleich. Die Legende, die sich um den Ort rankt, wird unterschiedlich erzählt. Sie kann jetzt in der gedichteten tschaghataischen Fassung von Šāh Ḥakīm Ḫāliṣ (vgl. 6.1) wieder nachgelesen werden. Die Frauen aus Namangan und seiner Umgebung pilgern gern während des Opferfestes (*qurbān ḥayiti* < *ʿīd*) dorthin, d.h. sie fahren in Gruppen mit einem gemieteten Bus. Bessergestellte fahren mit dem eigenen Auto zu der heiligen Stätte. Hammel opfert man dort, wie es hieß, selten, doch wird das Ritual des *is čiqarmaq* vollzogen (vgl. die Erörterungen zu *rūḥ* und *arwāḥ* unter 2.1). Die Pilgerreisen werden nicht oder nur selten von den *ātin āyi* organisiert. Einige *ātin āyi* lehnen das Pilgern zu dieser heiligen Stätte ganz ab, andere schließen sich einer Reise an.

Šāh-i mardān.[44] Der in ganz Usbekistan bekannte Ort Schahi Mardan, südöstlich von Kokand gelegen, wurde in den Gesprächen fast nicht erwähnt. Als ich einmal danach fragte, bestätigte die *ātin āyi*, daß sie dort gewesen sei und fügte sofort hinzu, daß sie auch Ḥamzas Grab besucht habe. Möglicherweise verhält es sich so: Verschiedene Pilgerorte waren in sowjetischer Zeit verfallen und wenige Leute pilgerten dorthin, da es nicht gern gesehen wurde. Zu diesen Orten gehören neben vielen anderen mit Sicherheit der für Safēd Bulān und der Treffpunkt der Frauen in Kumkurghan beim Grabmal für Muškil kušād. Schahi Mardan dagegen konnte immer besucht werden, wenn auch unter dem Namen Hamsa-abad. Dort war 1929 der Dichter Ḥamza Ḥakīmzāda Niyāzī getötet worden. Daraufhin wurde der Pilgerort umbenannt und erhielt den Namen des revolutionären Märtyrers, für den auch ein Grabmal errichtet wurde. So blieb der alte Pilgerort bestehen, und man besuchte nun ʿĀlī (Šāh-i mardān) und zugleich Ḥamza. Wahrscheinlich hatten die wenigsten Frauen Probleme damit, zur gleichen Zeit zwei Orte mit so entgegengesetzter Sakralität zu besuchen. Aber was in sowjetischer Zeit

---

[44] Bennigsen/Lemercier-Quelquejay 1970, 213.

gut war, gilt jetzt eher als fragwürdig. Und so ist der Besuch des Pilgerortes eventuell zugunsten der wiedereingerichteten heiligen Orte zurückgegangen.

Castagné erwähnte 1914 einen Pilgerort für **Baba-i Pāradūz** (Flickschneider) bei Karakurghan, nördlich von Tschust im Wilayat Namangan gelegen.[45] Von den *ātin āyi* im Ferghanatal habe ich den Namen des Heiligen nicht gehört. Aber es ist denkbar, daß die Bevölkerung von Tschust und Umgebung heute noch dorthin pilgert. Von einer im Serafschantal lebenden Frau wurde der Heilige noch in den sechziger oder siebziger Jahren neben anderen Heiligen angerufen, wie aus einem Text von O. Murādov hervorgeht.[46]

Als heilig gilt ebenfalls das Grab des **Luṭfu 'llāh** oder Pīr muršid ḥażrat-i mawlānā Luṭfu 'llāh in einem Park in Tschust. Der Mann lebte 1463-1557 und gehörte zur *naqšbandiyya*. Castagné erwähnt ein "Manāqib-i Luṭfu 'llāh".[47] Wo man heute das Grabmal sieht, war 1886 eine *madrasa* errichtet worden, die nicht erhalten ist. Das Grabmal wiederum, so sagt die Legende, sei in der Nähe der Stelle errichtet worden, wo der Heilige an seinem Lebensende in einer Höhle verschwand. Die Legende will auch, daß eine Quelle erschien, wo Luṭfu 'llāh seine Trinkschale hinstellte. Die Parkverwaltung betont in einem Informationsblatt seine Leistung beim Auffinden unterirdischer Gewässer. Als Pilgerort wurde das Grabmal nicht bezeichnet, doch ist es unter der Bevölkerung Namangans und eventuell auch weiter entfernterer Orte gut bekannt.

Sieht jemand, der einer alltäglichen Beschäftigung nachgeht, jemanden von einem Heiligengrab kommen, so sagt er *ziyāratiñiz qabūl bŭlsin* (Ihr Besuch des Heiligengrabes möge angenommen sein) und der Besucher antwortet *murādiñiz ḥāṣil bŭlsin* (Ihr Wunsch möge Früchte tragen). Auch wenn im Gespräch erwähnt wird, daß man gestern oder vor ein paar Tagen an diesem und jenem Pilgerort war, wird der Gesprächspartner den Wunsch, daß die Pilgerfahrt angenommen sein möge, aus-

---

[45] Castagné 1914, 146-151.

[46] Murādov 1975, 101, 103, 121. Der Autor gibt das Jahr seiner Feldforschungen nicht an. Es war mit Sicherheit nach 1961, da er erwähnt, daß in den Jahren 1958 bis 1961 von anderen Folkloristen Aufzeichnungen aus dem Repertoire derselben Frau gemacht wurden.

[47] Castagné 1914, 152

sprechen. Dies ist eine Höflichkeit, die man auch bei Leuten findet, die selbst keine (noch keine) Heiligengräber besuchen und die nicht (noch nicht) an deren Wunderwirkungen glauben.

Im geistigen Leben Usbekistans nehmen die Pilgerfahrten in den neunziger Jahren einen so großen Raum ein, wie er ihnen lange nicht mehr zukam. Āmān Matčān, der aus Choresm stammt, aber in Taschkent lebt, hat in einen 1991 veröffentlichten Gedichtband[48] ein Gedicht über die Pilgerinnen beim Mausoleum Aḥmad Yasawīs in Turkestan aufgenommen.

Angeregt durch seine Pilgerreise nach Mekka schrieb ᶜAbdullā ᶜĀripov – seit den siebziger Jahren einer der beliebtesten Dichter in Usbekistan – eine Gedichtsammlung unter dem Titel "Ḥağ(ğ) daftari" (Heft vom Pilgern). Er gab sie 1992 in Taschkent unter seinem Namen Ḥāğ(ğ)ī ᶜAbdullā ᶜĀrif, den er als einer, der die Pilgerfahrt vollbracht hat, trägt, heraus. Die erste Auflage hatte einen Umfang von 75.000 Stück.

Tāġay Murād beschreibt in einer lyrischen Erzählung "Āydinda yurgan ādamlar" von 1980[49] ein kinderloses Ehepaar, das sich mit seinem Kinderwunsch sowohl an moderne Ärzte als auch an eine *fālči* (Weissagerin) als auch an den Dichter und Heiligen Ṣūfī Allāyār (gest. um 1723) wendet.

Die Pilgerreise ist bei den Dichtern weniger Thema als Prisma, durch das das Leben auf ungewohnte Weise betrachtet wird. Die Dichter erlauben sich in der großen Sympathiewelle für die neuen alten Lebensformen, die sie selbst mit erzeugen und mit tragen, auch die Andeutung von Ambivalenz und hin und wieder Zeichen von Ironie.

Auf dem so bereiteten Boden sprießt weit entfernt von der Hauptstadt auch manches Hingebungsvolle hervor. Ālma ḫalpas Sammlung in Choresm enthält drei Pilgergedichte in einer einfachen hier üblichen volksliedhaften Form von vierzeiligen Strophengedichten. Sie sind Bahā'u 'd-dīn Naqšband, Qul ḫʷāğa Aḥmad und Ibrāhīm Adham gewidmet.[50] Die Dichterin drückt darin ihre Verehrung für die heiligen Männer aus und gibt ihrer Freude Ausdruck, daß sie die Pilgerstätten besuchen konnte.

---

[48] Ādamniñ sāyasi quyāšga tušdi, 1991, 6.

[49] In dem Band "Āt kišnagan āqšām", Tāškent 1994, 218-355.

[50] Ātağānova 1992, 27-30.

1.3 Initiationsträume und andere Gesichte

Der Traum ist der Höhepunkt auf dem Wege des *ḫalpa*-Werdens. Er ist zugleich ein befreiendes Moment. Für die quälende Krankheit gibt es nun eine Erklärung. Das Nächtigen auf dem Friedhof, wie lapidar es immer dargestellt sein mag, war doch ein Zuendegehen des bisherigen Lebens durch Krankheit, ein Sterben. Der Traum wirft Licht auf den Weg in ein neues Leben.

Etwas Außergewöhnliches scheint den Berichten der meisten *ḫalpa* zufolge in den Träumen auf. Eine *ḫalpa* sah im Traum eine sehr große Person. Sie verstand, daß es Uways buwa war, an dessen übernatürlicher Länge die Choresmer nicht zweifeln. Er gab ihr ihren "Anteil" (*ülüš, uluš*). Das war ein Schreibblock mit arabischen Buchstaben, ähnlich einer Fibel. *a* stand für *alma* (usb. heute ȧlma, Apfel), *b* für *baliq* (Fisch). Als ihren *pīr* wagt sie offenbar Uways buwa nicht zu bezeichnen, doch besucht sie gern sein Grab, was auch bei relativer Armut von Urgentsch aus nicht schwer zu bewerkstelligen ist.

Eine andere *ḫalpa* hatte den Koran im Traum gesehen, einer dritten hatte im Traum ein Finger die arabischen Buchstaben gezeigt und erklärt. Diese *ḫalpa* hatte in einem anderen Traum auch ihre künftige Lehrerin erblickt. Diese wohnte zwar in einem anderen Ort, aber ihr Ruf als *ṭabīb* war weit verbreitet in der Gegend. Möglicherweise hatte sie erwartet, daß ihr auch die Fähigkeit einer *ṭabīb* vermittelt werden würde, denn ihre Krankheit war ausgelöst worden durch den Tod der Schwiegermutter, die *ṭabīb* gewesen war. Falls sie diese Erwartung gehegt haben sollte, erfüllte sie sich nicht. Sie erklärte jedenfalls, daß sie keine *ṭabīb* sei.

Eine vierte *ḫalpa* hatte im Traum "Ḥikmat", das heißt, die Gedichte des Aḥmad Yasawī, in einem Buch gesehen. Eine Stimme, die etwas erklärt hätte, gab es in dem Traum nicht.

Im Laufe des Gesprächs erwähnte die Frau noch einen anderen Traum, und dieser wurde von ihrem Mann später noch einmal auf russisch dargeboten. Es entstand der Eindruck, daß der zweite Traum einigen Familienmitgliedern, die von den Texten nichts verstehen, als passender erschien. Darin sah die *ḫalpa* drei Weißgekleidete, die ihr den Weg nach Mekka wiesen. So waren *ḫalpačilik* und tiefe muslimische Frömmigkeit, die hin und wieder auseinanderdriften, wieder gut zusammengefügt.

Ihre verstorbene Großmutter, von Büchern umgeben, erschien G. (vgl. 5.4) in dem für sie entscheidenden Traum. Über G.s Träume war auch eine Frau informiert, die sich für *ḫalpačilik* interessiert und – wie ich meine – auch *ḫalpa* werden möchte, obwohl sie dies nicht zugibt. Man kann es nicht zugeben, wie man an den Berichten über Krankheiten und Träume anderer sieht, denn man wird *ḫalpa* nicht durch den eigenen Willen. Bei G. sei es jedenfalls so: Sie gehe zu den Pilgerstätten und sehe danach gute Träume. Darin erfahre sie, wie sie sich in dem einen oder anderen Fall verhalten solle. Dieser Hilfe bedarf sie auch, da sie eine heilende *ḫalpa* ist. Jede Krankheit ist anders, und bei jedem Menschen ist es anders. Die Träume helfen ihr, die Heiltätigkeit zu bewältigen. Man sieht an diesem Weitererzählen der Träume, welche Bedeutung die *ḫalpa*, ihre Schülerinnen und Bekannten ihnen zumessen.

B. (vgl. 5.4) hatte um 1990 begonnen, Texte vorzutragen und zu schreiben. Diese Tätigkeit hatte sie erlernt und aufgenommen, ohne daß es einer Krankheit oder eines Traumes bedurft hätte. Doch im Januar 1996 war sie dabei, die Magie zu erlernen. In diesem Zusammenhang erzählte sie mir und meinem Begleiter einen Traum, den sie mehrmals in ihrer Kindheit gehabt habe: Sie fliegt auf dem Friedhof von Grab zu Grab. Weißgekleidete heilige Männer (*bābālar*) vertreiben sie mit den Worten "Du gehst über den Friedhof, ohne die Dinge verstanden zu haben. Geh fort (*Sen tušunub yetmasdan qabristān ustida yuribsan, ket*)!" Damals habe sie den Traum ihrer Mutter erzählt, die jedoch antwortete, dies sei ohne Bedeutung, sie solle nicht weiter darüber nachdenken. Offenbar ist sie lange Zeit dem Rat der Mutter gefolgt und hat den Traum nicht einmal für *ḫalpačilik* instrumentalisiert. Für die Tätigkeit auf dem Felde der Magie aber könnte der Traum sehr nützlich sein, und es ist durchaus denkbar, daß er künftig die Funktion eines Initiationstraumes gewinnt.

Eine weitere *ḫalpa* kennt und liest die Bücher gut. In den Mittelpunkt ihrer Tätigkeit stellt sie aber das Wahrsagen mit Hilfe des Korans (*kitāb qaraš/kitāb āčiš*). Das Wahrsagen dient der Beseitigung von Schwierigkeiten – seien es Krankheiten, durch Menschen verursachte Probleme oder durch Geister hervorgerufene Hindernisse. Sie war einmal sehr krank. Es war eine Hepatitis. Sie hatte dabei sehr starke Kopfschmerzen, vor Schwäche mußte sie weinen. Der schlimme Zustand dauerte mehrere Tage lang an. In diesen Tagen sah, bzw. hörte sie etwas Eigenartiges, etwas Traumhaftes. Eine Stimme sagte: "Er/sie öffnet" (*āčadi*). Sie habe in halb bewußtlosem Zustand erwidert: "Öffnet nicht (*āčmiydi*)." Denn sie habe gedacht, die Behauptung bezöge sich auf den großen Wasserhahn im Haus. Ihr Mann rasierte sich in diesem Augenblick, und sie wußte, daß er zu diesem Zweck den gemeinten Wasserhahn nicht öffnet. Dieses "öffnet", "öffnet nicht" ging noch einige Male hin und her. Dann meldete sich die Stimme wieder und sagte: "Ich bin Pahlawān pīr" (*men Pahlawān pīr*). Das heißt, es handelte sich um Pahlawān Maḥmūd, dessen Grabmal sich in Chiwa befindet. Eine Interpretation gab die *ḫalpa* nicht. Da der Sprechende ein Heiliger war, gewinnt der kleine Dialog an Gewicht. Man begreift nun das Öffnen als "Buchöffnen", also Wahrsagen. Daß sie ihr eigenes anfängliches profanes Verstehen der Angelegenheit mit erzählt, macht den Bericht natürlich wirksamer. Der Widerspruch der *ḫalpa* – "öffnet nicht" – dürfte in diesem Kontext als ihr Wehren gegen die Übernahme der Aufgabe verstanden werden. Wie man aus ihrer jetzigen Tätigkeit sieht, hat sie den Widerstand aufgegeben, die Krankheit überwunden und die ihr gebieterisch zugewiesene Aufgabe übernommen. In einem von Jakob Taube aufgezeichneten Gespräch (vgl. 1.1. Krankheiten) mit derselben Frau erzählt die *ḫalpa* noch von anderen Stimmen. Diese haben von ihrer Mutter und von ihrem Kind gesprochen. Als sie sich darüber wunderte, habe eine Stimme gesagt, sie müsse erst sich selbst erkennen, dann werde sie die anderen erkennen. Dann sei sie unterwegs an Unbekannte herangetreten und habe gesagt: "Dir tut es da und da weh, ich werde es heilen." Man begann sie für verrückt zu halten, und sie wagte nicht mehr, auf die Straße zu gehen. Inzwischen ist sie aber eine anerkannte Heilerin geworden. Im übrigen kommt die Stimme des Pahlawān Maḥmūd jetzt häufig zu ihr, und zwar immer dann, wenn sie den Koran "öffnet".

So deutlich wie in diesem Fall wird der von außen ausgeübte Zwang, eine Aufgabe zu übernehmen, selten beschrieben. Und selten gibt es einen ständig begleitenden *pīr* wie hier. Der in dieser Weise auftretende *pīr* könnte auf die *naqšbandiyya* verweisen. Aber die Tätigkeit der *ḫalpa*, die dies erzählte, enthält auch schamanistische Elemente (vgl. 2.5).

Einen besonders farbigen Traum erzählte jene Frau, für die die Ärzte kein EKG machen konnten (vgl. 1.1). Sie ist keine *kitābī ḫalpa*, sondern *sāzči*, d.h. eine *ḫalpa*, die zum eigenen Akkordeonspiel singt. Sie läßt sich dabei von einer weiteren Sängerin – in diesem Fall von ihrer Tochter – und einem *dāyra* (Tamburin)-Spieler – in diesem Fall ihrem Neffen – begleiten. Weiterhin gehörte zu ihrer Gruppe eine Tänzerin. Den Initiationstraum sah sie dreimal hintereinander. Es war jedesmal am Mittag, als sie sich zu Hause zum Ausruhen niedergelegt hatte. Sie weiß, daß sie nicht schlief. Die Tür öffnete sich, eine wunderbare Frau trat herein. In der Hand hatte sie eine Schachtel, ähnlich einer großen Konfektschachtel. Diese war in ein weißes Tuch eingeschlagen. Sie stellte diese Schachtel neben die auf einer Matratze neben dem niedrigen Tisch liegende *ḫalpa* und nahm das weiße Tuch ab. Darunter kam ein rotes Akkordeon hervor. Die wunderbare Frau sagte zu ihr: "Werden Sie Musikantin!" (*Sāzči boluñ/būliñ*). Sie war damals 32 Jahre alt. Zum Zeitpunkt des Erzählens war sie 41 Jahre alt. Die Krankheit hörte nicht sogleich nach dem Traum auf, sondern erst während des Erlernens des Akkordeonspiels. Sie hatte zwei Lehrerinnen, eine aus Chiwa und eine aus Chanka.[51]

Es kam auch vor, daß ein Traum durch meine Anwesenheit in Choresm "entstand". Es hatte sich mit der Zeit herumgesprochen, daß ich die *ḫalpa* unter anderem nach Träumen gefragt hatte. Nun haben einige *ḫalpa* sehr schöne Träume, was den anderen bekannt ist. So kam offensichtlich bei einer nicht ganz so frommen *ḫalpa* der Wunsch auf, mir mit einem Traum zu imponieren. Mit dieser *ḫalpa* hatte ich schon mehrere Mal gesprochen, ohne sie nach ihrem Traum gefragt zu haben. Eines Tages erzählte sie von sich aus, sie habe im Alter von 50 Jahren – das müßte Anfang der siebziger Jahre gewesen sein – im Traum gesehen, daß sie Bücher in arabischer Schrift lesen könne. Sie sehe diese Bücher im Traum und lese sie alle. Dann wache sie auf und könne es nicht. Nachdem sich dieser Traum mehrmals wiederholt hatte, habe sie begonnen, das Lesen zu üben. Sie habe dazu eine Ausgabe von ᶜAlīšēr Nawāʾīs "Farhād-u Šīrīn", herausgegeben von Pārsā Šamsiev, Taschkent 1961, genommen. Dieses mit mehreren Bibliotheksstempeln von einer Dorfbibliothek (Kirovskaja sel'skaja biblioteka) versehene Buch zeigte sie mir zum Beweis. Weitere Bücher habe sie dann vom damaligen Pädagogischen Institut ausgeliehen. An diesem Bericht ist fast nichts glaubwürdig. Auf jeden Fall konnte man in den siebziger Jahren beim Pädagogischen Institut mit Sicherheit keine Bücher ausleihen, die man für *ḫalpačilik* braucht. Sei es wie es sei, warum sollte eine Frau nicht auch etwas anderes in arabischer Schrift lesen wollen als die religiösen Bücher! Interessant war für mich die späte, in diesem Fall unerwartete Darstellung einer Art Initiationstraum. Ob der Traum bewußt oder versehentlich originell gestaltet wurde, ist mir nicht bekannt. Nach dem gängigen Muster hätte sie nach mehreren Träumen die arabische Schrift schon recht gut beherrscht.

---

[51] Diese *sāzči* kannte auch eine Entstehungslegende für die *ḫalpa*-Gesangskunst in Choresm. Die Tradition, daß Frauen zum eigenen Akkordeonspiel singen, reiche nur bis ins 19. Jahrhundert zurück. Fīrūz Ḫān – selbst Dichter – habe den Gesang sehr geliebt. Doch sei er männlichen Musikern nicht zugetan gewesen. Gern habe er dagegen der Ānağān ḫalpa zugehört.Von ihr weiß man noch, daß sie hinkte und daß sie eine hervorragende Stimme hatte. Von Ānağān ḫalpa komme die mit Akkordeonspiel verbundene *ḫalpa*-Gesangkunst her.

Beeindruckend am Initiationstraum können Stimmen, Farben oder Personen, die die zu lesenden Bücher zeigen, sein.

Der Kommentar zu den Träumen lautet meistens: Und nun dauerte das Lernen gar nicht mehr lange, die Buchstaben waren mir ja bereits geschenkt worden. Einige wenige *ḫalpa* stellen den Traum als so stark wirkend dar, daß er das Lernen ganz und gar ersetze. Die *ḫalpa* wacht auf und beherrscht plötzlich das Lesen in arabischer Schrift, obwohl sie sich früher nie mit Büchern dieser Art befaßt hat. Sämtliche Bücher, welche zum *ḫalpa*-Repertoire gehören, kann sie dann, ohne jemals geübt zu haben, lesen. Gott sei ihr *ustāẕ* (Lehrer und Meister) kann dann eine *ḫalpa* allen erklären, die danach fragen. Kaum einer wagt es, tiefe Zweifel daran zu äußern. Erst nach einigem Fragen erfährt man unter Umständen, daß es in der Familie der *ḫalpa* eine weitere Frau dieser Bestimmung gibt, ihre Mutter zum Beispiel. Daß der Hergang gerade so und nicht anders gewesen sei, wird auch von gebildeten Leuten teilweise geglaubt, weil man jemanden, der offenbar tief religiös ist, nicht der Lüge zeihen möchte.

Wenn eine Frau in Choresm nur nebenbei einen Traum erwähnt, ohne ausführlich darüber zu sprechen, oder wenn sie erklärt, sie habe keinen Traum gehabt, so kann es dafür unterschiedliche Gründe geben. Eine durchaus fromme Frau, die ganz und gar in ihrer Tätigkeit als *ḫalpa* aufging, sagte, sie habe keinen Traum gehabt, sondern sie habe gelernt, weil sie Lust dazu hatte, weil es sie zum Lernen hinzog (*hawas bilan ŭqiganman*, vgl. auch *hawaslandim* unter 1.1.). S., vgl. 5.4, begründete das Nichtvorhandensein eines Traumes damit, daß sie bereits im Alter von fünf Jahren mit dem Erlernen der arabischen Schrift begonnen habe. Sie sei also auf normalem Wege in das *ḫalpačilik* hineingewachsen, habe es als Erbe (*mīrāṣ*) erhalten. Eine dritte *ḫalpa* ließ stets ihr literarisches Interesse bzw. ihre Anteilnahme an den Inhalten der Bücher erkennen. Für sie waren die einzelnen Stufen des *ḫalpa*-Werdens, darunter auch die Stufe des Traums, ganz und gar unwichtig. G. mochte offenbar im ersten Gespräch einer Nichtmuslimin keine genaue Auskunft über den Traum geben. Sie sagte *tušda kŭrdim* (ich habe es im Traum gesehen). Sie hatte also gesehen, daß sie *ḫalpa* werden könne oder solle, und dies mußte als Auskunft reichen. In einem späteren Gespräch erzählte sie den obenerwähnten Traum mit der Großmutter, den sie als Aufforderung an sich empfunden hatte. Da G. schon in jungen Jahren große Anerkennung genoß, gab es für sie keinen Grund, sich etwas speziell für die Gesprächspartnerin auszudenken, und ich nehme an, daß dieser nachgereichte Traum für sie tatsächlich einen Wendepunkt markierte.

Bei manchen Frauen mag die Verschwiegenheit hinsichtlich des Traumes Bescheidenheit sein. Der Traum gehört zum allgemeinen Bild, in das sie sich einfügen wollen, aber sie schmücken es nicht mit leuchtenden Farben aus. Einigen *ḫalpa* erlaubt ihre auch gegen sich selbst gerichtete Strenge nicht, den Inhalt der Träume preiszugeben.

Die *ḫalpa*, die einer Fremden gegenüber offen von ihrem Traum erzählen, tun dies gewiß auch in ihren eigenen Kreisen. Der Initiationstraum gehört für sie gleichsam zu dem Teil ihrer Persönlichkeit, der ausgestellt werden kann. Man muß auch bedenken, daß das Erzählen des Traumes etwas Spielerisches hat. *ḫalpa* mit ernstem Charakter meiden dieses Spiel. Wenn sie spielen sollten, so nur das, was sie für sich und andere längst in Ernst verwandelt haben.

Durch den Traum erhält die *ḫalpa* alle Voraussetzungen dafür, daß ihr Lernen erfolgreich sein und in *ḫalpačilik* münden wird. Die Träume der künftigen *ḫalpa* werden selbstverständlich auch von ihren *ustāẓ* ernstgenommen. So erzählte eine *ḫalpa*, die 1995 vier Schülerinen hatte, manchmal kämen die Frauen mit guten Vorkenntnissen zu ihr, nämlich dann, wenn sie den Koran bereits im Traum gesehen haben. Zwei *ḫalpa* berichteten, daß eine ihrer Schülerinnen sie im Traum gesehen und darin erfahren habe, daß sie bei ihr lernen solle. Ob die Schülerin ihre Lehrerin vorher kannte oder nicht, wird bei derartigen Erzählungen wohlbedacht übergangen. Die erzählende *ḫalpa* erlangt ja, wenn anstelle eines heiligen Mannes oder anstelle von dessen Grab sie selbst im Traum eines anderen Menschen erscheint, einen Schimmer von Heiligkeit. Warum sollte man diesen durch das Zurückführen des Bildes auf die Ausgangsgestalt auslöschen. Andererseits mag auch die Frage nach der früheren Bekanntschaft müßig sein. Die Gedanken einer Frau, die sich eine Lehrerin sucht, weil sie selbst *ḫalpa* werden möchte, werden das Haus, in dem sie eine *ḫalpa* wohnen weiß, oft umkreisen, bevor sie die Bitte um Lehre an sie heranträgt. In dieser Zeit kann ihr die Lehrerin auch im Traum erscheinen, unabhängig davon, ob sie mit ihr bereits bekannt ist oder nicht.

Wenn die vielsagenden Träume eine *ḫalpa* weiter durch ihr Leben begleiten, können sie auch andere Funktionen haben. So erfährt eine *ḫalpa* nach ihren Worten stets im Traum im voraus, daß sie zu einer bestimmten Familie mit der Bitte um eine Lesung gerufen werden wird. Sie kann erfahren, wie sie handeln soll. Eine andere *ḫalpa* sieht, wie oben erwähnt, das Grab, zu dem sie pilgern soll, im Traum.

Neben all diesen Möglichkeiten von Träumen und dem Umgang mit ihnen scheint festzustehen, daß der Traum an Bedeutung verliert oder ganz verschwindet, wenn die individuelle Tradition des Lesens religiöser Bücher innerhalb der Familie fest genug ist. Sogar die Krankheit kann sich dann auf eine reine Floskel reduzieren. Der Werdegang von S. und D. (vgl. 5.4) sind Beispiele aus Choresm hierfür. Die Situation im Ferghanatal bestätigt diese Vermutung. Die Weitergabe der spezifischen Lesekenntnisse innerhalb der Familien scheint hier, trotz des rapiden Schwundes an religiösem Wissen in den dreißiger bis sechziger Jahren, stabiler zu sein als in Choresm. Die relativ große Zahl von Leserinnen des Korans und einiger tschaghataischer Texte war auch die Ursache dafür, daß an jedem Ort Lesezirkel aus dem Boden sprossen, sobald nach der Erklärung der Unabhängigkeit Usbekistans dem Aufblühen islamischer Institutionen zunächst nichts mehr im Wege zu stehen schien. Die Lehrerinnen dieser Zirkel sind ältere und jüngere *ātin āyi*, von denen die letzteren nicht unbedingt aus einer religiös orientierten Familie stammen müssen. Der allgemeine Sog zum Religiösen zieht auch von außen Kommende an.

Keine einzige Frau im Ferghanatal rühmte sich eines Traumes. Die Möglichkeit, daß die Frauen aus Angst zurückhaltender waren, soll nicht völlig ausgeschlossen werden. Aber ich erhielt doch den Eindruck, daß das Schweigen über die für Choresm charakteristischen Stufen der Initiation – Krankheit, Pilgern zu heiligen Stätten und Traum – kein Zufall, sondern Ausdruck einer anderen Tradition in dieser Gegend ist. Allerdings war keine der Frauen über die Frage nach einem Traum erstaunt. Einige suchten selbst nach Begründungen für das Fehlen einer Initiation im Traum. Diese lauteten ähnlich wie in Choresm. Eine Frau sagte, sie habe mehrere ältere Schwestern gehabt, von denen habe sie in der Kindheit die alten Texte zu lesen gelernt. Eine andere meinte, sie lese einfach aus Freude an der Sache (*ᶜišq-i muḥabbatdan* für *ᶜišq-u muḥabbatdan*). Eine 1948 geborene Frau erklärte, sie habe in sehr jungen Jahren mit dem Lesen der religiösen Bücher angefangen, 1974 sei das gewesen. Deshalb habe sie auf Krankheit und Traum nicht geachtet. Sie sagte auch, daß sie zum Lernen etwa zwanzig Jahre benötigt habe. Was die Zeit des Lernens betrifft, muß man bedenken, daß sie in derselben Zeit mehrere Kinder geboren hat und daß sie, wie viele Frauen in jener Zeit, berufstätig war (sie war Kindergärtnerin). Die Worte, sie habe auf Krankheit und Traum nicht geachtet, klingen fast nach einem Bedauern, so als sei es besser, einen Auftrag aus einem nichtirdischen Bereich für das eigene Tun zu haben und diesem damit eine besondere Weihe zu geben. Eventuell empfinden manche der *ātin āyi* das Nichtvorhandensein eines Initiationstraumes und damit eines sakralen Auftrags als einen

Mangel. Aber in der gesellschaftlichen Wirklichkeit spielt diese Empfindung keine große Rolle. Die islamische Tradition ist in dieser Gegend stark genug, um den *ātin āyi* vor allem als Vermittlerin der Worte des Korans ausreichend gesellschaftliche Anerkennung zu geben.

1.4 Die *ḫalpa* und ihre *ustāẓ*. Erteilen der *fātiḥa*. *Ātin āyi* und ihre *ustāẓ*

Eine *ustāẓ* ist die Lehrerin, bei der die *ḫalpa* als Lernende (*šāgird*) das Lesen und Vortragen der Bücher in tschaghataischer Sprache und arabischer Schrift erlernt.

Dasselbe Wort in der Form *usta* wird dagegen in der Bedeutung "Handwerker" verwendet. Z.B. ist ein Ofensetzer, ein Maurer, ein Maler, ein Schlosser ein *usta*.

Der Lernprozeß hat im Idealbild des *ḫalpačilik* längst nicht den Rang, den die Krankheit, der Aufenthalt an den heiligen Gräbern und der Initiationstraum haben. Jedoch wird jede *ḫalpa* dem zustimmen, was eine unter ihnen sagte: ohne *ustāẓ* gehe es nicht.

Die *ustāẓ* ist in der Regel älter als die Schülerin und tritt selbst als *ḫalpa* auf. Bei ihr erlernt die *ḫalpa* die Schrift, falls sie sie noch nicht beherrscht. Sie liest bei der ustāẓ – das ganz gewiß mehrmals – die wichtigsten Texte, die man für *ḫalpačilik* braucht. Dabei erlernt sie zugleich die Vortragsweise. Es kommt nicht nur darauf an, daß man einen Text entziffern kann, man muß den Vortrag der Verse im Rezitativ beherrschen. Die Melodie muß dem Text entsprechend gewählt und durchgehalten werden. Diejenigen, die darin nicht sicher sind, müssen manchmal Verse wiederholen, um beim Übergang zum nächsten Prosateil die Melodie nicht abrupt abbrechen zu lassen. B. (geb. 1954, vgl. 5.4), die, als ich sie kennenlernte, meine Fragen sehr offen und ohne Sorge um ihre Reputation beantwortete, erklärte, man müsse unbedingt eine *ḫalpa* als *ustāẓ* haben, selbst wenn man bereits lesen könne, denn als *ḫalpa* sei man so etwas wie ein Schauspieler (*artist*), und die dazu notwendigen Fähigkeiten könne man nicht autodidaktisch erlernen.

Nach der mangelnden Übereinstimmung zwischen schriftlichem Text und Vortrag zu urteilen, die man oft beobachten kann, lernen oder lernten viele *ḫalpa* bei ihrer *ustāẓ* so lange, bis sie die Texte fast auswendig konnten. Die Bücher sind für sie dann nur noch eine Lesehilfe und ein Gegenstand, der ihrem Prestige und der Herstellung einer sakralen Atmosphäre dient.

Wenn man die *ḫalpa* fragt, wie lange man lernen muß, geben sie gern eine sehr kurze Zeit an.

Es können Tage, Wochen oder wenige Monate sein. Die kürzeste Zeit, die angegeben wurde, waren zwei Stunden. Bei der Antwort auf diese Frage haben die *ḫalpa* einfach ein Darstellungsproblem. Gäben sie eine längere Zeitdauer an, schrumpfte besonders die Bedeutung des Traumes zusammen. Wer die Lesefähigkeit bereits in einem Initiationstraum geschenkt bekam, kann nicht noch langer Zeit zum Lernen bedürfen. Da die meisten den Traum für ihr Selbstbewußtsein und für ihre Außenwirkung brauchen, bleibt nur die Möglichkeit, den Lernprozeß in der Darstellung gegenüber Fremden zu verkürzen. Wer so fragt, ist ja immer ein Fremder. Wer von den Nahestehenden sollte an eine Frau, die bereits den Rang einer *ḫalpa* hat, eine derartig plumpe Frage stellen wollen!

Einigen Frauen gelingt es, ihre eigene Bedeutung besonders hervorzuheben, indem sie die reale *ustāẕ* aus ihren Erzählungen völlig herausnehmen. Sie habe ihr Wissen von Gott (*ḫudādan*), erklärte eine *ḫalpa*. Gerade in diesem Fall kannte ich aber auch die Mutter, die ebenfalls *ḫalpa* war. Ob in dieser Familie ein Wissen über jene *ēšān* vorhanden war, die sich unmittelbar mit Gott verbunden glaubten und sich in allen Handlungen als Gottes Werkzeug betrachteten, ist mir nicht bekannt. Jedenfalls könnte in der mit der Mutter sicher vereinbarten Darstellungsform die Spur eines derartigen Wissens zu finden sein. Damit war zugleich die leidige Frage nach der Lehrerin aus der Welt geschafft, die die sowjetischen Behörden möglicherweise hätten stellen können. So könnte der pragmatischste Gedanke mit dem größten Anspruch auf Heiligkeit, den eine *ḫalpa* geäußert hat, verbunden sein.

Auch eine *ātin āyi* sagte, Allah habe ihr das Lesen gegeben. In diesem Fall handelte es sich um eine tiefe Überzeugung. Ein besonderer Stolz oder Wichtigtuerei waren damit nicht verbunden, denn die Frau fügte gleich hinzu, ihr Vater, der noch eine *madrasa* besucht hatte, habe es sie gelehrt.

Ansonsten wurde explizite über das Verhältnis zu Gott selten gesprochen. Nur eine sehr fromme *ḫalpa* hielt es für nötig, deutlich zu formulieren, was die anderen ähnlich sehen werden, ohne es auszusprechen: Der Grund bzw. der/die Veranlassende, der/die Bewirkende (*sababči*) für ihre Lesefähigkeit sei ihre *ustāẕ*, aber vor ihr noch Gott. D.h. sie hielt es nicht für richtig, ihren Platz in der Gesellschaft zu benennen, ohne ihren Platz gegenüber Gott zu definieren.

Eine andere *ḫalpa* wandte sich mehr dem Dichtermilieu zu. Als ihren *ustāẕ* nannte sie den bekannten Dichter Mašrab (hingerichtet 1710/11).

Eine vierte wiederum konnte sich darauf berufen, daß die Vorfahren ihrer *ustāẕ* vor fünf oder sechs Generationen aus Turkestan gekommen seien, wo sich das Mausoleum Qul ḫʷāǧa Aḥmads befindet.

Aus dem Bericht einer *ḫalpa* war eines der möglichen älteren Muster des *ḫalpa*-Werdens erkennbar. Als sie sieben Jahre alt war, hatte ihr Vater schon erkannt, daß sie sich vorgesprochene Koranverse viel besser einprägen konnte als ihre älteren Schwestern. Der Vater hoffte, daß er sein Wissen an die Tochter weitergeben könnte, und bekräftigte dies durch die Übergabe seines Speichels: *Meni aġzima tuflaganlar (meniñ āġzimga tuflaganlar* "Er spuckte mir in den Mund"). Er fragte sie damals schon, ob sie *ḫalpa* werden wolle, er würde sie lehren. Obwohl sie manches von dem Vater gelernt hat, nannte die *ḫalpa* nicht ihn als ihren *ustāẕ*. Sie hat mit verschiedenen Frauen gelesen, aber ihre eigentliche *ustāẕ* war ihre Schwiegermutter, für die sie eine hohe Verehrung empfunden hat und die sie wegen ihrer schweren Krankheit sieben Jahre lang bis zu ihrem Tod gepflegt hat. Krankheit und Träume spielten aber trotz der außerordentlich guten Vorbereitung eine wichtige Rolle. Von der Krankheit berichtete die *ḫalpa* sogar so ausführlich, daß man den Eindruck einer Poetisierung der Krankheit bekommen konnte. Das ideale Berufungsmuster war aber hinter der breiten Erzählung noch erkennbar.

Ist der Lernprozeß abgeschlossen, begibt sich die *ḫalpa* zu einem Pilgerort, um von dem Heiligen Mann, dem der Ort gewidmet ist, eine Segnung ihres künftigen Tuns zu erhalten, vgl. 1.2. Auch die ustāẕ segnet die Lernende durch das Sprechen der *pātiḥa* (*fātiḥa*).[52] Danach darf diese selbst als *ḫalpa* auftreten.

Mit der Unabhängigkeitserklärung 1991 tauchten zwei neue Möglichkeiten des Lernens auf, wovon eine einmalig in der Übergangsperiode war und die andere bleibenden Charakter haben wird.

B. erklärte, sie habe das Lesen im Fernsehen erlernt, als 1987 Raḥīmbāy Ǧumaniyāzov in einer Sendung aus mehreren Folgen die

---

[52] Eine als *fātiḥa* bezeichnete Segnung muß man auch beim Beginn jeglicher handwerklichen Tätigkeit erhalten. Dazu wurde mir folgende Geschichte erzählt: Eine Nachbarin, von Beruf Lehrerin, konnte gut nähen. Als Lehrerin bekam sie etwa 800 *sūm* Monatsgehalt. Als Näherin konnte sie ohne Schwierigkeiten noch 1000 *sūm* je Woche hinzuverdienen. Zwar hatte sie bei einer *usta* gelernt, doch diese lehrte sehr langsam. Sie konnte längst alles und hatte die Lehre immer noch nicht abgeschlossen. So hörte sie mit dem Lernen auf und nähte mit großem Erfolg neben ihrer Arbeit als Lehrerin. Es ging ihr einige Zeit lang ausgezeichnet. Dann wurde sie sehr krank, niemand konnte ihr helfen. Einer Bekannten fiel ein zu fragen, ob sie denn für das Nähen die *fātiḥa* erhalten habe. Das war nicht der Fall. Nun wußte man den Grund der schweren Erkrankung. Damit endet die Geschichte.

arabische Schrift lehrte. Auf die Frage, wer ihr denn in diesem Fall die *fātiḥa* erteilt habe, sagte sie, ein *mullā* habe die *fātiḥa* für Lesen, Schreiben und *dīn* gegeben. Den Begriff *dīn* kann man in diesem Fall als die religiöse Seite der Angelegenheit verstehen. Der *mullā* hat gleichsam ihre Frömmigkeit bestätigt und ihr erlaubt, in den rituellen Vorgängen tätig zu sein, bzw. diese wesentlich zu gestalten. Eine *ḫalpa* habe aber ebenfalls eine *fātiḥa* erteilt (vgl. oben). Durch den Fernsehkurs war plötzlich eine billige, ungefährliche und bequeme Möglichkeit eröffnet worden, sich mit der arabischen Schrift vertraut zu machen. Ich nehme an, daß der Kurs von nicht wenigen genutzt wurde, obwohl mir lediglich eine zweite *ḫalpa* diese Art des Lernens genannt hat. Das Lernen durch das Fernsehen dürfte in seiner Rationalität dem *ḫalpačilik* diametral entgegengesetzt sein. So werden sich dazu nur jene Frauen bekennen, die auch ohne *ḫalpačilik* ein ausreichendes Selbstbewußtsein besitzen oder diejenigen, deren Frömmigkeit ihnen humorvolle Distanz zu ihrer eigenen Person nicht verbietet.

Eine dreiundfünfzigjährige Frau erzählte 1995, daß sie in einer Frauengruppe von etwa Gleichaltrigen bei einem dreißigjährigen Mann in der *madrasa* das Lesen der religiösen Bücher erlernt habe. Dieses Lernen sollte man sich nicht als Studium vorstellen. Die Frauen belegen nur den einen Kurs an der *madrasa*. Der Kurs erstreckte sich in diesem Fall über ein Jahr. Die Frauen gingen an jedem Werktag nach der Arbeit zur *madrasa* und lernten dort von 15 bis 19 Uhr. Sie brauchten hierfür nichts zu bezahlen. Geld nehme ein *mullā* nur für das Koranrezitieren aus Anlaß einer Beerdigung oder einer Totengedenkfeier. Allerdings übte der junge Mann, der sicher einen *madrasa*-Abschluß hatte, auf die Frauen einen recht starken Druck aus. In dem Ort, in dem mir diese Auskunft erteilt wurde, ist es üblich, daß die Frauen auch Epen vortragen. Die *ḫalpa*, mit der ich sprach, wollte, wie auch einige ihrer Freundinnen im Kurs, sehr gerne das Lesen der Epen üben. Daß der Lehrer nicht in der Lage war, ein Epos vorzutragen, ist nicht erstaunlich, denn im Männermilieu sind die einzelnen Tätigkeiten deutlicher gegeneinander abgegrenzt. Ein *mullā* in der *madrasa* hat nichts mit einem *šāʿir* (eigentlich Dichter, in Choresm auch Epensänger) zu tun, der in Radio, Fernsehen und an Feiertagen auf den Festplätzen mit Epenvortrag (ohne Buchvorlage) erfreut. Aber dieser Lehrer hat den Frauen auch sehr ernsthaft abgeraten, sich mit derartigen Dingen zu beschäftigen, und als ich die Frau 1995 kennenlernte, hatten diese als Verbot begriffenen Worte ihre Wirksamkeit noch nicht eingebüßt. So versagten sie und ihre

Freundinnen es sich, Epentexte zu lesen, obwohl sie sich nach Abschluß des Kurses jeweils am Freitag trafen, um gemeinsam zu lesen.

Von dem Lehrer erfuhren die Frauen auch einiges über die heiligen Monate im Jahr und darüber, wie man sich wann zu verhalten habe. So lernten sie Dinge, die früher wahrscheinlich nicht übermäßig herausgehoben wurden, weil die Kinder sie bereits in ihren Familien je nach dem Maß lernten, wie es für die jeweilige Familie wichtig war. Diese *ḫalpa* hatte den Rat angenommen, daß es gut sei, außer im *ramażān* auch im Monat *rağab* zu fasten. Sie wußte, daß bereits zehn Tage ausreichen, hatte sich aber für den ganzen Monat entschieden.

Über das Verhalten in den einzelnen Monaten machten sich die Kursteilnehmerinnen Aufzeichnungen in kyrillischer Schrift, wogegen der junge *mullā* in jenem Jahr offenbar noch nichts einzuwenden hatte.

Sollten die Frauen das Gelernte sehr ernst nehmen und in ihren Familien wieder einführen, was vergessen ist, wäre das ein Schritt zur Erneuerung des Islams in dieser Gegend.

Das Lernen in Gruppen bei einem Mann in der *madrasa* wird sicher nicht die weiblichen *ustāẕ* aus ihrem Beruf verdrängen. Eher könnte es einer *ustāẕ* gefallen, vom *madrasa*-Lehrer wieder den Gruppenunterricht zu übernehmen, der in den vergangenen Jahrzehnten nicht üblich war, weil das Lehren der arabischen Schrift und des Lesens der alten Texte von offizieller Seite unerwünscht war. Es wäre zu sehr aufgefallen, wenn mehrere Frauen regelmäßig zu einer bestimmten Stunde über längere Zeit hin eine *ḫalpa* besucht hätten. Man kann annehmen, daß jetzt beide Formen parallel existieren werden. Es wäre allerdings interessant zu beobachten, ob die religiösen Instanzen den Anspruch erheben werden, *ḫalpačilik* ganz und gar zu lenken, ähnlich wie es der autoritäre junge *madrasa*-Lehrer versuchte. Kurzzeitig könnte eine derartige Tätigkeit der religiösen Instanzen sogar staatlichen Stellen als sinnvoll erscheinen, falls sie glauben, sie besäßen dann eine gewisse Kontrolle über die Vermittlung der religiösen Dinge, während dies beim Unterrichten durch die *ḫalpa* selbst nicht der Fall sein kann. Sie würden dann aber das Gegenteil von dem bewirken, was ihnen eventuell vorschwebt. Die *ḫalpa* würden aus den weniger oder gar nicht religiösen Bereichen der Kultur vollständig verdrängt. Dies wäre ein erneuter Bruch mit den alten Traditionen, die den Epenvortrag durch *ḫalpa* nicht ausschlossen.

Daß es Dissonanzen geben kann zwischen dem, was die *ḫalpa* selbst und nach eigenen Erfahrungen tun, und dem, was sich die offiziellen religiösen Instanzen vorstellen, erfuhr ich, als ich einen *imām* nach einem bestimmten *mullā* fragte. Der Name des *mullā* war mir bekannt, weil eine *ḫalpa* ihn als denjenigen genannt hatte, der ihr die *fātiḥa* zum Lesen erteilt hatte. Der *imām* sagte zuerst unwillig, einen Mann solchen Namens, der das Recht habe, eine *fātiḥa* zu erteilen, gäbe es hier nicht. Dann lenkte er ein, vielleicht sei von einem Vorgang in Taschkent die Rede gewesen. Er hatte andere Vorstellungen als die *ḫalpa* davon, wer das Recht hat, einer *ḫalpa* die *fātiḥa* zum Lesen zu erteilen und wer nicht. Ihm schien, daß er alle Personen kennen müsse, die ein derartiges Recht haben. Die *ḫalpa* verfahren aber auf ihre Weise.

In Taschkent hatte allerdings ein *imām-i ḫaṭīb* eine andere Auskunft gegeben. Seiner Meinung nach bedürfen die *ātin* – von den *ḫalpa* weiß man hier nichts – keiner besonderen Erlaubnis zum Lesen. Haben sie es einmal erlernt, sind sie als *ātin* tätig.

Was die Unterrichtsgestaltung betrifft, haben fast alle *ḫalpa* erklärt, es sei gleich, mit welchem Text man beginne und in welcher Reihenfolge man die Texte durchnehme. Jene *ḫalpa*, die "Ḥikmat" im Traum gesehen hatte, beginnt auch ihre Lehre immer mit den Gedichten Qul ḫ^{w}āğa Aḥmads. Danach könne man mit einem beliebigen Text fortfahren, sei es "Tulum ḫ^{w}āğa", "Ibrāhīmğān", "Maġpirağān" oder etwas anderes, erklärte sie. Interessant ist, daß ein Epos gleich nach "Ḥikmat" folgt und daß "Maġpirağān" damals bereits weit nach vorn gerückt war (vgl.6.3). Als repräsentativ soll aber dieses Beispiel nicht gelten.

Das Lesen des Korans gehört in Choresm nirgendwo zum Programm. Wenn eine *ḫalpa* diese Kunst trotz allem beherrscht, genießt sie besondere Hochachtung. Daß die Frauen in anderen Gegenden Usbekistans bei den meisten Gelegenheiten, die auch für die *ḫalpa* wichtig sind, den Koran lesen, wissen die *ḫalpa*. Aber bisher war ihnen ihre eigene Tradition, die den Koran nicht in den Mittelpunkt stellt, wichtig genug, um diese weiter zu pflegen.

Die *ḫalpa*, welche selbst als *ustāẕ* auftreten, geben die für das Lernen notwendige Zeit als bedeutend länger an als die Frauen, die von ihrer eigenen Lehrzeit berichten. Eine *ustāẕ* sagte, eine Schülerin brauche zwei bis drei Jahre, bis sie alles, was eine *ḫalpa* können muß, beherrsche. Die Zeit von etwa zwei Jahren wurde dann noch oft genannt.

Ungern geben die *ustāẕ* die Zahl ihrer Schülerinnen genauer an. Sie sagen in der Regel, es seien viele. Einmal (1995) habe ich von zwanzig Schülerinnen gehört, aber es war nicht sicher, auf welche Zeit sich die Zahl bezog. Die *ḫalpa* war jung. Es wäre denkbar, daß sie diese zwanzig Schülerinnen seit 1990 oder 1991 in Gruppen zu fünf bis zehn Frauen ausgebildet hatte. Vielleicht wird es in Zukunft öfter derartig große Zahlen geben, besonders dann, wenn eine *ustāẕ* in der Gegend sehr anerkannt ist. In sowjetischer Zeit wäre dies keinesfalls denkbar gewesen. Eine andere Frau sagte, sie habe vier oder fünf Schülerinnen, eine dritte gab bei zehn bis fünfzehn Jahren eigener Tätigkeit sechs bis sieben Schülerinnen an. Wenn es sich ausschließlich um die Zeit vor der Unabhängigkeit Usbekistans gehandelt hätte, wären auch diese Zahlen sehr beeindruckend. Denn die Administration verfügte zwar auch in dieser Zeit über die Einsicht, daß man ohne *ḫalpa* nicht auskommen kann, doch wäre jeder Tendenz eines Ausuferns von *ḫalpačilik* mit Verboten begegnet worden. War in den Städten einmal erreicht, daß jedes Stadtviertel (*maḥalla* bzw. *elat*) eine oder zwei *ḫalpa* hatte, so reichte dies aus. Diese Situation konnte man 1992 und 1993 noch antreffen. Vielleicht hatte sie bereits seit den sechziger Jahren in dieser Form bestanden. Sollte dieser Zustand stabil bleiben, genügte es, wenn jede *ḫalpa* in ihrem Leben zwei oder drei *šāgird* ausbildete. Ob in den Dörfern und weiter abgelegenen Kolchosen eine derartige "Grundausstattung" mit *ḫalpa* etwa gleichzeitig wie in den Städten wieder eingetreten ist, ist mir nicht bekannt. Eine *ḫalpa*, die 1983 in Rente ging und mit *ḫalpačilik* begann, hatte nach ihrer Aussage bis 1995 dreizehn *šāgird* ausgebildet. Da sie in einem kleineren Ort lebte, ist es möglich, daß Leute aus den Kolchosen zu ihr kamen, in denen es einen relativ großer Bedarf nach *ḫalpa* gab.

In den Orten, in denen die *ḫalpa* auch Epen vortragen, hätten sie ihre Tätigkeit öffentlichen Stellen gegenüber, die das Anwachsen der Zahl der *ḫalpa* in der Nachkriegszeit mit Sorge und Verdruß beobachtet haben, als reinen Epengesang darstellen können. Diesem drohte die Verbotsgefahr, im Gegensatz zu den religiösen Texten, nicht, wenn man nicht gerade Titel nannte, die zum gegebenen Zeitpunkt heiß umstritten waren. Um diese Dinge zu durchschauen, hätten sich die *ḫalpa* allerdings wiederum mit Männern beraten müssen, die um den Epenstreit wußten.[53] Mir ist aber keine *ḫalpa* begegnet, die von den Diskussionen um die Epen, die sich nicht nur in wissenschaftlichen Publikationen, sondern auch in den Zeitungen widerspiegelten und bei dem die in Choresm verbreiteten keine geringe Rolle spielten, etwas gewußt hätte.

Namentlich wird eine *ustāẕ* eine Schülerin nur im Ausnahmefall nennen, z.B. wenn sie durch deren Namen ihren Ruhm erhöhen kann, d.h. wenn sich die Dinge so gefügt haben, daß die Schülerin bereits größere Anerkennung als die Lehrerin besitzt.

---

[53] Vgl. Winner 1958, 150-156; Voprosy 1958; Bennigsen 1975.

Es scheint, daß einige *ḫalpa* gar nicht geneigt waren oder sind, selbst als *ustāẕ* aufzutreten. Ein wesentlicher Grund dafür könnte sein, daß es in sowjetischer Zeit insgesamt wenig *ḫalpa* gab und daß wenige Frauen unter den gegebenen Bedingungen *ḫalpačilik* für sich in Erwägung zogen. So war auch die Nachfrage nach Lehrerinnen gering.

Aber auch die individuellen Besonderheiten spielen eine Rolle. Nicht jede *ḫalpa* hält sich für fähig zu lehren. Anderen wiederum verbietet es ihr Stolz, ihre außerordentliche Fähigkeit an Frauen weiterzugeben, deren Anliegen sie nicht kennen. So äußerte sich eine Frau – selbst *ḫalpa* – sehr herablassend über die *ḫalpa* "Ach, diese *ḫalpalar* ...". Der Grund war die Geldgier, die geringe Anstrengung, die geringe Verinnerlichung der Aufgabe, die jene *ḫalpa* bei den anderen zu beobachten meinte. Eine andere erklärte, daß sie in den zweiunddreißig Jahren ihrer Tätigkeit nur drei Schülerinnen gehabt habe. Natürlich hätte ich diese drei kennenlernen wollen, aber ihre Namen und Wohnorte wurden nicht genannt.

D. (vgl. 5.4), für die ihr Ehemann die Texte abschrieb, fragte ich, ob dieser auch ihr *ustāẕ* sei, da manchmal Männer als *ustāẕ* von Frauen genannt wurden. Nein, antwortete sie, das sei nicht möglich, weil ein Ehemann seine Frau auch ausschelten müsse usw. (!). Daraus kann man wohl schlußfolgern, daß zwischen *ustāẕ* und *šāgird* ein so großes Maß von Duldsamkeit herrschen muß, wie es der Ehemann gegenüber seiner Frau in der Regel nicht aufbringt. (Vgl. noch das Verbot, die eigenen Kinder im Koranlesen zu unterrichten, unter 2.3).

Zu den Sonderfällen, die sich aus der Situation in sowjetischer Zeit ergeben, gehörte, daß eine *šāgird* bedeutend älter sein konnte als ihre *ustāẕ*, eine vierzigjährige Lehrerin und eine sechzigjährige Schülerin z.B. (in der ersten Hälfte der neunziger Jahre in Urgentsch), eine dreiundvierzigjährige Lehrerin und eine sechsundfünfzigjährige Schülerin (Anfang der achtziger Jahre in Jangibasar) oder eine Sechzehn- oder Siebzehnjährige als Lehrerin einer Achtunddreißigjährigen (dies in den sechziger Jahren). Daß eine *ḫalpa* einen alten Mann das Lesen lehrt, dürfte um so mehr ein Einzelfall sein: Ein achtundachtzigjähriger ehemaliger Bäcker erlernte so das Lesen der Bücher, die die *ḫalpa* vortragen. Natürlich war sein Ziel nicht die Vortragskunst, sondern das individuelle Lesen, während eine lernwillige Frau immer zumindest mit dem Gedanken spielen wird, selbst *ḫalpa* zu werden.

Wie in den Beziehungen der etwa gleichgestellten *ḫalpa* untereinander Konkurrenzangst eine große Rolle spielt, tritt diese auch nicht selten in den Beziehungen zwischen *ḫalpa* und *ustāẕ* auf. Es kann sein, daß die *ustāẕ* auch nach Jahren noch viel bessere Kenntnisse als ihre

Schülerin hat. Die ehemalige Schülerin glaubt, daß ihre Anerkennung in den Augen der oder des Fragenden rasch sinken würde, wenn sie in einem derartigen Fall den Weg zu ihrer *ustāẕ* weisen würde. Außerdem kommt es vor, wenn man zufällig Lehrerin und Schülerin zugleich kennt, daß die Lehrerin abfällige Bemerkungen über die ehemalige Schülerin macht. Sie kann zu verstehen geben, daß diese *ḫalpa* dumm ist oder aus irgendwelchen Gründen den Normen nicht voll entspricht und daß die Ursache nicht etwa mangelhafte Lehre sei. Wie aber soll eine *šāgird* ihre Persönlichkeit schützen! Sollte das Verhältnis zwischen ihr und der Lehrerin auch aus ihrer Sicht manches zu wünschen übriglassen, so kann sie doch niemals ein schlechtes Wort über ihre *ustāẕ* verlieren. Über Ältere oder Gebildetere darf man nichts Negatives sagen und vor allem: auf wie geringe Zeit man auch den Lernprozeß zusammenschmelzen lassen möchte, *ustāẕ* ist *ustāẕ*. Von dieser kommt auch eine Spur des leuchtenden Scheins, mit dem man sich beim *ḫalpačilik* umgibt. Jedes kritische Wort würde die Aura zerstören. So bleibt der Schülerin in solchem Fall nur die Möglichkeit, den Namen ihrer *ustāẕ* zu verschweigen. Sie nennt den penetrant Fragenden eine andere Person, von der sie auch einiges gelernt hat. Dieses wird eine Person sein, die in weiter Entfernung wohnt oder die längst verstorben ist. Stellt sich erst hinterher anderes heraus, müssen die Angaben durch die bedrängte *ḫalpa* variiert werden.

In der Variierung sind die *ḫalpa* denn auch große Meister. Aber dies sollte ihnen nicht zur Last gelegt werden. Es wird ja nur erforderlich, wenn ein Europäer in eine Kultursphäre eindringt, in der seine Fragen eigentlich nichts zu suchen haben. Aber man sollte die Antworten auch nicht als unumstrittene Tatsachen begreifen. So hatten Ingeborg Baldauf und ich zufällig die Frau kennengelernt, die die *ustāẕ* einer uns bekannten *ḫalpa* war. Die *ḫalpa* hatte gesagt, ihr Vater sei ihr erster Lehrer gewesen und ein weiterer Mann, der sich in der Dichtung gut auskannte, ihr zweiter Lehrer. Als wir ihr von unserer Bekanntschaft erzählten, sagte die *ḫalpa*, man müsse natürlich drei *ustāẕ* haben. Eine andere *ḫalpa* sagte dann auf die Frage, ob man eine oder drei *ustāẕ* brauche, natürlich drei: eine *ustāẕ* für den Vortrag von "Yar-yar" ("Yār-yār") bei Hochzeitsfeiern, eine zum Lesen und eine zum Schreiben.

Zwar kannten auch *maktab* und *madrasa* die Trennung zwischen Lesen und Schreiben, aber in diesem Fall wie auch in dem ähnlichen weiter oben berichteten waren es gerade sehr modern wirkende, früher in anderen Berufen tätige Frauen, die die Betonung auf die einzelnen Lernvorgänge legten. Eine Dreiteilung wegen der einzelnen Tätigkeitsbereiche hatte die *ḫalpa*, die ihre *ustāẕ* nur notgedrungen nannte, jedenfalls nicht gemeint.

Ein ganz und gar freundschaftliches Verhältnis kommt zwischen zwei *ḫalpa* hin und wieder vor. Außer gegenseitiger Sympathie ist dafür eine deutliche Trennung der Arbeitsfelder erforderlich. Eine Frau trägt beispielsweise Texte vor und schreibt auch ab, und die andere ist vor allem *ṭabīb* (vgl.2.5). Oder eine *ḫalpa* tritt immer als die Hauptperson auf, die andere, deren Sehvermögen sehr schlecht ist, als ihre Begleiterin in einer Gegend, wo zwei *ḫalpa* die Texte im Duo vortragen.

Unmöglich ist eine Kooperation zwischen den *ḫalpa*, wenn sie dieselbe Tätigkeit unterschiedlich begreifen. Wenn z.B. in einer Gegend, in der von den *ḫalpa* auch Epen gelesen werden, dieses Genre von einer *ḫalpa* grundsätzlich abgelehnt wird, so zeigt sie keinerlei Toleranz gegenüber denjenigen, die das Genre lieben. Die Mißachtung wiederum, die diese erfahren, wird aufgewogen durch die Zuneigung der weiblichen Bevölkerung der Gegend, die nun einmal bei ihren Zusammenkünften nicht nur die religiösen, zumeist traurigen oder bedrückenden, Texte hören möchte.

Schließlich sei noch angefügt, daß die *ḫalpa* eine ältere *ḫalpa* stets *ustāẕ* nennen, auch wenn diese nicht ihre eigene Lehrerin war. Doch handelt es sich hier um eine Anredeform, die nach der Erklärung der Unabhängigkeit statt der Anrede *ŭrtāq* (Genosse) auch in den Schulen eingeführt wurde. Die Kinder haben ihre Lehrerin mit *ustāẕ* anzureden, ähnlich wie die Lehrer in der Universität mit *dāmla* angeredet werden.

Im Ferghanatal ist der Weg zum *ātin*-Werden ganz anders als der zum *ḫalpa*-Werden in Choresm. Krankheiten, der Besuch von Pilgerorten und Träume werden, wie oben dargelegt wurde, nicht herausgestellt. So gewinnt die *ustāẕ* eine größere Rolle. Das heißt nicht, daß eine Frau, die bereits *ātin āyi* ist, ihre *ustāẕ* besonders loben oder das Erteilen der *fātiḥa* zu einem bedeutenden Ereignis in ihrem Leben stilisieren würde. Man kann aber beobachten, wie wichtig im Leben der Frauen der Lehr- und Lernprozeß ist. Eine *ustāẕ* hat hier weitreichende Funktionen, vgl. 2.3.

Auf die Frage, seit wann sie als *ātin āyi* tätig sind, antworten die Frauen häufig: Ich lese seit ... "Lesen" ist für sie ein Synonym zu "*ātin āyi* sein" und nicht etwa alternativ in dem Sinne, daß man zuerst läse und später eine Weihe zur *ātin āyi* bekäme. Die Berufung hat eine große Bedeutung für die *ḫalpa*, wie oben dargelegt, aber nicht für die *ātin āyi*. Und "lesen" bedeutet hier immer den Koran und einige andere religiöse

Bücher in Zusammenkünften der Frauen lesen bzw. vortragen und bei Totenfeiern aus dem Koran oder anderen Büchern rezitieren, vgl. 4.1.

Eine 1953 geborene *ātin āyi* aus dem Ferghanatal sagte, daß ihre Mutter ihre Lehrerin gewesen sei, was nach den Auffassungen anderer *ātin āyi* ausgeschlossen ist (vgl. 2.3). Sie fügte allerdings hinzu, eine richtige *ustāẓ* habe sie nicht gehabt. Das könnte bedeuten, daß eine Mutter keine richtige *ustāẓ* sein kann, wie gut sie auch immer ihren Beruf beherrscht. Oder es bedeutete in diesem Fall, daß die Mutter sie nur den Koran zu lesen lehrte und auch dies nicht in vollkommener Weise, so daß die jüngere *ātin āyi* zwar lesen, aber nicht in der bestmöglichen Form vortragen kann. Diese Frau sagte, sie lese jetzt (1999) seit 21 Jahren. Sie müßte demzufolge 1978, im Alter von 25 Jahren damit begonnen haben. Da diese *ātin āyi* sehr ängstlich war, kann ich mir keinen Grund denken, weshalb sie den Beginn ihrer Tätigkeit weiter zurückverlegt haben sollte, als es der Realität entsprach.

Eine andere *ātin āyi* gab ihr jetziges Alter mit 50 Jahren an (also höchstens 49 nach europäischer Rechnung) und die Zeit ihres Lesens mit dreiundzwanzig Jahren. D.h., sie liest, seit sie sechsundzwanzig Jahre alt ist.

Eine dritte *ātin āyi* im Ferghanatal sagte, sie habe mit 37 Jahren zu lesen begonnen. Sie gab ihr Alter im Jahr 1999 mit sechzig an, war also wahrscheinlich 1940 geboren. Auf meine Frage, ob es denn damals möglich gewesen sei zu "lesen", sagte sie, ihr Dorf sei so abgelegen, daß hier nicht genau beobachtet worden sei, womit die Frauen sich befassen. Ich erfuhr auch, daß sie zehn Kinder geboren hat, von denen aber nur fünf – vier Söhne, eine Tochter – am Leben blieben. Der Beginn ihrer Tätigkeit hing offenbar nicht mit äußeren gesellschaftlichen Vorgängen zusammen, denn um 1977 gab es kein Ereignis, das es plötzlich einer Frau erlaubt hätte, als *ātin āyi* aufzutreten, während es vorher nicht möglich gewesen wäre. Die Frau wurde sicher *ātin āyi*, als sie kein Kleinkind mehr zu versorgen und deshalb etwas freie Zeit zur Verfügung hatte.

Eine *ātin āyi* erklärte, sie lese seit ihrem neunundzwanzigsten Lebensjahr bei Totengedenkfeiern. Sicher ist es für eine Frau in diesem Alter eine große psychische Belastung, diese Aufgabe zu erfüllen. Doch gab es in den Worten jener *ātin āyi* keinerlei Andeutung, daß es für sie schwierig gewesen sei, wegen ihrer Jugend von den anderen Frauen anerkannt zu werden.

Da sich im Ferghanatal das Lehren sowohl auf *ātin āyi* als auch auf Laien bezieht, die den Koran zu lesen lernen, vgl. weitere Details unter 2.3.

Habiba Fathi vermutet in einem Aufsatz numinose Zusammenhänge mit der Zahl Vierzig.[54] Ich halte es nicht für ausgeschlossen, daß es derartige Interpretationen in Kreisen religiöser Männer oder Frauen, die sich als sehr wissend betrachten, gibt. Daß man Erklärungen für bestehende Tatsachen im numinosen Bereich sucht, ist nicht ungewöhnlich. Aber von keiner *ḫalpa* und *ātin āyi* habe ich jemals einen Hinweis auf das vermeintlich wichtige Alter von vierzig Jahren vernommen. Wenn es Kritik unter den *ḫalpa* und *ātin āyi* an Frauen desselben Berufs gab, so niemals mit dem Hinweis, sie sei viel zu jung, noch längst nicht vierzig, sondern stets mit den Worten, eine andere oder viele andere kennten den Koran oder die religiösen Bücher noch gar nicht richtig und wagten es, als *ḫalpa* bzw. *ātin āyi* aufzutreten. Wenn es dennoch so ist, daß viele Frauen im Alter von etwa vierzig beginnen, wie die obengenannte *ātin āyi* im Alter von siebenunddreißig, als *ḫalpa* oder *ātin āyi* aufzutreten, liegen nach meinen Beobachtungen andere als numinose Ursachen vor. Es ist ja auch auffallend, daß die Frauen ein annähernd wirkliches Alter nennen. Bei ihrem großzügigen Umgang mit Zeitangaben würde es ihnen nicht schwer fallen, eine Siebenunddreißig durch eine Vierzig zu ersetzen, wenn ihnen diese Zahl aus verschiedenen Gründen als wichtig erschiene.

Es gibt aber mehrere Gründe dafür, daß man beginnend mit einem Alter von etwa vierzig Jahren als *ḫalpa* oder *ātin āyi* tätig werden kann. Erstens sind die Frauen vor diesem Alter durch ihre Aufgaben in der Familie zu sehr belastet. In Gegenden, wo auch in sowjetischer Zeit die Berufstätigkeit der Frauen wenig verbreitet war (z.B. im Ferghanatal), konnte eine Frau gerade im Alter von Ende dreißig an die Aufnahme der spezifischen Tätigkeit als *ātin āyi* denken. War die Frau aber berufstätig, so lag der Beginn häufig sogar erst in der Rentenzeit, d.h. im Alter von fünfzig (wenn die Frau mehr als drei Kinder geboren hatte) bis fünfundfünfzig Jahren, vgl. 5.3.2. Zweitens mußte die Konkurrenz zwischen Mutter und Tochter sowie zwischen Schwiegermutter und Schwiegertochter ausgeschlossen sein. Junge Frauen, die trotz dafür nicht günstiger Umstände das Lesen des Korans oder anderer religiöser Texte in arabischer Schrift in der Kindheit und frühen Jugend erlernt hatten, wurden häufig in ebenso stark religiöse Familien verheiratet, in denen die Schwiegermutter eine Kennerin der religiösen Bücher war. Falls die Schwiegermutter als *ḫalpa* oder *ātin āyi* auftrat, wäre die Konkurrenz

---

[54] Fathi 1997, 35.

zwischen beiden unzulässig groß gewesen, wenn die Schwiegertochter dasselbe hätte tun wollen. Man wohnte ja in der Regel auf einem Hof gemeinsam oder sehr nahe beieinander. Für eine vergleichbare tragische Konkurrenz im Männermilieu gibt es eine in ganz Usbekistan in verschiedenen Varianten verbreitete Legende über Ḥubbī und seinen Vater Sulaymān Baqirġanī (Ḥakīm ata).[55] Im Frauenmilieu hört man recht häufig Erzählungen darüber, daß eine Frau nach dem Tod der Schwiegermutter *ḫalpa* oder *ātin āyi* wurde. Auch in diesem Fall ist die beginnende *ḫalpa* oder *ātin āyi* vierzig bis fünfzig Jahre alt. Drittens ist zu beachten, daß die Tätigkeit beider zwar so umfangreich sein kann, daß sie einer Berufstätigkeit gleichkommt, doch war sie in sowjetischer Zeit keinesfalls als solche vorzeigbar. Die politischen und weltanschaulichen Bedenken offizieller Stellen gegenüber dieser Tätigkeit bis 1991 und die Verdächtigungen, die daraus erwachsen konnten, ermöglichten es den Frauen häufig nicht, sich in jungen Jahren und bei voller Gesundheit zur Tätigkeit der *ātin āji* und *ḫalpa* zu bekennen.

So scheint der relativ späte Beginn der spezifischen Tätigkeit der *ātin āyi* und *ḫalpa* in der Vergangenheit vor allem durch praktische, d.h. soziale und politische Gründe bedingt zu sein.

In den neunziger Jahren ist in beiden untersuchten Gegenden ein starkes Interesse auch junger Frauen für die Tätigkeit der *ātin āyi* und *ḫalpa* zu beobachten.

[55] Vgl. die Anmerkung zu Ḥakīm ata in 1.2.

2 Funktionen der *ḫalpa* und der *ātin āyi* im Alltag

2.1 Textvortrag bei Totengedenkfeiern

Die häufigsten Begriffe für Totengedenkfeier sind *maʿraka* (ursprünglich "Kampfplatz", dann "spielerische Vorstellungen auf Straßen und Plätzen", dann in Mittelasien "Totengedenkfeier im Haus eines Verstorbenen") und – z.B. in Chiwa – *muṣībat* (plötzlich hereingebrochenes Unglück). Seltener ist *ʿazā'* zu hören. Einige *ḫalpa* verwenden den Begriff *aš* (*āš*)[56] für alle Totengedenkfeiern, während er bei anderen nur für die sommerliche Gedenkfeier mit großem Essen oder für die Feier, die ein Jahr nach dem Tod eines Verwandten ausgerichtet wird, üblich ist. In Taschaus nannte eine *ḫalpa* die Feiern *fātiḥa*.

Die Totengedenkfeier ist von allen Tätigkeitsbereichen einer lesenden und vortragenden *ḫalpa* der am meisten ritualisierte.

Im Alltag der Usbeken nehmen die Totengedenkfeiern einen sehr großen Raum ein. Eine *ḫalpa* nannte den Grund mit einem Sprichwort, das weit verbreitet sein dürfte: *ūlik tūymagunča tirik tūymas* (solange der Tote nicht satt geworden/befriedigt ist, wird auch der Lebende nicht satt).

Die Familie, nähere und fernere Nachbarn, Freunde und Kollegen, auch Kollegen der Kinder, wenn diese bereits im Erwachsenenalter sind, kommen im Haus des oder der Verstorbenen zusammen. Während für die Männer ein *mullā* Koranverse spricht, trägt für die Frauen eine *ḫalpa* bzw. eine *ātin āyi* ihre Texte vor. In beiden Fällen erhalten die nahen Angehörigen auf diese Weise Trost. Die entfernteren Verwandten und Bekannten werden auf den Tod eingestimmt, und ihr Kommen hilft den am meisten Betroffenen, sich wieder aufzurichten.

Da das Reglement der Feiern umfangreich und die Zahl der Gäste groß ist, vergeht im Leben eines erwachsenen Usbeken kein Monat, häufig auch kaum eine Woche, ohne daß er an einer Feier zum Gedenken an einen Verstorbenen teilnimmt.[57] Die große Bedeutung der Totengedenkfeiern erklärt sich unter anderem aus der Auffassung über das Le-

---

[56] Vgl. auch in "Manas" Kökötöydün aši (kirg.) und in Muchtar Auesows Abai-Roman (dt. I. "Vor Tau und Tag" 1958, II. "Über Jahr und Tag" 1961) mehrere *as* (kas.).

[57] Daß es sich bei den Uighuren in Xinjiang ähnlich verhält, bestätigte mir ein Kollege aus Urumqi auf meine Frage hin.

ben. Es ist nach der Meinung religiöser Menschen ein Gut, das man von Gott erhalten hat, um es eines Tages zurückzugeben (*amānat*).

Ein Mann übernimmt in der Regel die Benachrichtigung aller Familienmitglieder über den Tod eines Angehörigen. Eine Benachrichtigung per Post oder Telefon ist ausgeschlossen. Nur wenn ein Angehöriger 1000 km und mehr entfernt wohnt, kann eine Ausnahme gemacht werden. Der Benachrichtigende ist nicht immer das Familienmitglied, das dem oder der Verstorbenen am nächsten stand. Ausgewählt wird ein würdevoller, aber auch gesunder Mann, meistens, aber nicht immer, der älteste in der Großfamilie. Ein Beispiel: Es stirbt im Alter von 83 Jahren der Schwiegervater eines Mannes, dessen Bruder Mitarbeiter einer Universität ist. Der Bruder übernimmt die Benachrichtigung. Man überbringt die Nachricht, indem man das älteste anwesende Familienmitglied vor die Tür ruft. Wenn man den Nachrichtenübermittler bittet hereinzukommen und er folgt der Aufforderung nicht, weiß man schon, daß es sich um einen Todesfall handelt. Ins Haus selbst soll die traurige Nachricht zunächst nicht hineindringen. Daß im Zusammenhang mit diesen Aufgaben Lehrveranstaltungen ausfallen oder der Trauernde an einem anderen Arbeitsplatz nicht erscheint, werden alle für selbstverständlich halten. Dasselbe gilt für die Teilnahme an den Totengedenkfeiern. Nicht selten hörte ich, jener oder jene sei zur Zeit nicht da, sein oder ihr Vater usw. sei gestorben. Das Fehlen dauerte manchmal recht lange. Oder ich wußte, daß der erwähnte Familienangehörige vor etwa einem Jahr verstorben war, während der oder die Mitteilende es weniger genau wußte. So handelte es sich also um eine spätere Totengedenkfeier und nicht um den unmittelbaren Tod, der die entsprechende Person von der Arbeit fernhielt.

Die Feiern finden an folgenden Tagen statt: am Tag des Todes, am dritten sowie am siebenten Tag nach dem Tod, dann jeden Donnerstag. Häufig wird die Feier an diesem Tag *payšanbalik* (Donnerstagsfeier) genannt, nur eine Frau, die selbst nicht *ḫalpa* war, aber sich mit *ḫalpačilik* sehr gut auskannte, nannte den Tag *ǧumalik* (Freitagsfeier). Eventuell hatte sie, die ziemlich weit herumgekommen war, den Begriff aus einer anderen Region nach Choresm mitgebracht.

Der vierte Donnerstag heißt *qirq* (Vierzig), obwohl es in keinem Fall der vierzigste Tag nach dem Tod sein kann. Denn selbst wenn zwischen dem dritten Tag und dem ersten Donnerstag noch sechs Tage vergehen sollten, kommt man nur auf neun Tage plus drei mal sieben, d.h. auf 30 Tage. Aus diesem Grund gibt es noch *qirq doldu* (so in Choresm für das sonst übliche *qirq tŭldi* "volle vierzig").

In einigen Gegenden wird der zweiundfünfzigste Tag nach dem Tod feierlich begangen. Die "Ellikki günlük" (ellikikki kunlik "Zweiundfünfzig Tage") genannten Heftchen in den Händen einiger *ḫalpa* zeigen, daß dieser Tag auch in Choresm eine Bedeutung hatte, obwohl eine *ḫalpa* sagte, daß man den Tag nicht überall in Choresm kenne. "... *qišlaqta* (*qišlāqda*) *qizikmaydilar*" (im Dorf interessiert man sich nicht dafür), sagte sie. Sie meinte damit, daß man die Feier zum zweiundfünfzigsten Tag eher in den Städten feierlich begehe, statt dessen werde aber dort der vierzigste und der hundertste Tag ausgelassen. Im Herbst 1995 teilte mir eine *ḫalpa* mit, ohne daß ich zu diesem Zeitpunkt danach gefragt hätte, daß der zweiundfünfzigste Tag jetzt in Urgentsch wieder eine Rolle spiele. Man richte jedoch keine große Feier aus, sondern verlese nur im kleinen Kreis die erforderlichen Gebete. Offenbar war sie durch meine frühere Frage auf eine Wissenslücke aufmerksam geworden, war den Dingen nachgegangen und hatte sich die Antwort für mich gemerkt.[58]

Der achtzigste (zwei mal vierzig) sowie der hundertste Tag gelten in einigen Gegenden als einer Totengedenkfeier würdig.

Überall ist das *yil* (Jahr) ein herausragender Tag. Für Verstorbene unter sechzig Jahren wird die Jahresfeier nach neun Monaten begangen, denn "die jung Verstorbenen eilen" (*qistanadi*).[59] Für ältere Verstorbene wird diese Feier nach elf Monaten ausgerichtet. Nach einem vollen Jahr (*yil doldu* bzw. *yil tūldi*) gedenkt man des oder der Verstorbenen durch eine kleine Feier, zu der in der Regel keine *ḫalpa* gerufen wird, wenn eine der Frauen eine Sure aus dem Koran rezitieren kann.

Wenn es sich die Familie leisten kann, gibt sie auch in den folgenden Jahren nach dem Tod eines Verwandten ein Fest zu Ehren des oder der Verstorbenen.

Zwei weitere Totengedenkfeiern hängen nicht vom Todesdatum ab, sondern stehen im Zusammenhang mit dem Ablauf des Jahres. Fällt das nach dem Mondjahr festgelegte Fest am Ende des *ramażān* (*ḥayit*) auf die Zeit, da noch nicht alle Feiern bis zum *yil* durchgeführt wurden, so

---

[58] In ähnlicher Weise habe ich ungewollt im Ferghanatal die Vertiefung des Wissens um die religiösen Bücher stimuliert. Im Herbst 1997 fragte ich dort nach den "Manāqib" des Ġawṣu 'l-Aʿẓam. Man kannte das Buch nicht, den Namen des heiligen Mannes aber wohl. Im Sommer 1998 teilte mir der Student, dessen Mutter – eine *ātin āyi* – ich gefragt hatte, mit, seine Mutter habe das Buch jetzt gefunden. Ich hatte an sich nur wissen wollen, ob man das Buch im Ferghanatal ebenso wie in Choresm kenne.

[59] Häufig äußerten die Frauen auch, ein alter Mensch sei jemand, der älter als vierzig sei.

gibt die Familie des Verstorbenen am *ḥayit*-Tag ein Festmahl (*āš*). Am Tag vor dem Fest geht ein *mullā* wenn nicht in die Häuser aller Fastenden, so doch in alle Häuser derer, denen in der Zeit seit dem letzten Fest ein Angehöriger gestorben ist. Diese Familien halten am Vortag des Feiertags ihre Tür geöffnet. Sie wissen nicht, wann der *mullā* kommt, und er muß an diesem Tag ohne bittendes Klopfen hereinkommen können. Schon 1990 wurde mir bestätigt, daß dies stets so gewesen sei. Nur sei der *mullā* früher mit einem Beutel oder einem Sack herumgegangen, um die Geschenke, die er für das Gebet erhielt, hineinzutun. Die Geschenke waren Brot, Obst, Konfekt oder auch Geld. Heute gibt man nur noch Geld.

Sind im Sommer, wenn das Obst reif geworden ist, noch nicht alle Feiern bis zum yil abgeschlossen, so gibt man zu dieser Zeit ein Fest, bei dem unter anderem viele Früchte angeboten werden. Dieses Fest heißt *yāz āši*. Zu dieser Feier spricht man in der Regel nur Koranverse. Der Einladung einer *ḫalpa* auch zu diesem Anlaß stehe nichts im Wege, sagte eine *ḫalpa*, aber es sei doch recht teuer, und so verzichte man meistens darauf.

Die Ausgestaltung der einzelnen Feiern unterscheidet sich nicht stark voneinander. Stets wird ein Essen gekocht, in der Regel eine Suppe. Die *ḫalpa* sitzt auf dem Ehrenplatz gegenüber der Tür. Um das Tischtuch herum sitzen die nahen Verwandten des Gestorbenen, die den Raum höchstens für einige Minuten verlassen. Die Gäste kommen zumeist in Gruppen. Die Gastgeber begrüßen sie stehend. Meistens umarmen sie dabei die Gäste. Darauf setzen sich alle nieder. Die *ḫalpa* beginnt ihren Vortrag. Sie kann durchaus mitten in einem Buch beginnen, da ohnehin nicht alle Gäste den Anfang hören können. Der Vortrag dauert 15 bis 30 Minuten. Eine der als Gast erschienenen Frauen nimmt eine kleine Pause zum Anlaß, einen Dank auszudrücken, wodurch sie zu erkennen gibt, daß sie und ihre Bekannten das Vorgelesene für ausreichend halten. Darauf legt jede der Frauen der *ḫalpa* einen oder zwei kleine Geldscheine hin. Die *ḫalpa* spricht ein Gebet, an dessen Ende das von allen mitgesprochene und gestisch begleitete *āmīn* steht. Die Gäste essen einige Löffel von der in einer größeren Schale herumgereichten Suppe. Ein weiteres Gebet folgt. Gäste und Gastgeber erheben sich, und man verabschiedet sich. Bald darauf erscheint die nächste Gästegruppe. So gibt es bei den Feiern ein ständiges Kommen und Gehen. Es ist erkennbar, daß sich die Gäste vorher über die Zeit ihres Kommens abgesprochen haben. Für einige der Personen hat das Kommen fast den Charakter eines Anstandsbesuches. Das gilt z.B. für die Kollegen der Kinder des

Verstorbenen, die auf jeden Fall bei der Feier erscheinen werden. Die Kürze des Aufenthaltes im Trauerhaus kann sich hieraus erklären. Bei jüngeren Frauen, die der Kinder wegen im eigenen Haus unentbehrlich sind, versteht jeder Gastgeber, daß es ihnen nicht möglich ist, länger zu bleiben.

Bis zum *qirq* dürfen die Gastgeberinnen das Haus eigentlich nicht verlassen. Da diese Regel bei der heutigen Lebensweise nicht einzuhalten ist, beschränkt man sich darauf, daß die Frauen das Haus während der Feier nicht verlassen. Sie können dadurch in Konflikt mit den sonstigen Höflichkeitsregeln geraten, denen zufolge man einen seltenen Gast bis vor die Tür geleiten soll. Doch die Regeln der Totengedenkfeier sind stärker als die Alltagsregeln. Die usbekische Höflichkeit gebot es einer Frau, deren Ehemann verstorben war und die mir erlaubt hatte, an der Gedenkfeier am ersten Donnerstag teilzunehmen, mir diesen für sie komplizierten Sachverhalt zu erklären und sich so zu entschuldigen.

Das *qirq* ist als Wendepunkt in der Trauerzeit früher immer dadurch gekennzeichnet gewesen, daß man an diesem Tag zum ersten Mal nach dem Tod des nahen Menschen die Kleidung aller Hausbewohner wusch. An diese Sitte erinnern sich einige Frauen, während andere meinen, dies sei nicht möglich, da der Islam der Hygiene große Bedeutung beimesse, und vierzig Tage in ungewaschener Kleidung – das sei ausgeschlossen.

Bei allen Feiern bis zum *yil* soll nach Möglichkeit immer dieselbe *ḫalpa* die Texte vortragen. Beim *yil* selbst soll es jedoch eine andere *ḫalpa* tun. Dieses Prinzip haben alle danach gefragten Frauen bestätigt. Bei der Auswahl der *ḫalpa* kann der Chef des *maḥalla* (Stadtviertel und Stadtviertelkomitee) behilflich sein.

Die Feier aus Anlaß des *yil* dauert vom Mittag des einen bis zum Mittag des folgenden Tages. Für diese Gedenkfeier wird möglichst ein Hammel geschlachtet und ein großes aufwendiges Essen, möglichst *palāw*, in einem großen Kessel im Hof bereitet. Den Kessel wie auch die notwendigen Tische und Bänke stellt das *maḥalla* zur Verfügung, wie es dies auch aus Anlaß anderer Feiern tut. Bei dieser letzten Feier des obligatorischen Trauerzyklus muß die trauernde Familie den Gästen Geschenke reichen, sei es ein Stück Stoff oder ein Tuch oder ein Tüchlein von der Größe eines Taschentuchs oder Geld.

Da bisher die Frauen, die nicht *ḫalpa* sind, die Texte selbst nicht lasen, da sich die Sprache der Texte vom modernen Usbekischen unterscheidet, da weiterhin die Zeit des Zuhörens äußerst kurz bemessen war und man meistens ein mitten aus einem Text herausgerissenes Fragment hörte, kannten die jüngeren Frauen die vorgelesenen Geschichten nicht, und die meisten wußten nicht einmal die Titel der in Frage kommenden Bücher zu nennen.

Eine Frau, in deren Bekanntschaft es gerade eine Totengedenkfeier gegeben hatte, erzählte mir, daß sie wegen meines Interesses für diesen Bereich der Kultur die vorlesende *ḫalpa* gefragt habe, aus welchem Buch sie denn lese. Andernfalls wäre ihr auch der Name des Buches unbekannt geblieben.

Einige Veränderungen sind in dieser Hinsicht zu erwarten, da die Bücher nun – in den neunziger Jahren – auch in kyrillischer Schrift zur Verfügung stehen und da der Gedanke, daß es gut sei, sich für die religiösen Dinge zu interessieren und auf diesem Wege eine neue Identität zu gewinnen, weit propagiert wird.

Die *ḫalpa* liest aus einem oder aus mehreren Büchern. Wenn sie nicht von Anfang an liest, teilt sie den ersten Zuhörerinnen das Vorausgehende zusammengefaßt mit. Doch die neu Hinzukommenden erfahren nichts vom Anfang.

Selten – vielleicht beim *yil*, ein solches habe ich nicht erlebt – wird ein Text von Anfang bis zum Ende gelesen. Insofern mag eine *ḫalpa* Recht gehabt haben, als sie mich tröstete, weil ich klagte, daß mein Film alle sei und ich nun das Ende von ihrem "Mūsānāma" nicht fotografieren könne. Sie sagte, das Ende dieses Textes sei überhaupt nicht wichtig, es werde ohnehin nicht gelesen.

Die *ḫalpa* dürfen nicht beliebige Texte für die einzelnen Feiern auswählen, sondern es gibt traditionelle Festlegungen, die nur in einem bestimmten Rahmen variiert werden können. In den Gesprächen ergab sich folgendes Bild:

Für den **1. Tag** sind "Ḥikmat", von anderen "Qul ḫʷāǧa" genannt, d.h. die dem Aḥmad Yasawī zugeschriebenen Verse, geeignet. Außerdem kann "Ibrāhīmǧān", auch "Ibrāhīmǧān wafāti" (Tod des Ibrāhīmǧān) genannt, die Geschichte über den Tod von Muḥammads Sohn, gelesen werden, diese besonders dann, wenn ein Junge stirbt. In Frage kommt auch das "Rūḥnāma" (Buch über die Seele), das von einigen *ḫalpa* in der arabischen Pluralform als "Arwāḥnāma" bezeichnet wird. Eine *ḫalpa*, die von ihrem Vater eine gute Ausbildung erhalten hatte, äußerte tiefe Verachtung gegenüber denjenigen Frauen, die von "Arwāḥnāma" sprechen, sie seien ungebildet.

Die Distanzierung vom Titel "Arwāḥnāma" muß mit den Resten der vorislamischen Geisterverehrung zusammenhängen. Die Geister der Vorfahren, für die man einen angenehmen Essenduft bereitet, damit sie zufrieden sind und sich nicht in den

Alltag einmischen, heißen seit vielen Jahrhunderten *arwāḥ* (bei den Kasachen *aruāḥ* usw.). Zwar sind die so gedachten *arwāḥ* ziemlich fest in das Gefüge des islamischen Glaubens integriert worden, doch die gut Gebildeten und für die Reinheit des Islams Plädierenden wollen von den Geistern der Vorfahren und von den ihnen gewidmeten Riten nichts hören. Bei ihnen mag, wenn sie den Titel "Arwāḥnāma" hören, der Verdacht aufkommen, diejenigen, die ihn verwenden, wüßten nur etwas von den Geistern der Vorfahren und nichts von der Seele (*rūḥ*), die sich beim Tod vom Körper trennt.

Mit einigen Deutschlehrerinnen der Universität sprach ich über die Begriffe *rūḥ* und *arwāḥ* außerhalb des bei den Totengedenkfeiern gelesenen Buches, das sie ohnehin nicht kannten. Auch war ihnen die Art des Zusammenhangs der beiden Begriffe nicht klar. Sie wußten nur, daß beide auf irgendeine Weise "Seele" bedeuten. Als ich sie bat, mir den Unterschied im Gebrauch zu erklären, sagten sie, *rūḥ* habe eine positive Bedeutung, *arwāḥ* dagegen eine negative, man könne *arwāḥ* auf deutsch am besten mit "Gespenster" wiedergeben. Ich würde mich nicht für eine derartige Übersetzung entscheiden, obwohl es den *arwāḥ* tatsächlich eigen ist, daß sie sich unter Umständen störend in den Alltag ihrer Familienangehörigen einmischen, wenn diese sie nicht regelmäßig durch den Geruch des Backens von Teig in heißem Öl (*is čiqarmaq*) beruhigen und zufriedenstellen.[60] Sie können also die Lebenden belästigen oder plagen. Die Mehrzahl der frommen Leute richtet sich nach diesem Brauch und fragt nicht danach, ob dies den Vorschriften des Islams genau entspreche. In den Familien, in denen die meisten nicht gläubig oder nicht streng gläubig sind, wird der Ritus des *is čiqarmaq* ebenfalls traditionsgemäß durchgeführt. Einige Leute erzählen mit einem Lächeln über die alten Bräuche davon.

Die profane Deutung der nicht frommen Usbeken, wie ich sie aus den Worten der Lehrerinnen erfuhr, hat hinsichtlich der *arwāḥ* somit einen Berührungspunkt mit der Deutung der überaus frommen Leute. Die ablehnende Haltung gegenüber den *arwāḥ* basiert aber auf unterschiedlichen Vorstellungen. Bei dem Vorschlag, *arwāḥ* mit "Gespenster" zu übersetzen, ist noch zu bedenken, daß die Türkmenen oder einige Gruppen der Türkmenen nach Basilov *ǧinn* und *arwāḥ* gleichsetzen.[61] Außerdem sei noch darauf hingewiesen, daß "Arwāḥnāma" in der Handschrift Nr. 481 in KFIR von den Autoren des Katalogs mit "Kniga o prividenijach" (Buch über Gespenster) übersetzt wurde, derselbe Titel in Nr. 575 mit "Povest' o prizrakach" (Erzählung über Gespenster). Die Dichtung "Arwāḥnāma" unter Nr. 479 erhielt dagegen die richtigere Übersetzung "Kniga o dušach" (Buch über die Seelen).

Das Lesen der Bücher am ersten Tag erklärte eine *ḫalpa* so: "Ḥikmat" werde gelesen, wenn der oder die Tote noch im Hause sei, "Rūḥnāma" dagegen zum Zeitpunkt, da der oder die Tote das Haus verläßt, d.h.,

[60] Riten, die dazu dienen, die Rückkehr der Toten zu verhindern, sind auch in außerislamischen Bereichen belegt. Den Ritus des *is čiqarmaq* in Mittelasien hat Ildikó Bellér-Hann erstmals ausführlich dargestellt (in Xinjiang: yaġ puritiš): 'Making the oil fragrant' – dealing with the supernatural among the Uighur in Xinjiang. Manuskript.

[61] Basilov 1970, 98.

wenn er oder sie hinausgetragen wird. Ist jemand sehr alt gestorben, so könne man sogar am ersten Tag "Tulum ḫ^{w}āğa" lesen, ein Epos, das sonst meistens für die Feier des *yil* genannt wird.

Am **3. Tag** liest man ebenfalls das "Rūḥnāma". Daneben wurde noch "Ayyūb" genannt. Doch die meisten *ḫalpa* sind der Meinung, dieses passe erst für den 7. Tag.

Einmal wurde mir ein *bayāż*, vgl. 6.3, als für den 3. Tag geeignet genannt. Doch scheint mir dies wegen der Bedingungen des *bayāż*-Schreibens unwahrscheinlich. Es ist anzunehmen, daß bei dieser Auskunft persönliche Interessen im Spiele waren. Die *ḫalpa* wollte, so scheint mir, den Eindruck erwecken, als könne der von ihr für einen besonderen Todesfall geschriebene Text auch beim Tode anderer – und dies eben schon am dritten Tag – vorgetragen werden.

Am **7. Tag** liest man "Ibrāhīm b. Adham". Dieses Buch sei besonders für jung Verstorbene geeignet, werde aber auch sonst häufig ausgewählt, sagte man mir. Es wird auch an den folgenden Donnerstagen bis zum *qirq* und am *qirq* selbst gern gelesen. Obwohl die Texte in der Regel nicht so ausgewählt werden, daß eine Kongruenz zwischen dem Inhalt der Texte und dem Lebensweg des Verstorbenen entsteht, halte ich es für möglich, daß hier ein Fehler vorliegt und sich die Bemerkung, daß der Text sich besonders für jung Verstorbene eigne, doch auf "Ibrāhīmğān wafāti̊" bezogen sein müßte. "Ibrāhīmğān wafāti̊"gehört auf jeden Fall auch zu den Büchern des dritten Tages. Außerdem kann man "Payġambarniñ wapātnāmasi̊" (wafātnāmasi̊, Buch über den Tod des Propheten), "Bibi Fāṭima wapātnāmasi̊" (Buch über den Tod Fāṭimas) und "Ǧuhūd oġlān" (Der Judenjunge) lesen. Obwohl es sich bei dem letztgenannten Text um das Schicksal eines Kindes handelt, wird hier stets betont, daß er sich für jüngere und ältere Verstorbene eigne. Hieraus ist ersichtlich, daß die Nichtübereinstimmung von Buchtext und realem Vorfall als völlig normal erscheinen kann.

Genannt wird von einigen *ḫalpa* außerdem "Ayyūb". So verbreitet wie andere Bücher scheint das Buch nicht zu sein, obwohl gute Kennerinnen der Texte auch von Lesungen außerhalb der Totenfeiern wissen. Eine *ḫalpa* sagte, "Ayyūb" wähle man außer am siebenten Tag und danach immer aus, wenn einem selbst danach zu Mute sei oder wenn jemand von den Anwesenden es wünsche.

In diesem Zusammenhang konnte man also erfahren, daß auch die Anwesenden die Auswahl des vorzutragenden Buches bestimmen können. In den vergangenen Jahrzehnten werden die Gäste der Totengedenkfeiern sicher sehr selten davon Gebrauch gemacht haben, da sie wegen der geringen Kenntnis der Texte keine Möglichkeit hierfür hatten. Neben den *ḫalpa* gab es nur sehr wenige alte Frauen, die sich in den für die Totengedenkfeiern verwendeten Büchern auskannten.

Die Zahl der Bücher, die man am *qirq* lesen kann, ist größer als die für die davor liegenden Tage. Für alt Gestorbene kommt "Ibrāhīm payġambarniñ Ismāᶜīl degän oġli" (Ismāᶜīl, der Sohn des Propheten Ibrāhīm) in Frage, für jung Gestorbene liest man gern ein speziell zu diesem Anlaß verfaßtes *bayāż*. Außerdem werden für diesen Tag "Qul ḫʷāğa", "Ibrāhīm b. Adham" genannt. Die *ḫalpa*, welche den Text "Maġpiraġān" als einen würdigen Text ansehen (vgl. 6.3), lesen auch diesen. Für Mädchen und Frauen können nach der Aussage einer *ḫalpa* mit sehr guter Bildung die traurigen Teile von "Yūsuf wa Zalīḫā" vom Anfang des Buches gelesen werden. Die fröhlichen Teile dieses Buches seien dagegen den Hochzeitsfeiern vorbehalten. Diese Aussage wurde von anderen *ḫalpa* nicht wiederholt. Hin und wieder wurde für die Feier zum *qirq* auch "Tulum ḫʷāğa" erwähnt.

Für *qirq doldu* wurden keine anderen Bücher als für *qirq* genannt.

Am *yil* liest man gern etwas in Epen- oder *qiṣṣa*-Form, wie "Yūsuf wa Zalīḫā", "Zaynu 'l-ᶜarab", "Tulum ḫʷāğa", "Baba Raušan". Die *ḫalpa* aus Chanka und Umgebung nennen auch "Mūsānāma", "Imām-i Bāqir", "Aḥtam ṣaḥāba", "Göroġli" (sonst im Usbekischen Gūrūġli). In der Nähe von Schawat wurde für die Feier älterer Verstorbener auch "Qumrīġān" und "Ḥūrliqā' wa Hamrā" genannt. In Taschaus liest man auch "Abū Muslim" nach der Auskunft einer *ḫalpa*. In Urgentsch und Chiwa liest man keine Epen. Die Chiwiner *ḫalpa* verweisen bei einer Frage danach immer auf Chanka, wo man sie gern vortrage. Einige fromme *ḫalpa*, die ihre Bildung zumeist durch ein älteres Familienmitglied erhalten haben, sind an Epen überhaupt nicht interessiert und weisen sogar ein Gespräch darüber zurück.

In Frage kommen für das *yil* auch Gedichte von Mašrab, *bayāż* wie "Ayimpaša" und "Saᶜādatġān". Hinzugefügt wird manchmal bei den *bayāż*, daß sie nur aus Heften, die in arabischer Schrift geschrieben sind, vorgetragen werden dürfen. Die Gedichte des Aḥmad Yasawī (Qul ḫʷāğa), die schon am ersten Tag gelesen werden können, sind auch bei den späteren Totengedenkfeiern, einschließlich der des *yil*, willkommen.

Einige *ḫalpa* nennen Texte, die für Totengedenkfeiern geeignet sind und die sie sehr lieben – ihr Vortrag bestätigte dies –, ohne daß diesen Texten bestimmte Tage der Trauerfeierlichkeiten zugeordnet würden. Dazu gehören "Marğuwwa" und die Gedichte von Maḫtūmquli. "Marğuwwa" kann für jüngere und ältere Verstorbene gelesen werden.

Die *ḫalpa*, die nur eine mittlere Bildung bekommen haben, kennen den Text jedoch nicht.

Je mehr Texte eine *ḫalpa* kennt, um so freier kann sie sich bei der Auswahl bewegen. Doch ist auch sie an Traditionen gebunden. Für alle *ḫalpa* gilt offenbar, daß die Freiheit der Textwahl mit der Entfernung vom Tod der Person, für die eine Totengedenkfeier begangen wird, zunimmt.

Hinsichtlich der Auswahl der Texte für die Totengedenkfeiern lassen sich drei Gruppen von *ḫalpa* erkennen:

- *ḫalpa*, die keine sehr umfangreiche Bildung haben und sich deshalb an den Kanon halten;
- *ḫalpa*, die sehr fromm und gut gebildet sind, was unter anderem bedeutet, daß sie den Koran besser kennen als die *ḫalpa* der ersten Gruppe; ihr Festhalten am Kanon gründet sich auf ihre Frömmigkeit;
- *ḫalpa*, deren Tätigkeit auch einen starken Impuls durch ihre Liebe zur Dichtung erhält, weshalb sie Epen in ihre Vortragstätigkeit aus Anlaß der Totengedenkfeiern aufnehmen. Allerdings ist zu beachten, daß hierbei die Tradition des jeweiligen Wohnortes ebenfalls eine nicht geringe Rolle spielt.

Der Tatsache, daß bei der Auswahl der Bücher für die Totengedenkfeiern das Alter der Verstorbenen eine Rolle spielen kann, begegnete ich jedesmal dann, wenn ich ein Buch vorgelegt bekam und danach fragte, wann man es lese. Es hieß dann, man lese es bei den Totengedenkfeiern, am soundsovielten Tag, aber nur bei alt Verstorbenen bzw. nur bei jung Verstorbenen.

Es ergab sich folgendes Bild: Während in den ersten Tagen nach dem Tod die Feiern unterschiedlich gestaltet werden, je nachdem, ob ein junger oder ein älterer Mensch gestorben ist, scheint es beim *yil* hinsichtlich der gelesenen Bücher keine großen Unterschiede zu geben. Nur die Zeit des *yil* wird nach dem Alter des Verstorbenen bestimmt. Man kann zu dem Eindruck gelangen, als stünden dem Lebensalter der Menschen bestimmte Bücher zu. Stirbt jemand jung, so hat er bzw. seine Seele (*rūḥ*) die späteren Bücher noch nicht erreicht. Als Toter durchschreitet er bzw. seine Seele die Zeit aber schneller, und nach neun Monaten kommt ihm (seiner Seele) schon zu, was sonst nur Alten bzw. deren Seelen zukommt. Die sehr Alten wiederum bedürfen nicht der vielen anderen Schriften, die man beim Tod der Jungen vorträgt. Sie sind gleichsam schon da, wo die Jungen (die Seelen der Jungen) erst nach neun Monaten des Totseins ankommen.

Wie oben erwähnt, wird eine Kongruenz mit dem Inhalt der Bücher der Art, daß ein Text, der von einem Kind handelt, für ein verstorbenes Kind gelesen werden muß oder für verstorbene Frauen nur Texte, die von Frauen handeln, nicht angestrebt. Texte, in deren Mittelpunkt Frauen stehen, sind "Marğuwwa", die Texte über Bibi Fāṭima und "Maġpirağān". Hinsichtlich des zuletzt genannten Textes wurde mir mehrfach bestätigt, daß er auch beim Tod von Männern vorgetragen werden kann. Man kann annehmen, daß es sich bei den anderen beiden Texten erst recht so verhält, da sie älter und längst in das *corpus* der geheiligten Texte aufgenommen sind. Dieser Status entfernt die Texte vom Alltag und von dessen Unterscheidungsprinzipien zwischen alt und jung und sogar zwischen Mann und Frau.

G., vgl. 5.4 und 6.3, die selbst nicht bei den Totengedenkfeiern vorträgt, sondern sich auf die Heilkunst spezialisiert hat, war die einzige, die über das Wesen der Totengedenkfeiern und darüber, welchem Zweck sie dienen sollen, reflektierte. Sie besitzt eine gute Bildung und kennt die Bücher, welche die anderen *ḫalpa* vortragen, gut. Sie sagte, die Seele (*rūḥ*) der Gestorbenen bedürfe eigentlich des Korans. Selbst allgemein anerkannte Bücher, wie "Baba Raušan", "Ibrāhīm b. Adham" und ähnliche, seien geeignet, die Lebenden zu beruhigen (*ādamlarni tinčlaštiriš učun*), aber die Totengedenkfeiern sollten doch für die Seele der Verstorbenen sein. Schließlich sei aber auch für die Lebenden der Koran besser als all die anderen Bücher. Daß die junge Frau mit diesen Worten ihr eigenes Wissen hätte aufgewertet sehen wollen, kann man nicht sagen. Sie war sich ihrer mangelnden Arabischkenntnisse wohl bewußt.

Beide Aspekte, die hier zur Sprache kommen, der soziale, d.h. die Aufgabe, den Menschen, die einen nahen Angehörigen verloren haben, wieder Gleichgewicht zu geben, und der religiöse – das Nachdenken über die Seele des Verstorbenen und deren Verhältnis zu Gott – werden bei allen *ḫalpa* eine Rolle spielen. Je nach ihrer Veranlagung, ihrer Biographie und ihrem Charakter wird der eine oder der andere Aspekt in ihrer Vorstellung überwiegen.

Welchen Einfluß die individuelle Veranlagung auf die Tätigkeit einer *ḫalpa* hat, kann man manchmal durch Zufall erfahren. Eine *ḫalpa* sagte, sie lese niemals am 1. und 3. Tag, weshalb sie niemals in der Situation sei, das "Rūḥnāma" lesen zu müssen. Sie beruft sich darauf, daß ihre "Väter" (*buwalar*) es ihr nicht erlaubt hätten. Einer derartigen Erklärung bedurfte sie unbedingt den Einheimischen gegenüber, wenngleich sie sie hier auf meine Frage gab. Denn dieser Fall ist durchaus ungewöhnlich. Für etwas schwer Ertragbares, dachte ich, wird eine nicht leicht durchdringbare, geheimnisumwitterte Erklärung gegeben. Später erfuhr ich, was einige Leute über sie redeten: Sie sei in ihrer Jugend sehr lustig und locker gewesen, dieser Charakter habe sich auch auf einige ihrer erwachsenen Töchter übertragen, wie man heute noch sehen könne. Wenn es so war, stand diese Frau zu sich selbst, und sie war möglicherweise nicht bereit, zu heucheln und sich zu verstellen. Hätte sie nicht ihre "Väter" bei der Hand gehabt, hätte sie wohl auf die Tätigkeit einer *ḫalpa*, die ihr aus anderen Gründen anziehend erschienen sein mag, ganz verzichten müssen.

Die sozialen Aspekte können die Auswahl der Texte durchaus deutlich mitbestimmen. Beim Tod jüngerer Menschen trauert man mehr, und die wehmutsvollen Texte sind das einzige, das dieser Stimmung entspricht und unter diesen Umständen zu diesem Zeitpunkt aufgenommen werden kann. Das Vortragen der leichteren, weniger traurigen Texte bald nach dem Tod der Älteren entspricht der möglicherweise schon einige Zeit vor ihrem Tod bestehenden Vorstellung, daß ihre Lebenszeit vergangen ist.

Deutlich hängt das Schreiben von *bayāż* mit dem Alter des oder der Verstorbenen zusammen, vgl. 6.3.

Zum Totengedenken gehört auch die Tatsache, daß man den Namen eines bzw. einer Verstorbenen einem Neugeborenen gibt, während man den Namen eines lebenden geachteten oder geliebten Menschen aus der Verwandtschaft oder dem Freundeskreis niemals an ein Kind weitergibt. Zwischen dem Tod und der Geburt des neuen Namenträgers soll mindestens ein volles Jahr liegen. Der Name soll nicht verlorengehen, heißt es. Daß es sich jedoch um mehr als um den Namen handelt, wird oft erzählt: Man schimpft Kinder, die den Namen eines verstorbenen Familienmitgliedes erhalten haben, niemals aus, wie ungezogen sie immer seien. Schlagen kommt bei ihnen keinesfalls in Frage. Sie gelten gleichsam als Neuverkörperung der gestorbenen Person. Geschieht es aus Versehen doch einmal, daß man das Kind schilt, so muß man rasch ein "Gott verzeihe mir" (*Ḫudā kečirsin*) hinterherschicken. Im Alltag gelten solche Kinder oft als verwöhnt. Ihnen wird es eher als allen anderen Kindern gestattet, anders zu handeln als es die traditionellen Verhaltensnormen verlangen, wenn das ihren Wünschen und Interessen entspricht. Einige Familien wählen bei Kleinkindern als Ausweg einen Tabunamen, den das Kind behält, bis es zur Schule kommt. Mit diesem Namen kann es fast wie andere Kinder behandelt werden. Im übrigen überschneiden sich an dieser Stelle die traditionellen Regeln mit den modernen: Den Namen eines lebenden Künstlers z.B., den man persönlich nicht kennt, aber sehr verehrt, kann man (konnte man?) einem Kind durchaus geben.

Die Bedeutung der Totengedenkfeiern im Alltag ließ sich 1995 auch an einem äußeren Merkmal erkennen. In den Schulen konnten in diesem Jahr mehrere Monate lang keine Gehälter gezahlt werden, da die Geldemission im Interesse der Währungsstabilität gering gehalten wurde. Als eine gewisse Summe Geldes eintraf, die längst nicht ausreichend war, um alle Gehälter nachzuzahlen, entschied man, zuerst seien die Bedürftigsten zu bedenken. Das waren diejenigen, die in der nächsten Zeit eine Totengedenkfeier auszurichten hatten. Dabei wurde nicht danach gefragt, ob ein alter Mensch, ein Familienvater oder ein junger Mensch gestorben war, ob es sich um den 40. Tag, um den Jahrestag oder eine andere der Totengedenkfeiern handelte. Das soziale Gewissen der Gemeinschaft wird von den traditionallen Normen und Riten bestimmt. Eine Hochzeit hätte an dieser Stelle nicht als Argument stehen können. Denn erstens läßt diese sich verschieben, und zweitens braucht man dafür soviel Geld, daß ein paar Monatsgehälter ohnehin nicht reichen. Auf den Hausbau, die Erweiterung des Hauses und die Hochzeit spart man das ganze Leben lang.

Oft entstehen aus beiden Feiern, sowohl aus den Hochzeitsfesten als auch aus Totengedenkfeiern, Schulden. Dies ist leicht erklärbar, wenn man an die umfangreichen Bewirtungen und die große Zahl von Geschenken denkt, die hierfür notwendig ist. Die Familie muß die Schulden manchmal über lange Zeit mit sich schleppen.

Wie groß der Platz der Totengedenkfeiern im Alltag der Menschen auch ist, sollte man jedoch nicht annehmen, daß jedes Detail für jeden einzelnen von gleicher Bedeutung sei. Die Mehrzahl der Männer wird nur sehr geringe Vorstellungen vom Verlauf der Feiern in den Frauenräumen haben. Die jüngeren Frauen kennen in der Regel das Ritual, wissen von den Kosten und Aufwendungen. Das Kochen, Hereintragen der Speisen und das Abwaschen des Geschirrs ist ihre Aufgabe (so auch bei der *mawlūd*-Feier, vgl. 2.2, und anderen Zusammenkünften). Aber die jungen Frauen und die Mädchen haben in der Regel wenig Interesse an den Texten.

Zu den regionalen Besonderheiten gehört es, wie aus dem Obenstehenden ersichtlich ist, daß es in Chanka und einigen anderen Orten ein viel umfangreicheres Repertoire gibt als z.B. in Urgentsch. Dort werden zum *yil* nicht nur die Epen gelesen, die anderen *ḫalpa* als "Festtagsbücher" (Toy kitāblarï) erscheinen, sondern auch religiöse Bücher, die den *ḫalpa* anderer Orte kaum bekannt sind. In Taschaus können, wie mir vorgeführt wurde, zwei *ḫalpa* gemeinsam vortragen, sie singen dann die Verse gleichsam im Duo. Die Prosateile dagegen wurden von einer *ḫalpa* allein gesprochen. Ich war sehr erstaunt über diese Aufführungsform, die mir sonst nirgendwo begegnet ist. Aber mir wurde versichert, daß nicht nur diese beiden *ḫalpa* so verfahren, sondern daß es hier durchaus so üblich sei.

Für das Ferghanatal hat B. Ch. Karmyševa die Totengedenkfeiern aus ethnologischer Sicht ausführlich beschrieben. Im Vergleich zu dem in Choresm Erfahrenen fällt besonders der zwanzigste Tag auf, der dort, wo er feierlich begangen wird, als vierzigster Tag gilt. Die Erklärung hierfür lautet: vierundzwanzig Stunden – Tag und Nacht – werden jeweils als zwei Tage gezählt.[62]

Bei einer Totengedenkfeier in einem Dorf im Ferghanatal, an der ich teilnehmen konnte, trugen fünf *ātin āyi* im Wechsel Verse vor. Nicht alle hatten dabei ein Buch vor sich liegen. Es war der fünfte Tag nach dem Tod einer dreiundsechzigjährigen Frau. Eventuell gibt es hier eine Tradition, daß die trauernde Familie mehrere *ātin āyi* zugleich einlädt. In Choresm hätte Mitte der neunziger Jahre eine derartige Tradition nicht verwirklicht werden können, selbst wenn es sie früher gegeben hätte, weil es in abgelegenen Ortschaften und Dörfern oft nur eine vorlesende Frau gab und weil die *ḫalpa* in den Städten, da sie nicht so zahlreich sind wie die *ātin āyi* im Ferghanatal, ohnehin von einer Totengedenkfeier zur nächsten eilen müssen. Während der Gedichtvortrag noch andauerte, wurden bei der Feier, die ich erlebte, von einer Frau mitten im Zimmer und mit ziemlichem Geklapper und Geraschel die Geschenke für die *ātin āyi* eingesammelt. Danach wurde das *āš*, d.h. *palāw*, gereicht. Auch hierin lag also ein Unterschied zu Choresm, wo es *āš* erst bei der Jahresfeier (*yil*) gibt, während man sich vorher stets mit Suppe begnügt, die zudem noch mehrere Anwesende aus einer Schüssel mit einem weitergereichten Löffel essen, so daß es sich eher um die Andeutung eines Mahles handelt. Nachdem das *āš* bei dieser Feier aufgegessen war, traten sechs Frauen ins Zimmer. Ihre Gesichter waren unter den bunten, vorwiegend grün gemusterten Tüchern, die locker über den ganzen Kopf gebreitet waren, nicht zu sehen. Es waren die fünf Töchter und eine Schwiegertochter der Verstorbenen. Sie blieben nicht weit von der Tür entfernt stehen, beteten und weinten und schluchzten dann betont laut auf. Hier war nicht etwa eine der strengen Verhaltensregeln des Orients

---

[62] Karmyševa 1986, 151.

durchbrochen, sondern den Emotionen war ein fester Rahmen gegeben. Die Trauer um die Verstorbene wurde vorgeführt, so wie bei Feiern aus erfreulichem Anlaß die Tänzerin an bestimmten Stellen ein Lächeln einzubauen hat. Das laute Weinen ist ebensowenig wie das für den uninformierten Zuschauer unerwartete Lächeln Ausdruck der in diesem Augenblick heraufkommenden Emotionen, es ist gespielte Emotion, wie das Weinen von Klageweibern, wo es diese gibt, gespielt ist. Seine Funktion ist es jedoch, durch das Spiel der eigenen Emotionen Herr zu werden und dazu beizutragen, daß die übrigen Teilnehmerinnen ebenfalls von ihrer Trauer ein wenig entlastet werden.

Im Ferghanatal kommen für die Totenfeiern außer dem Koran folgende Texte in Frage: "Ṣabātu 'l-ʿāǧizīn" von Ṣūfī Allāyār, "Ḥikmat" von Aḥmad Yasawī, "Qiyāmatnāma", "Arwāḥnāma", "Mūsānāma". Eine *ātin āyi* sagte, in sowjetischer Zeit habe man sich meistens mit dem Koran begnügt. Diese Äußerung erscheint mir näher an der Wirklichkeit zu sein als die unter 0.2 genannten Worte über das Lesen der "weniger wertvollen" Bücher in sowjetischer Zeit, weil es den Koran nicht zu kaufen gab. Den Koran zu rezitieren, bedeutet ja nicht, daß man einen Koran besitzen muß. Es gab eben Personen, die einige Verse aus dem Koran auswendig wußten, und diese Männer und Frauen rief man zu den notwendigen Totengedenkfeiern. Es scheint nicht ausgeschlossen, daß auch in sowjetischer Zeit an verschiedenen Orten im Ferghanatal aus Anlaß von Totengedenkfeiern unterschiedliche Texte gelesen wurden. Aber es sieht vorläufig nicht so aus, als sei irgendjemand in Mittelasien oder anderswo daran interessiert, derartiges zu rekonstruieren. Man brauchte sehr viel Zeit und Geduld dazu.

Im Vergleich zu Choresm fällt auf, daß die *ātin āyi* nicht bemüht sind, durch die Bücher, worin die tschaghataischen Texte stehen, die Sakralität des Augenblicks zu unterstreichen. Kennen sie die wichtigen Texte auswendig, so verzichten sie einfach auf das Buch. Sie bedürfen der Herausstellung ihres Wissens und der Unterstreichung des Sakralen an dieser Stelle nicht, weil es etwas Sakraleres als die tschaghataischen Texte gibt – den Koran, auf den hier bei keiner Totengedenkfeier verzichtet wird.

2.2 Lesen von "Imāmlar", "Mawlūd", "Muškil kušād", "Ulu pīr", "Nūrnāma" und von anderen Texten

Mit der Erklärung der Unabhängigkeit und der Rückbesinnung auf Werte der islamischen Kultur stieg ziemlich schnell die Zahl der Frauen, die in der Lage sind, Texte in arabischer Schrift zu lesen. Die Nachfrage nach guten Vorleserinnen wuchs rasch. Die Totenfeiern bilden nicht mehr das ausschließliche Tätigkeitsfeld für die *ḫalpa*, wie es lange Zeit war. Man organisiert nun auch andere Zusammenkünfte mit einer *ḫalpa* bzw. einer *ātin āyi*, die man in Choresm *ḫalpa čaqiruw* oder *ḫalpa čaqiriš* (Einladung einer *ḫalpa*) und im Ferghanatal, soweit man sie mit einem zusammenfassenden Namen bezeichnen will, *eḥsān* (Treffen zu einem wohltätigen Zweck) nennt.[63] So wird in Choresm bei der Benennung die zentrale Person betont, im Ferghanatal die Bewirtung der Bedürftigen. In beiden Gegenden ist die gastgebende Familie jedoch überzeugt, daß die Organisierung des Treffens ihr im Jenseits als gute Tat (*ṣawāb*) angerechnet wird. Der Grund dafür ist einerseits die Speisung armer Leute und andererseits die Hinwendung zu Gott durch das Hören religiöser Texte. Die Bedeutung der Wohltätigkeit sieht der neutrale Betrachter etwas kritischer als die Veranstalter, weil die gute Mahlzeit nicht immer den Ärmsten zukommt. Häufig werden gute Bekannte eingeladen, deren soziale Lage ähnlich wie die der Gastgeber ist. Im Ferghanatal habe ich allerdings ein *eḥsān* erlebt, das für mindestens fünfzig oder sechzig Personen gedacht war. Der erste Teil der Zusammenkunft war eine Koran-Lesestunde, an der etwa zehn Frauen teilnahmen. Die große Zahl der Esserinnen kam später.

[63] In Taschkent war der Begriff *ḫudāī* (gottgefällige Bewirtung) verbreitet. Dort war 1999 zu hören, es sei die Anweisung gekommen, man solle in Zukunft nur noch von *eḥsān* sprechen. Es war nicht ganz klar, wer eine derartige Anweisung erteilt hatte. Die Ursache für die Umbenennung liegt aber auf der Hand. Die staatlichen Stellen bemühten sich seit längerer Zeit, angesichts der ungeheuren Armut des größten Teils der Bevölkerung den übermäßig üppigen Festen einen Riegel vorzuschieben. Am 28.10.1998 wurde in einem Präsidentenerlaß darauf hingewiesen, daß zu viel Geld für Hochzeiten, andere Familienfeiern und für Totengedenkfeiern ausgegeben werde. Die Bevölkerung wünsche, daß die nach der Befriedigung der persönlichen Bedürfnisse verbleibenden Mittel entsprechend dem alten Volksbrauch für wohltätige Zwecke ausgegeben würden. Unter anderem wurde dem "*maḥalla*-Wohltätigkeitsfonds" empfohlen, entsprechende Maßnahmen zu ergreifen und sich auch um die Schaffung neuer beispielhafter Traditionen zu bemühen (Ŭzbekistān Respublikasi ʿĀlī Mağlisiniñ Aḫbārātnāmasi 1998, Nr. 10-11, § 203). Was die *maḥalla*-Komitees darauf unternommen haben, ist mir nicht bekannt. Aber es ist vielsagend, daß auf der untersten Ebene nur die Aufforderung zur Umbenennung der Zusammenkünfte ankam. Ein *eḥsān* kann als gerade jener Akt der Wohltätigkeit ausgegeben werden, nach dem verlangt wurde. Was den Dschadiden nicht gelungen ist, weil sie niemals die Regierungsmacht besaßen, was den sowjetischen Regierungen nicht gelungen ist, kann nach der Erklärung der Unabhängigkeit wohl auch nur auf geringe Akzeptanz stoßen. Die *maḥalla*-Komitees werden sich darüber im klaren sein, daß es bisher keine Umstände gibt, die die Feierwilligen veranlassen könnten, auf ihr Fest zu verzichten. Mit dem Vorschlag oder der Anweisung, die Feiern umzubenennen, läßt sich die Verfügung der Regierung gut umgehen.

Wenn die Gäste nicht Verwandte und Nachbarn sind, so sind es – dies als ein Ergebnis der Entwicklungen im 20. Jahrhundert – Kolleginnen von einer Arbeitsstelle, z.B. von der bevorzugten Arbeitsstelle der Frauen: Lehrerinnen aus den Schulen. Voraussetzung ist nur, daß eine Frau über die Mittel verfügt, um eine derartige Zusammenkunft auszurichten. Diese Mittel konnten unter den schwierigen sozialen Bedingungen der neunziger Jahre nur sehr wenige aufbringen. Das an diesem Abend oder Tag gebotene umfangreiche und vielseitige Essen kann mehr als zwei bis drei Monatsgehälter einer Lehrerin verschlingen. Ungeachtet dessen behaupteten die Lehrerinnen nach einer "Nūrnāma"-Lesung – fast alle in recht jungem Alter –, man käme in dieser Weise oft zusammen. Dieses "oft" ist allerdings genauso nichtssagend wie das häufig in der Antwort vorkommende "viel" (vgl. 0.2). In diesem Fall schätze ich, daß "oft" ein- bis zweimal, höchstens dreimal im Jahr bedeutete. Die Einladung zu einer Lesung gilt immer als von der Familie ausgesprochen, weil ohne Zustimmung des männlichen Familienoberhauptes nicht etwas derartig Wichtiges und Aufwendiges geschehen kann.

Wie die einladende Familie wird auch die lesende *ḫalpa* oder *ātin āyi* stets betonen, daß sie lese, um eine gute Tat zu tun, die ihr im Jenseits angerechnet werde (*ṣawāb učun*). Aber manche von ihnen wird auf die Gaben der Gastgeber am Ende der Lesung angewiesen sein, deren Umfang – unterschiedlich in den verschiedenen Gegenden – sie sicher kennt.

Der Platz der *ḫalpa* oder *ātin āyi* ist bei diesen Zusammenkünften immer der Ehrenplatz gegenüber der Tür. Rechts und links neben ihr nehmen die ältesten und ehrwürdigsten Frauen Platz. Ist eine Ausländerin anwesend, so gibt man ihr einen Platz neben der vortragenden Frau.

Daß der Gast keine Muslimin ist, scheint niemanden zu stören. Im Gegenteil, es hat fast den Anschein, als sei man stolz darauf, einem Gast einen Teil der eigenen Kultur vorführen zu können. Der Stolz ist der Freude vergleichbar, die eine Familie empfindet, wenn an ihrer Hochzeit oder ihrem Beschneidungsfest – auch diese Feste werden stets als die der Familie gedacht, nicht als die des Brautpaars oder des Knaben – ein weitgereister Gast teilnimmt. Nach derartigen Festen kann sich die Familie noch jahrelang der vielen Gäste rühmen, unter denen sogar ein Ausländer war. Die *ḫalpa* ehrt die älteste anwesende Frau, indem sie sie fragt, ob sie beginnen dürfe oder indem sie ihr anbietet, den Text an ihrer Stelle zu lesen. Die Frau kann dann antworten, sie sei einfach eine *kampīr* (alte Frau) aus dem hiesigen Stadtviertel, sie erhebe keinen Anspruch auf das Vortragen.

Von den fünf genannten Büchern werden "Mawlūd", "Muškil kušād" und "Ulu pīr" in besonderem Maße mit Wünschen für Gesundheit und allgemeines Wohlergehen verbunden. Das hängt damit zusammen, daß das erste vom Propheten handelt und die anderen beiden von Personen, denen besondere Wunderkräfte zugeschrieben werden. In Choresm konnte ich die Tendenz einer Arbeitsteilung unter den *ḫalpa* der Art erkennen, daß jene, die bei den Totenfeiern vortragen, nur selten Feiern aus Anlaß der Lesung von "Mawlūd", "Muškil kušād" und "Ulu pīr" durchführen. In ganz besonderer Weise zogen die "Manāqib" des Ġawṡu 'l-Aᶜẓam (Ulu pīr) *ḫalpa* an, die als heilende oder weissagende Frauen bekannt sind.

Eine starke Tendenz zur Systematisierung drückt sich darin aus, daß bestimmten Tagen bestimmte Texte zugeordnet werden. Dies gilt für die Bücher, die außerhalb der Totenfeiern gelesen werden. Nach der Mitteilung mehrerer *ḫalpa* hat die Woche etwa folgende Aufteilung: **Montags**: "Nūrnāma" und in den Monaten *rabīᶜu 'l-awwal sowie rabīᶜu 's-ṡānī*, eventuell auch in den folgenden Monaten *ǧumādī 'l-awwal* und *ǧumādī 's-ṡānī*, "Mawlūd-i nabī". **Dienstags**: "Bibi Sešanba"; nach der Auffassung einiger weniger *ḫalpa* "Ulu pīr" sowie "Muskil kušād". Eine Chiwiner *halpa* meinte, man man könne das Dienstag- und Mittwochprogramm auch umkehren. Auch eine *ḫalpa* aus einem Dorf in der Nähe von Urgentsch war der Auffassung, daß "Bibi Sešanba" mittwochs gelesen werde. Die Schwankungen hinsichtlich "Bibi Sešanba" und "Muškil kušād" kommen sicher daher, daß die beiden Frauen, die im Zentrum der Texte und der entsprechenden Feiern stehen, einander sehr ähnlich sind. Sie werden manchmal zu einer Person zusammengedacht. Die Namen beider sind überall bekannt, doch gedenkt man in einigen Gegenden nur der einen oder der anderen. Fragt man dann dort, wo "Bibi Sešanba" im Mittelpunkt steht, nach "Muškil kušād", so erhält man die Antwort, nicht für diese, doch für Bibi Sešanba würden feierliche Zusammenkünfte veranstaltet. **Mittwochs**: "Muškil kušād", manchmal "Ulu pīr". **Donnerstags**: "Ulu pīr", manchmal "Nūrnāma". **Freitags**: "Nūrnāma", "Ayyūb".

Die Zuordnung der Texte zu einzelnen Tagen bedeutet natürlich nicht, daß man jeden Tag eine Lesung besucht. Doch wenn man das eine oder andere Buch lesen lassen will, soll man sich möglichst an diese Tage halten.

Zu den besonderen Zeiten, in denen Bücher gelesen werden, gehört noch die *laylatu 'l-qadr* genannte Nacht vom 26. zum 27. *ramażān*. In dieser Nacht liest man, um nicht einzuschlafen – wie die Frauen sagten –, den Koran oder "Ulu pīr" oder andere Bücher, die gewünscht werden. Infrage kommen in Chiwa noch "Palwān pīriġa siġinib aytilġan ġazallar", "ᶜAbdu 'llāh Narīmġān". Mit dem Vorlesen von Texten verbringe man manchmal auch die Nacht des 26. bzw. 27. *rağab*, die als Nacht der Himmelsreise Muḥammads gilt. Wenn man es besitze, lese man das "Miᶜrāğnāma". Dieses war eventuell ein neuer Brauch, den daran interessierte Kreise einzuführen versuchten, während das Totengedenken im *rağab* und das dazugehörende Backen dünner Fladen, um die Geister der Toten zu erfreuen (is čiqarmaq) wie auch das zehntätige Fasten im *rağab* eine seit langem bestehende Tradition ist. Der Fastenbrauch ist auch durch die Überzeugung befestigt, daß zehntägiges zusätzliches Fasten im *rağab* im Jenseits so angerechnet werde, als habe man tausend Jahre lang gefastet (*miñ yilniñ rūzasiniñ ṣawābi*).

Die Hochzeiten waren in vorsowjetischen Zeiten ein bedeutender Wirkungsraum für die Frauen, die zum Vortrag religiöser Texte berufen waren. Im Verlauf des 20. Jahrhunderts traten andere feierliche Elemente zum Hochzeitsritual hinzu, und die Rolle der *ḫalpa* und *ātin āyi* verringerte sich. Nur das Singen des "Salām" blieb überall ihre Domäne. In einigen Orten, so unter der usbekisch sprechenden Bevölkerung von Taschaus (Türkmenistan), geriet der Vortrag der "Toy kitāblari" während der Hochzeitsfeier nicht völlig in Vergessenheit. Dort singen auch bis zu vier *ḫalpa* gemeinsam bei Hochzeiten "Yār-yār" und "Salām". Seit 1990 bemüht man sich, auch in den Hochzeitsbräuchen Altes zurückzugewinnen. Doch nicht auf alle neuen Elemente werden die Familien verzichten wollen. So sind z.B. Schauspieler als Moderatoren der großen Feiern oder Tänzerinnen aus dem Theater sehr beliebt. Eventuell werden die *ḫalpa* und *ātin āyi* an manchen Orten wieder zum Vortrag von "Toy kitāblari" gebeten werden. Aber sicher wird der Verdrängungsdruck des 21. Jahrhunderts nicht geringer sein als der des 20. Jahrhunderts war.

Die "Toy kitāblari" kommen auch als Lesestoff für die *bešik tūyi* (Wiegenfeste) vor. Sie werden heute in Choresm vor allem aus Anlaß der Geburt des ersten Kindes gefeiert, unabhängig davon, ob es ein Junge oder ein Mädchen ist.[64] Eine *ḫalpa* las zu dieser Feier gern aus "Laylā wa

---

[64] Das Fest ist nicht identisch mit *bešlik*, der Begrüßung des Kindes am fünften Tag, die stets stattfindet, gleich ob die Mutter mit dem Neugeborenen bereits aus der Klinik zurückgekehrt ist oder nicht. Zur Begrüßung finden sich bis zu zwanzig Frauen im Haus der Wöchnerin ein. Sie werden nicht eigens eingeladen, sondern kommen von selbst und sagen "*beš āqšām āšini ičgani keldik*" (Wir sind gekommen, um das Mahl des fünften Abends zu essen).

Mağnūn". Unternähme man eine spezielle Untersuchung zu diesem Fest, käme sicher eine beträchtliche Zahl möglicher Texte zusammen. Hier dürfte es einen engen Zusammenhang mit der jeweiligen Epentradition der Männer geben. Aber identisch ist die Reihe der von den Frauen und der von den Männern bevorzugten Epentexte in den einzelnen Gegenden und Orten nicht.

Im folgenden werden die wichtigsten Zusammenkünfte zum Lesen bestimmter Texte kurz beschrieben. Über die Texte selbst vgl. 6.1.

Lesen von **Imāmlar**

Der Monat *muḥarram* hat in der Umgangssprache nicht nur den zweiten Namen *ʿāšūrā' āyi*, sondern auch einen dritten – *imām āyi*. Gelesen wird nicht abends, sondern am Tag, sagten einige *ātin āyi*. Man veranstalte zu diesem Zweck ein *eḥsān*. Dies dauere ein bis zwei Stunden. In dieser Zeit trage man etwas aus dem Buch vor. Niemand habe Zeit, sich länger damit zu beschäftigen. Ich nehme an, daß die Dauer wegen der weit verbreiteten Angst zum Ende der neunziger Jahre etwas heruntergespielt war (vgl. auch unter 0.1 die Bestimmungen vom Mai 1998). Derartig kurz sind in der Regel nur die Bewirtungen, die gleich nach dem Morgengebet im Zusammenhang mit Hochzeiten und Beschneidungsfesten gegeben werden. Eine *ātin āyi* aus Kokand sagte, daß sie das Buch, d.h. aus dem Buch, bis zu fünfzig Mal im *ʿāšūrā'* lese. Die Lesungen begännen am 10. *muḥarram* und zögen sich über die folgenden vierzig Tage hin. Das heißt, sie reichen weit in den Monat *ṣafar* hinein. Immer werde eine Zusammenkunft zu diesem Zweck mit Koranzitaten eingeleitet und abgeschlossen. Sie brauche für eine Lesung zwei bis drei Stunden, denn die Lesung werde des öfteren durch Erklärungen unterbrochen. Die Lesungen fänden bei ihr zu Hause oder in anderen Häusern statt. Im Sommer könne man zweimal am Tag lesen, im Winter nur einmal. Zweimal bedeutet offensichtlich, daß die *ātin āyi* an einem Tag in zwei Häuser eingeladen wird. An einer Lesung nähmen zuweilen bis zu fünfzig Frauen teil.

Man kann annehmen, daß das Lesen des Textes "Qiṣṣa-i imām-i Ḥasan wa imām-i Ḥusayn" wie auch das einiger anderer Texte niemals völlig abgebrochen ist. G. P. Snesarev erwähnt z. B. eine Lesung des Textes in Choresm, an der er während seiner Forschungen in den fünfziger oder sechziger Jahren zufällig teilnahm.[65] Vorgetragen wird der Text

[65] Snesarev 1973, 72; Snesarev 1976, 90f.

von jenen *ḫalpa* und *ātin āyi*, die bei Totenfeiern lesen, und eventuell auch von einigen anderen. Einige *ḫalpa* sagten, "Imāmlar" könne auch aus Anlaß von Totengedenkfeiern gelesen werden, wenn diese auf den *muḥarram* fallen.

Lesen von **Mawlūd** bzw. von **Mawlūd-i nabī** oder **Mawlūd-i šarīf**
Die Zusammenkunft, die man organisiert, um des Propheten zu gedenken und um Glück und Segen für die eigenen Familienmitglieder zu erbitten, wird ebenso wie der gelesene Text *mawlūd* genannt. Manchmal nannten die Frauen in Choresm den "Mawlūd"-Text auch "Payġambarniñ dunyāġa käliši" (Die Geburt des Propheten). Außer verschiedenen Gebeten gibt es nur einen Text in tschaghataischer Sprache, der für die *mawlūd*-Feiern in Frage kommt, den von Ḫilwatī, vgl. 6.1.

Die Lesung hat zuweilen familiären Charakter. Sie wird manchmal zugunsten eines Familienmitgliedes durchgeführt, das der guten Wünsche der anderen besonders bedarf. Die Wünsche haben zusammen mit dem "Mawlūd"-Text besondere Aussicht auf Erfolg. Natürlich darf man nicht Gesundheit für einen todkranken Menschen wünschen, denn das wäre nach der Auffassung der Bewohner Mittelasiens Gottes Willen zuwider. Bei einer *mawlūd*-Feier innerhalb der Familie kann die Zahl der Teilnehmer gering sein, was ca. zehn Personen bedeutet. Am Ende der Zusammenkunft spricht die *ḫalpa* oder die *ātin āyi* ein Gebet für jedes der im Haus befindlichen kleinen und erwachsenen Kinder, die während der Lesung und in deren Pausen nur die Aufgabe hatten, bei der Bewirtung zu helfen. In anderen Fällen kann die Zahl der Zuhörerinnen zwischen 30 und 40 liegen. Wenn sich – was in den neunziger Jahren selten vorkam – eine Frau in den religiösen Büchern auskannte, ohne *ḫalpa* oder *ātin āyi* zu sein, konnte auch sie zum *mawlūd* einladen und das Lesen selbst in die Hand nehmen. Doch in die Häuser anderer Familien zu gehen, um die Feier durchzuführen, kam ihr nicht zu.

Die vier Monate, in denen man die Dichtung über die Geburt des Propheten lesen kann (vgl. oben), nennt man in Choresm *tūrt āġayni* < *āġa ini* (die vier Brüder). Obwohl man den Text in der Regel montags liest, hat in Choresm keine der Frauen darauf hingewiesen, daß der Montag im Leben Muḥammads, wegen der angenommenen Tage seiner Geburt, der *hiǧra* und des Todes eine große Rolle spiele.[66] Allerdings erklärte eine Frau, auf Woche und Monat komme es nicht so sehr an, wie

[66] Fuchs/Pekolcay 1960, 172.

darauf, daß die Lesung stets an einem Montag stattfinde. Eine andere *ḫalpa* wiederum meinte, der Tag sei unwichtig, "Mawlūd-i nabī" werde jedoch immer am 12. *rabīʿu 'l-awwal* gelesen. Im Ferghanatal scheinen die Lesungen – man bevorzugt hier für den Text den Titel "Mawlūd-i šarīf" – nicht an bestimmte Wochentage gebunden zu sein.

Einige Namanganer *ātin āyi* erklärten, in Taschkent werde der Text das ganze Jahr hindurch gelesen. Das heißt, an einem beliebigen Tag im Jahr kann man eine *mawlūd*-Feier durchführen.

Während die meisten *ātin āyi* auf die Frage, ob sie den ganzen Text zur Feier vortrügen, erwidern, sie läsen nur einige Seiten, der Text sei viel zu lang (vgl. auch 4.2), sagte eine *ātin āyi* (nicht in Namangan), in den vier dafür in Frage kommenden Monaten werde "Mawlūd-i nabī" drei- bis viermal ganz gelesen. Man brauche dafür jedoch jeweils mehrere Tage. Wenn diese Aussage stimmen sollte, so kann man annehmen, daß die *ātin āyi* den Text in unterschiedlichen Häusern liest. Daß eine Zuhörerin "Mawlūd-i nabī" mehrmals in einem Jahr hört, scheint mir ausgeschlossen. Eine andere *ātin āyi* sagte, sie lese den Text, bzw. einen Teil daraus, in einem der vier Monate mindestens einmal bei sich zu Hause und außerdem in anderen Häusern, sooft sie eingeladen werde. Eine Lesung dauere bei ihr etwa eine Stunde. Diese Auskunft bringt wahrscheinlich die am weitesten verbreitete Praxis zum Ausdruck.

Eine *mawlūd*-Feier zu veranstalten ist somit nicht immer identisch mit dem Lesen des vollständigen Textes von Ḫilwatī, selbst wenn die Frauen davon sprechen, daß "Mawlūd" gelesen werde. Wieviel man von dem Text wirklich liest, hängt sicher von mehreren Faktoren ab. Es muß an dem jeweiligen Ort eine oder mehrere Frauen geben, die die Poesie des Textes zu schätzen wissen und die ihre Wertvorstellungen an ihre Schülerinnen und Zuhörerinnen weitergeben wollen. Dies setzt voraus, daß es um die Wende vom 19. zum 20. Jahrhundert an diesen Orten oder in deren Nähe ebenfalls Frauen dieses Typs gab, denn der Text ist erst am Ende des 19. Jahrhunderts entstanden. In den Orten, in denen man "Mawlūd" schnell annahm und gerne las, konnten Texte oder die Erinnerung daran leichter bewahrt werden als dort, wo sie ohnehin keine große Verbreitung hatten, denn in sowjetischer Zeit wurde der Text nicht gedruckt. So spielt für die heutige Wertschätzung der Dichtung die Stärke der einmal – wahrscheinlich am Anfang des 20. Jahrhunderts – begründeten Tradition eine große Rolle. Natürlich hat der Dichter Ḫilwatī den Text nicht allein für Frauen geschrieben. Die Distribution der Lithographien mit diesem Text, die es seit dem Ende des 19. Jahrhunderts gab, wird in größerem Maße in den Händen der Männer gelegen haben. Eventuell war das religiöse und literarische Interesse der Frauen und Männer weniger voneinander entfernt als heute (vgl. auch 5.3.1), doch könnte "Mawlūd" von Anfang an mehr Aufmerksamkeit im Frauen- als im Männermilieu gefunden haben. Ob sich heute außer Literaturwissenschaftlern Männer für den Text interessieren, habe ich nicht erfahren. In der Namanganer Gegend ist starke Religiosität manchmal mit dem Ausschluß tschaghataischer religiöser Texte und mit der Hinwendung allein zum Koran und zur arabischen Sprache verbunden. Das Usbekische und entsprechend das Tschaghataische werden in diesem Fall nur als profane Sprache für den Alltag akzeptiert. Setzte sich diese Auffassung durch, hätte Ḫilwatīs Text ebensowenig Wirkungsmöglichkeiten wie in sowjetischer Zeit.

Ein kleines Zeugnis dafür, daß die *mawlūd*-Feiern auch in sowjetischer Zeit durchgeführt wurden – nicht gerade öffentlich, aber auch nicht übermäßig geheim – ist mir 1997 begegnet: In einem der religiösen Bücher, die die Namanganer Universitätsbibliothek ausstellte, weil sie auf wunderbare Weise bewahrt worden seien, lag der Brief einer Frau aus Kokand. Sie teilt einer Muḥabbat ḫān genannten Frau mit, daß sie in Kokand in Kürze eine *mawlūd*-Feier veranstalten wollten, zu der sie alle Verwandten erwarteten, und sie bäten Muḥabbat ḫān, sich möglichst schnell zu melden. Der Brief trug das Datum 25.11.1962. Der Termin der Feier war also noch nicht vereinbart. Da der 25.11. in jenem Jahr auf Ende *ǧumādī 'ṣ-ṣānī* fiel, hat die genannte Feier damals außerhalb der vier dafür wichtigsten Monate stattgefunden.

Lesen von **Muškil kušād** bzw. **Bibi Muškil kušād** und **Bibi Sešanba**

In Bibi Sešanba und Bibi Muškil kušād hat man zwei ehrwürdige weise Frauen, an deren Fähigkeit, Wünsche zu erfüllen und weiszusagen, heute noch viele Frauen glauben. Ihre ursprüngliche Gestalt dürfte in tiefer Vergangenheit liegen, als auch die Männer noch an ihre Begabung glaubten. Denn im *Muškil kušād*-Märchen ist es ein Mann, dem die weise Frau hilft. Dieser Mann ist es auch, der dem Märchen zufolge den *Muškil kušād*-Ritus begründete, der heute allein zum Frauen-Milieu zu gehören scheint. Mit dem Sieg des monotheistischen Islams sanken Bibi Muškil kušād und Bibi Sešanba nicht ins Märchen zurück, sondern sie wurden islamisiert, vgl. auch 6.1.

Der "Muškil kušād"-Text wird dienstags und mittwochs gelesen. Die meisten *ḫalpa* geben nur einen dieser beiden Tage an. Am Rande von Urgentsch befindet sich auf einem Friedhof ein kleines, aus einem Raum bestehendes Haus, worin einige *ḫalpa* dienstags abends eine *Muškil kušād*-Zeremonie durchführen. Eine Ausländerin wollten sie 1995 nicht dabeihaben. Wahrscheinlich handelte es sich hier nicht um eine einfache Lesung, sondern um eine Séance, wie sie mehrfach beschrieben worden ist.

Da es die obengenannte Tendenz zur Arbeitsteilung gibt, wußten einige *ḫalpa* in Choresm nur wenig über "Muškil kušād". Es kam vor, daß ihnen dies peinlich war und daß sie nach Ausflüchten suchten. Eine *ḫalpa* sagte, sie lese "Muškil kušād" nicht, weil die Frauen den Text ohnehin nicht verstünden. Eine andere *ḫalpa* meinte, die Frauen welche "Muškil kušād" vortragen, hießen nicht *ḫalpa*, sondern *ātin*. So war dieser Text gleichsam den vortragenden Frauen außerhalb Choresms überlassen. Eine dritte Gruppe von *ḫalpa* schließlich, die sich ebenfalls nicht für den Text interessieren, wissen aber zu berichten, daß er häufig gelesen werde.

Im Ferghanatal kennt man die Zeremonie sehr gut. Eventuell hat sie hier sogar mehr Verbreitung als in Choresm. Die obengenannte Äußerung, daß es die *ātin* seien, die diesen Text lesen, scheint dies zu bestätigen. Man führt die Zeremonie hier häufig zu Hause durch. In diesem Fall kann es sich um kleine Zusammenkünfte handeln, an denen außer der gerufenen *ātin āyi* nur vier oder fünf sehr nahestehende Verwandte oder Freundinnen der Einladenden teilnehmen. Doch gibt es auch größere Treffen. Beliebt ist daneben der Besuch eines speziellen Pilgerortes. Ein solcher existiert z.B. im Dorf Qumqurġān bei Namangan.

Sowohl in Choresm als auch im Ferghanatal gibt es stark religiöse Frauen[67], die die Feiern in den Häusern oder an speziell errichteten Orten des Gedenkens für Muškil kušād ablehnen. So konkurriert das flüchtig islamisierte Märchen mit den tief islamischen Texten, die ebenfalls vorislamische Elemente enthalten können, diese jedoch nicht auf den ersten Blick preisgeben. Für die *ātin āyi* im Ferghanatal besteht eine wirkliche Kalamität darin, daß sowohl das Märchen als auch die im Märchentext beschriebene Zeremonie äußerst beliebt sind, es jedoch als verdienstvoller gilt, andere Texte zu lesen. Sie haben den Ausweg gefunden, daß sie *Muškil kušād*-Treffen veranstalten, die Zeremonie durch-

---

[67] Habiba Fathi würde in ihnen eventuell "femmes islamistes" sehen, die sie von den "otin" unterscheidet. Bis zur Mitte der neunziger Jahre sind mir jedoch in Choresm Frauen, die sich derart deutlich der einen oder der anderen Gruppe zuordnen ließen, nicht begegnet. Im Ferghanatal habe ich höchstens eine Tendenz in die eine oder andere Richtung beobachten können. Eventuell befinden sich die "femmes islamistes" vor allem in Taschkent und in den Köpfen der Politiker, die ihre Tätigkeit wärmstens befürworten oder auf das schärfste ablehnen. Vgl. Fathi 1998, insbesondere 326 ff.

führen, das Märchen aber als bekannt voraussetzen und während der Zusammenkunft nur Gebete sprechen.

In der Nähe von Kokand hieß es, daß "Muškil kušād"-Lesungen immer mittwochs stattfinden, und zwar siebenmal hintereinander. Den im Text angebotenen Varianten mit der Zahl Sieben (vgl. 6.1) wird somit eine gut praktikable dritte hinzugefügt. Das erste Mal kommt man bei der Frau zusammen, die dazu einlädt, weil sie eine große Sorgenlast hat, von der sie befreit werden möchte. Das zweite bis sechste Mal kann die Zusammenkunft im Haus der *ātin āyi* stattfinden, und das siebente Mal lädt wieder die um Hilfe bittende Frau zu sich nach Hause ein.

Die *Muškil kušād*-Zusammenkünfte sind sicher auch in sowjetischer Zeit organisiert worden, wenn auch in kleinerem Rahmen und gewiß seltener als in den neunziger Jahren des 20. Jahrhunderts. In antireligiösen Aufklärungsbroschüren der sowjetischen Zeit galten "Muškil kušād"-Lesungen als ein Überrest aus der Vergangenheit, der überwunden werden müsse.[68] Auf europäisches Wissen orientierte Wissenschaftler, darunter auch Historiker und Literaturwissenschaftler, hatten teilweise sehr vage Vorstellungen von der Zeremonie. So erklärte mir 1994 eine Professorin, bei Muškil kušād handele es sich nicht um eine Person, sondern um eine Feier, die neben den bekannten Totenfeiern zum Gedenken an Verstorbene veranstaltet werde und mehrmals im Jahr stattfinde; jeder richte sie nach seinen eigenen materiellen Möglichkeiten aus. An einigen Feiern dieser Art hatte die Frau eventuell teilgenommen, aber wesentliche Zusammenhänge waren ihr verborgen geblieben. Hin und wieder kann man hören, daß Verwandte, die getrennt von der *ātin āyi* leben, so auch deren Söhne, zwar wissen, daß ihre Mutter oder eine andere Verwandte sehr fromm ist, jedoch keine Ahnung davon haben, daß die *ātin āyi* "Muškil kušād"-Lesungen veranstaltet. Bei diesen Verwandten – häufiger sind es Männer – ist dann keinerlei Interesse für die allein im Frauenmilieu angesiedelten Zusammenkünfte vorhanden.

Anlaß, eine "Muškil kušād"-Lesung durchzuführen, kann neben den Wünschen, die im Text selbst genannt sind, eine bevorstehende Hochzeit sein. Man wünscht in diesem Fall, daß alles gut gehen möge und bekräftigt diese Wünsche in manchen Fällen noch durch einen eingenähten Talisman (*ṭūmār*) in Dreiecksform in ein viel getragenes Kleidungsstück des Sohnes oder der Tochter.

---

[68] Z.B. B. Ya'qūbov, "Muqaddas" wa "qadam ğāy"lar – tekinḫūrlar uyasi, ("Heilige" Orte und "Orte, wohin ein Heiliger seinen Fuß gesetzt hat" – Nester von Schmarotzern), Tāškent 1961, 48 S. (S.5).

In dem von einer "Schamanin" stammenden *munāǧāt*-Text, den O. Murādov veröffentlicht hat, werden neben Ġawṣu 'l-Aᶜẓam und vielen anderen historischen und legendären Personen auch Bibi Sešanba (hier als Sešammi wiedergegeben) und Muškil kušā angerufen.[69] Die heilige Frau ist ebenfalls eine der um Hilfe Gebetenen in I. Baldaufs Beschreibung einer Zeremonie zur Heilung einer Kranken.[70]

Manja Stephan hat Material über die *Muškil kušād*-Zeremonie zusammengetragen und wird dieses hoffentlich bald in einer Magisterarbeit vorlegen.

Lesen von **Ulu pīr** (**Manāqib** über ᶜAbdu 'l-qādir Gīlānī, vgl. auch 6.1)
Die Chiwiner *ḫalpa* finden sich mit ihren Zuhörerinnen an einem Dienstag oder Donnerstag zusammen, um aus den "Manāqib" in tschaghataischer Sprache zu lesen. Der Monat, hieß es, spiele keine Rolle. Allerdings scheint der *ramażān* besonders gut geeignet zu sein. Man trifft sich am Tage, und die Zeit des Fastens vergeht schneller. In Chiwa erhielt ich die Auskunft, daß man etwa siebenmal im Jahr zu diesem Zweck zusammenkomme. Bei der Antwort auf die Frage, wie oft man sich zum Lesen treffe, muß man unterscheiden, ob eine *ḫalpa* antwortet, die den Text selbst liest, oder eine, die nur Zuhörerin ist. Zu den Lesungen der "Manāqib" lädt man ca. 20 Personen ein, und häufig sind mehrere *ḫalpa* darunter. Von ihnen nehmen einige aktiv teil, andere nur passiv. Eine lesende *ḫalpa* mag siebenmal im Jahr in unterschiedliche Häuser relativ wohlhabender Familien gerufen werden, eine *ḫalpa*, die diesen Text nicht lesen kann und deshalb nur zuhört, wird nicht stets dabei sein. In Schawat sagte eine Frau, die nur Zuhörerin ist, man treffe sich höchstens einmal im Jahr, um "Ulu pīr" zu lesen. Für die Mehrzahl der einfachen Zuhörerinnen könnte es sich in Chiwa ebenso verhalten. Aber mit Unterschieden in den einzelnen Orten muß man auf jeden Fall rechnen. Eine *ḫalpa* war der Auffassung, der Tag der Lesung sei überhaupt nicht festgelegt. Ich nehme an, daß der Zeitraum von Anfang der neunziger Jahre bis 1995/96 zu kurz war, um für die Zeremonie den alten Rhythmus wiederzufinden oder einen neuen, überall gleichen einzuführen. In sowjetischer Zeit dürften die Lesungen von "Ulu pīr" auf ein Minimum reduziert gewesen sein. Die *ḫalpa* in Choresm streben einen festen Rhythmus aber sicher an.

---

[69] Murādov 1975, 103.

[70] Baldauf 1989, 49.

Die Einladung zur Lesung spricht man aus, indem man sagt: *"Ulu pīr oqi̊ğaq (ŭqilağaq/ŭqiladi)"*.

Auf meine Frage, wer in der Lage sei, den Text zu lesen, hieß es "eine *ᶜilimli ḫalpa*", also eine gelehrte *ḫalpa*.

Eine *ḫalpa* war entrüstet darüber, daß ich nach Ġawṣu 'l-Aᶜẓam gefragt hatte, er sei "Ulu pīrimiz"(unser großer heiliger Mann). Ich hätte dann an sich "Ulu pīriñiz" (Ihr großer heiliger Mann) sagen müssen. Aber diese Differenzierung hätte wohl ebenso wie hinsichtlich payġambarimiz ~ payġambariñiz (unser Prophet – Ihr Prophet) zu überflüssigen Diskussionen geführt. Andere, ebenfalls strenge *ḫalpa* wiederum hatten keinerlei Schwierigkeiten hinsichtlich der verschiedenen Namen des Heiligen. Über die *ḫalpa*, die ihren Unmut geäußert hatte, erfuhr ich durch ein anderes Familienmitglied, daß ihr Vater Heiler gewesen sei und seine Fähigkeiten auch an die Tochter weitergegeben habe. Aus den ethnologischen Arbeiten (vgl. 6.1 unter Ġawṣu 'l-Aᶜẓam) kann man erkennen, daß die Anrufung des heiligen Mannes eine große Rolle bei der Disziplinierung der Geister und der Freisetzung der Kräfte eines Heilers oder einer Heilerin spielt. Mit sehr großer Verspätung wurde mir dann klar, daß ich mich wohl durch das Aussprechen des Namens, ohne dies zu wollen, einer Sphäre angenähert hatte, zu der ich keinen Zutritt habe.

Die *ḫalpa* in Chiwa berichten mit einem gewissen Stolz von den Lesungen und betonen, daß im Nachbarort Chanka weder "Ulu pīr" noch "Muškil kušād" gelesen werde. An Stelle dessen trage man dort verschiedene "Toy kitāblari̊", das heißt Epen, vor. Tatsächlich wissen manche *ḫalpa* gar nichts von dem "Ulu pīr"-Buch, so eine *ḫalpa* aus einem Dorf, die sonst umfangreiche Kenntnisse hatte, und eine Urgentscher *ḫalpa*, die gern zu Totengedenkfeiern gerufen wird. Der Text gilt als schwierig und kann von einer Frau, die ihn nicht mit einer *ustāẓ* gelesen hat, kaum angeeignet werden. Eine Ausnahme war B. (vgl. 5.4), die sich schnell eingelesen hatte. Sie wußte, daß es sich um hundert *manqaba* handelt (so, in der Singularform von *manāqib*, wird der Text des öfteren genannt). Diese *ḫalpa*, die beim ersten Besuch sehr europäisch wirkte, hatte sich rasch das angeeignet, wonach wieder gefragt wird.

Einige *ḫalpa*, die eine Teilabschrift der "Manāqib" besitzen, oder jene, die mit diesen *ḫalpa* in engerem Kontakt sind, erzählen gern von den ᶜAbdu 'l-qādir Gīlānī zugeschriebenen Wundern. Besonders gern berichtet man davon, daß Muḥammad bei der Himmelfahrt Ġawṣu 'l-Aᶜẓam sah und erfuhr, daß dieser in 400 Jahren zur Welt kommen werde. Auch die Herkunft des Heiligen von Ḥasan wird oft erwähnt, sowie sein langes

Stehen auf einem Bein mit der Begründung, es lägen bereits so viele heilige Männer in der Erde, daß er seinen zweiten Fuß auf deren Körper stellen müßte, wenn er ihn absetzte, woraufhin Gott ihm sagt, er möge seinen Fuß auf den Nacken der Heiligen stellen.

Daß die *ḫalpa* "Ulu pīr" und "Muškil kušād" in einem Atemzug nennen, hängt, wie bereits oben erwähnt, damit zusammen, daß sowohl Ġawṣu 'l-Aᶜẓam als auch Muškil kušād Helfer in der Not, die oft gesundheitlicher Natur ist, sind. Wohl aus diesem Grund wird zudem der Tisch bei beiden Lesungen auf ähnliche Weise hergerichtet. Zu den gleichen Attributen des gedeckten Tisches gehören Sultaninen, Salz, Raute (*isfand*) zum Verbrennen, um alles Böse abzuwenden, und Baumwollbällchen für jede anwesende Frau. Die Baumwollbällchen liegen hier auf einem Teller und werden mit dem Eau de Cologne besprüht, das in zwei Flaschen auf dem Tisch steht. Es symbolisiert die Flasche mit dem Urin des heiligen Mannes, mit dem dieser den Texten über ihn zufolge viele Leute heilte. Von der Bedeutung des Eau de Cologne sprechen die *ḫalpa* nicht von sich aus, bestätigen die Vermutung eines Fragenden jedoch. Außerdem liegt für jede Frau ein gekochtes Ei (Variante: zwei gekochte Eier, manchmal bemalt) bereit – ein Symbol für jene gekochten Eier, aus denen der Heilige lebendige Kücken hervorzauberte.

Daß "Ulu pīr" selten, "Muškil kušād" aber häufig gelesen wird, führte eine Urgentscher *ḫalpa* darauf zurück, daß es sehr teuer sei, eine Lesung der "Manāqib" über ᶜAbdu 'l-qādir Gīlānī vorzubereiten. Die Frau aus Schawat hatte dieselbe Auffassung. Das Eau de Cologne und alles andere für die Bewirtung Notwendige sei zu teuer. Neben dieser Tatsache und der Schwierigkeit des Textes für die des Arabischen und Persischen Unkundigen mag es sein, daß Bibi Muškil kušād für die nicht mit Heilkräften begabten *ḫalpa* und erst recht für die Zuhörerinnen eine besser vorstellbare Gestalt ist als ᶜAbdu 'l-qādir Gīlānī – Ulu pīr. Sie besitzt ein fast reales Grab in der Nähe von Bahā'u 'd-dīn Naqšbands Grab bei Buchara und mehrere symbolische Grabstätten in Mittelasien. Zugleich ist sie die zentrale Gestalt eines Märchens. ᶜAbdu 'l-qādir Gīlānī hat zwar seinen *qadam ǧā* (vgl. 1.2), existiert aber ansonsten vor allem in den Texten. Bei den "Muškil kušād"-Lesungen ist das Herantragen individueller Wünsche an die heilige Frau der Anlaß einer Zusammenkunft. Die Wünsche an Ulu pīr dagegen scheinen beim Lesen seiner "Manāqib" nicht im Mittelpunkt zu stehen. Man veranstaltet die Lesung, weil daraus *ṣawāb* entsteht, weil man die Texte liebt und weil man sich gern zusammenfindet. "Muškil kušād" scheint besser geeignet zu sein, im Mittelpunkt der Zusammenkünfte zu stehen, bei denen jede Frau die Erfüllung ihrer gedachten oder ausgesprochenen Wünsche erhoffen kann. Zweifel an der Fähigkeit von bibi Muškil kušād oder von ᶜAbdu 'l-qādir Gīlānī zu Wundertaten in der Vergangenheit, als sie lebten, wie auch in der Gegenwart – 600 bis 800 Jahre nach ihrem und seinem Leben – läßt keine Frau zu, auch wenn es viele junge Frauen gibt, die sich für die Zeremonien (noch) nicht interessieren.

Eine *ḫalpa* sagte, auch die Männer kämen zuweilen zum Lesen von "Ulu pīr" zusammen. Allerdings geschehe dies seltener als bei den Frauen. Der Vorlesende bedürfe keiner besonderen Berufung. Es genüge, daß er lesen könne (*sawādi bŭliši kerak*), vgl. 3.3.

Lesen des **Nūrnāma**

Im März 1995 wurde mir in Choresm bei einer Lesung aus dem "Nūrnāma" versichert, daß man daraus immer donnerstags oder freitags lesen könne. Doch diese Lesung fand an einem Sonnabend statt. Ich hatte den Eindruck, daß es sich nicht um eine alte, in sowjetischer Zeit im Verborgenen durchgeführte und nun erneut zu Rang und Würden gelangte Tradition handelte, sondern um einen in der Mitte der neunziger Jahren neu geschaffenen Brauch. Für die damals noch häufig berufstätigen Frauen eigneten sich die Tage zum Wochenende hin gut. Zudem waren Dienstag und Mittwoch schon besetzt. Die Lesungen des "Nūrnāma" im großen Kreis haben unter anderem die Funktion, darüber zu informieren, was alles die Sammlung enthält. Früher wußte man dies von den Eltern und Großeltern. Wer es konnte, las selbst ein wenig darin. Auch mögen Nachbarn im Gespräch manchmal ein "Nūrnāma" hervorgezogen haben, um zu beweisen, daß dies und jenes darinstehe. Aber die Texte sind nicht so geschrieben, daß sie einem mittelasiatischen Zuhörer ästhetisches Vergnügen bereiten könnten, was eine Voraussetzung für regelmäßige Zusammenkünfte mit dem Ziel, das "Nūrnāma" zu lesen oder zu hören, wäre. Für das Trösten bei Trauerfeiern kommt die Sammlung ohnehin nicht in Frage. Das "Nūrnāma" wurde und wird vor allem viel "benutzt". Man trägt es bei sich, um Unglück abzuwenden, und man folgt einigen Ratschlägen, die darin enthalten sind.

Die kleine, in Leder eingebundene Handschrift von ca. 4 x 6 cm Größe und mit dem Datum von 1347 (1928/29) gehörte bei der obengenannten Lesung den Gastgebern. Auf meine Frage, ob sie erlaube, während der Lesung das Diktiergerät einzuschalten, antwortete die Gastgeberin mit "ja", doch die *ḫalpa* G., vgl. 5.4, wollte dies nicht. Ihre Entscheidung hatte in diesem Fall nichts oder wenig mit Wahrung von Sakralität zu tun. Die *ḫalpa* war sich einfach dessen bewußt, daß ihre Lesefähigkeit besonders bei den Koranzitaten noch zu wünschen übrig ließ.

Lesen anderer Texte

Manchmal laden Familien eine *ḫalpa* ein, ohne daß von vornherein feststünde, welcher Text vorgetragen werden soll. Wenn es einen äußeren Grund für die Einladung gibt, wie etwa der fünfte Todestag einer von allen geliebten Großmutter, so wird dieser während der Zusammenkunft nicht besonders hervorgehoben. Für die *ḫalpa* ist der Grund für die Lesung so unwichtig, daß sie ihn und die Familienverhältnisse bei der einladenden Familie unter Umständen vergißt, so daß es zu kleinen Peinlichkeiten kommen kann. Es bedarf auch nicht unbedingt eines derartigen Grundes, weil das Einladen einer Kennerin der religiösen Texte und die Bewirtung einer großen Zahl von Nachbarinnen allein schon *ṣawāb* ist. Ist der zu lesende Text nicht von vornherein festgelegt, so kann eine *ḫalpa*, wenn alle Gäste eingetroffen sind, fragen, was sie denn lesen solle. Sie selbst wird aber jene zwei oder drei Bücher zur Wahl stellen, die sie mitgebracht hat. Die Anwesenden werden meistens damit zufrieden sein, denn diejenigen, die nicht selbst *ḫalpa* oder *ātin āyi* sind, kennen sich ohnehin schlecht in den religiösen Texten aus. Die am meisten belesene Frau unter den Gästen oder die älteste wird die Wahl treffen. Einmal wurde "Yarim alma", das die *ḫalpa* sehr liebte, unbedingt vortragen wollte und sogar in zwei Varianten – nämlich aus dem Gedächtnis oder lesend – anbot, zugunsten von "Payǧambarniñ wafātnāmasi" verworfen. Nach dem einen oder anderen ernsten Buch kann aber zusätzlich etwas aus den "Toy kitāblari" vorgetragen werden. Das war an jenem Abend, als über den Tod des Propheten gelesen wurde, der Fall. Das Programm sah so aus: Auszüge aus "Qiṣṣa-i Mašrab", Gedichte von Maḫtūmquli, "Payǧambarniñ wafātnāmasi", Verse aus "Ḫirāmān dali", Verse aus "Yūsup beg wa Aḥmad beg", und auf besondere Bitten aus dem Publikum "Yār-yār-i bibi Fāṭima" und "Salām". An dem letzten Text ergötzten sich die Frauen sehr. Die Situation war für sie unter anderem deshalb sehr komisch, weil "Salām" sonst nur bei Hochzeiten gesungen wird, während er hier in einer für den Text nicht vorbereiteten Atmosphäre erklang.

Neben dem in Choresm sehr beliebten Text "Qiṣṣa-i Mašrab" kommt dort an ernsten Texten für Lesungen ohne festgelegtes Programm vor allem "Ḥikmat" von Aḥmad Yasawī in Frage.

2.3 Das Lehren des Koranlesens im Ferghanatal

Eine *ātin āyi* im Ferghanatal erklärte mir auf meine Frage nach tschaghataischen (*eski ūzbekča*) Texten, wie es sich ihrer Meinung nach damit verhalte. Es gebe zwei Arten von *ātin āyi*. Die einen interessieren sich für den Koran und für die *ḥadīṯ*, die anderen, die sie freundlich, wenn auch mit Abstand als Praktikerinnen bezeichnete, gehen unter die Leute und lesen Mašrab und Ähnliches. Nun gibt es in Wirklichkeit gar keine *ātin āyi*, die unter den Leuten herumgehen. Die das taten, und eben mit den Gedichten Mašrabs, waren *maddāḥ*, also Männer.[71] Falls sie etwas von den *maddāḥ* früherer Zeiten wußte, setzte jene *ātin āyi* offenbar ihnen die *ātin āyi* anderer Orte des Ferghanatales gleich, die es lieben, neben dem Koran Gedichte vorzutragen, und zwar zu ähnlichen Anlässen, zu denen in ihrer Gegend allein der Koran vorgetragen wird. Falls sie nichts von den *maddāḥ* wußte, wollte sie wohl einfach zum Ausdruck bringen, daß diese Frauen nicht gefragt seien, weshalb man nicht zu ihnen komme, und so seien sie gezwungen, ihr Repertoire selbst hier und da anzubieten. Das Gespräch fand übrigens nicht in Namangan statt, wo eine derartige Äußerung nicht überrascht hätte (im ganzen Ferghanatal ist bekannt, daß man in Namangan fast ausschließlich den Koran vorträgt), sondern in einem kleinen Ort, weit hiervon entfernt. Damit waren Grenzen gezogen: die eigentlichen *ātin āyi* konzentrieren sich auf das Lesen des Korans und auf die Vermittlung entsprechender Lesefähigkeiten. Wer außer Koran und *ḥadīṯ* noch andere Texte heranzieht, ist im Verständnis der ersten keine richtige *ātin āyi*.

Die *ātin āyi* versammeln die Schülerinnen um sich und lehren sie, den Koran zu lesen. Nach ihrer Auffassung sollte das Lesen des Korans zum Alltag aller Frauen gehören. Aus diesem Grund sollten sich alle weiblichen Personen mehrere Jahre lang an den von einer *ātin āyi* veranstalteten Zusammenkünften (*yiġiliš*) beteiligen. Die Treffen finden einmal wöchentlich statt. Die Schülerinnen sind Mütter, deren Kinder aus dem Alter heraus sind, da sie ständig umsorgt werden müssen, daneben junge und alte Großmütter. In ärmeren Stadtvierteln oder Teilen des Dorfes findet man sich im Haus der *ātin āyi* zusammen. Nebenbei trinkt man Tee. Zum Verzehr kann gereicht werden, was die Schülerinnen eventuell mitgebracht haben. Wo die Bevölkerung besser gestellt ist, kommt man im Wechsel bei einer der Teilnehmerinnen zusammen. Eine üppige

[71] Troickaja 1975, 199-208.

Bewirtung wird vorbereitet. An der Zubereitung des Essens am Vorabend beteiligen sich gern einige der Freundinnen, die selbst zum Kreis der Lernenden gehören. Dabei werden Neuigkeiten über das Leben der Nachbarn ausgetauscht und erörtert. Wenn man dann selbst Gastgeberin ist, darf man ebensolche Hilfe erwarten. Mit Gesprächen über den Alltag werden auch die Zusammenkünfte eingeleitet, nur hat hier die *ātin āyi* das Zepter in der Hand. Sie erzählt, an sie gerichtet berichten die Frauen von verschiedenen Erlebnissen, ihr werden Fragen gestellt, sie deutet, sie antwortet. Gespräche von zwei oder drei Frauen untereinander sind während der Zusammenkunft nicht üblich, ein kurzer Wortwechsel ohne Einbeziehung der *ātin āyi* bleibt die Ausnahme. Jede Frau bringt ihren eigenen, in bunten Stoff eingeschlagenen oder in eine bunte Stofftasche gesteckten und außerdem in ein buntes Tuch gebundenen Koran mit. Häufig teilt sich, wenn der eigentliche Unterricht beginnt, die Gruppe. Ein Teil der Frauen, die Anfängerinnen, geht mit einer *ātin āyi*, die meistens ein etwas geringeres Ansehen hat als die leitende *ātin āyi*, in einen Nebenraum. So findet der Unterricht in zwei Gruppen zu jeweils etwa zehn Frauen statt. Jede Frau liest die aufgegebenen Koranverse vor. Die *ātin āyi* berichtigt. Dann liest sie die folgenden Verse vor, die zum nächsten Mal geübt werden sollen. In manchen Fällen haben die Frauen unterschiedliche Verse als Hausaufgabe bekommen, entsprechend unterscheidet sich dann auch die Aufgabe für das nächste Mal.

Nach dem Lesen folgt, wenn es sich um eine gut ausgebildete *ātin āyi* handelt, eine Interpretation der Verse nach einem *tafsīr*. Es stehen einige Nachdrucke von Kasaner Ausgaben zur Verfügung, wie "Tashīlu 'l-bayān fī tafsīru 'l-qur'ān" von Muḥammad Ṣādiqu 'l-Īmānquli, Qazan 1911 (Nachdruck o.O., o.J.). In einigen Orten befaßt man sich nach dem Koranlesen auch mit den *ḥadīs̱*. Hiervon hatte man in den neunziger Jahren eine Fassung, die neben dem arabischen Text die tschaghataische Übersetzung gibt: "Riyāżu 'ṣ-ṣāliḥīn" in drei Bänden (Nachdruck o. O., o. J.). Die Texte in tschaghataischer Sprache verstehen die *ātin āyi* einigermaßen, wenn auch nicht wörtlich. Ihre Interpretationsweise ist sicher vergleichbar der zu Anfang des zwanzigsten Jahrhunderts üblichen. Mit der Nachahmungsfähigkeit, die beim Erlernen einer Sprache hilfreich sein kann, steht es bei den *ātin āyi* oft sehr gut. Die grammatischen Regeln des Arabischen aber beherrschen sie nicht, weshalb sie arabische Texte weder übersetzen noch analysieren. Den Korankommentar beziehen sie jeweils auf einen oder mehrere Koranverse als Ganzes. Ebenso verfahren sie mit der *ḥadīs̱*-Übersetzung. Die vorgelesenen tschaghataischen Texte, die schon Kommentar sind, kommentieren sie noch einmal mit eigenen Worten.

Diejenigen Schülerinnen, welche ein sehr gutes Gedächtnis haben, können sich merken, von welchen Themen in bestimmten Versen einer Sure die Rede ist. Eine Anleitung dafür, wie sie sich selbst den Inhalt eines Verses erschließen könnten, falls sie vergessen, wozu eine bestimmte Erläuterung gehörte, erhalten sie nicht.

Es war auffallend, daß man im Rahmen dieses Unterrichtsprogramms gut gebildete *ātin āyi* nicht nur in den Städten, sondern auch in den Dörfern treffen konnte. In einem Ort wurde ich mit einem *maḫẓūm* (~ *maḫdūm*, auch in der Form *maḫsūm* verwendet) bekannt gemacht, der das Lesen der *ḥadīs̱* ablehnte, denn diese seien nicht in arabischer Sprache geschrieben (!). Man solle sich allein dem Koran zuwenden. Er ahnte sicher nicht, daß er eine späte Kopie des von ᶜAbdullā Qādirī auf satirische Weise beschriebenen Kalwak Maḫẓūm war.[72]

Ist das Lesen und Kommentieren beendet, folgt wieder ein lockeres Gespräch, wobei die *ātin āyi* bemüht ist, bekannte Geschichten aus dem Legendenschatz der islamischen Völker einfließen zu lassen. Im Laufe dieses Gesprächs schließt sich die zweite Gruppe, die sich abgesondert hatte, wieder an. Die warme Mahlzeit wird jetzt gereicht, wenn sie nicht vor Beginn des Lesens gegeben wurde, Tee wird getrunken, und Gebäck wird gegessen.

Verschiedene Handlungsweisen von Mitmenschen werden besprochen. Die Schülerinnen fragen, wie man sich in diesem und jenem Fall verhalten solle, welche Kleidung man tragen solle u.ä. Diskutiert wird z.B. auf der Grundlage eines *ḥadīs̱* die Frage, ob Allah das tägliche Brot (*rizq*) allen ohne jegliche Vorbedingung zukommen lasse, oder ob man sich, um dieses zu erhalten, anstrengen und mühen müsse (*ḥarakat qiliš*). Es steht im Ermessen der *ātin āyi*, ob sie die Frauen auf Enge oder auf Weite des Denkens orientiert, auf Intoleranz oder Toleranz.

In einem Ort wurde die Unterrichtsstunde mit einem *eḥsān* (Bewirtung aus verschiedenen Anlässen) verbunden. Es war ein Sonntag, und man hatte zu sieben Uhr morgens eingeladen. Der Tisch war gedeckt, bzw. die Tischdecke (*dastārḫ*ʷ*ān*) auf dem Fußboden ausgebreitet, die Lernenden waren gekommen (ca. zehn Frauen). Gegen 10.30 Uhr war der Unterricht abgeschlossen, das warme Essen sollte nun gereicht werden. Zu diesem erschien noch eine große Zahl von Frauen, die nicht am

[72] In der Zeitschrift "Muštum" 1923-1927.

Unterricht teilgenommen hatten. Sie kamen in Gruppen von zehn bis zwölf Frauen.

Es gibt *ātin āyi*, in deren Lesezirkel nur ältere Frauen kommen. Auf eine Frage, ob an anderen Tagen auch jüngere kommen, antwortete die *ātin āyi* dann, nein, diese hätten keine Zeit. Es scheint, daß etwas jüngere *ātin āyi* auch jüngere Teilnehmerinnen anziehen und ältere *ātin āyi* ältere Teilnehmerinnen. Aber das Alter ist nicht allein ausschlaggebend. Noch mehr hängt es vom Temperament und von der Art des Auftretens ab, ob sich jüngere Frauen angesprochen fühlen oder nicht. Außerdem spielt die soziale Gliederung in den *maḥalla* eine Rolle. In den ärmeren Stadtvierteln sind die Frauen mittleren Alters gezwungen, fast ihre ganze Freizeit durch das Beschaffen von Futter für Hühner, Schafe oder eine Kuh, durch Arbeit auf dem Basar oder durch Seidenraupenzucht in den Wohnhäusern oder Anbauten (dies ca. 1-2 Monate im Jahr) dem Broterwerb zu widmen. An das Koranlesen können sie erst im hohen Alter denken. In Stadtvierteln dagegen, in denen begüterte Familien wohnen, haben die Frauen auch in jüngeren Jahren genügend Zeit für die Koranlesestunden.

In den neunziger Jahren konnte man erkennen, daß die Zusammenkünfte der Frauen ein wichtiger sozialer Faktor waren. Für die in ihrer Mehrheit jetzt nicht mehr arbeitenden Frauen waren die *yiġiliš* selbst wie auch deren Vorbereitung eine ständige, erfreuliche Kommunikationsmöglichkeit. Den Ehemännern gegenüber brauchte diese vergnügliche Angelegenheit sicher nicht heftig verteidigt zu werden, denn man befaßt sich, indem man den Koran zu lesen lernt, mit etwas Lebensnotwendigem, wie jeder Muslim leicht begreifen wird. Außerdem gibt es bei den Männern ähnliche Gruppen mit einem ähnlichen Ablauf der Treffen, deren Einzelheiten jedoch von einem männlichen Forscher erkundet werden müßten.[73] Die Tatsache, daß die Vorbereitung der Speisen für die Zusammenkünfte der Männer und manchmal das Hereintragen der warmen Speisen den Frauen des Hauses obliegt, dürfte ein gewisser Trumpf in ihrer Hand sein, der es den Männern nicht einfach machen würde, den Frauen zu untersagen, Zusammenkünfte ähnlicher Art zu organisieren.

Außer diesen Treffen haben die Frauen, wenn sie Gespräche suchen, nur die Möglichkeit, hin und wieder in demselben Ort oder etwas entfernter wohnende Verwandte zu besuchen oder sie als Besuch zu empfangen. Sie können mit den Nachbarinnen plaudern und auf den Basar

[73] Mein Dank gilt Stefan Hanisch für einen schönen kleinen Bericht.

gehen. Weiterhin kommt es bei Arztbesuchen zu Unterhaltungen. Aber damit sind die Kommunikationsmöglichkeiten der nicht berufstätigen Frauen erschöpft. Eine um so größere Bedeutung erlangen die *yiġiliš*.

Es ist zu beobachten, daß die erreichten Fähigkeiten im Koranlesen oft nach mehreren Jahren äußerst gering sind. So kann man annehmen, daß viele Frauen nicht in erster Linie des Lesens wegen zu den Treffen gehen, wenn auch kaum eine der Frauen dies zugeben würde. Sie besuchen ihren Zirkel, weil er ihnen einmal je Woche eine angenehme Abwechslung bringt.

Außerhalb der Lesegruppen bleibt die größere Zahl der Mädchen, die noch studieren oder sich in einer anderen Ausbildung befinden. Auch die jungen Frauen mit kleinen Kindern und mit den vielen Aufgaben in Haus und Hof der Schwiegereltern haben in der Regel keine Zeit für irgendwelche Zerstreuungen. Von den Kindern dagegen werden einige von ihren streng religiösen Eltern zum Lernen geschickt. Andere schließen sich um ihrer Kameraden willen einer Lerngruppe an.

Als Tag für die Zusammenkunft kommt jeder Wochentag in Frage. Nur wird nicht der Abend gewählt, denn dann wünscht der Ehemann nicht, daß die Frau aus dem Haus geht. Eine *ātin āyi*, zu deren Gruppe auch jüngere, berufstätige Frauen gehörten, hatte die Zusammenkünfte auf den Sonntag gelegt. Der Ehemann der *ātin āyi* war nicht mehr am Leben, und die Teilnehmerinnen konnten sich sonntags am Tage ohne Schwierigkeiten von zu Hause entfernen. Ohnehin gibt es sehr selten Unternehmungen, an denen sich die ganze Familie gemeinsam beteiligt.

Während in Choresm nur in bezug auf ältere Zeiten davon die Rede war, in welcher Reihenfolge die einzelnen Texte erlernt wurden, verfahren die *ātin āyi* im Ferghanatal noch heute nach der alten Reihenfolge, die für Mittelasien wiederholt beschrieben worden ist: Man beginnt mit "Muᶜallim-i s̱ānī" von Aḥmad Hādī Maqsūdī, dann folgt "Haptiyak" (< *haftiyak*)[74] und dann erst der Koran. Niemals beginnt man mit tschaghataischen Texten. Sollen diese gelesen werden, so folgen sie stets dem Koran. Von einer einfachen Fortsetzung könne aber nicht die Rede sein. Man beginnt wieder mit einem Lehrbüchlein, mit "Ustād-i awwal" von Saᶜīd Rasūl ᶜAzīzī.[75] Diesem soll möglichst Ṣūfī Allāyār folgen.

---

[74] Bei Halen 1988, 345, sind dreizehn Kasaner Ausgaben zwischen 1879 und 1908 in einem Umfang von 173 bis 188 Seiten nachgewiesen.

[75] Erstmals als Lithographie im Jahr 1900 in Taschkent bei Il'in erschienen und dann jedes Jahr nachgedruckt, vgl. Bendrikov 1960, 215f. Martin Hartmann hatte eine Lithographie von Il'in aus dem Jahr 1902 erworben, vgl. Hartmann 1904b, 102, Nr. 60. Über die

Den Namen des Autors von "Muᶜallim-i s̱ānī" kennen die *ātin āyi* ebensowenig wie den von "Ustād-i awwal". "Muᶜallim-i s̱ānī" kommt in der Form alter Lithographien vor, z.B. eine in Kasan 1917 hergestellte. Da das Lehrbuch dringend benötigt wird, wurde es in den neunziger Jahren auch neu herausgegeben.[76] Das weniger benötigte Büchlein "Ustād-i awwal" dagegen kann man unter Umständen in der Form einer alten Lithographie auf dem Basar finden, oder man bekommt es in einer Familie, die Bücher aus dem Besitz einer verstorbenen *ātin āyi* aufbewahrt, als Geschenk angeboten. In der Stadt Namangan ist das Bestreben, tschaghataische Texte lesen zu lernen, gering. Eine jung und energisch wirkende *ātin āyi*, früher Lehrerin für usbekische Literatur und nun Rentnerin, hatte eine Art Gelübde abgelegt, daß sie kein Buch in usbekischer oder tschaghataischer Sprache mehr lesen werde, nachdem sie in den neunziger Jahren den Koran zu lesen erlernt hatte. Dieser sei so reich und tief, daß es daneben keiner anderen Bücher bedürfe. Der nach der Erklärung der Unabhängigkeit eröffnete Zugang zu den religiösen Büchern bzw. zur Dichtung mit großem religiösen Anspruch in tschaghataischer Sprache lockte sie, trotz ihres früher doch sicher vorhandenen literarischen Interesses, in keiner Weise.

Wieviel Zeit für das Durcharbeiten von "Muᶜallim-i s̱ānī" benötigt wird, war nicht zu erfahren. Es hänge von der Begabung der Schülerinnen ab. Manchmal dauere es eine Woche, manchmal mehrere Monate. Sicher spielt auch die Vorbildung der Schülerin eine Rolle, aber eine *ātin āyi* betrachtet sich gegenüber ihren Schülerinnen lieber als erste und einzige Lehrerin und gibt ungern genauere Auskünfte.

Wie einige *ḫalpa* sich ärgerlich über Frauen äußern, die nur wenige Texte lesen können und sich schon als *ḫalpa* bezeichnen, kann man auch *ātin āyi* treffen, die sagen, ja, viele Frauen könnten nur mit Müh und Not den Koran buchstabieren und nennten sich schon *ātin āyi*, während man doch noch ganz andere Texte lesen müsse.

Die Kokander *ātin āyi* wissen, daß die Namanganer *ātin āyi* meistens nur den Koran lesen. Sie sind aber der Auffassung, daß sie und die *ātin āyi* in Marghilan ein höheres Niveau sowohl im Bereich von *ᶜilm* (Wissenschaft) als auch von *dīn* (Glauben) haben.

Lehrbücher vgl. auch Qāsimov 1998, 20-30.

[76] Z.B. eine in Bischkek hergestellte Ausgabe von 1995, eine Ausgabe ohne Ortsangabe von 1996 mit der Hinzufügung "*tuzatilgan wa ūzbeklaštirilgan*" ("berichtigt und usbekisiert").

Bei den jungen *ātin āyi* und anderen jungen Gläubigen fiel das Bestreben auf, dem Koran eine rationale, naturwissenschaftliche Hülle zu geben. Das Wissen stammte aus Zeitschriften und Fernsehsendungen. Das, was sie hiervon berichteten, hatte die *ātin āyi* selbst zu Gläubigen gemacht oder hatte ihre vage Religiosität in eine festere verwandelt. Sie erzählten davon gern, nicht ohne missionarische Absichten. Am beeindruckendsten fanden sie die Entdeckung eines Amerikaners, daß an einer Stelle im Ozean Süßwasser und Salzwasser aufeinanderstoßen, ohne sich zu vermischen, weiterhin dessen angeblich zufällige Erkenntnis, daß diese Tatsache bereits im Koran beschrieben ist (Sure 55, Vers 19-20), und den darauf erfolgten Übertritt des Amerikaners zum Islam. In die Reihe derartiger Argumente gehörte für sie auch die Auffassung, daß der Mensch immer mit dem Kopf nach Mekka gewandt liegen müsse, wofür erst in jüngster Zeit der wissenschaftliche Grund in dem um Mekka gemessenen Magnetfeld gefunden worden sei.

Mehrere *ātin āyi* hatten ältere männliche Verwandte als Lehrer. Es waren Großväter, Onkel (*amaki, tāġa*) bzw. Ehemänner von Tanten (*ammaniñ, ḫālaniñ eri*), Schwiegerväter und selten Väter. Ein Großvater hatte seine Enkel, darunter eine heutige *ātin āyi*, nachts das Lesen des Korans und von Büchern in tschaghataischer Sprache gelehrt. Der Großvater verlangte von den Kindern ausdrücklich, daß sie sich auch in der Schule Mühe geben und gute Leistungen erstreben sollten.

Ist der erste Lehrer ein Mann, so benötigt eine *ātin āyi* stets noch eine Frau als *ustāẓ*, die der Lernenden die Vortragsmelodie vermittelt.

Einige Male wurde mir berichtet, daß man nicht die eigenen Kinder unterrichten soll. So erfuhr ich von drei jungen *ātin āyi* – alle drei im Alter zwischen fünfundzwanzig und dreißig Jahren –, daß sie jeweils die Kinder der anderen unterrichten. Eine von ihnen erzählte, daß ihr um 1912 geborener Großvater, der noch eine *madrasa* besucht hatte, ihrer Mutter, einer *ātin āyi*, streng verboten habe, die eigenen Kinder zu lehren. So hat sie nicht bei ihrer Mutter, sondern bei einer Nachbarin gelernt. Und sie selbst verfährt jetzt ebenso. Der Grund sei, daß man die eigenen Kinder schnell ausschimpfen würde, wenn sie schlecht lernten, und sie könnten davon krank werden. Zu vergleichen ist auch jene *ḫalpa* in Choresm, die sagte, ihr Ehemann habe nicht ihr Lehrer sein können, denn er müsse in seiner Funktion als Ehegatte auch die Möglichkeit haben, sie auszuschimpfen, was immer darunter verstanden wurde (vgl. 1.4). Mir scheint aber, daß sich derartige Anweisungen nicht allein aus dem didaktischen Prinzip der gleichbleibenden Freundlichkeit des Lehrers gegenüber seinen Schülern ergeben. Daß sich dieses Prinzip im 20.

Jahrhundert noch nicht voll durchgesetzt hat, kann man hin und wieder an einer für Europäer überraschenden Ungehaltenheit eines männlichen Universitätslehrers seinen Studenten gegenüber beobachten. Eventuell soll durch diese Regel auch der jeweilige heilige Text geschützt werden. Seine Sakralität soll stets gewahrt bleiben. In seiner Gegenwart soll freundliche Toleranz herrschen und kein zorniges Schelten. Hierher gehört auch das Verlangen nach ritueller Reinheit (*ṭahārat*) vor dem Berühren der Bücher (vgl. 4.3).

In der Zeit vor der Erklärung der Unabhängigkeit Usbekistans hielt man sich nicht sehr streng an die Regel, daß man die eigenen Kinder nicht im Koranlesen unterrichten sollte. Nicht wenige *ātin āyi* berichteten, daß sie bei ihrer Mutter gelernt hätten, vgl. z.B. M. und H. unter 5.4. Ob man sich jetzt, da es Koranlehrerinnen in ausreichender Zahl gibt, überall wieder auf die Regel, daß die Mutter nicht zugleich die Lehrerin sein solle, besinnt, und ob diese für alle Gegenden des Ferghanatales relevant sein wird, bleibt abzuwarten.

Wo immer es möglich war, erkundigte ich mich, wie es mit dem Lesen des Korans vor den neunziger Jahren gewesen sei (*SSSR waqtida* "in der Zeit der UdSSR" sagte man in den neunziger Jahren in fast neutraler Weise in verschiedenen Gegenden Usbekistans, während Journalisten und auch Wissenschaftler gern von *qizil imperija waqtida* "zur Zeit des roten Imperiums" sprechen).

Eine Frau, keine *ātin āyi*, etwa 1965er Jahrgang, erzählte, daß ihre Mutter sie als Kind habe zu einer *ātin āyi* zum Lernen schicken wollen, doch habe sie keine Lust gehabt. Dann erschien in ihrem Wohnviertel eine junge Frau (*kelin*), die dorthin geheiratet hatte. Sie gefiel allen, und sie trat als *ātin āyi* auf. Mehrere Mädchen gingen zu ihr zum Unterricht. Auf meine erstaunte Frage, wie die junge Frau den Unterricht neben der Sorge um die Kinder und neben der Hausarbeit habe bewältigen können, berichtete sie, wie das Lernen organisiert wurde. Die Mädchen verfuhren genauso wie ihre Urgroßmütter.[77] Sie halfen der jungen Frau, die in kurzer Zeit vier Kinder gebar, wo sie nur konnten. Sie wuschen die Wäsche, erledigten den Abwasch und fegten den Hof. So blieb auch Zeit zum Lesen des Korans. Gefährlich sei es nicht gewesen, denn sie hätten sich beim Lesen eingeschlossen. So ging es, bis die Erzählerin die 10. Klasse abschloß und selbst heiratete. Da ihre älteste Tochter 1999 etwa vierzehn Jahre alt war, könnte sie ca. 1984 geheiratet haben. Demzufolge

[77] Vgl. Bečka 1971, 302.

bezieht sich das Berichtete auf das Ende der siebziger und den Anfang der achtziger Jahre. Als ihre Kinder klein waren, habe sie nicht gelesen, was in diesem Fall bedeutete "nicht an Lesungen teilgenommen". Eine derartige Aussage kann man häufig finden. In der Regel wird ja, trotz mehrjährigen Lernens, nicht der Wissensstand erreicht, daß man Freude am individuellen Lesen hätte. Und es paßt auch nicht zum Tagesablauf einer jungen Frau, daß sie sich irgendwann hinsetzte und allein im Koran läse. Jetzt hat die Frau zwar noch ein zu stillendes Kind, doch sind die anderen groß. Sie findet wieder Zeit, zu einem Lesezirkel zu gehen, und das ist eben die beste Art des Lesens, weil sie mit der dringend benötigten Kommunikation verbunden ist. Individuelles Lesen des Korans findet man nach meiner Beobachtung nur bei sehr alten Frauen.[78] Die um 1965 geborene Frau berichtete weiter, ihre jetzige *ātin āyi* besitze auch "Ḥikmatlar" und "Mawlūd". Sie, die Schülerin, habe einmal versucht, etwas dieser Art zu lesen, doch sei es zu schwer gewesen. Man benötige dafür besondere Anleitungen wie "Ustād-i awwal", und man brauchte auch eine *ustāẓ* speziell dafür. So viel Zeit hat sie nicht. Deshalb beschränkt sie sich auf den Koran, und Koran-Lehrerinnen gebe es in ausreichender Zahl.

A. war die Tochter eines *imām* und hatte von ihrer Mutter den Koran zu lesen gelernt. Der Vater hatte, auf die Tochter bezogen, gesagt *qirā'at bilan ūqimasin* (sie soll nicht in *qirā'at*-Art lesen), d.h. nicht in der Form, wie der Koran an sich in Vers und Melodie zu lesen ist. Derartige Sätze bleiben häufig unerklärt im Gedächtnis der Betroffenen (vgl. auch in 3.3: die Frau solle nicht schreiben, sonst verdorre ihre Hand) und gewinnen mit der Zeit fast sakrale Bedeutung. In diesem Fall wollte der Vater entweder die Tochter vor all zu großen Anstrengungen schützen oder vor Anfeindungen. Wer ihr vollendetes Lesen gehört hätte, hätte sie beschuldigen können, daß sie nicht allein für sich, sondern für andere, zum Zwecke der Verbreitung des Islams lesen wolle, und wegen des Berufs des Vaters hätte das auf der Hand gelegen. (Über die Bücher von A. vgl. 3.4).

---

[78] Die Verwaltungen, die 1999 Anweisungen gaben, wer den Koran wann und wie lesen solle (vgl. 0.1), waren sich offensichtlich auch darüber im klaren, daß die jüngeren Frauen und diejenigen mittleren Alters den Koran nicht allein und zu Hause lesen.

2.4 Lesen weiterer Texte und Verfassen von Gedichten im Ferghanatal

Trotz der Dominanz des Korans unter den Lesestoffen der *ātin āyi*, die die obengenannte Reihenfolge beim Lesen der Bücher erforderlich macht, kann man auch von etwas abweichenden Wegen hören. So sagte M. (vgl. 5.4), die bei ihrer Mutter gelernt hatte, sie habe mit dem "Ustād-i awwal", also mit der Anleitung, derer man für das Lesen tschaghataischer Bücher bedarf, begonnen. Ich nehme an, daß dies kein Irrtum war. Es ist allerdings nicht ausgeschlossen, daß das frühe Lesen dieses kleinen Lehrbuchs durch das Fehlen des "Muᶜallim-i ṡānī" bedingt war. Das wäre für die siebziger Jahre, als sie lernte, durchaus denkbar. Auch eine andere *ātin āyi* sagte, "Muᶜallim-i ṡānī" habe es nicht gegeben, als sie zu lernen begann. Bei M. folgte auf "Ustād-i awwal", wie auch andernorts, "Haftiyak" und – wie sie sagte – "Kalāmullāh", also der Koran. Doch damit war das Lernen nicht beendet. Sie wandte sich danach "Muškil kušād", "ᶜĀšūrliq kitāb" und "Mawlūd" zu. Auch "Arwāḥnāma" war ihr bekannt.

Auf die Frage nach Mašrab antwortete sie ohne jeglichen Kommentar, daß sie ihn nicht besitze. Der Nichtbesitz von Versen des Namanganer Dichters sollte sich als typisch für die *ātin āyi* des Ferghanatals herausstellen.

An sich könnte die Ausbildung der anderen *ātin āyi* ähnlich aussehen, mit dem Unterschied, daß am Anfang ein anderes Buch steht. Nur sind in Namangan und in einigen anderen Orten die Frauen nicht bereit, über etwas anderes als den Koran zu sprechen. Mir scheint, daß diese Tatsache nicht mit der weitverbreiteten Angst im Jahre 1999 vor staatlichen Restriktionen zu tun hatte, sondern eher mit einem Druck religiöser Kreise. Denn die anderen Texte sind in geringerem Maße sakral und deshalb für einige Vertreter religiöser Instanzen suspekt, wie etwa das von einigen streng religiösen Frauen und Männern abgelehnte "Muškil kušād".

Während für die *ḫalpa* in Choresm die Gestaltung der Totengedenkfeiern eine zentrale Aufgabe ist, über die sie stets sprechen, erwähnten die *ātin āyi* diese Aufgabe fast niemals. Eine Frau sagte über ihre 1959 verstorbene Mutter, die *ātin āyi* war, sie habe nur zu Hause gelesen, z.B. "Muškil kušād", weil der Ehemann ihr verboten hätte, bei Trauerfeiern zu lesen. Sie selbst hat in einer Seidenweberei gearbeitet und das Lesen der alten Texte erst erlernt, nachdem ihre Rentenzeit begonnen hatte. Sie lehre aber nicht, und zwar aus Angst, Fehler zu machen. Für sie gelte außerdem ein Verbot ihres Ehegatten. Dieser ist seit elf Jahren tot, aber das Verbot bleibt in Kraft. Sie hat einige Bücher der Mutter bewahrt und schreibt selbst hin und wieder Gedichte, darunter *murabbaᶜ* mit religiöser Thematik, aber auch anderes, z. B. ein Gedicht aus Anlaß der Erklärung der Unabhängigkeit des Landes für den Präsidenten, das sie diesem sandte und wofür sie dessen Dank erhielt.

Das Verbot der Männer beider Generationen hatte gelautet: *ŭquwniñ nānini yemañ* (essen Sie nicht das Brot, das durch Lesen verdient ist). Auch sonst hört man hin und wieder, daß die *ātin āyi* ihr Wissen nicht für Geld verkaufen dürfe.[79] Wenn eine *ātin āyi* diesem Prinzip gehorcht, muß sie also ganz auf das Vortragen der Bücher, das in der Regel Geld einbringt, verzichten, oder sie darf zumindest nicht im voraus eine Bezahlung ihrer jeweiligen Tätigkeit verlangen und vereinbaren. Doch die Annahme von Geschenken – sei es Geld oder seien es Stoffe und Lebensmittel – ist nicht untersagt. So konnte man im Ferghanatal beobachten, daß am Ende eines Abschnittes der Totenfeier, bevor die *ātin āyi* nach Hause geht, ganz offen für sie auf einem Tuch in der Zimmermitte gesammelt wird. Das Tuch wird dann zusammengebunden und ihr übergeben. Die Hausherren und Veranstalter der Feier überreichen in der Regel noch eine eigene Gabe, wiederum in ein Tuch eingebunden. Auch am Ende von "Muškil kušād"-Lesungen erhalten die *ātin āyi*, was ihnen traditionsgemäß zukommt. Dabei hängt die Höhe der Gabe sowohl von der Qualifikation der *ātin āyi* als auch von dem Reichtum der teilnehmenden Bewohnerinnen ab. Wie die Qualifikation der einen oder der anderen *ātin āyi* einzuschätzen ist, spricht sich herum. Darüber gibt es wahrscheinlich wenig Meinungsunterschiede.

Einige *ātin āyi* schreiben selbst Gedichte. Meistens geschieht das in kyrillischer Schrift, auch wenn es sich um religiöse Gedichte handelt. Es gibt nur wenige *ātin āyi*, die genügend Fertigkeiten im Schreiben der arabischen Schrift haben, um ihre Gedichte in dieser zu schreiben. Eine *ātin āyi* in Kokand erzählte, daß sie unter anderem *marṣiya* verfasse. Diese sind jedoch, anders als die Gedichte der *ḫalpa* in Choresm, nicht aus Anlaß des Todes eines konkreten Menschen gedichtet. Eine *marṣiya* war z.B. den Mekkapilgern gewidmet. Die Frau trägt sie bei Totengedenkfeiern vor. Ob der Verstorbene ein Mann oder eine Frau ist, spiele keine Rolle. Eine andere *ātin āyi* berichtete freimütig, daß sie früher ihre Gedichte an die Zeitung "Lenin učquni" (Leninscher Funke) gegeben habe. Sie lächelte zwar ein wenig verlegen dabei, aber sehr große Pro-

---

[79] Zum Problem, daß die Gelehrten nicht von der Wissenschaft leben sollten, vgl. Paul 1991, 32.

bleme schien ihr der Übergang von Gedichten sozialistischen Inhalts zu religiösen Gedichten nicht zu bereiten, um so mehr als sie jetzt meint, die früheren Gedichte seien in jugendlicher Sorglosigkeit verfaßt worden.

Einige Frauen konnten in sowjetischer Zeit das Dichten für Zeitungen und Zeitschriften recht gut mit ihrer Tätigkeit als *ātin āyi* verbinden. So erzählte Z., 1930 geboren, daß ihre Mutter – eine *ātin āyi* – unter dem Namen Bādāmāy in der Zeitschrift "Saᶜādat" Gedichte veröffentlicht habe. Daneben las sie die alten Bücher und Handschriften nach Z.s Erinnerung fließend. Z. selbst ist allerdings einen ganz anderen Weg gegangen. Sie hatte – vielleicht, weil die Mutter es wünschte – am Pädagogischen Institut studiert und dort etwas Persisch und Arabisch gelernt. Doch habe sie nie Lust zum Lernen gehabt und nichts von all dem gehalten, womit die Mutter sich beschäftigte. Erst nach dem Tod der Mutter ist sie fromm geworden. Sie meint, daß sie wegen ihrer früher ablehnenden und spottenden Haltung gegenüber den alten Werten große Sünden auf sich geladen habe, und versucht jetzt, ein wenig in den ererbten Büchern zu lesen.[80]

Die heute von *ātin āyi* geschriebenen Gedichte können eventuell den Weg in Zeitungen finden. Nur war die Situation 1999 dafür nicht günstig. Ein weiterer Weg, Öffentlichkeit zu erreichen, bietet sich den Frauen, wenn – falls die politische Lage ruhig ist – ein Schuldirektor eine *ātin āyi* in die Schule einlädt oder wenn eine Stadt- oder Gemeindeverwaltung einen öffentlichen Wettbewerb ausschreibt, wie es bei Ḥ. der Fall war, vgl. 5.4.

Zu den Gedichten, die die *ḫalpa* selbst verfassen, vgl. *bayāż* unter 6.3.

An dieser Stelle seien Texte genannt, die die *ātin āyi* mancher Orte gut kennen, während die *ḫalpa* in Choresm kein Interesse dafür zeigen.

Gern gelesen werden die Texte von Ṣūfī Allāyār. Außer den Namanganer *ātin āyi* nannten fast alle den Autor. Allerdings kennen wenige den Titel des am meisten gelesenen Buches "Ṯabātu 'l-ᶜāǧizīn. Einige *ātin āyi* zeigten alte Lithographien, die in ihrem Besitz waren. Von den Büchern hatten wenige Umschlag und Titelblatt. Eine *ātin āyi* hatte, wie sie sagte,

---

[80] Eine dichtende *ātin āyi* war auch die 1898 in der Andidschaner Gegend geborene Ḥabība ḫān. M. Qādirova 1989, berichtet, wie sie zusammen mit Muzayyana ᶜAlawiya diese Frau aufsuchte. Die *ātin āyi* war zweimal hintereinander mit Männern verheiratet, die den Titel *maḫzūm* trugen. Der erste hatte das Dichten der Gattin wohlwollend begleitet, der zweite hatte es ihr untersagt und ihre Hefte ins Feuer geworfen, woraufhin sie, was sie dichtete, auswendig im Kopf behalten mußte, darunter ein Gedicht über das verlorene Heft mit Gedichten.

keine oder keine richtige *ustāẕ* gehabt, wollte sich aber das Buch von Ṣūfī Allāyār erarbeiten und hatte sich zu diesem Zweck in eine alte Lithographie die entsprechenden Seitenzahlen aus einem Neudruck von 1991 in kyrillischer Schrift eingetragen. So war es leichter möglich, den alten Text zu lesen oder halb auswendig zu lernen. Die Seitenbezeichnung war demzufolge 1999, als ich sie sah, nicht älter als acht Jahre. Die *ātin āyi* "las" jedoch schon seit dreiundzwanzig Jahren. Eventuell "las" sie den Koran. Sich das Tschaghataische, darunter Ṣūfī Allāyār zu erschließen, kostete sie aber große Mühe.

Die Gedichte von Huwaydā (gest. um 1780) kennt man im Ferghanatal gut. Sie werden vor allem in seinem Wohnort Tschimjan vorgetragen, wo sie alles andere in den Hintergrund drängen. Man nennt hier und in der weiteren Umgebung den Dichter immer Huwaydā pīrim oder Pīrim Huwaydā.

Auf Gedichte von Ḥazīnī (1867-1923) stieß ich zum ersten Mal in einem kleineren Ort in der Nähe Namangans. Die *ātin āyi*, bei der ich einige lose Blätter mit den Gedichten – aus einem *bayāż* – sah, war mit der Dichtung wohlvertraut. Sie repräsentierte für die Namanganer Umgebung aber nicht den Durchschnitt. Viele *ātin āyi* wußten nichts von dem Dichter, oder sie hatten zwar von ihm gehört, besaßen aber seine Gedichte nicht. Die Tradition, Ḥazīnīs Gedichte vorzutragen, lebt vor allem in Kokand.

Einige Male nannten *ātin āyi* die Gedichte der Dichterin Uwaysī (ca. 1780 Marghilan bis ca. 1845 ebenda), und es waren auch noch Teile alter Lithographien vorhanden. Die *ātin āyi*, die solche besaßen, betonten jedoch, daß sie nicht die Liebesghasele meinten. Zunächst scheint es erstaunlich, daß Uwaysī genannt wird und niemals ihre Zeitgenossin Nādira (1792 Andidschan – 1842 Kokand), die Ehefrau ᶜUmar Chans von Kokand, die in sowjetischer Zeit bekannter war als Uwaysī. Des Rätsels Lösung könnte darin liegen, daß Uwaysī außer Ghaselen auch eine Dichtung (*dāstān*) über Ḥasan und eine über Ḥusayn verfaßt hat, die eventuell im 19. Jahrhundert einen nicht geringen Platz im Lektüreprogramm der *ātin āyi* eingenommen haben (vgl. auch unter 6.1. "Imāmlar"). Eine Zuneigung zu diesen Texten könnte von den Urgroßmüttern und deren Müttern auf die heutigen *ātin āyi* gekommen sein.

Wenn bei einer Totengedenkfeier tschaghataische Texte vorgetragen werden, so kommen dafür am ehesten die "Ḥikmat" von Aḥmad Yasawī, d.h. die ihm zugeschriebenen *ḥikmat* (Weisheitssprüche), in Frage. Über ein gewisses Repertoire von *ḥikmat* verfügt wohl jede ältere *ātin āyi*. Die jüngeren *ātin āyi* "brauchen" diese Verse noch nicht, da sie zu Totengedenkfeiern nur privat gehen. Es scheint keine speziellen Zusammenkünfte zum Lesen der *ḥikmat* zu geben. Eine Frau, die von ihrer Teilnahme an einem Koran-Lesezirkel erzählte, wußte, daß ihre *ātin āyi* die *ḥikmat* besitzt und daneben die Dichtung über die Geburt Muḥammads, "Mawlūd".

Am Tage des Todes kann man im Ferghanatal in einigen Orten außerdem "Qiyāmatnāma" und "Arwāḥnāma" lesen. Hier bestand niemand darauf, daß der Text "Rūḥnāma" heißen müsse, wie in Choresm hin und wieder. Eine alte Lithographie, die beide Texte enthält, wurde in den neunziger Jahren als fotomechanischer Nachdruck erneut herausgegeben.

Weiterhin kommt an Texten in tschaghataischer Sprache bei den Totenfeiern "Mūsānāma" in Frage. Davon gibt es auch Neudrucke in arabischer Schrift.

"Mawlūd-i šarīf" kennen alle *ātin āyi*. Ob auch die Jüngeren unter ihnen (im Alter zwischen fünfundzwanzig und vierzig) bereits *mawlūd*-Feiern leiten, ist mir nicht bekannt geworden. Mehrere *ātin āyi*, die ich fragte, sagten, *mawlūd*-Feiern seien immer veranstaltet worden, wie auch Lesungen des "ᶜĀšūrlïq kitāb" immer stattgefunden hätten. "Immer" ist in diesem Fall zu übersetzen mit "nicht erst seit der Erklärung der Unabhängigkeit". Um die Dinge genauer zu erfahren, müßte man mit älteren *ātin āyi* ausführlich und wiederholt sprechen können, was mir 1999 nicht möglich war.

Viele *ātin āyi* kennen "Muškil kušād". Doch sie betonten in der Regel, daß sie daraus vor allem die Gebete sprechen. Diese Aussagen waren gewiß nicht von Angst beeinflußt. Die staatlichen Stellen, die das Eindringen des Islams in die verschiedensten Lebensbereiche in Grenzen halten möchten, könnten eher daran interessiert sein, daß die Frauen die märchenhafte eigentliche Geschichte von "Muškil kušād" läsen. Doch gerade das geschieht selten. Sie ist den Frauen vielleicht zu profan. Eine der *ātin āyi* meinte, sie spreche die Gebete elfmal, weil elf wie alle ungeraden Zahlen eine gute Zahl sei, und dafür brauche sie etwa eine Stunde. Das wenige, das während des Muškil kušād-Treffens aus dem entsprechenden Text vorgetragen wird, können die *ātin āyi* häufig auswendig rezitieren. Sie erscheinen sogar zu dem Treffen ohne das Buch. Aber natürlich tragen sie stets ihren Koran bei sich. Eine *ātin āyi* wollte für mich ein bestimmtes Gedicht von Uwaysī sprechen, fand jedoch das Gesuchte nicht, so ersetzte sie es durch einen Auszug aus "Muškil kušād", da sie diesen Text sehr gut beherrschte. An manche *ātin āyi* wird so oft die Bitte, "Muškil kušād" zu lesen, herangetragen, daß sie in die

Situation gerät, das Ritual jede Woche einmal zu vollziehen. Häufig wird Muškil kušād in einem Atemzug mit Bibi Sešanba genannt. Vgl. auch unter 2.2 und 6.1.

Man kennt im Ferghanatal "Qiṣṣa-i Ibrāhīm b. Adham". Die Erzählung wird meistens als "Ibrāhīm Adham" bezeichnet. Zu den Totenfeiern wird sie nicht gelesen. Ob es spezielle Zusammenkünfte zum Lesen von "Qiṣṣa-i Ibrāhīm b. Adham" gibt, habe ich nicht erfahren. Als ich einmal bei einer Zusammenkunft von Koranleserinnen nach dem Text fragte, zeigten sich alle sehr interessiert. Die *ātin āyi* erzählte aufs ausführlichste den Anfang und betonte mehr die märchenhaften Elemente als die volle Hingabe der Hauptgestalt an Gott. Die Frauen zeigten, daß ihnen das Märchen mit allen seinen Elementen gefiel, und dies offenbar nicht allein wegen der religiösen Deutung, die diese erfahren können. Sie hörten mit Interesse zu, warfen dieses und jenes ein, und eine von ihnen sagte, ihr sei eine etwas andere Fassung von Huwaydā bekannt.

In einer Lithographie[81] ist neben "Qiṣṣa-i Ibrāhīm b. Adham" "Qiṣṣa-i wafāt-i Ibrāhīm b. Rasūl ᶜalayhi 's-salām" abgedruckt, die Geschichte vom Tode des Sohnes von Muḥammad, die in Choresm liebevoll als Geschichte von Ibrāhīmǧān bezeichnet wird. Im Ferghanatal scheint sie gar keine oder eine viel geringere Rolle zu spielen.

"Qiṣṣa-i Ḥasan wa Ḥusayn" wird im Ferghanatal auch "ᶜĀšūrliq kitāb" genannt, weil es sich auf den *ᶜāšūrā'*, das ist der 10. *muḥarram*, bezieht, den Tag, an dem Ḥusayn bei Kerbela getötet wurde. Das Datum ist auch den sunnitischen Muslimen sehr wichtig, und die Tradition der Lesungen an diesem Tag ist wahrscheinlich nur für relativ kurze Zeit unterbrochen gewesen. Man kann den Text im ganzen Monat *muḥarram* lesen (vgl. 2.2).

Die Erzählung "Yarim ālma" ist mehr oder weniger bekannt, doch wurde ohne Enthusiasmus von ihr gesprochen, während sie in Choresm zum Kern des Textcorpus gehört.

"Nūrnāma" hat keine Frau von sich aus genannt. Diejenigen, die das Büchlein besitzen, benutzen es wohl zum Heilen und Zaubern mit Amuletten, denn es enthält u.a. "Duᶜā'-i bāzūband" (das Gebet für das am Oberarm angebundene Amulett).

Keine der *ātin āyi* besaß ein Buch mit den Versen Mašrabs. Über den vermuteten Grund siehe unter 6.1.

---

[81] Ohne Jahr und "ba-ihtimām-i mullā Ẓafar bek Muḥammad oġli dar wilāyat-i Taškand" ("durch die Bemühungen von Mullā Ẓafar bek Muḥammad oġli im Wilajet Taschkent").

An *dāstān* (Epen) zeigen die *ātin āyi* ebenfalls kein Interesse, obwohl sie nicht selten *dāstān*-Texte aus dem Besitz ihrer Eltern oder Großeltern aufbewahren. Eine Prosaerzählung mit eingestreuten Versen über Bahrām u Gülandām ohne Titelblatt, aber offensichtlich nicht die von Ṣayqalī, denn dessen "Bahrām u Gülandām" hat die *maṯnawī*-Form, konnten einige junge *ātin āyi* nicht identifizieren, was zuzugeben ihnen nicht leicht fiel. Hin und wieder besitzen *ātin āyi* in sowjetischer Zeit publizierte *dāstān* in kyrillischer Schrift. So kam z.B. "Kuntuġmiš" (Tāškent 1955) vor. Dergleichen wird in der Regel mit etwas Verlegenheit gezeigt, weil man sich schwer dazu bekennen kann, daß die *ātin āyi* früher auch Epen lasen.

Von den neu gedruckten Büchern in kyrillischer Schrift gefällt vielen *ātin āyi* "Durru 'l-maǧālis" von Sayf-i Ẓafar Nawbahārī (Tāškent 1992) besonders gut.

2.5 Andere Seiten von *ḫalpačilik* und weitere Tätigkeitsbereiche der *ātin āyi*: Heilen (*töbibčilik* / *ṭabībčilik*) – Weissagen (*kitāb qaraš, kitāb āčiš*) – Geisterbändigen

Zweifellos ist das Vortragen der Bücher aus Anlaß von Totengedenkfeiern und aus anderen Anlässen für die *ḫalpa* ein Beruf. Man kennt diese Frauen im Stadtviertel, in manchen Fällen in der ganzen Stadt und nicht selten in benachbarten Orten. Man ruft sie regelmäßig zu Lesungen, und sie erhalten für ihre Arbeit ein Entgelt, das zum Lebensunterhalt der Familie beiträgt. Aber das Vortragen von Büchern und neuerdings auch wieder das Singen auf Hochzeiten ist nicht der einzige Tätigkeitsbereich der *ḫalpa*.

Da man mir mehrfach vorschlug, mich mit singenden *ḫalpa* bekanntzumachen, begann ich darauf hinzuweisen, daß mich die *kitābī ḫalpa* interessieren, weniger die *sāzči*. Ich wollte die Bücher kennenlernen, die für die *ḫalpa* wichtig sind, wie auch deren Wirkung auf die Zuhörerinnen. Nun begegneten mir Frauen, die zwar jene Bücher besaßen und kannten, die eine *ḫalpa* besitzen muß, nur trugen sie diese allein in Ausnahmefällen vor. Im Mittelpunkt ihrer Tätigkeit stand das Heilen oder Beschwören von Geistern. Als ich anderen mir bekannten *ḫalpa* von solchen Frauen erzählte, sagte die eine oder andere von ihnen für mich unerwartet, sie heile auch. Danach begann ich die *ḫalpa* regelmäßig zu fragen, ob sie auch mit *ṭabībčilik* beschäftigt seien. Der Begriff *fālbīn* wurde Mitte der neunziger Jahre in Choresm selten verwendet, aber manche choresmische *töbib* (*ṭabīb*) würde in anderen Regionen wohl als *fālbīn* bezeichnet werden.

A.L. Troickaja, die ihr Material 1920, 1924 und 1925 vor allem in Taschkent und bei den Tadschiken von Urgut und Samarkand gesammelt hat, weist darauf hin, daß sich die Tätigkeit einer *fālbīn* ohne Schwierigkeiten mit dem muslimischen Denken verträgt. So beginne die *fālbīn* ihre Tätigkeit jeweils mit muslimischen Gebeten (*molitvoj i slovom božiim*). In Taschkent sei ihr eine Frau begegnet, die zugleich *fālbīn* und *ḫalfa* gewesen sei. Ausführlich beschreibt sie die *küčirik* genannte Heilung durch Vertreiben der bösen Geister. Nach dem Abschluß ihrer Séance rät die *fālbīn* den Verwandten des Kranken, durch den *dāmullā* Gebete zur weiteren Gesundung des Patienten sprechen zu lassen, bzw. sie rät der Person, die sie von bösem Zauber befreit hat (in diesem Fall die Autorin des Aufsatzes von 1929), die Heilung durch Gebete eines *ēšān* abschließen zu lassen.[82]

In einigen Gegenden werden Vorgänge, die den von Troickaja beschriebenen ähneln, als *ẕikr* bezeichnet.[83] Doch die *ḫalpa* und *ātin āyi*, mit denen ich gesprochen habe, ließen nicht erkennen, daß sie zuweilen auch derartige Zeremonien leiten. Soweit der *ẕikr* zu Heilzwecken in Choresm und im Ferghanatal noch relevant ist, sind die Ausführenden vermutlich Personen, für die das Lesen nur eine untergeordnete Rolle spielt. Sie rufen zwar, wie in der ethnologischen Literatur mehrfach erwähnt wurde, ʿAbdu 'l-qādir Gīlānī an, doch lesen eventuell nur weni-

---

[82] Troickaja 1929; Der Aufsatz enthält auch Hinweise auf früher publizierte Arbeiten zu dieser Thematik.

[83] In der Regel beschreiben Männer den *ẕikr* für Männer und wissen nichts von vergleichbaren Erscheinungen im Frauenmilieu. Nur Murādov ist unter den im folgenden genannten Wissenschaftlern eine Ausnahme. Für Türkmenistan siehe Demidov 1975, 182f, 189; ders. 1976, 138-140, 155-159; ders. 1978, 84-89, 128f; Basilov 1975, 157-162, 165; Basilov, Niyāzqličev 1975, 127-132. Murādov (1975) beschreibt für die Tadschikinnen des Serafschantales ähnliche Erscheinungen wie Demidov und Basilov für Türkmenistan, den Begriff *ẕikr* verwendet er jedoch nicht. In einem Aufsatz über die Gökleñ bestand Basilov (1986, 107f) auf der strengen Unterscheidung zwischen schamanistischer Séance und einem zu Heilzwecken veranstalteten *ẕikr*; das Zusammendenken der beiden Erscheinungen betrachtete er damals als Verwechslung und Verwirrung. Dies – obwohl er gestützt auf Worte eines Informanten selbst beschreibt, wie während einer schamanistischen Heilzeremonie Imām Aʿẓam, das ist Abū Ḥanīfa 'n-nuʿmān b. Ṯābit (699-769), der Begründer der hanefitischen Rechtsschule, angerufen wird (ebenda, 102). Über diesen existieren allerdings im turksprachigen Raum mündlich und schriftlich weit verbreitete Legenden (vgl. unter 6.1 "Yarim alma"). I. Baldauf bemerkte bei einer Séance in Nordafghanistan nur einmal das Wort *ẕikr*, zweifelt aber nicht am ursprünglichen Zusammenhang mit dieser Institution, wie auch mit andersgearteten kulturellen Quellen. Vgl. Baldauf 1989, 50-54.

ge von ihnen die Texte über die von ihm vollbrachten Wunder. In meinen Gesprächen mit den Frauen über das Heilen tauchte der Name des als heilig geltenden Mannes selten auf. In verschiedenen Orten Choresms liest man die Texte. Eventuell sind aber das Lesen der Texte und die Heilungszeremonien nicht unmittelbar miteinander verbunden, vgl. 2.2, und zu den Texten selbst wie zu den Beobachtungen der Ethnologen 6.1.

Wie in der Einleitung bemerkt, neigten die sowjetischen Wissenschaftler in ihren Arbeiten über alte Bräuche dazu, das Berichtete weit zurückzudatieren, möglichst in vorsowjetische Zeiten. Doch konnten Studenten in den neunziger Jahren noch manches über eine in der Gegenwart ausgeübte Heiltätigkeit notieren, die nicht weit von dem entfernt ist, was die in Mittelasien forschenden Ethnologen schon seit Jahrzehnten allein in die Vergangenheit gehörend dargestellt hatten.[84]

Daneben erwies es sich, daß das Heilen (*ṭabībčilik*) noch heute eine wichtige Funktion vieler *ḫalpa* und einiger *ātin āyi* ist. Die häufigsten Beschwerden, mit denen man sich an traditionelle Heiler und Heilerinnen wendet, scheinen eigene nervöse Zustände, Geisteskrankheiten von Familienangehörigen, Unfruchtbarkeit der Frauen und verschiedene Kinderkrankheiten zu sein. Bei den Kinderkrankheiten weiß man wohl, daß man sich in vielen Fällen an die moderne Medizin wenden sollte. Aber es bleiben viele Leiden übrig, wofür die moderne Medizin, in dieser Gegend oder überall, keine Wege weiß oder wofür die Medikamente nicht ausreichen oder wofür keine Übereinkunft zwischen Arzt und Eltern zu erzielen ist, weil diese dem Arzt nicht vertrauen. So wendet man sich auch an männliche und weibliche *ṭabīb*. Letztere sind manchmal identisch mit den *ḫalpa* bzw. *ātin āyi*.

Auch auf das Weissagen (*kitāb qaraš* oder *kitāb āčiš*, seltener *fāl āčiš*) stößt man ungewollt, wenn man sich mit der Tätigkeit der *ḫalpa* befassen will. Sowohl von bereits verstorbenen *ḫalpa* als auch von lebenden wird erzählt, daß sie diese Kunst beherrschten. Sie wird häufig von den Personen ausgeübt, die auch die Heilkunst beherrschen, und sie schließt manchmal auch den Kampf gegen Gespenster (*ağina*) ein.

In der schönen Literatur haben die uns hier interessierenden Sachverhalte vor allem an zwei Wendepunkten in der Geschichte des Landes

---

[84] Es ist zu hoffen, daß die Studenten Oswald Böhm, Vera Lohkamp und Manja Stephan ihre 1997 gemachten Beobachtungen zur traditionellen Heilkunst in Einzelaufsätzen oder in einem gemeinsamen Aufsatz darlegen.

ihren Niederschlag gefunden, am Beginn der sowjetischen Zeit und an deren Ende.

ʿAbdullā Qādirī nimmt in seinem Roman "Ütgan kunlar" (publiziert 1923-1926, Vergangene Tage, dt. Die Liebenden von Taschkent, Berlin 1968), wie man es von ihm als Dschadiden erwarten konnte, eine ironische Haltung gegenüber dem Glauben an Zauber und Magie ein. Die Handlung ist im 19. Jahrhundert angesiedelt. Die Person, die auf die Magie vertraut, ist die Mutter der Hauptgestalt. Sie will ihren Sohn von der Liebe zu seiner ersten Frau aus Marghilan abbringen, damit er sich der zweiten, von ihr ausgesuchten zuwende. Als dies nicht gelingen will, vermutet sie, daß die Marghilanerin eine Zauberin (*siḥrči*) sei oder sich von einem Meister sagen ließ, wie sie verfahren müsse, damit die Liebe ihres Mannes heiß bleibe (*isitiš*). Den Meister (hier *dāmla*) der Frau hält die Mutter für sehr stark. Sie ist sicher, daß ein jüdischer Meister nur durch einen Juden, ein muslimischer Meister nur durch einen Muslim entwaffnet werden könne. Sie findet je einen. Der Versuch beider, eine Erkaltung der Gefühle herbeizuführen (*sāwutiš*) bleibt jedoch ohne Ergebnis. Nun fällt ihr ein, es könne ein Inder gewesen sein, aber sie kann in Taschkent keinen Inder finden ...[85]

Zu *issiq-sāwuq qiliš* vgl. weiter unten.

Tāġay Murād beschreibt in seiner lyrischen Erzählung "Āydinda jurgan ādamlar" (Die im Mondlicht Gehenden) von 1980[86] gegenwärtiges Geschehen. Hier gibt es keine Spur von Ironie mehr gegenüber den traditionellen Erscheinungen, aber Magie und Heilkunst sind auch nicht als Allheilmittel, die jedem helfen können, dargestellt. Ein kinderloses Ehepaar wendet sich in seiner Hoffnung, doch noch ein Kind zu haben, zuerst an eine Wahrsagerin bzw. Heilerin (*fālči*), dann begibt es sich auf Pilgerfahrt zum Grabe Ṣūfī Allāyārs (gest. zwischen 1720 und 1723). Als auch dies erfolglos bleibt, wird ein *ṭabīb* konsultiert und schließlich auch eine moderne Ärztin. Alle Phasen der Suche nach Hilfe sind als die eines ganz normalen Alltagslebens beschrieben, was für jene Zeit, da man den "Aberglauben" für überwunden erklärt hatte, sehr erstaunlich war. Das Traditionelle verträgt sich in dieser Erzählung mit dem Modernen, aber manchmal findet sich nirgendwo Hilfe.

Zum Gegenstand meiner Untersuchungen habe ich diese Bereiche des *ḫalpačilik* nicht gemacht. Die Zahl der *ḫalpa*, mit denen ich gesprochen habe, reicht für genaue Aussagen nicht aus. Nach meinen Schätzungen kann ein Drittel bis die Hälfte aller *ḫalpa* auch heilen und macht von dieser ihrer Fähigkeit Gebrauch. Nicht so oft kommt das Weissagen und Geisterbändigen bei den *ḫalpa* vor. Doch scheint das Interesse dafür

---

[85] In der Ausgabe Taschkent 1980 vor allem die Seiten 125 und 149f.

[86] In: Tāġay Murād, Āt kišnagan āqšām, Tāškent 1994, 218-355.

wieder im Wachsen zu sein. Was mir über Heilkunst, Weissagen und Geisterbändigen zufällig berichtet wurde, sei hier zusammengestellt.[87]

Eine *ḫalpa* versuchte eine Charakterisierung der einzelnen Tätigkeitsbereiche: der oder die *ṭabīb* schreibt Gebete (*duʿā' yāzib beradi*) und heilt durch Pusten (*dam sāladi*), die *palbīn* (*fālbīn*) heilt mit Hahnenblut Geisteskranke, vor allem wenn die Krankheit daher rührt, daß der Kranke auf den Platz uriniert hat, der bei jedem Haus für das Schlachten vorgesehen ist (daß man davon den Verstand verliert, konnte man oft gesprächsweise hören). Ein *ʿazā'imḫʷān* heile ebenfalls durch Pusten.[88]

Andere *ḫalpa*, die ich fragte, wollten die obige Einteilung nicht bestätigen. Am meisten Verdacht und teilweise Ärger erregte bei ihnen die Tätigkeit eines oder einer *ʿazā'imḫʷān*, worüber sie nicht einmal sprechen wollten. Eine *ḫalpa* sagte, *ʿazā'imḫʷānlik* habe mit dem Islam nichts zu tun. Für sie standen diese Tätigkeit und das Schreiben von *sāwuqlik duʿā'si* sehr nah beieinander.

sāwuqlik duʿā'si ist jenes Gebet, das Gefühlskälte erzeugt, wenn man es, aufgeschrieben auf Papier, an die richtige Stelle heftet. Man kann damit die Liebe zweier Personen stören, damit die Ansprüche einer dritten Person befriedigt werden, vgl. oben bei ʿAbdullā Qādirī. Das Pendant dazu ist *issiqlik* (Wärme) erzeugen, also Sympathie zwischen zwei Personen stiften. Manchmal wird auch von ***issiqlik-sāwuqlik*** gesprochen. D.h., wer sich einmal damit befaßt, erledigt je nach Verlangen des "Kunden" das eine oder das andere. Doch manche *ḫalpa* kann man sagen hören, sie schreibe keine *sāwuqlik duʿā'si*, und in demselben Atemzug, sie befasse sich nicht mit *ʿazā'imḫʷānlik*. Auch Laien kann man zuweilen mißbilligend über *issiqlik-sāwuqlik* sprechen hören. Von einer *ḫalpa* hörte ich sagen, daß sie heile, sei ja gut, aber es ginge das Gerücht, daß sie sich auch mit *issiqlik-sāwuqlik* befasse; das sei nicht zu billigen. Die Ablehnung könnte sowohl auf islamisches Denken als auch auf moderne Vorstellungen gegründet sein.

Im Ferghanatal sind magische Handlungen dieser Art ebenfalls bekannt. Hier war häufiger die sprachliche Form *isitma-sāwutma* zu hören. Einige *ātin āyi*, von denen man weiß, daß sie auch heilen, versichern

---

[87] Einen Vergleich mit Berichten aus anderen islamischen Ländern habe ich nicht unternommen. Für eine erste Orientierung kämen die Arbeiten von Manfred Ullmann in Frage.

[88] Zur Benennung der Heiler und zu ihren verschiedenen Funktionen vgl. u.a. Murādov 1979, 15 und passim.

selbst schnell, sobald die Rede darauf kommt, sie würden sich nur mit *isitma* und nicht mit *sāwutma* befassen. D.h. sie würden niemals zwei Menschen wegen eines dritten auseinanderbringen. Der Vorgang des *isitma* wurde mir so erklärt: Die Frau, die die Gefühle ihres Mannes ihr gegenüber erkalten sieht, bzw. die bemerkt, daß er sich einer anderen Frau zuwendet, nimmt ein Kleidungsstück von ihm und bringt es zur *ātin āyi*. Diese spricht einige Verse aus dem Koran und bläst auf das Kleidungsstück (*kuf-suf qiladi*). Ihrem Mann verrät die Frau nichts. Er zieht das Kleidungsstück an, und alles wird gut. Manchmal wird betont, daß nicht jede *ātin āyi* in der Lage sei, *isitma* zu bewerkstelligen. Es bedürfe einer professionellen Bildung hierfür. Als Europäerin kann man sich nicht enthalten zu fragen, was der Mann tut, wenn es ihm ähnlich ergeht. Er kann sich nicht gut an eine *ātin āyi* wenden. Erfüllt ein männlicher *ṭabīb* vergleichbare Wünsche eines Mannes? Antwort: Nein, der Mann jagt die Frau fort, wenn sie einen anderen liebt, und nimmt eine neue. Natürlich.

A. L. Troickaja gibt neben den turksprachigen Begriffen auch das tadschikische *garm-u ḫunuk.*[89]

Arabisch geschriebene ***duʿā'*** (in Choresm meistens *dawa*, *duwa* oder *dawā*, Gebet) werden von vielen *ḫalpa* verwendet. Ich sah, wie eine *ḫalpa*, als wir ihre Abschreiberin beim Schreiben eines *duʿā'* antrafen, sich sogleich auch eines schreiben ließ, weil sie nach diesem Besuch ins Krankenhaus müsse. Der oder die dortige Kranke hat also von ihr das *duʿā'* erhalten, das eine zusätzliche Heilkraft ausüben sollte.

Eine *ḫalpa*, die vor allem Bücher vortrug und mit der Hand heilen konnte, sagte, sie fürchte sich, *duʿā'* zu schreiben, weil sie dabei Fehler machen könne. Aus ähnlichen Erklärungen anderer *ḫalpa* erfuhr ich, welche Fehler damit gemeint sind. Man darf die *duʿā'* nicht wahllos verteilen. Ist jemand sterbenskrank, so hilft auch ein *duʿā'* nicht. Eine *ḫalpa*, die ein *duʿā'* weitergeben will, muß einschätzen können, ob der Kranke Lebenschancen hat. Wenn ein *duʿā'* gegeben wird, damit trotz scheinbarer Unfruchtbarkeit ein Kind geboren wird, so muß es auch dafür Erfolgsaussichten geben. Andernfalls hat sich die *ḫalpa* in etwas eingemischt, was ihr nicht zukommt, und ihre Handlung käme einem Aufbegehren gegen Gott gleich. So sagte eine vierundsiebzigjährige *ḫalpa* auf die Frage, warum sie keine *duʿā'* schreibe: "Ich muß am Jüng-

[89] Troickaja 1929, 154.

sten Tag Rede und Antwort stehen" (*qiyāmatda ǧawāb berišim kerak*). Die Antwort war nicht so zu verstehen, daß man *duᶜā'* überhaupt nicht schreiben solle. Die *ḫalpa* hielt sich offenbar nicht für fähig, die prekären Situationen richtig einzuschätzen, und wies deshalb diese Tätigkeit von sich. Gleichzeitig sagte sie, ihre *ustāẓ*, zwei Jahre älter als sie, schreibe *duᶜā'*.

S. (vgl. 5.4) sagte, sie beschränke sich darauf, *duᶜā'* für jene Frauen zu schreiben, die von Unfruchtbarkeit befreit werden wollen, denn sie fürchte, daß bei anderen Krankheiten die Gespenster (*aǧina*)[90] auf sie selbst übergehen könnten. So sei es ihrem Vater ergangen, der *ēšān* und ein guter Heiler war. Als er eines Tages einen Mann heilte, bekam er starke Schmerzen im Bein. Das *aǧina* hatte von ihm Besitz ergriffen und verließ ihn nicht wieder.[91] Keine Kinder zu bekommen sei keine Krankheit. Davor fürchte sie sich nicht. Sollte die Vorstellung so sein, daß ein *aǧina* bei allen Menschen dasselbe bewirkt, kann dieser *ḫalpa* ein Unfruchtbarkeit säendes *aǧina* tatsächlich nichts mehr antun, denn sie hat bereits sieben erwachsene Kinder. Aber wer weiß, wie verschlungen die Wege vorgestellt werden. Jedenfalls ist es so, daß man, um zu heilen, die Frau, welche keine Kinder bekommt, nicht unbedingt selbst sehen muß. Man muß ihren Namen kennen und den ihrer Eltern. Vom Namen des Mannes war nicht die Rede. Immerhin muß man aber noch wissen, ob die Frau bereits Fehlgeburten hatte. Wenn sie diese Angaben hat, kann S. im Buch der Krankheiten alles nachschlagen und das entsprechende *duᶜā'* schreiben. Dieses bindet dann die kinderlose Frau unter ihrem Kleid an der linken Seite fest. Das *duᶜā'* schreckt die *aǧina* ab. Während der Schwangerschaft gibt S. manchmal mehrere *duᶜā'*, damit die Zeit ohne Komplikationen verläuft. Auf meine Frage, ob sie häufig *duᶜā'* schreibe und weitergebe, sagte S., daß sie schon viele *duᶜā'* geschrieben habe.

Nach den Vorstellungen einer strengen *ḫalpa* dürfen Frauen gar keine *duᶜā'* schreiben (*ayāl kišiga birāwga dawā beriš mumkin emas*). Es war jene Frau, die auch ausdrücklich darauf bestand, daß allein die Männer auf professionelle Weise Bücher abschreiben dürfen (vgl. 3.3).

Der Glaube an die Heilkraft des Gebets kann selbst bei den Schreibenden unterschiedlich groß sein. Aber nur wenige, die es können, werden

---

[90] Über *aǧina* bei den Tadschiken des Serafschantals vgl. Murādov 1979, 70-88.

[91] Zur Thematik der Befreiung anderer von Krankheiten und deren Übergang auf den Heilenden vgl. Meier 1994, 259-264.

auf das Schreiben verzichten, denn eine zusätzliche Einkommensquelle ist jedem willkommen. Bei den Laien ist die Überzeugung oder Hoffnung, daß man durch ein *duᶜā'* Hilfe erlangen kann, sehr weit verbreitet. Eine ganz modern wirkende Frau, die trotz ihrer drei Kinder zwischen zweieinhalb und sieben Jahren als Weberin in einer Fabrik arbeitet, weil es ihr zu Hause zu langweilig sei, erklärte, wie man mit einem *duᶜā'* umzugehen habe, und ließ keinen Zweifel daran, daß sie selbst davon Gebrauch macht. Bei der Geburt legt man das *duᶜā'* auf den Kopf und bindet es mit einem Tuch fest, so wird die Geburt erleichtert.

Spricht man von *ṭūmār* (Talisman), so ist meistens auch ein Gebet (*duᶜā'*) gemeint, das gefaltet und in ein Täschchen von der Form eines gleichschenkligen Dreiecks gesteckt wird. Die Basis des Dreiecks kann eineinhalb bis zwei cm klein, aber auch etwas größer sein. Eine 1953 geborene *ātin āyi* nannte einige Bücher, die sie kenne. Sie zählte dann aber mehrere Gründe auf, weshalb sie fast gar nicht lese: erstens, die Kinder seien noch klein, zweitens, sie sei nicht gesund und ihre Augen seien schlecht, drittens, es gibt genügend ältere *ātin āyi*, die sehr gut lesen. Vorher hatte sie schon gesagt, daß ihr Ehemann, ein Geographie- und Biologie-Lehrer, nicht wolle, daß sie lese. Ich hatte nach den Gesprächen mit so vielen ängstlichen und überängstlichen *ātin āyi* keinen Zweifel daran, daß es sich auch hier um Furcht handelte. Aber meine Begleiterin sagte mir – leider erst nach dem Weggang – daß die Frau *ṭūmār* schreibe. Sie betonte, daß sie es nur für gute Zwecke tue, z.B. für die Wiederherstellung der Gesundheit, für die Geburt eines Kindes, für ein gutes Verhältnis zwischen Ehemann und Ehefrau und – die Zeiten wandeln sich (!) – auch für das Finden guter Geschäftskontakte. Daneben sammle sie zusammen mit ihrem Mann, dem Biologielehrer, Kräuter nach der Anleitung eines Buches von Ibn Sina[92] und verwende sie zu Heilzwecken. Die guten Zwecke werden stets – auch einer Ausländerin gegenüber – hervorgehoben, damit nicht der Verdacht aufkommt, die *ātin āyi* befasse sich mit dem Verteilen von *sāwuqlik duᶜā'si*.

Das **Heilen mit der Hand** scheint nicht selten zu sein. Als ich mit einer Frau, die ich nur als lesende *ḫalpa* kannte, über das Heilen sprach,

---

[92] In den neunziger Jahren erschienen eine Vielzahl von Broschüren und einige Bücher über Heilpflanzen und Naturheilmethoden. Einige von ihnen beziehen sich auf die fünfbändige Ausgabe von Abū ᶜAlī ibn Sinā, Ṭib qānūnlari, Tāškent 1979-1983.

zeigte sie mir ihre Hand, ich sehe doch wohl, sie habe Strom darin. Damit heile sie. Von ihren Töchtern hatte eine diese Fähigkeit geerbt.[93]

Relativ häufig scheint das **Heilen mit Hühnerblut** zu sein. Ich hatte schon davon gehört, bevor ich wußte, daß es in den Tätigkeitsbereich derselben *ḫalpa* fällt, deren Lesen mich interessierte. Die Frauen – besonders in kleineren Orten – berichten ab und zu davon, wie ihr Kind krank war und wie es durch Hühnerblut geheilt werden konnte. Aber nicht nur für Kinder ist diese Heilmethode gut.

Durch ***čil*** (< p. *čehel*, vierzig) ***yā-sīn*** heilen, bedeutet vierzigmal die Sure *yā-sīn* (36. Sure) hintereinander sprechen, um einen Geisteskranken zu heilen. Von Männern wurde es einige Male berichtet, von Frauen nie. Manche sagen, daß man die Sure einundvierzigmal lesen müsse. Dies dauere 24 Std. (bir *sutka*, von russ. *sutki* wurde eine im Russischen nicht vorhandene Singularform gebildet). Die Tätigkeit sei so anstrengend, daß es nicht jeder durchhalten könne, weshalb sich manchmal zwei Männer ablösen: der erste spricht die Sure zwanzigmal, der zweite einundzwanzigmal. Nicht immer trete der Heileffekt gleich danach ein. So müsse man manchmal das vierzig- bzw. einundvierzigmalige Sprechen der Sure mehrmals wiederholen. Gibt es in einer Familie einen Mann, der diese Heilmethode anwendet, so wird in der nächsten Generation mit ziemlicher Sicherheit mindesten ein oder eine *ṭabīb* sein.

Dam sāliš (Pusten). Eine sehr fromme Frau erklärte, *dam sālišni ham ŭrgatganlar* (sie hat mich auch gelehrt, durch *dam sāliš* zu heilen). Dies war ihre Schwiegermutter, von der sie in der dritten Person Plural sprach. Ihre Heilmethode beschrieb sie kurz so: *duʿā' ŭqiyman-da kuf etib dam sālaman, šuni(ñ) bilan yaḫši bŭladi* (ich spreche Gebete und puste beschwörend, so wird es gut).

Einige Frauen scheinen aber diese Tätigkeit mit den *ʿazā'imḫʷān* in Verbindung zu bringen und aus islamischer Sicht für ungut zu halten. Eine *ḫalpa* erklärte, sie könne es (es war ziemlich klar: von ihrer Mutter, die im Dorf lebt), aber sie mache es nicht.

Falls sich die entgegengesetzten Auffassungen, die aber beide in islamisches Denken tief eingebettet scheinen, bei anderen Untersuchun-

---

93 Murādov 1975, 107, hat die Möglichkeit, mit der Hand zu heilen, bei den Tadschikinnen im Serafschantal notiert. Man sage *dastašān ām* "ihre Hand ist heilend". (*ām* ist zum Beispiel bei Maḥmūd Kašġārī in der Bedeutung "Heilmittel" belegt).

gen bestätigen, wäre zu prüfen, ob es regionale Unterschiede gibt oder nur unterschiedliche Familientraditionen.

Die Heilmethode ***alas-alas*** wurde im Zusammenhang mit einem Geisteskranken beschrieben, dessen Krankheit daher rührte, daß er auf den Schlachtplatz uriniert hatte. Nun war er von Gespenstern besessen. Er kann durch *alas-alas* geheilt werden. Bei dieser Zeremonie verbrennt man ein Stück Stoff oder ein Stück Baumwolle, das an einen Stock geheftet ist. Der Stock wird mit der Glut über dem Kopf des Kranken gedreht. Wo diese Methode auch gegen anderen Krankheiten angewendet wird, wird der Stock über der jeweils kranken Stelle gedreht. Eine Frau, die noch nicht *ḫalpa* war, verstand *alas-alas* anders. Man brauche dazu ein Kraut, das *alas* heiße, und man könne damit jene Menschen heilen, denen ein naher Verwandter gestorben sei und die fürchten, daß dessen Geist (*rūḥ*) auf sie selbst übergehe, wovon sie krank werden.[94]

A. L. Troickaja beschreibt etwas Ähnliches unter dem Begriff *čirāġ* bei den Tadschiken und unter dem Begriff *pilik* in Taschkent. In den Fällen, die sie beobachtet hat, wurden einundvierzig Schilfstengel, an einem Ende mit Watte und Lappen umwickelt, zum Glühen gebracht.[95] Nach Snesarev werden mit Öl durchtränkte Stoffetzen an die Spitze eines Maulbeerbaumzweiges gebunden, angezündet und über den schmerzenden Stellen des Kranken gedreht.[96] Suchareva erfuhr bei den Tadschiken, daß die entsprechende Zeremonie an einer Wegkreuzung, am Rande eines Wassergrabens (*ariq*) oder unter einem Nußbaum durchgeführt werden müsse.[97]

Beschriebenes Papier in den Tee eintauchen. Eine *ḫalpa*, die bei einer Zusammenkunft von Frauen ein "Nūrnāma" vortrug, wurde in den Lesepausen von einer neben ihr sitzenden alten Nachbarin aus Karakalpakien bedrängt, sie möge doch das "Nūrnāma" in ihren Tee eintauchen. Nun gehörte das "Nūrnāma" den Gastgebern und war ein hübsches altes

---

[94] Uzbeksko-russkij slovar', 30, gibt die Version mit dem verbrannten Stoff. Kirgizsko-russkij slovar', 46, beschreibt den Vorgang als Räuchern mit dem Rauch von verbranntem Wacholder zu Heilzwecken. Erwähnt wird *alas* u.a. bei Snesarev 1969b, 289, und bei Murādov 1979, 86. Ich danke auch Barno Aripova für ihre ausführliche Beschreibung.

[95] Troickaja 1929, 148-151, 153f.

[96] Snesarev 1969a, 41f.

[97] Suchareva 1975, 71-74. Nach Murādov 1975, 106, 121, glauben die Tadschiken des Serafschantales, daß unter Nußbäumen wie auch unter Ölweiden Geister leben.

Büchlein. Die *ḫalpa* wollte dem Wunsch nicht nachkommen, obwohl es schwer ist, die Bitte einer ehrwürdigen alten Frau abzulehnen. Die Alte, die die Heilkraft gewiß nötig hatte, ließ in ihrem Drängen nicht nach. Darauf nahm die *ḫalpa* einen beschriebenen Zettel, den sie in dem Buch gefunden hatte, und tauchte diesen ein. Die alte Frau war zufriedengestellt. Bei anderer Gelegenheit fragte ich die *ḫalpa*, wie sie die Heilkraft des Papieres einschätze, denn ich hatte den Eindruck, sie wollte nicht nur das Buch schützen, sondern vor den anderen Frauen und vielleicht vor mir nicht als Scharlatanin dastehen. Sie antwortete, daß ein mit Safran getränktes oder beschriebenes Papier, wenn man es in eine Teeschale lege, den Tee darüber gieße und ihn dann trinke, tatsächlich Heilung bringe, anderes Papier jedoch nicht, auch wenn es mit Worten in arabischer Schrift beschrieben ist.

Heilen mit Peitsche. Die *ḫalpa*, die mir hiervon berichtete, hatte den Vorgang nicht selbst gesehen. Ihre Mutter hatte ihr erzählt, daß ein Verwandter Geisteskranke heilte, indem er sich zunächst die Zunge ritzte, dann den herauskommenden Blutstropfen mit Wasser vermischte und dann das Wasser auf den Kranken blies. Gleichzeitig benutzte er eine Peitsche. Welche Funktion die Peitsche hatte, wußte die *ḫalpa* nicht.

Die Ethnologen haben die Peitsche bei Schamanen, ob sie nun *fālbīn*, *ʿazā'imḫʷān*, *pārḫān* < *parīḫʷān*, *ēšān*, *šīḫ* < *šayḫ* oder anders genannt werden, zum Vertreiben böser Geister wiederholt erwähnt.[98]

Das Berühren oder Schlagen des Körpers eines Kranken mit Weidenruten beschreibt auch Troickaja. Bei ihr gehört, was hier getrennt als *alas-alas*, Heilen mit Blut und Peitschen erscheint, zu einem Heilvorgang, der aus mehreren Phasen besteht.[99]

---

[98] Snesarev 1969a, 45, darüber, daß der Schamane im Traum die Trommel, Peitsche und *alas* (vgl. oben) erhält, wodurch er zum Schamanisieren aufgefordert wird. Basilov, Niyāzqličev 1975, 133, erwähnen die Peitsche bei den kasachischen, kirgisischen und tadschikischen Schamanen. An anderer Stelle berichtet Basilov (1986, 102) davon, daß der Schamane mit der Peitsche auf die Jurte von innen und von außen einschlug. Die rituelle Bedeutung der Peitsche neben der der Trommel betonte der Autor später (Basilov 1992, 129f). Demidov 1975, 183, 1976, 139f, 157f und 1978, 87, über die Verwendung der Peitsche beim zu Heilzwecken veranstalteten *z̮ikr*: der Kranke wird entweder mit der Peitsche leicht berührt oder geschlagen.

[99] Troickaja 1929.

Das Wahrsagen durch ***kitāb qaraš*** (ins Buch sehen) oder ***kitāb āčiš*** (das Buch öffnen) ließ sich auch mit der Würde eines *ēšān* offenbar vereinbaren. S. ḫalpa, deren Vater *ēšān* war, sagte, daß der Vater sich mit dem Weissagen befaßt habe (*kitāb āčgan*). Sie fügte hinzu, in Choresm gebe es jetzt fast niemanden mehr, der die Kunst beherrsche, denn es fehle an guten Lehrern. Allzu großen Wahrheitsgehalt muß man in derartigen Auskünften nicht suchen. Ihr Sinn kann im Heben des Ansehens einer bestimmten Person, in diesem Fall des Vaters liegen. Mag sein, der Vater würde sich, wenn er noch lebte, mokieren über das geringe Wissen derer, die heute "das Buch öffnen". Aber die Nachfrage regelt hier manches anders, als man angesichts des "Lehrermangels" annehmen könnte.

Während *kitāb qaraš* oder *kitāb āčiš* nur von wenigen *ḫalpa* als ungut bezeichnet wird, steht das Wahrsagen mit Hilfe von Karten offenbar nicht hoch im Kurs. Eine *ḫalpa*, über die gesagt wurde, sie könne es, stritt ab, daß sie es tue.

Das **Vertreiben von Gespenstern** (*ağina*) ist nach Auffassung einer *ḫalpa* Angelegenheit von Männern, wenn es auch nicht jeder *mullā* könne. Wie unten ausgeführt, wagen sich aber auch Frauen an die heikle Angelegenheit heran.

Zur Vererbung von *ṭabībčilik* vgl. noch 5.2.

Einige Beispiele:
Eine *ḫalpa* sagte, als ich einen Termin mit ihr vereinbaren wollte, sie habe keine Zeit, sie habe einen Kranken/eine Kranke (*kasalim bār*). Die Begründung war so zu verstehen, daß sie als Heilerin zu dem oder der Kranken eilen mußte, nicht so, daß jemand in der Familie krank sei. Über ihre Heiltätigkeit hat diese *ḫalpa* nicht selbst gesprochen. Man konnte aber erfahren, daß sie sowohl Frauen von Kinderlosigkeit heile als auch kranke Kinder behandle. Wenn sie so zur Gesundung der Kinder beigetragen hat, lädt man sie zu den Geburtstagsfeiern der Kinder ein. Das Geburtstagfeiern ist eine neue Erscheinung in Mittelasien, die sich aber, wie man sieht, gut mit den alten Traditionen verbinden läßt. Wer von dieser *ḫalpa* erzählt, unterstreicht, wie würdevoll sie sich, trotz ihres geringen Alters von dreißig Jahren, verhalte und daß man sie im Stadtviertel ehrfuchtsvoll *änä* nenne, so als seien die geheilten Kinder ihre Enkel.

Ein junger Mann machte mich mit seiner Schwiegermutter F. bekannt, von der er gesagt hatte, sie sei *ḫalpa*. Als ich dann mit ihr sprach, erwies es sich, daß ihre Haupttätigkeit das Heilen und Weissagen ist. Von den Büchern liest sie nur "Ulu pīr", "Muškil kušād", "Mawlūd-i šarīf". Das sind Bücher, die nicht bei den Totengedenkfeiern vorgetragen werden. Für ihren Vortrag gibt es jeweils eigene Rituale. Später erfuhr ich, daß man F. auch ruft, wenn es gilt, böse Geister zu bändigen, die in der Gegend ihr Unwesen treiben. In einem im Januar 1996 geführten Gespräch sagte sie, sie habe ständig überall Schmerzen, wenn sie sich mit weltlichen Dingen (*dunyāwī išlar*) beschäftige. Doch sobald sie weissage und heile, gehe es ihr gut (*yengil būlaman*). Sie höre dabei immer jene Stimme, die sie bei der Berufung hörte. Sie heilt Geisteskranke, Nervenkranke. Doch sei nicht eigentlich sie es, die heile, sondern die Geister tun es, sie sei nur Vermittler (*wāṣita*): *meniñ elimdan hēč narsa kelmaydi, rūḥlar yetišib turadi* (ich kann gar nichts bewirken, die Geister kommen zu Hilfe).

Da F. einen Einfluß auf die Geister hat, ruft man sie auch, wenn es mit diesen Schwierigkeiten gibt. Das war gerade im Januar 1996 der Fall. In Chiwa gab es zu dieser Zeit, wie sie sagte, an drei Stellen einen Aufruhr der Geister (*rūḥlar ʿiṣyāni*). Eine Stelle befand sich bei der Pilgerstätte für Šāh-i mardān (ca. 5 km von Chiwa entfernt). Dort brannte ein Feuer. Einmal war schon die Feuerwehr gekommen und hatte das Feuer gelöscht. Es entbrannte wieder in der Nähe desselben Hauses. Das Feuer war eigenartig. Es hatte keine Hitze und keinen Geruch. Das Stroh neben dem Haus verbrannte wie auch der Vorbau (*čārṭāq* < p.-ar. *čahārṭāq*) des Hauses. F. konnte dem Feuer Einhalt gebieten. Aber das sei noch keine endgültige Hilfe (*muṭlaq yārdam emas*). Das Problem bestand darin, daß in dem Haus eine Frau lebte, die große Sünden auf sich geladen hatte. Man mußte erst erreichen, daß sie zur Moschee ging, betete und Gott um Verzeihung ihrer Sünden bat. Sie ging zur Moschee, nachdem es ihr dringend geraten wurde. Es wurde auch ein Hammel geopfert aus Dankbarkeit, daß nicht das ganze Haus verbrannt war. Da das Feuer wieder erschienen war, das Haus aber verschont hatte, wurde beim zweiten Mal ein Stier geopfert. Ganz behoben sei die Angelegenheit noch nicht.

Außerdem zeigten sich die Geister auf einem ehemaligen Friedhof. Man hat von dort die Toten weggebracht und den Platz zum Hausbau vergeben. Aber es konnten nicht alle Knochen weggeschafft werden, weil sich nicht alle Nachkommen meldeten (*egasiz suyaklar qāldi*). Ein reicher Mann hat dort gebaut. Das Haus ist fertig und eingerichtet. Aber im Haus hat man keine Ruhe (*tinčlik yūq*). Legt man z.B. einen Teppich aus, so rollt sich dieser von allein wieder zusammen. Die Türen und Möbel öffnen sich von allein. Die Heilerin war noch nicht dort, will aber hingehen. In dem Haus hört man Stimmen und darunter das Wort "geht weg!" (*ketiñlar!*). Wenn einer dort schläft, wird er mit Füßen gestoßen. Unsere Heilerin hat das Gespenst (*ağina*), das sich dort befindet, gesehen, und zwar als sie sich in ihrem eigenen Haus befand. Es ist ein alter Mann, ca. 1 m groß, ganz und gar behaart, ganz und gar schwarz, er bewegt sich schnell, ist einmal zu sehen und dann wieder nicht. Der Besitzer des verhexten Hauses hat die Nachbarn eingeladen, ins Haus zu kommen und daraus zu nehmen, was sie wollen. Sie kamen mit Schaufeln und Hacken (dies wohl zur Selbstverteidigung), konnten aber nicht hineingelangen. Der Besitzer will das Haus verkaufen. Sein Wert wurde auf 200.000 *sŭm* geschätzt, jetzt ist der Preis aber auf 80.000 *sŭm* gefallen. Niemand will es kaufen. Kommentar unserer Heilerin: Das Haus wartet auf seinen wirklichen Besitzer. D.h. wohl, der Standort auf einem ehemaligen Friedhof bietet zwar einige Schwierigkeiten, schließt aber das Kommen eines "wirklichen Besitzers" nicht aus.

Der dritte Ort schließlich, wo sich Gespenster zeigten, sei ein See (*Fawq kūli*) bei Chiwa. Auch hier gebe es einen Aufstand der Geister. Einzelheiten davon wurden nicht mitgeteilt.

Der Laie in diesen Angelegenheiten, zu denen auch ich mich zähle, denkt: Bei so viel Gläubigkeit gibt es ein breites Betätigungsfeld für Spekulanten. Obwohl F. eine aktive Rolle in den beschriebenen Vorgängen spielt, erscheint sie mir aber mehr als Opfer denn als Täter.

Von dem *ēšān*, der der Vater von S. war (vgl. 5.4), wurde berichtet, wie er einmal drei Leute, die zu Unrecht inhaftiert waren, mit Hilfe der Kunst des *kitāb āčiš*, d.h. in diesem Fall durch Magie, aus dem Gefängnis befreite. Es verhielt sich so: In einem Kolchos waren Buchhalter, Lagerverwalter und Kassierer gleichzeitig verhaftet worden. Der Kolchosvorsitzende holte sie gegen eine große Kaution aus dem Gefängnis heraus. Aber nun stand die Gerichtsverhandlung bevor, die nicht nur für die drei Leute, sondern auch für den Kolchosvorsitzenden hätte äußerst gefährlich werden können. Der *ēšān* schrieb vierundzwanzig Stunden lang viele *duᶜā'*. Der Schofför des Vorsitzenden holte sie ab, und der *ēšān* gab Anweisungen, wie mit den Gebeten zu verfahren sei. Einige mußten vergraben werden, einige gegessen, andere sollten in die Teeschale gelegt und mitgetrunken werden, und einige sollten an verschiedene vorausbestimmte Stellen gelegt werden. Diese *duᶜā'* haben auf die Richter so gewirkt, daß alle drei Angeklagten freigesprochen wurden und auch der Kolchosvorsitzende außer Gefahr war. Als dies alles ausgestanden war, kam der Vorsitzende zum *ēšān* und bedankte sich. Er sagte, er habe bisher an dererlei Dinge nicht geglaubt. Diesmal habe er die Hilfe des *ēšān* nur als letztes Mittel einsetzen wollen. Jetzt sei er überzeugt, daß auf dem traditionellen Wege geholfen werden kann.[100]

Der Ehemann einer *ḫalpa* berichtete, während wir auf sie warteten, von der Heiltätigkeit ihres Vaters. Dieser sei in die Häuser von Verrückten (*ğinnī*, hier auch: *ğillī*) gerufen worden. Die Kranken liegen in der Regel in Ketten, denn man kann sich ihres Tuns nicht sicher sein. Der Heiler liest einen Tag und eine Nacht ununterbrochen Koranverse (vgl. oben *čil yā-sīn*). "Er las und pustete und heilte so den in Ketten liegenden Verrückten" (*kitāb ūqib dam sālib zanğirdagi ğillīni dawāladi*). Einmal geschah es, daß der Heiler am nächsten Morgen dem Kranken befahl, Waschwasser zu bringen und Tee zu reichen. Ein *ğinnī* ist dazu nicht in der Lage. Aber der Geheilte tat es.

Die *ḫalpa* sagte dann, daß sie einiges aus der Heilkunst von ihrem Vater übernommen habe. Obwohl sie insgesamt, und in dieser Beziehung insbesondere, viel weniger gesprächig als ihr Ehemann war, konnte man erfahren, daß sie Geisteskranke heilt (*rūḥi kasallangan kišilarni dawālayman*), und zwar mit Hahnenblut die Männer, mit Hühnerblut die Frauen, und daß man dies nur im Sommer machen könne, weil man den Körper auf dem Hof mit dem Blut bestreichen müsse. Sie fügte hinzu, daß sie dies als unbezahlte gute Tat (*ṣawāb*) tue. Andere Frauen haben nicht über Bezahlung oder Nichtbezahlung gesprochen. Ich halte es für möglich, daß ein Dank durch Geschenke ausgedrückt werden kann, auch wenn die *ḫalpa* bereit ist, um der guten Tat willen zu heilen.

Von dem Ehemann hörten mein Begleiter und ich auch noch eine Gespenstergeschichte aus alten Zeiten, die sich bis in die Gegenwart erstrecke. Im Ort Chanka habe ein Mann namens Allāquli ēšān gelebt. Er war der *pīr* der *ağina*, und die Gespenster fürchteten sich vor ihm. Eines Tages hatte die Zahl der Gespenster in Chiwa drastisch zugenommen. Fast alles mißlang den Leuten. Der Chan von Chiwa schickte Leute zu Āllāquli ēšān und bat ihn um Hilfe. Der *ēšān* kam nach Chiwa geritten. Die Gespenster (*ğinn-ağina*) schrieen laut, konnten sein Kommen aber nicht verhindern und flohen. Nur ein Gespenst sagte, es sei schon sehr alt und hinke, es wolle hierbleiben. Allāquli ēšān gab ihm die Erlaubnis, in einer Zelle zu leben, doch solle es nicht herauskommen. Man sagt, daß

[100] Über das Verhältnis zur Magie im Islam vgl. Ullmann 1970, 251-254, und derselbe 1972, 359-426. Hier auch weitere Literatur. Außerdem Bürgel 1991, 168-219, insbes. 185f, 191f.

das Gespenst auch jetzt noch in einer verschlossenen Zelle in Chiwa lebe. Von den Nachkommen des Allāquli ēšān leben noch einige, einer ist Lehrer in einem Institut.

B. (vgl. 5.4), die bereits *ḫalpa* war, erlernte gerade die Magie (*ʿilm-i ġayb*), obwohl sie es so offen nicht eingestehen wollte. Sie war die Freundin jener Frau, deren Haupttätigkeit *kitāb qaraš*, verbunden mit der Heiltätigkeit und dem Bändigen von rebellierenden Geistern, war.

Sie mußte es Buchstabe für Buchstabe erlernen, wie sie sagte, hielt diesen Weg aber durchaus für möglich. Ihre Freundin, der jene Kunst durch Krankheit und Traum gegeben worden war, wollte ihre gute Bekannte, die z.B. das Schreiben schneller erlernt hatte als sie selbst, nicht in schlechtes Licht rücken und meinte, es sei auch auf diesem Wege möglich, zum Ziel zu gelangen, wenn auch viel schwerer. An sich hatte sie ihre Krankheit als so schlimm geschildert, daß man sich etwas Schwereres kaum vorstellen kann. Aber für das Beherrschen der Magie ist eben das Außergewöhnliche das Normale. Über das zu erwartende Ergebnis sagte die Frau, die die Magie bereits beherrschte, nichts. Dies ist verständlich. So sehr glaubt sie schon an die Existenz der nichtmateriellen Welt in der vorgestellten Form, daß sie ihr Eingreifen in diese nicht durch überflüssiges Rühmen ihrer eigenen Person gefährden möchte.

Alle Heilkunst beginnt in Mittelasien bekanntlich mit dem Verbrennen von Peganum Harmala (*isiriq sāliš*). Jede Familie hat das auf dem Basar gekaufte Kraut an einem trockenen Ort liegen und benutzt es schon bei kleinen Unpäßlichkeiten. Beginnen aber die größeren Probleme, so wendet man sich an Wissende. Dies können traditionelle Heiler und Heilerinnen wie auch Ärzte des offiziellen Gesundheitswesens sein. Beide Wege existieren auch für die *ḫalpa* selbst, die durchaus die Hilfe der modernen Medizin in Anspruch nehmen.

Die Reihenfolge kann in jeder Gegend und auch in Abhängigkeit von den individuellen Vorstellungen der Kranken unterschiedlich sein. In den neunziger Jahren wuchs die Hinwendung zu den *ṭabīb*, denn *ṭabībčilik* hat als das früher Verbotene oder nur ungern Geduldete große Anziehungskraft, und die Ärzte verlassen wegen äußerst schlechter Bezahlung die Polikliniken und Krankenhäuser, so daß deren Dienste immer schlechter werden. Die *ṭabīb* wiederum können ihre Familien in der Zeit des auseinandergebrochenen alten Wirtschaftssystems und des erst im Aufbau begriffenen neuen durch ihre Einkünfte einigermaßen über Wasser halten.

Der Glaube an die vielen Möglichkeiten des Heilens schafft vielen Menschen gewiß Erleichterung. Ob ein Heilverfahren erfolgreich war, wird von denjenigen, die sich an eine Heilerin gewandt haben, meistens nicht von selbst erzählt, weil sie die berühmten *ṭabīb* nicht in Mißkredit bringen wollen.

In manchen Fällen mag die traditionelle Therapie die moderne medizinische Behandlung günstig begleiten oder auch ersetzen.

Die Gläubigkeit ist allerdings unerschöpflich, wie folgendes Beispiel zeigt: Ein Mann läßt sich einen Bart stehen und wird sogleich für einen *mullā* gehalten. Einen *mullā* läßt man im Taxi umsonst fahren – nicht einen Armen, davon gibt es ohnehin zu viele –, und schon hat der Schofför eine gute Tat begangen, für die am Tage der Auferstehung die Belohnung (*ṣawāb*) nicht ausbleibt. Unter der Hand fragt man ihn gleich nach Heilverfahren für diese und jene Krankheit. Ein *mullā* wird auch ein Heilkundiger sein!

In einer Lehrerin rangen offenbar unterschiedliche Anschauungen miteinander, als über die Heilfähigkeiten der *ḫalpa* gesprochen wurde. Sie sagte dann, was die *ḫalpa* tun, helfe den Menschen schon, aber die Wirkung bleibe nicht lange, höchstens fünf oder zehn Jahre. Damit glaubte sie, die Gastgeber, die wie sie dem Sog der Gläubigkeit unterliegen, befriedigt zu haben, wie auch den ausländischen Gast, mit dessen Zweifeln sie rechnen konnte.

So sehr die verschiedenen Tätigkeitsbereiche, die eine *ḫalpa* haben kann, ineinander übergehen, vermischt sich doch nicht alles auf beliebige Weise mit allem. Eine gewisse Arbeitsteilung läßt sich gut erkennen. Eine *ḫalpa*, die auf Totengedenkfeiern vorträgt, nimmt sich nicht die Zeit, sich noch intensiv mit anderem zu beschäftigen. Beherrscht sie aber eine der Möglichkeiten des Heilens sehr gut, so widmet sie sich hin und wieder auch dieser Kunst.

Eine *ḫalpa* wiederum, die das Heilen oder das Wahrsagen zum Mittelpunkt ihrer Tätigkeit gemacht hat, wird selten daneben noch die Totengedenkfeiern ihrer Umgebung ausgestalten. Sie kann aber durchaus bei anderen Zusammenkünften der Frauen das Zentrum bilden, wenn einer der unter 2.2 genannten Texte gelesen wird.

Die Geister bezwingende Frau erklärte einmal, sie sei keine *ḫalpa*, offenbar, um mir deutlich zu machen, daß sie nicht wie die Mehrzahl der *ḫalpa* bei Totengedenkfeiern liest. Jedem Laien gilt sie als *ḫalpa*. So war ich auch mit ihr bekannt gemacht worden, weil man wußte, daß mich *ḫalpačilik* interessierte. Als *fālbīn* wollte sie jedoch auch nicht bezeichnet sein.

Eine *ḫalpa* kann sich, wenn sie jung ist und die sozialen Bedingungen dafür günstig sind, umorientieren und eine bisher nicht ausgeübte Tätigkeit, die noch in den Rahmen von *ḫalpačilik* gehört, beginnen. Dies konnte man am Schicksal von B. (vgl. S. 147 und 5.4) sehen, die dabei war, die Magie zu erlernen.

Der Inhalt der gelesenen Texte bestätigt die Einbindung von *ḫalpačilik* in das islamische Denken. Aber die Art der Berufungserlebnisse und ihre große Bedeutung wie auch die Zusammengehörigkeit von Wortkunst, ritualisiertem Vortrag, Heilen und Bändigen von Geistern weisen auf Spuren des Schamanentums hin. So hatte denn auch ein Professor der Urgentscher Universität 1992 seinen Studenten gesagt, *ḫalpačilik* komme vom Schamanismus her, ohne genauere Ausführungen darüber zu machen.

Wie der Vortrag der als heilig geltenden Bücher ist auch die Heiltätigkeit der *ḫalpa* und *ātin āyi* darauf gerichtet, einen sakralen Raum zu schaffen, um in diesem zu wirken.

Aus der Sicht der Öffentlichkeit ist keine der Tätigkeiten einer *ḫalpa* ein Beruf in dem Sinne, daß die Frau das Recht hätte, im Alter Rente zu empfangen, oder daß sie die Pflicht hätte, ihre Einkünfte zu melden und Steuern dafür zu zahlen. Jene *ḫalpa*, die vor Beginn ihrer Tätigkeit berufstätig waren, erhalten eine Rente auf der Grundlage der früheren Tätigkeit.

3 Verhältnis der *ḫalpa* und *ātin āyi* zum Buch

3.1 Bücher sind zum Vorlesen bestimmt. Man fragt nicht nach dem Autor

Sowohl in Choresm als auch im Ferghanatal erlebte ich, wie stark die Frauen auf das Vorlesen fixiert sind. Die Bücher sind gleichsam ihr Schmuck, der nicht ohne sie, d.h. ohne ihr Lesen existieren kann. Fragt man nach einem Buch, so holt die *ḫalpa* oder *ātin āyi* dieses im besten Fall herbei und beginnt, daraus vorzulesen. Danach nach einem zweiten Buch zu fragen, ist schon ein wenig unhöflich. Aber hat man Glück, bekommt man auch dieses zu sehen und selbstverständlich zu hören. Will man nach einem dritten Buch fragen, so muß man schon recht vertraut mit der Frau sein.

Dieses Verhältnis zum Buch findet man auch bei Frauen, die zwar alte Bücher besitzen, aber nicht *ḫalpa* oder *ātin āyi* sind. Daß man in einem Buch blättert in der Hoffnung, eine bekannte Stelle zu finden, weil Titelblatt und Anfang fehlen, kann keinesfalls erlaubt werden. Weiß die Besitzerin selbst nicht, um welches Buch es sich handelt, so wird sie versuchen, es von Anfang an vorzulesen, wie holprig auch immer, bis einem Zuhörenden die Geduld ausgeht.

So wurde die Forschungsaufgabe durch die spezifische Beziehung der Frauen zum religiösen Buch nicht gerade erleichtert, vgl. auch 0.2.

Weder bei den *qiṣṣa* noch bei den reinen Versdichtungen interessiert es die *ḫalpa*, wer diese geschrieben hat. Die Frage danach wird als unangemessen betrachtet, weil die *qiṣṣa* für die *ḫalpa* die reine und vollgültige Wiedergabe von Wirklichkeit sind. Darüber nachzudenken, daß der Text zu einem bestimmten historischen Zeitpunkt von einem Autor verfaßt wurde, daß er eventuell eine Vorgeschichte hat, weil ein ähnlicher Text zuerst in arabischer oder persischer Sprache verfaßt wurde, liegt den *ḫalpa* fern. Zuweilen trägt eine Frau eine Textstelle vor, die den Autorennamen enthält, ohne daß sie erkennt, daß es sich um den Dichter handelt. Das Wort *ᶜandalīb*, zum Beispiel, ist dann für sie entweder unbekannt oder sie versteht es in der Bedeutung Nachtigall (häufiger heißt Nachtigall *bulbul*). Den Dichter ᶜAndalīb aus Choresm erkennt sie darin nicht. Der Name des Verfassers am Ende einer Dichtung wird oft verschrieben, oder der Vers, der ihn enthält, wird weggelassen, weil er nicht verstanden wird. In einigen Fällen könnte am Ende auch der Name des Abschreibers stehen, der einer anonymen Dichtung ein paar Verse in seinem Sinn hinzufügt hat. In diesem Fall wäre der jüngere Abschreiber bzw. die jüngere Abschreiberin gewissermaßen berechtigt, den Namen des früheren Abschreibers fallen zu lassen. Für die Klärung der Frage, wie und wann eine Dichtung entstand und wie sie rezipiert wurde, ist es dennoch schade, wenn einmal vorhanden gewesenes Wissen (in diesem Fall das über den Namen des früheren Abschreibers) unwiederbringlich verloren geht. Zur Tilgung des Dichternamens Ḫāliṣ in mehreren Handschriften vgl. unter 6.1 "Ibrāhīmğān".

Obwohl die *mawlūd*-Zeremonie sehr beliebt ist und viele Frauen den im usbekischen Milieu dazugehörenden Text von Ḫilwatī gut kennen, war der Name des Namanganer Dichters von "Mawlūd-i nabī " keiner der Frauen in Choresm und sehr wenigen im Ferghanatal bekannt.

Daß die im Ferghanatal viel erzählte Legende über Safēd Bulān auch eine schriftliche Fassung hat, wissen viele *ātin āyi* nicht oder erst seit kurzem, seit die in kyrillischen Zeichen gedruckte Legende in der Fassung von Šāh Ḥakīm Ḫāliṣ am heiligen Ort verkauft wird. Es ist aber anzunehmen, daß ihr Legendenwissen nicht absoluter mündlicher Tradition zu verdanken ist, sondern der Buchkenntnis ihrer Großmütter und Urgroßmütter, die das Lesen der Dichtung von Ḫāliṣ nicht verschmäht haben werden. Den Namen Ḫāliṣ kennen die *ātin āyi* aber ebensowenig wie die *ḫalpa*, die mehrere Texte von ihm lesen.

Unter den reinen Versdichtern, deren Namen die *ḫalpa* kennen, ist es nach meinen Beobachtungen vor allem Qul ḫʷāğa, d.h. Aḥmad Yasawī, der zuweilen nicht im vollen Sinne als der Autor der ihm zugeschriebenen Verse wahrgenommen wird. Mit den berechtigten wissenschaftlichen Zweifeln an seiner Autorschaft hat die Wahrnehmung der *ḫalpa* nichts zu tun. Sie sagen "wir lesen Qul ḫʷāğa", meinen damit aber die von Qul ḫʷāğa's Schicksal handelnden Verse als solche. Fragt man, wer sie geschrieben habe, kann man sogar die Antwort "Gott" erhalten, wodurch sie in den Rang des Korans aufrücken. Man könnte einwenden, daß die *ḫalpa* (und auch die *ātin āyi*) ja zum Grabmal des Qul ḫʷāğa in Turkestan pilgern und demzufolge die Verse mit dem Autor in Verbindung bringen müssen. Aber man pilgert nicht zu ihm als Autor. Man pilgert zu ihm als heiligem Mann, von dessen Leben auch die Qul ḫʷāğa-Verse handeln!

Ähnlich verhält es sich mit Ayyūb. Man lese "Ayyūb" an diesem und jenem Tag, sagen die *ḫalpa*. In ihrem Verständnis handelt es sich um Texte über das schwere Schicksal Hiobs. Auch ich glaubte zunächst, daß es sich so verhielte und daß man versuchen müßte, den Dichter zu ermitteln. Es handelt sich aber um einen Dichter, der das *taḫalluṣ* Ayyūb benutzte, natürlich weil er nach der Art der Hiobsklagen dichten wollte (vgl. 6.1).

Als Verschwinden des Dichters hinter seinem Text könnte auch die in 6.1 unter Huwaydā zitierte Äußerung einer *ātin āyi*, ihr Buch enthalte "Huwaydā" im Wechsel mit "Ibrāhīm Adham", gewertet werden. Wenn es ein in tschaghataischer Sprache anonymes Buch "Ibrāhīm b. Adham" und ein Buch "Huwaydā" gibt, bedeutet dies für die *ātin āyi* nicht nur, daß der Heilige und der Dichter von etwa gleichem Rang sind, sondern in der Tendenz auch, daß das zweite Buch ebenso von Huwaydā handelt wie das erste von Ibrāhīm b. Adham. Zwar verlangt die Konvention des Dichtens von Ghaselen, daß der Dichter sein Pseudonym im letzten oder vorletzten *bayt* nennt, aber er teilt hier meistens nicht explizite mit, daß er das Gedicht verfaßt hat, sondern er fordert sich selbst, seinen Namen nennend, auf, dies und jenes zur Kenntnis zu nehmen oder dies und jenes zu tun. So ist es für die *ḫalpa* und *ātin āyi* nicht eindeutig, daß der Dichter an dieser Stelle spricht. Die Aufforderung könnte auch von einem anderen stammen.

Wer gedichtet hat, ist für die *ḫalpa* und *ātin āyi* auch deshalb nebensächlich, weil aus ihrer Sicht der Dichter nur sagt, was Gott ihm eingegeben hat.

Darauf, daß für die *ḫalpa* und *ātin āyi* individuelles Lesen einen viel geringeren Rang als Lesen im Sinne des Vorlesens hat, habe ich an einigen Stellen hingewiesen (z.B. 6.1 unter "Toy kitāblarï").

3.2 Schrift der Texte und Abschreiben von Texten

3.2.1 Arabische Schrift und Transkribieren in diese

Die vorzutragenden Texte müssen in arabischer Schrift geschrieben sein. Den arabischen Schriftzeichen und den in arabischer Schrift geschriebenen Texten haftet etwas Heiliges an. Diese Vorstellung, die auch im arabischen Raum präsent ist,[101] wurde in Mittelasien verstärkt, seit man die profanen Texte nicht mehr in arabischer Schrift schreibt.

Eine *ḫalpa* sprach bei tschaghataischen Texten, die in kyrillischer Schrift geschrieben waren, von *sovet dili* (*tili*, d.h. sowjetische Sprache)

[101] Vgl. z.B. Bürgel 1991, besonders das Kapitel "Kalligraphie als Mittel der Sakralisierung", 276-278; Schimmel 1992, besonders den Exkurs im Anhang "Buchstabensymbolik in der Sufi-Literatur", 578-602.

und bei tschaghataischen Texten in arabischer Schrift von *ʿarab dili* (*ʿarab tili*, d.h. arabische Sprache), weil ihr, wie den *ḫalpa* häufig, die Unterscheidung zwischen Sprache und Schrift nicht geläufig war. Eine andere nannte die ersten Texte *ūzbekča yāzilgan*, die zweiten *ʿarabča yāzilgan* (usbekisch geschrieben, arabisch geschrieben). Eine dritte *ḫalpa* erklärte bei einem in arabischer Schrift geschriebenen Buch, es sei ein echtes Buch (*aṣīl kitāb*), denn so habe der Prophet geschrieben.[102]

Ähnlich konnte gesagt werden, ein Buch sei vom Usbekischen ins Arabische übersetzt worden, so daß man es jetzt bei den Totengedenkfeiern lesen könne. Gemeint war aber, daß man einen tschaghataischen oder usbekischen Text in kyrillischer Schrift hatte, der in arabische Schrift übertragen worden war.

Für die *ḫalpa* ist die Kenntnis der arabischen Schrift so wichtig, daß sie von einen Menschen der diese beherrscht, sagen *"sawādi bār"* oder *"sawādi yaḫši"* (er ist alphabetisiert oder: seine Kenntnisse des Alphabets sind gut). Das sind Ausdrucksweisen, die man in der sowjetischen Öffentlichkeit der zwanziger, dreißiger und vierziger Jahre, als der "Kampf gegen das Analphabetentum" geführt wurde, ganz anders verwendete. *sawādlilik* bedeutete damals Lese- und Schreibkundigkeit, die an die Stelle von *sawādsizlik* (Analphabetentum) treten sollte. Daß es sich dabei in den zwanziger Jahren um Lese- und Schreibkundigkeit in arabischer Schrift und reformierter arabischer Schrift, in den dreißiger Jahren um Lese- und Schreibkundigkeit in Lateinschrift und in den vierziger Jahren um Lese- und Schreibkundigkeit in kyrillischer Schrift handelte, ergab sich aus den politischen und praktischen Entscheidungen hinsichtlich des Schriftsystems. Offiziell wurde *sawādlilik* nicht auf eine bestimmte Schrift bezogen, sondern wenn man alphabetisieren wollte, dachte man daran, dem größeren Teil der Bevölkerung erstmals Schriftkenntnisse zu vermitteln. Sicher kam es nicht selten vor, daß Menschen, für deren Beruf das Lesen keine dringende Voraussetzung war, in dem jeweils neuen Schriftsystem gleichsam zu *sawādsiz* (Analphabeten) wurden, vgl. in 5.4 die Mutter von S. Daß nun in den neunziger Jahren des 20. Jahrhunderts *sawādlilik* (Lese- und Schreibkenntnisse) ausschließlich auf die arabische Schrift bezogen wurde, dürfte eine relativ neue Erscheinung gewesen sein. Sie impliziert, daß derjenige, von dem man sagt *"sawādi bār"* selbstverständlich die kyrillische Schrift beherrscht. Aber dies wird nicht besonders geschätzt, es ist ja das Übliche

---

[102] Zur Diskussion, ob Muḥammad lesen und schreiben konnte, und über den Begriff *ummī* vgl. Paret, [5]1993, 21f; Ehlert, 1993, 364; Schimmel, [2]1992, 309f.

und bedeutet nur Beherrschung von *"sovet dili"*, darüber hinaus beherrscht er die arabische Schrift. In der Literatur des 20. Jahrhunderts dagegen findet man eine genauere Kennzeichnung. So sagt eine Person in der Erzählung "Muṣṭafā" von Murād Muḥammad Dūst *"Eskičadan sawādiñiz bār"* (Sie können ja das Alte lesen).[103]

Das Transkribieren eines in kyrillischer Schrift geschriebenen Textes in arabische Schrift ist in den achtziger und neunziger Jahren erforderlich gewesen, wenn eine *ḫalpa* einen neuen Text entworfen, diesen aber in kyrillischer Schrift notiert hatte, vgl. 6.3. Dies kommt nicht selten vor, da die kyrillische Schrift für das Usbekische den meisten *ḫalpa* vertrauter ist als die arabische. Nur wenn Talent zum Schreiben der arabischen Schrift und Schreibfreude mit dichterischer Begabung zusammenfällt, schreibt die *ḫalpa* auch ihre eigenen Gedichte in arabischer Schrift nieder.

Hinsichtlich des Mitte der neunziger Jahre noch neuen Textes "Saᶜādatġān" (vgl. 6.3) sagten die *ḫalpa*, die von seiner Existenz in kyrillischer und arabischer Schrift wußten, man könne den Text bei einer Totengedenkfeier lesen, doch nur in arabischer Schrift. Daß ein Text ursprünglich in kyrillischer Schrift verfaßt worden ist und erst nachträglich transkribiert wurde, stört die *ḫalpa* nicht sehr. Sie fragen danach nicht. Von dem einen oder anderen neu entstandenen Text werden sie es nicht wissen.

Die zum *corpus* der zu lesenden Bücher gehörenden neu gekauften Bücher in kyrillischer Schrift sind manchmal für die *ḫalpa* und *ātin āyi* eine Bereicherung. Sie können diese Bücher an sich schnell durchlesen. Doch wer es tut, wird es ungern zugeben. Denn die rasche Aneignung, und sei es auch nur auf individueller Ebene, widerspricht der Sakralität, die die Bücher sonst ausstrahlen. Daß die Bücher in kyrillischer Schrift geringer geachtet werden als die Bücher in arabischer Schrift, erkennt man u.a. daran, daß hin und wieder auf nichtbedruckte oder halbbedruckte Seiten eigene Gedichte in kyrillischer Schrift geschrieben werden. In alte Bücher dagegen schreibt man nur zur besseren Verständlichkeit Seitenzahlen (vgl. 2.4 bei Ṣūfī Allāyār), einzelne Buchstaben oder einzelne Wörter in kyrillischer Schrift. Dies wird nicht als störend empfunden. Fehlt ein Stück in einer alten Lithographie, so ergänzt man es in arabischer oder kyrillischer Schrift auf einem eingeklebten Papier. Alte Handschriften oder Lithographien, die am Rand mit einem weißen Pa-

[103] In dem Band "Dašt-u dalalarda", Tāškent 1989, 6-61 (60).

pierstreifen verfestigt sind, enthalten manchmal Ergänzungen in kyrillischer Schrift am unteren Rand, wenn durch den Papierstreifen eine Zeile in arabischer Schrift überklebt wurde. Von den nach 1990 in kyrillischer Schrift gedruckten Büchern sagen einige *ḫalpa*, sie seien *ḥükümetden berilgen* (*ḥukumatdan berilgan*, von der Regierung gegeben/hergestellt).

Von den Verlagen wurden in den neunziger Jahren auch Nachdrucke von Lithographien in arabischer Schrift herausgegeben. Aber keine *ḫalpa* wird ihren handgeschriebenen Text gegen eine derartige Lithographie eintauschen. Einerseits weiß sie, wo in ihrem Heft was steht, und die Lithographie müßte sie erst wieder neu studieren. Andererseits dürfte etwas Handgeschriebenes – sei es auch neu und sei die Schrift auch noch so schlecht – ein größeres Maß an Sakralität als etwas fabrikmäßig Hergestelltes haben. Frauen, die ihre Tätigkeit erst um die Mitte der neunziger Jahre oder später begonnen haben und die weder ältere Bücher noch jüngere Hefte geerbt haben, können die neu hergestellten Drucke in arabischer Schrift jedoch als normale Vorlage für den Vortrag dienen. Einige Male entstand bei mir die Vermutung, daß die eine oder andere *ḫalpa* in den neunziger Jahren von den neuen Lithographien erneut handschriftliche Kopien angefertigt hat. Der Grund läge dann allerdings nicht im Maß der Sakralität, sondern darin, daß diese Lithographien nicht überall schnell verbreitet wurden. So konnte eine *ḫalpa* eventuell einen Text zeigen, den sie gerade erworben hatte, und eine andere, die das Abschreiben gewöhnt war, konnte darum bitten, ihn abschreiben zu dürfen.

Zuweilen sieht man zufällig in Heften, die vor allem Texte in arabischer Schrift enthalten, den einen oder anderen Text in kyrillischer Schrift. Dieser kann von einem Text in kyrillischer Schrift abgeschrieben sein. Es ist verständlich, daß bei schnellem Abschreiben die Schrift des Ausgangstextes beibehalten wird. Hin und wieder entsprechen der in arabischer Schrift geschriebene und der in kyrillischer Schrift geschriebene Text in einem Heft einander. In diesen Fällen wurde der Text wahrscheinlich auf der Grundlage der Variante in kyrillischer Schrift auswendig gelernt, um dann bei den Zusammenkünften in arabischer Schrift "gelesen", d.h. vorgetragen zu werden. Es kann sich aber auch um etwas selbst Gedichtetes in kyrillischer Schrift handeln. So haben die *ḫalpa* Kompromisse bezüglich der Schrift zugelassen.

Von einem kleinen Schriftbetrug erzählte mir eine Bekannte, die keine *ḫalpa* war. Sie hatte in den achtziger Jahren im Bus ein Gespräch zweier Frauen mitgehört, die von einer *mawlūd*-Feier nach Hause fuhren. Einer der Frauen hatte die *ḫalpa* sehr gut gefallen, sie habe wunderbar vorgetragen. Darauf erwiderte die andere, die *ḫalpa* könne offensichtlich gar nicht lesen, d.h. nichts in arabischer Schrift Geschriebenes lesen. Sie habe bemerkt, daß sie sich beim Vortrag ein Blatt in kyrillischer Schrift in das in arabischer Schrift geschriebene Buch hineingelegt habe.

Auf meine Frage, was geschehe, wenn eine *ḫalpa* einen in kyrillischer Schrift geschriebenen Text, ohne dies zu verbergen, bei einer Totengedenkfeier lese, antwortete eine *ḫalpa*, dies würde als *masqara* (*masḫara*) aufgefaßt werden, was in diesem Fall als "Verhöhnung" verstanden werden kann.

Bei einer anderen Zusammenkunft stellte eine Deutschlehrerin die Frage nach den Texten in kyrillischer Schrift. Eine *ḫalpa* unter den Anwesenden sagte, es sei nicht gut, wenn man sie – zumal bei Totengedenkfeiern – vortrage. Ansonsten möge man sich aber bei allen auftauchenden Fragen in dem Buch "Malika-i dānišmand" vergewissern, wie man zu handeln habe, statt hin und her zu reden und lange darüber zu diskutieren, daß dieser das und ein anderer jenes gesagt habe. Einen ähnlichen Satz hatte ich bereits von ihrer *ustāẕ* gehört, die ich kannte. An dieser Stelle wirkte er kurios, weil der alte Text nichts über die kyrillische Schrift enthalten kann. Zwar reichen die Überlegungen über die Einführung der kyrillischen Schrift für Turksprachen weit zurück,[104] doch eine Diskussion darüber in religösen Büchern Mittelasiens kann man erst in den neunziger Jahren des 20. Jahrhunderts erwarten.

3.2.2 Für sich selbst oder für andere abschreiben

Das Abschreiben von Texten wurde wahrscheinlich seit den vierziger Jahren (vgl. 5.3) zu einer wichtigen Aufgabe im Tätigkeitsbereich der *ḫalpa*. Es gab schon längst keine Bücher in arabischer Schrift mehr zu kaufen. Aber die *ḫalpa* nahmen vorsichtig ihre Tätigkeit wieder auf. Dazu brauchten sie Texte.

Als Ausgangstexte kamen alte Handschriften und Lithographien in Frage wie auch neue Abschriften von Handschriften und Lithographien. Am häufigsten war sicher das Abschreiben von Lithographien vom Anfang des 20. Jahrhunderts und von deren Abschriften. Diesem Vorgang liegt keine bewußte Entscheidung für die Lithographie und gegen die eventuell abweichende Fassung einer Handschrift zugrunde, sondern die

---

[104] Vgl. Baldauf 1993, 3-52.

einfache Tatsache, daß es mehr Lithographien als Handschriften gab, kam zur Wirkung. So haben die Lithographien vom Anfang des 20. Jahrhunderts nicht nur zum Zeitpunkt ihrer Herstellung, sondern viele Jahrzehnte darüber hinaus normsetzend gewirkt.

Einige *ḫalpa* schreiben die Texte, die sie benötigen, selbst ab (vgl. S. und B. unter 5.4). Sie leihen sich die Bücher zu diesem Zweck von Bekannten. Für das kalligraphische Niveau war das mehrmalige Abschreiben eines Textes und das Fehlen von Kalligraphielehrern sicher verheerend, aber das Abgeschriebene konnte seine Funktion erfüllen.

Daneben gab es hier und da Abschreiberinnen, für die das Abschreiben zu einer Quelle des Gelderwerbs zum Unterhalt der Familie geworden war. Ingeborg Baldauf ist es gelungen, eine Abschreiberin ausfindig zu machen, die ich später auch kennenlernte. Sie ist eine Enkelin des Chans oder einer mit dem Chan nah verwandten Familie und hat lange Zeit als Sekretärin im Kolchos gearbeitet. Eine *ḫalpa* ist sie nicht. Mit der professionell betriebenen Abschreiberei unterstützte sie ihre beiden erwachsenen Kinder, die aus gesundheitlichen Gründen keiner Arbeit nachgingen. Ihr Wissen ist umfangreicher als das mancher *ḫalpa*, für die sie schreibt. Von mir nach "Marǧuwwa" und einer Geschichte über ᶜUmar gefragt, erzählte sie der mich begleitenden *ḫalpa*, die diese Texte nicht kannte, den jeweiligen Inhalt. Sie schreibt, was die *ḫalpa* wünschen. Diese bringen ihr in der Regel das abzuschreibende Buch, den abzuschreibenden Text. Sie schreibt keine *dāstān*, da sie in Urgentsch lebt und dort unter den *ḫalpa* keine Nachfrage danach besteht. Daß sie *duᶜā'* schreibt, denen Heilkraft zugesprochen wird, kommt bei ihr vor, doch hatte ich den Eindruck, daß sie es wider besseres Wissen tut, d.h. wissend, daß man dergleichen, zumal als Frau, nicht tun soll.

Manchmal sind es *ḫalpa*, welche außer ihren eigenen Texten auch Texte für andere *ḫalpa* und in letzter Zeit auch manches für den Verkauf an den Pilgerstätten schreiben. Dort besteht besonders für das "Nūrnāma" eine große Nachfrage unter den Laien.

Ob die *ḫalpa* in ihrer Mehrzahl ihre Texte selbst abgeschrieben haben oder nicht, läßt sich auf der Grundlage meines Materials nicht sagen. Wenn eine *ḫalpa*, von deren Schreibkunst man weiß, auf die Frage nach der Zahl der *ḫalpa* und derer, die selbst schreiben, antwortet, in ihrem Ort gebe es dreißig *ḫalpa*, davon könnten nur drei schreiben, so kann man daraus nur erfahren, daß das Schreibenkönnen ein hohes Prestige verleiht, sonst nichts.

Eine andere Funktion des Abschreibens entstand sogleich, als diese Tätigkeit keinerlei Verdacht mehr auslösen oder zur Denunziation führen konnte. Für manche der Frauen wurde das Schreiben von Texten in arabischer Schrift eine Art Hobby, für andere ein Mittel zur Beruhigung der Nerven. Daß sie dessen bedürfen, erklären die Männer gern mit den Schwierigkeiten, die aus sowjetischer Zeit stammen: Beruf und Familie waren nicht vereinbar, die Frauen wurden krank. Aus der Sicht der Frauen dürfte auch der Verlust des Berufs und damit einer gewohnten Kommunikationsform außerhalb der Familie beeinträchtigend und krankheitsauslösend sein. Natürlich gibt es auch Unglücksfälle, die eine Frau so treffen, daß sie einer neuen Aufgabe bedarf, um wieder eine Balance im Leben zu finden. Die so abgeschriebenen Texte verblieben bis Mitte der neunziger Jahre noch bei den Frauen selbst. Um für andere Bedeutung zu gewinnen, müßten die Texte in besserer Form geschrieben sein, wofür Kalligraphiekurse für Frauen eine Voraussetzung wären.

3.2.3 Schreibverbot

Eine *ḫalpa* äußerte ihren Unmut und ihre Abscheu darüber, daß manche Frauen für Geld abschreiben. Sie selbst schreibt gerne und gut, aber nur für sich selbst. Warum sie sich so entschieden hatte, begründete sie mit den Worten *ḫudādan qŭrqaman* (ich fürchte Gott).

Es gibt Regeln dafür, wer schreiben darf und wer nicht, doch werden die Regeln sehr variabel gehandhabt. Man konnte hören, daß eine Frau nicht abschreiben dürfe, sogar, daß es eine Sünde (*gunāh*) sei, wenn eine Frau schriebe, oder daß sie es nur für sich selbst tun dürfe. Das professionelle Abschreiben käme nur einem Mann zu. Ein Mann darf auch für seine eigene Ehefrau, die *ḫalpa* ist, abschreiben. Im Prinzip legt jede Frau die Dinge so aus, wie sie selbst damit umgeht. Schreibt eine Frau für andere ab, wird man von ihr die Regel, daß sie es als Frau nicht tun dürfe, nicht hören. Da das Abschreiben durch die *ḫalpa* Mitte der neunziger Jahre sehr verbreitet war, sah die eine oder andere sich gezwungen zu erklären, warum sie es nicht tue. Zeitmangel war die passendste Begründung hierfür. Natürlich ist es auch eine Frage der Begabung und der Freude am Schreiben.

Ein älterer Verwandter einer *ḫalpa* hatte, als sie die religösen Texte zu lesen begann, ausdrücklich gesagt, sie könne lesen lernen, solle aber niemals Texte abschreiben, sonst würde ihre Hand verdorren. Ob für ein derartiges Verbot ursprünglich praktische Gründe maßgeblich waren oder nicht, ist aus der Sicht der frommen Frauen nicht wesentlich. Ein einfaches Verbot oder Gebot wird zum Tabu. Es gewinnt unter Umständen im Laufe der Jahre einen fast sakralen Status, den es früher gar nicht besaß. Den Vorgang der Sakralisierung kann auch das Verschwinden der sozialen Grundlage für ein Verbot in Gang setzen. Hinsichtlich des Schreibens von Texten in arabischer Schrift war von einem derartigen Tabu, bezogen auf Frauen, mehrfach zu hören. Mancher *ātin āyi* im Ferghanatal hatte der Ehemann verboten zu schreiben. Frauen, die ich nach dem Grund fragte, erklärten das Schreibverbot mit einer alten muslimischen Regel. Ihr Sinn sei gewesen, die unzuverlässigen Frauen vom Briefaustausch mit Liebhabern abzuhalten. Seit der Einführung der Schulpflicht in sowjetischer Zeit (1930)[105] und der weitgehenden Überwindung des Analphabetentums war dieser Begründung an sich der Boden entzogen. Aber das traditionelle Verbot hält sich auch unter ganz und gar veränderten Bedingungen. Allerdings ist es an die alte, die arabische Schrift geknüpft.

Als Grund eines Schreibverbots im zwanzigsten Jahrhundert kommt auch Angst vor Denunziation in Frage. Wenn sich ein von öffentlichen Stellen unerwünschtes Buch im Haus befindet, kann man das Vorlesen daraus noch nicht nachweisen. Ein handgeschriebener Text und die entsprechende Feder und schwarze Tinte im Haus (in der Schule schrieb man mit lila Tinte und später mit blauem Kugelschreiber) wären dagegen leicht als *corpus* delicti zu deuten gewesen. Auch der Wunsch, die schlechten Augen einer Frau zu schonen (die *ḫalpa*, die zuerst davon erzählte, hatte sehr schlechte Augen) könnte ein Grund für das Verbot gewesen sein.

Manchmal wirkt das Verbot über den Tod des Gatten hinaus. In anderen Fällen wurde das Verbot nach dem Tod des Ehemanns gebrochen. Beginnt eine *ātin āyi*, wenn der Ehemann gestorben ist, mit ihren Schreibübungen, so bedeutet das, daß sie das Verbot nicht als sakral empfunden hat. Sie hat es in diesem Fall nur als Last erlebt, von der sie sich, solange er lebte, nicht befreien konnte. Es hängt wohl wesentlich vom Charakter der Frau ab, wie sie sich in dieser Beziehung verhält. Entweder sie sieht in den Worten ihres Mannes Gottes Wort, wogegen sie nicht aufzubegehren hat, oder sie gehört zu jenen Frauen, die ihre Selbständigkeit schätzen, und ist gewohnt, nach eigenem Ermessen zu entscheiden. In diesem Fall bestimmt sie selbst, was ihr als heilig gilt und was nicht.

Einige Fälle, in denen die *ḫalpa* ihre Lesekenntnisse durch alte Männer vermittelt bekamen, ließen in mir die Vermutung entstehen, daß

---

[105] Vgl. z.B. ÜRÈ, 379f.

gerade Männer Schreibkenntnisse nicht lehren wollten oder konnten. Das mag mit der *maktab*-Ausbildung zu tun haben, die sie noch genossen hatten. Wiederholt wurde ja darauf hingewiesen, daß im Lehrprogramm der *maktab* das Schreiben an viel späterer Stelle als das Lesen stand, wenn es überhaupt gelehrt wurde.[106] Die Dschadiden haben gegen diese unmoderne Art des Lernens protestiert, haben in eigenen Schulen modernere Formen eingeführt und in Theaterstücken die alte Schule mit Sarkasmus dargestellt. Die Ausbildungsform für Männer hing in den vergangenen Jahrhunderten mit der damals üblichen Arbeitsteilung zusammen. Wer nicht selbst Gedichte oder Prosa verfaßte und nicht den Beruf des Schreibers hatte, bedurfte der Schreibkenntnisse kaum. Lesen und Schreiben waren zwei getrennte Dinge, und selbstverständlich gab es für das Schreiben eine eigenständige Ausbildung bei einem Kalligraphen. Benötigte Bücher kaufte man auf dem Basar, wenn man sie nicht geerbt hatte. Wer es sich leisten konnte, ließ wohl auch das eine oder andere abschreiben. Hatte man Anfangskenntnisse im Schreiben, konnte man zweifellos ein *duʿā'* schreiben, vgl. 2.5. Davon werden die *mullā* oft genug Gebrauch gemacht haben. Aber ein ganzes Buch abzuschreiben, ist doch etwas anderes!

3.2.4 Schreiben im Ferghanatal

Jiří Bečka hat in ʿAbdullā Qādirīs Roman "Meḥrābdan čayān" (1929) eine Stelle gefunden, an der der Autor beschreibt, wie seine weibliche Hauptgestalt in der Stadt Kokand des 19. Jahrhunderts sowohl *ḥusn-i ḫaṭṭ* (Kalligraphie) als auch *inšā'* (Kunst des Briefschreibens) beherrscht[107] (in der usbekischen Fassung von 1967 auf Seite 23). Doch weist der tschechische Wissenschaftler darauf hin, daß dies – allen anderen Quellen zufolge – eine Ausnahme war. Frauen als Kalligraphen werden tatsächlich in der Literatur über die islamische Welt selten erwähnt. Wiebke Walther nennt Kalligraphinnen in Spanien.[108] In den Handschriftenkatalogen Mittelasiens sind Frauen als Abschreiberinnen recht gut vertreten. Ob es häufiger oder ausschließlich Frauen aus dem Ferghanatal waren oder ob auch Frauen aus Choresm darunter sind, läßt sich bisher kaum ersehen, da höchstens ein Hinweise auf "choresmisches

[106] Vgl. z.B. Bečka 1971, 297f.

[107] Bečka 1971, 302.

[108] Walther ²1983,108.

nastaʿlīq" eindeutig Auskunft geben würde. Eventuell gibt es aber doch in den Eingangsbüchern der Institute oder an anderen Stellen Notizen darüber, woher die Handschriften stammen, wenn die Herkunft auch bisher in den Katalogen nicht verzeichnet ist. Falls es so ist, ließe sich zumindest für das 19. Jahrhundert noch einiges rekonstruieren. In KFIR sind Handschriften von Bibi Ḥāǧar (Nr. 489,519, 846, 847, 849, 921-923, 929, 930, 947), von Bibi Zuhra Āy (520, 524, 592), von Mastān bibi ātūn (920) und von Mullā Anaḫān ātūnča (Nr. 786) enthalten. Es handelt sich einerseits um Texte über Muḥammad, Ḥasan und Ḥusayn und über Fāṭima, welche *ḫalpa* und *ātin āyi* heute noch lesen, andererseits um Texte, die heute in den Hintergrund gerückt sind, wie einer über Ḥubbī und ein *dāstān* "Gül-u bulbul" u.a.

Da es in sowjetischer Zeit nicht ungefährlich war, etwas in arabischer Schrift zu schreiben, griffen im 20. Jahrhundert nur jene Frauen zur Feder, die der abgeschriebenen Texte dringend bedurften. Das waren die Frauen in Choresm und nicht die im Ferghanatal. Denn hier fehlten die Bücher. Im Ferghanatal waren so viele Bücher bewahrt, daß die *ātin āyi* nicht darauf angewiesen waren, selbst Abschriften anzufertigen oder anfertigen zu lassen. Das eigentliche Buch, das man benötigt, ist im Ferghanatal ohnehin der Koran. Andere Texte – die in tschaghataischer Sprache – können dort auch aus dem Gedächtnis und ohne Buch vorgetragen werden. So wurde ein gezieltes Abschreiben von Texten im Ferghanatal nicht üblich. Dort konnte es vorkommen, daß das Gesicht einer *ātin āyi* erstrahlte, wenn man nach dem einen oder anderen Text fragte. Ja, das sei ein sehr schöner Text, anwortete sie dann, ihre *ustāẕ* – oder jemand anders – besitze ihn. Doch hatte die befragte Frau niemals denVersuch unternommen, eine neue Abschrift davon zu bekommen. Während das Abschreiben alter Texte seit dem Ende des Zweiten Weltkrieges in Choresm zu einem Nebenberuf oder gar zu einer Art Hauptberuf geworden war – ohne daß irgendeine Ausbildung in Kalligraphie erfolgte –, gab es diesen Beruf im Ferghanatal nicht.

Das Schreiben in arabischer Schrift ist dennoch für die *ātin āyi* nicht überflüssig. Nicht wenige von ihnen verfassen selbst Gedichte. Diese nun in arabischer Schrift aufschreiben zu können, wäre für jede *ātin āyi* der Ausdruck hoher Kunst gewesen, doch vermochten es in den neunziger Jahren nur wenige von ihnen.

Im Ferghanatal konnte man unter den *ātin āyi* hin und wieder hören, daß es besser gewesen wäre, wenn man, statt die Lateinschrift einzuführen, zur arabischen Schrift zurückgegangen wäre. Sehr durchdacht sind derartige Äußerungen nicht. Denn den *ātin āyi* fällt es, trotz ihrer Freude an der Schrift des Korans, sehr schwer, tschaghataische Texte in arabischer Schrift zu lesen (vgl. 2.3 und 2.4), mit modernen usbekischen Texten in arabischer Schrift würde es nicht einfacher sein. Wahrscheinlich denken jene *ātin āyi*, die Überlegungen dieser Art laut werden lassen, gar nicht an moderne Texte. Sie selbst benötigen sie nicht, und anderes zu bedenken liegt ihnen fern. Es könnte auch sein, daß sie sich noch nicht die Werteveränderungen vor Augen gehalten haben, die in erster Linie ihre Tätigkeit betreffen würden, wenn die Schrift der sakralen Texte ganz und gar zur Alltagsschrift würde. Die Anerkennung, die sie genießen, ergibt sich unter anderem aus der Schriftkenntnis, über die sie fast allein verfügen. Der soziale Status, den sie noch am Anfang des Jahrhunderts hatten, ist nicht wiederherstellbar, da längst staatliche Schulen und Hochschulen einen großen Teil ihrer damaligen Tätigkeitsfelder übernommen haben. Verlören sie noch das Monopol für die Schriftkenntnis, worüber sie zusammen mit den *mullā* und den wenigen Kennern der alten Literatur in den Universitäten verfügen, müßten sie wiederum einen Teil ihres Tätigkeitsfeld abgeben, oder sie müßten sich auf andere Funktionen umstellen. Sie könnten z.B. zu Ethiklehrerinnen werden. Auf jeden Fall zögen sie sich zunächst einmal selber den Boden unter den Füßen weg, wenn sie die gesprächsweise geäußerte Auffassung propagierten und wenn diese realisiert würde.

3.3 Äußere Gestalt der Bücher

Begann eine *ḫalpa* nach der Berufung mit dem Vortragen von Texten, so hatte sie, wenn sie Glück hatte, einige Bücher geerbt oder von ihrer *ustāẕ* geschenkt bekommen. Wenn das nicht der Fall war, mußte sie sich selbst das Wichtigste abschreiben oder abschreiben lassen. Die neuen Handschriften haben in der Regel etwa Schulheftgröße. Verwendet werden dünne und dicke Schulhefte, liniert, kariert oder glatt. Daneben kommen bei den *ḫalpa* kleinere Hefte, ca. Octav-Format vor, z. B. eines mit grünen, rosa und gelben Seiten, das Anfang der neunziger Jahre im Angebot der Papierläden oder des Basars gewesen sein muß. In noch kleinere Hefte werden "Nūrnāma" geschrieben. Man gibt ihnen das Format, das die als Lithographie hergestellten "Nūrnāma" häufig am Ende des 19. und am Anfang des 20. Jahrhunderts hatten, deren neue Kopien in den neunziger Jahren wieder verkauft wurden. War kein passendes Heft vorhanden, konnte ein religiöser Text auch in ein Adreßbüchlein

Oben: *Qiṣṣa* über Imām-i Muḥammad al-Bāqir
Unten: Abū Muslim
(Fotos: Ingeborg Baldauf)

mit kyrillischen Buchstaben am Rand geschrieben werden. In dieser Form ist mir ein "Waṣiyyatnāma-i Muḥammad" begegnet.

Mitte der neunziger Jahre fragten die Frauen ab und zu, ob ich nicht wüßte, woher man glatte Hefte im Quart-Format zum Abschreiben der Texte bekommen könne. Mit den wachsenden Möglichkeiten, die religiösen Texte vorzutragen, wünschte man sich auch eine ansprechendere Form für diese. Aber gerade in jener Zeit war manches zum Luxusartikel geworden, was man früher hatte kaufen können.

Das Quart-Format hatte ein Mann verwendet, der im Handel tätig gewesen war. Sein Vater oder Großvater hatte eine *madrasa* besucht und war *mullā* gewesen. Einige Lithographien hatte der Mann von ihm geerbt oder später wieder zusammengetragen. Als er selbst wegen Invalidität in den siebziger oder achtziger Jahren Frührentner war, schrieb er ca. 15 Texte – wie es hieß, für sich und seine Tochter – ab. Die Mehrzahl dieser Texte waren *dāstān*, aber auch *qiṣṣa* und die Aḥmad Yasawī zugeschriebenen "Ḥikmat" waren darunter. Die Texte waren auffallend gut in einzelne Schnellhefter gebunden. Diese Heftgröße und diesen Typ von Bindungen konnte man bei den *ḫalpa* in jener Gegend nicht finden. So ist nicht anzunehmen, daß der Mann Abschriften dieser Art verkaufte und dadurch einen Gewinn erzielte. Möglicherweise hatte er das größere Format bei den Folkloristen gesehen, die es schon seit langer Zeit benutzten, um die Epen schriftlich festzuhalten. Ob das Schreiben für ihn ein Hobby war, ob ein Gelübde ihn dazu veranlaßt hatte, oder ob er gleich vielen Frauen ein Mittel suchte, um sich zu beruhigen, war nicht zu erfahren. Für die Tochter, die die Texte geerbt hatte, waren sie fast nutzlos. Sie konnte sie nicht lesen. Ihre Tätigkeit in der Verwaltung auf hoher Ebene gab ihr das Gefühl, den *ḫalpa* weit überlegen zu sein. Vielleicht hatte der Vater insgeheim die Hoffnung gehegt, daß die Texte später irgendeine Funktion erlangen würden. Zur Zeit, als *ḫalpačilik* wieder in Mode kam, hatten sie aber zunächst nur die Funktion, das Ansehen der Tochter, die die ungelesenen Texte in der Öffentlichkeit zeigte, zu erhöhen.

Alte Lithographien sind in Choresm sehr selten, und man geht liebevoll mit ihnen um. Meistens entbehren sie des Titelblattes und des ursprünglichen Buchumschlages. Als neuen Einband erhielten sie Umschläge von nicht mehr benötigten Schulbüchern beliebiger Fächer. So war eine "Baba Raušan"-Lithographie in den Umschlag eines Russischlehrbuches für die 4. Klasse an usbekischen Schulen vom Jahr 1976 eingebunden, ein "Maġpiraġān"-Text in den Umschlag eines Geometrie-Lehrbuches. Als Schutzumschläge kommen auch im Schreibwarenhandel erhältliche und in den Büros verwendete Pappen mit der Aufschrift *"delo ..."* ("Akte, Sache"; die Punkte stehen für eine einzutragende Ziffer) in Frage. Doch begnügte man sich nicht mit dem Einband, sondern umhüllte die schmalen oder auch dickeren Bücher mit buntem Stoff, bevorzugt Blumenstoff oder Kordsamt. Die Stoffränder wurden innen mit großen Fadenstichen zusammengeheftet. War kein Stoff vorhanden, so schlug man das Buch wenigstens noch in eine Tageszeitung ein.

Es ist anzunehmen, daß die Umschläge und Titelblätter schon in den zwanziger und dreißiger Jahren abgetrennt und weggeworfen worden sind. Hätte damals eine Person, die den Auftrag hatte, die Häuser zu kontrollieren, um die Verbreitung der Religion zu unterbinden,[109] diese Bücher in die Hand bekommen, so hätte der Besitzer leicht sagen können, er wisse gar nicht, was das sei, irgendetwas von den Eltern Ererbtes. Als die Bücher wieder etwas häufiger verwendet wurden – mindestens seit den sechziger Jahren, vgl. 5.3.1, war es wegen der Blicke gewöhnlicher Denunzianten besser, man konnte eine gerade vorgelesene Lithographie schnell zuklappen und ihren Inhalt verbergen. So bieten die fremden Umschläge stets einen doppelten Schutz. Die Bücher mußten – und das bis in die siebziger und achtziger Jahre – nicht nur vor dem Zerfall bewahrt werden.

Wie man mit den Lithographien umging, tat man es dann auch mit den neu angefertigten Handschriften, auch sie wurden in Umschläge eingenäht. In den neunziger Jahren hatten die Stoff- oder Zeitungspapierumschläge allein die Funktion, die Bücher vor Schmutz und Nässe zu schützen. Von dem Geschriebenen brauchte nichts mehr verborgen zu werden.

Im Ferghanatal ist der Besitz alter Bücher keine so große Ausnahme wie in Choresm, und man wendet etwas weniger Mühe für die äußere Gestaltung der alten Bücher auf. Einmal fand ich allerdings ein "Qiṣṣa-i imām-i Ḥasan wa imām-i Ḥusayn" doppelt "gesichert", zunächst in einen Schulheftumschlag und dann noch in eine Pappe mit der Aufschrift *"delo ..."* eingebunden. Den neuen Umständen in den neunziger Jahren entsprechend, aber doch etwas kurios ist es, wenn eine *ātin āyi* einen

[109] Später, wahrscheinlich seit den fünfziger oder sechziger Jahren, haben dann Wissenschaftler im eigenen Interesse oder im Auftrag ihrer Institute nach Büchern geforscht und diese in ihren Privatfonds aufgenommen oder an die wissenschaftlichen Bibliotheken verkauft.

"Ibrāhīm b. Adham"-Text zusammen mit "Qiṣṣa-i Ḥasan wa Ḥusayn" in ein festes Papier mit einer türkischen Reklame einbindet.

Den schlechten Zustand der Bücher – es fehlen häufig nicht nur Einband und Titelblatt sondern auch mehrere ganze oder halbe Seiten, und nicht wenige Seiten haben Risse – erklären viele Frauen damit, daß die Bücher mehrere Jahrzehnte lang versteckt waren. Doch kommen auch andere Erklärungen vor. Z. (vgl. 2.3) hatte die Bücher von ihrer Mutter, welche *ātin āyi* war, geerbt. Sie meinte, die Bücher seien deshalb so zerrissen, weil die Frauen sie sich nach dem Tod der Mutter gegenseitig aus den Händen gerissen hätten. Sie habe sie nur mit Mühe wieder einsammeln können.

3.4 Aufbewahrungsart der Bücher

Mehrere *ḫalpa* haben, auch wenn ihre Vorfahren religiöse Bücher besaßen, nichts davon erben können, weil man die in arabischer Schrift geschriebenen Bücher in den dreißiger Jahren aus dem Haus schaffte, um nicht der Verbreitung von religiösem Denken verdächtigt zu werden und damit das eigene Leben in Gefahr zu bringen. Während diese Bücher verbrannten oder auf den Friedhöfen vermoderten, ist es den Familien der *ātin āyi* im Ferghanatal viel häufiger gelungen, die Bücher so zu verstecken, daß sie nach Jahrzehnten wieder hervorgeholt werden konnten. Die Achtung, die die alten Bücher genießen, ergibt sich zwar hauptsächlich aus der arabischen Schrift und aus dem Inhalt der Bücher, doch auch aus ihrem Schicksal.

Niemals läßt man die alten Bücher frei herumliegen. Sie werden – einzeln oder auch drei bis vier zusammen – in Tücher eingebunden, ähnlich wie man mit dem Koran verfährt, wenn man einen besitzt.

Ein Koran oder ein ihm fast gleichwertiges Buch wird häufig in eine Tasche gesteckt, diese möglichst noch einmal in eine Tasche, beide von Buchgröße, und am Türrahmen oder am oberen Rand des Wandteppichs aufgehängt. Eine Familie besaß einen – nach der Taschengröße zu urteilen – winzigen "zweihundert Jahre alten Koran". Ich hatte nicht zu hoffen gewagt, daß man die Tasche öffnen dürfe. Aber es war möglich. Hier waren es insgesamt drei Täschchen, das kleinere jeweils in das nächstgrößere gesteckt. Der Inhalt war ein winziges Heftchen aus liniertem Papier, beschrieben mit einem Gebet (*duʿāʾ*). Die Familie war nicht übermäßig fromm, aber sie schien doch sehr enttäuscht zu sein, daß diesem "Koran" höchstens ein Alter von wenigen Jahrzehnten gegeben werden konnte.

A. im Ferghanatal besaß eine größere Menge von Büchern, die sie nicht las und nicht lesen konnte. Als Tochter eines *imām*, dessen Frau das Koranlesen ebenfalls sehr gut beherrscht haben muß, hatte sie die Bücher von ihren Eltern geerbt. Sie war 1927 geboren. In der Schulzeit lernte sie drei Jahre lang auf der Grundlage der Lateinschrift und vier Jahre lang auf der Grundlage der kyrillischen Schrift, d.h. sie muß von 1936 bis 1943 zur Schule gegangen sein. Beide Schriftsysteme hat A. vergessen. Usbekische Texte in kyrillischer Schrift liest sie nicht, wohl aber liest sie den Koran. Sie hat als Verkäuferin gearbeitet. Ihre Tochter ist wie sie *ātin āyi*. Nach einem kurzen Wortwechsel mit meiner sehr freundlichen und im Stadtviertel einflußreichen Begleiterin brachte die Tochter eine große alte Decke mit dreißig bis vierzig Büchern bzw. Buchresten aus dem Nebenzimmer. Die Bücher waren in sowjetischer Zeit in die Zimmerdecke eingemauert worden, um sie zu verbergen. An das Jahr, wann sie sie wieder hervorgeholt hatten, konnten die beiden sich nicht erinnern. Die Tochter, deren Gedächtnis noch recht gut schien, war vielleicht nicht eingeweiht worden, da sie sicher in einem anderen Haus lebte oder damals gelebt hat. Die Mutter meinte, die Bücher seien in der Zeit des bekannten Parteisekretärs wieder hervorgeholt worden, wie der doch gleich geheißen habe. Die Tochter und ich nannten abwechselnd die Namen in der historischen Reihenfolge ab Chruschtschow. Gorbatschow erkannte die Mutter dann als den richtigen. Ein Teil der Bücher war, gemessen an dem Umgang mit ihnen, in noch recht gutem Zustand, von anderen gab es nur noch einzelne Blätter. Aber auch bei den fast vollständigen Büchern fehlte immer der Umschlag und die erste Seite, so wie in anderen Gegenden Usbekistans. Nur wurden diese Bücher nicht mehr gelesen. Auf meine Frage nach Huwaydā z.B. sagte die *ātin āyi*, sie kenne den Dichter, möglicherweise seien seine Gedichte in einem der herbeigebrachten Bücher enthalten. Doch war dies nicht der Fall. Unter den Büchern waren "Qiṣṣa-i Ḥasan wa Ḥusayn", ein Buch von Ṣūfī Allāyār, ein Sammelband mit Gedichten (*bayāẓ*) von Qārī, Muqīmī u.a., ein "Tafsīr" in persischer Sprache von 1310 (1892/3), eine Prosafassung von "Farhād u Šīrīn" und einige *dāstān*. Vielleicht wurden die Bücher nicht in der alten Decke aufbewahrt, in der sie hereingebracht wurden, sondern in einer alten Holzkiste, die hereinzutragen zu schwer war. Aber gewiß lagen sie darin ebenso unsortiert, wie sie mir in der Stunde meines Besuchs gezeigt wurden.

Manchmal wurden den *ḫalpa* und *ātin āyi* alte Bücher übergeben, wenn ein Buchbesitzer verstorben war und keiner der Nachkommen diese lesen konnte. Natürlich konnte man die Bücher schon seit mehreren Jahrzehnten an wissenschaftliche Bibliotheken übergeben. Doch war die Entfernung zu diesen meistens groß, und das Vertrauen zu den staatlichen Institutionen fehlte. Wenn es Wissenschaftlern trotzdem gelang, eine große Zahl von Büchern unter der Bevölkerung aufzukaufen, dann dank ihrer guten persönlichen Beziehungen. Für einen großen Teil der Bevölkerung war es aber naheliegend, herrenlos gewordene Bücher einer *ḫalpa* bzw. *ātin āyi* zu übergeben. Hin und wieder wurden sie so zu Aufbewahrerinnen von Büchern, die sie ebensowenig lesen konnten wie die Schenkenden. Das waren z.B. Bücher in persischer Sprache, für die die Sprachkompetenz unter den Laien nicht nur in Choresm, sondern auch im Ferghanatal geschwunden ist. Unter den aufbewahrten "Büchern" finden sich daneben dicke handgeschriebene Hefte mit Gedichten aus dem 20. Jahrhundert, deren Autoren, da es sich um religiöse Gedichte handelt, nicht bekannt wurden. Die Namen dieser Autoren werden später eventuell einmal in den Mittelpunkt des Interesses rücken, doch wird sich dann kaum noch rekonstruieren lassen, auf welchem Weg das Buch in die Hände der Bewahrerin gelangt ist.

Seit dem Beginn der Marktwirtschaft und der Betonung der neuen Identität in den neunziger Jahren sind *ḫalpa* und *ātin āyi* neben den wissenschaftlichen Einrichtungen nicht mehr die einzigen, die die Bücher hüten können. Die Bücher wie auch die alten und neuen Handschriften (diese aus der Nachkriegszeit in Schulheften) finden den Weg zum Basar. Sie können aber auch, bereichert durch Geschichten über ihre Aufbewahrungsart in den vergangenen Jahrzehnten, zu Ausstellungsobjekten werden. Übergroß ist der Wunsch, die geistige Unterdrückung in sowjetischer Zeit und den freiheitlichen Umgang mit den alten Werten in der Jetztzeit zu demonstrieren. Unter den 1997 in der Namanganer Universitätsbibliothek ausgestellten 54 Büchern fand sich eine Fużūlī-Lithographie, hergestellt bei Il'in in Taschkent, mit Zensurerlaubnis vom 26.5.1900, und eine "Gulistān"-Lithographie (Saᶜdī), hergestellt bei Porcev in Taschkent, ohne Jahresangabe. Diese waren in sowjetischer Zeit nicht verboten. Doch stammten die Bücher offensichtlich aus einer *madrasa*-Bibliothek, wie aus den übrigen Schriften ersichtlich war. Für Ṣadriddīn ᶜAynī und mit ihm für die anderen Dschadiden wären die Bücher aus der *madrasa* möglicherweise Demonstrationsobjekt für die Begrenztheit der *madrasa*-Bildung gewesen.

Wollte jemand eine Geschichte der Bücher im 20. Jahrhundert schreiben, fände sich dafür reichlich Material. Eine "Episode" sei noch genannt. Eine *ḫalpa* zeigte mir Bücher, *dāstān* und anderes, die sie als von ihrem Vater ererbt bezeichnete. Dieser war früher *mullā* gewesen, dann

Kolchosdirektor geworden und hatte im Alter die Funktion eines Vorsitzenden des *maḥalla*-Komitees gehabt. Die Bücher waren alle auf die gleiche Art von einem professionellen Buchbinder gebunden, nur leider so, daß man die Schrift an der Seite der Bindung häufig nicht mehr erkennen konnte. Die Bindung stammte wahrscheinlich aus den sechziger bis achtziger Jahren. Es ist aber undenkbar, daß ein Kolchosvorsitzender die Möglichkeit gefunden hätte, seine wegen der arabischen Schrift von anderen mit Mißtrauen betrachteten Bücher auf diese Weise binden zu lassen. Eher handelte es sich um konfiszierte Bücher, die nicht vernichtet, sondern aufbewahrt wurden und nach Jahrzehnten von offizieller Stelle ohne Wissen um ihre Spezifik durch die Bindung vor dem Zerfall gerettet werden sollten. Manche dieser Bücher wurden eventuell in den neunziger Jahren den Bibliotheken übergeben. Andere, wie jene die ich sah, gerieten wieder in Privathand, was aus der Sicht der neuen Besitzer, angesichts früherer Konfiszierungen, sicher kein Unrecht ist. Um das wirkliche Schicksal der Bücher darzustellen, müßten die heutigen Besitzer eventuell mehr von ihrem Lebenslauf preisgeben, als ihnen lieb ist.

Neuerdings gehen die Verlage dazu über, den einheimischen Lesern den richtigen Umgang mit Büchern religiösen Inhalts in Erinnerung zu rufen. Bei der Broschüre "Muḥammad payġambar ta'rīḫi", Taschkent 1993, handelt es sich um einen Text in kyrillischer Schrift. Ausschlaggebend für den auf der letzten Seite erbetenen Umgang mit dem Büchlein ist allein sein Inhalt. Da darin von der Herkunft und vom Leben des Propheten die Rede sei und die Namen seiner nächsten Gefährten (*ṣaḥāba*) genannt seien, möge man das Buch bitte nicht an unerlaubte Orte (*nā-ğā'iz ğāylar*) werfen.

4 Vortragsweise. Zwischen mündlich und schriftlich. Sakralität

4.1 Was bedeutet "lesen"

Wenn die *ḫalpa* von "lesen" sprechen, meinen sie, daß sie einen religiösen, in arabischer Schrift geschriebenen tschaghataischen Text vortragen. Ein Buch, in das man hineinsehen kann, muß auf jeden Fall vorhanden sein, aber selten liest die *ḫalpa* den Text wirklich ab. In der Regel kennt sie ihn auswendig oder fast auswendig. Das Buch verleiht dem Lesevorgang Seriosität und ist eine Bedingung für die Schaffung einer sakralen Atmosphäre. Weicht die *ḫalpa* – z.B. in einer nichtöffentlichen Lesung – sehr weit vom geschriebenen Text ab, ist man versucht zu fragen, ob sie den Text auswendig kenne. Doch schnell lernt man, daß man derartige Fragen besser unterlassen sollte, denn die *ḫalpa* ist gekränkt. Auswendig lernen kann es schließlich jeder, aber lesen können nur die *ḫalpa*! Die *ḫalpa* antwortet dann, sie könne es nicht auswendig vortragen, habe aber dieses Mal eine Kurzfassung gewählt. Wenn eine *ḫalpa* in einer Lesung selbst anbietet, etwas aus dem Gedächtnis vorzutragen, vgl. 2.2, so ist nicht ein besonders hohes Maß an Vortragskunst gemeint, sondern das Rezitieren eines Teils des Textes, den auswendig zu kennen sie ohne Umschweife zugeben kann. Völlig normal ist aber der Vortrag ohne Buch in Choresm nur für die "Toy kitāblari̊" - dies in jenen Orten, wo sie zum Repertoire der *ḫalpa* gehören. Für den Epenvortrag der Männer gibt es wieder eigene Regeln.

Im Gegensatz zu den *ḫalpa* bedürfen einige *ātin āyi* auch bei ernsten Zusammenkünften mit rituellem Charakter nicht unbedingt des Buches mit den tschaghataischen Texten. Sowohl "Mawlūd-i nabī" als auch "Ḥikmat" können beispielsweise aus dem Gedächtnis vorgetragen werden. Der Grund ist darin zu sehen, daß die *ātin āyi* stets den Koran bei sich trägt, der alle Bücher ersetzt.

Die Verse werden bei einer Lesung rezitativisch, d.h. im Sprechgesang vorgetragen. Trägt eine *ḫalpa* oder *ātin āyi* während eines privaten Gesprächs einen Text nicht rezitativisch vor, weil dies weniger anstrengend ist und weniger Zeit erfordert, so entschuldigt sie sich meistens verschämt, indem sie sagt, sie spreche es nur (*sŭz bilan aytaman*).

Im *ātin āyi*-Milieu im Ferghanatal bedeutet "lesen können" vor allem "den Koran lesen können". "Sie liest" wird manchmal auch als Synonym zu "sie ist *ātin āyi*" verwendet. In bezug auf den Koran bedeutet es aber nicht "verstehend lesen". Die *ātin āyi* können sehr selten etwas Arabisch, und sie haben meistens kein Verständnis für die Struktur einer Sprache. Kommt ein Begriff häufig vor, so ist er für sie sakral stark aufgeladen. Aber sie suchen in der Regel keinen Arabischkenner, der ihnen sagen könnte, was der Begriff denn wörtlich bedeutet. Es scheint fast, als wäre dererlei Fragen der Sakralität abträglich. Zur Wendung *sawādi bār* vgl. auch unter 3.2.1.

Das Vortragen aus dem Gedächtnis hat auch seine Auswirkungen auf das Tradieren der Texte. Die Mehrzahl der von den *ḫalpa* und *ātin āyi* "gelesenen" religiösen Texte, auch jener, die heute als anonyme Texte erscheinen, hatte wahrscheinlich von Anfang an eine schriftliche Form. Doch gibt es bei mehreren Texten, z.B. bei "Ǧuhūd oġlan", "Bibi Fāṭima wafātnāmasi" u.a., so starke oder so zahlreiche Abweichungen, daß sie kaum auf Abschreibefehler zurückgeführt werden können. Hier dürfte die Vortragsweise einer Frau ihre Auswirkungen auf die Gestaltung der Texte der nächsten Generation gehabt haben. Bei einer künftigen differenzierten Untersuchung der Texte sollte deshalb den Differenzen genügend Aufmerksamkeit gewidmet werden. Nicht gemeint sind an dieser Stelle die Epen, die zum Repertoire der *ḫalpa* gehören. Für diese gelten ohnehin eigene Tradierungsregeln.[110]

4.2 Poesie und Sakralität der Texte

Über einige Texte, so z.B. über "Mawlūd-i nabī", manchmal auch über "Qiṣṣa-i imām-i Ḥasan wa imām-i Ḥusayn", sagen die *ātin āyi*, die Texte seien so lang, daß man sie keinesfalls von Anfang bis Ende lesen könne. Man wähle nur einige Seiten aus. Es ergibt sich die Frage, ob der poetische Text als solcher die *ātin āyi* und ihre Zuhörerinnen überhaupt interessiert. Tatsächlich scheint es so zu sein, daß zur Schaffung der notwendigen sakralen Atmosphäre bei einer *mawlūd*-Feier bzw. bei einer *ʿāšūrā'*-Feier Verschiedenes beiträgt und daß der Text nur ein Teil davon ist. Ebenso wichtig wie der Text, der die Ereignisse beschreibt, derer man gedenken will, ist im Ferghanatal der Koran, aber – und das überall – auch das traditionelle Decken des *dastārḫʷān* (Tischtuch auf dem Boden oder auf einem niedrigen Tisch) und das Bereitstellen der üblichen Speisen. Das *ṭahārat*-Verlangen gegenüber den Beteiligten (vgl. 4.3) gehört ebenfalls zur Schaffung der sakralen Atmosphäre, es ist eine ihrer Voraussetzungen. Um bei der *mawlūd*-Feier der Geburt des Pro-

---

[110] Vgl. z.B. Reichl 1992, insbesondere Kapitel 4 und 8.

pheten und bei der *'āšūrā'*-Feier des Todes von Ḥasan und Ḥusayn zu gedenken, reichen die ausgewählten Stücke aus den Texten offenbar aus. Der Text wird bei den Feiern fast deliterarisiert. Die sakrale Ebene ist eine andere als die literarische. Sie ist ohne einen poetischen Ausschnitt aus einem Text nicht herstellbar, aber sie bedarf nicht des Textes als Ganzes, sie bedarf nicht seiner vollständigen Reproduktion, und sie setzt kein literarisches Textverständnis voraus. Die ausgewählte Textpassage verfügt in einer sakralen Situation über eine andere Funktion und eine andere Wirkung, als sie sie in einer profanen Situation besäße.

Auch beim "Muškil kušād"-Text hat man den Eindruck, daß das Literarische eliminiert wird. Es bleibt nur soviel vom Text bestehen, d.h. es wird nur soviel Text rezitiert, wie man braucht, um durch den Klang und den auf ein bestimmtes System von Wiederholungen gegründeten Rhythmus eine sakrale Atmosphäre zu erzeugen. Zu den Wiederholungen vgl. auch unter 2.4: elfmal werden die Gebete aus "Muškil kušād" wiederholt.

Die Frauen im Ferghanatal und in Choresm sind nicht prinzipiell desinteressiert am Poetischen. Die literarisch wenig Gebildeten lockt zumindest der Handlungsverlauf mit seinen überraschenden Wendungen, andere die spezifische Darstellungsweise. Aber die Frauen erhalten ihr Wissen über die alten Geschichten nicht unmittelbar aus dem Text, der im Zentrum einer feierlichen Zusammenkunft steht. Hier wird durch wenige Zitate nur an den Text erinnert. Die Assoziationen, die er auslöst, entsprechen dem Vorwissen, das die einzelnen Frauen mitbringen. Zwar lesen wenige Zuhörerinnen die religiösen Texte selbst zu Hause, obwohl sie in den neunziger Jahren nicht allein in arabischer Schrift, sondern auch in der für alle leicht lesbaren kyrillischen Schrift zur Verfügung standen. Wissen erhalten sie aber dadurch, daß bei den Koranlesestunden sowie bei den *eḥsān* genannten Treffen im Ferghanatal und bei einem Teil der *ḫalpa čaqiruw* genannten Veranstaltungen in Choresm die *ātin āyi* bzw. *ḫalpa* verschiedene Geschichten und Legenden einstreuen. Dies geschieht in der Regel, um die eine oder andere, zu lobende oder zu tadelnde Verhaltensweise zu illustrieren. In diesem Fall tritt an die Stelle der sakralen Ebene der Feiern meistens ein profanes didaktisches Prinzip. Der literarische Text als solcher hat in den weniger feierlichen Zusammenkünften mehr Raum. Eine *ḫalpa* oder *ātin āyi*, die ein besonders gutes Verständnis für die poetische Seite eines Textes hätte, könnte das Poetische ohne Schwierigkeiten bei Treffen dieser Art vermitteln. Allerdings soll nicht der Eindruck entstehen, es existiere eine sehr strenge Trennung zwischen der einen und der anderen Atmosphäre.

Aus den Zusammenkünften, die sehr feierlich sind, ist das Gespräch über den Alltag nicht ganz verbannt. Dafür finden sich immer Pausen. Weniger feierlich sind die Treffen, die dem Erlernen des Koranlesens gelten. Doch vermittelt auch hier die *ātin āyi* als Persönlichkeit einen Hauch von Sakralität, selbst wenn sie über Alltagsfragen spricht. Wenn ihr aber scheint, daß die Gespräche der Frauen untereinander durch Lautstärke und Fröhlichkeit die Grenzen des wohlgesitteten Verhaltens überschreiten, wird sie auf den Koran verweisen, der im Mittelpunkt zu stehen habe. Ähnlich verhalten sich die *ḫalpa* etwa beim Lesen von "Qiṣṣa-i Mašrab".

Nicht nur mit dem sakralen Charakter der Texte, aber auch mit diesem, hängt es zusammen, daß man unmöglich von einer *ḫalpa* oder *ātin āyi* ein Urteil über den Inhalt oder die poetische Seite eines religiösen Textes erlangen kann. Wenn man etwa weiß, daß in einer Gegend mehrere Texte vorliegen, die ein Ereignis darstellen, z.B. drei Varianten von "ʿUkkāša" in Choresm (vgl. 6.1), könnte man versucht sein, die lesenden Frauen zu fragen, warum sie diesen oder jenen Text bevorzugen. Doch besitzt jede *ḫalpa* oder *ātin āyi* in der Regel nur einen Text. Eine zweite Variante könnte sie zur Verfügung haben, wenn sie Hefte oder Bücher von einer verstorbenen *ḫalpa* oder *ātin āyi* geerbt hat. Doch wird sie im besten Fall einmal hineinsehen und feststellen, daß dieser Text nicht identisch mit ihrem ist. Eventuell hört die Frau auch bei einer Totengedenkfeier, bei der sie nicht selbst vorträgt, sondern nur Zuhörerin ist, einen anderen Text. In jedem Fall wird sie aber bei ihrem eigenen Text bleiben, den zu lesen sie von ihrer *ustāẓ* gelernt hat. Eine Infragestellung dieses sakralen Textes ist nicht denkbar. Die Sakralität wird eben auch durch das Meister-Schüler-Verhältnis befestigt.

Geschichten über den Propheten und seine Verwandten sowie über die ersten vier Kalifen sind schon deshalb heilig, weil diese Personen im Mittelpunkt des jeweils Erzählten stehen. Und über Heiliges kann man sich nur zustimmend äußern. Auch eine in ihrem ganzen Wesen humane, keineswegs herrschsüchtige Frau wollte sich von der Erzählung über Abū Šaḥama (vgl. 6.2) nicht distanzieren. Natürlich äußern die Frauen häufig Mitgefühl. Doch eine Person wie Abū Šaḥama verdient dieses ihrer Meinung nach nicht. Mitgefühl gilt den Propheten, die vieles erdulden mußten, wie etwa Yūsuf (Joseph) oder Yūnus (Jona), aus deren Schicksal die *ḫalpa* oder *ātin āyi* Trost für sich und für die Zuhörerinnen angesichts des Unglücks in ihrem Leben schöpfen.

Auch zu einem Text wie "Dēwāna-i Burḫ", der die Rebellion eines Heiligen gegen Gott thematisiert (vgl. 6.2), oder zu verwandten Elementen in "Sulṭān Uways" kann man den *ḫalpa* keine Äußerung entlocken. Ob das Schweigen der *ḫalpa* in diesem Fall mit dem hohen Maß an Demut zu tun hat, das man bei einigen Frauen findet, wäre leichter zu entscheiden, wenn Äußerungen religiöser Männer über Burḫ und ihm verwandte religiöse und literarische Gestalten vorlägen.

Wie weit die poetische Seite der Texte auch immer zurückgedrängt wird, ein Text, der keinerlei Poesie oder keinerlei liedähnlichen Rhythmus besäße, könnte in einer Zusammenkunft der Frauen mit einer *ḫalpa* oder mit einer *ātin āyi* keine Mittelpunktstellung haben.

4.3 Beteiligtsein der Zuhörerinnen. *Ṭahārat*

Eine *ḫalpa* ließ vor Beginn ihrer Lesung ein Blatt mit einem Koranvers herumgehen. Jede Frau legte es kurz an die Augen und ans Herz. Auf diese Weise war die Gemeinsamkeit der nächsten Stunden unterstrichen. Einer sehr stark erkälteten Frau hielt ihre Nachbarin das Blatt wenigstens kurz an die Augen und gab es dann der übernächsten Frau weiter.

Wie sich die *ḫalpa* oder *ātin āyi* jedesmal, wenn der Name des Propheten im Text genannt wird, mit der rechten Hand am Herzen ein wenig nach vorn beugt, ohne sich im Lesen zu unterbrechen, tun es auch alle Teilnehmerinnen einer Lesung. Die Frauen zeigen daneben auch ihr Betroffensein oder ihre Rührung an Stellen, wo sich die vortragende Frau keine emotionale Äußerung erlaubt. In Choresm bedeutet Schnalzen mit der Zunge bei den Frauen etwa: O, das ist ja schlimm; o, sieh einmal an! Ist die vorgetragene Stelle sehr traurig, weinen die Frauen, ohne sich dessen zu schämen. Es hat sogar den Anschein, als bringe das Weinen in der Gemeinschaft für die Frauen eine Erleichterung ihrer Sorgen oder ihres Kummers mit sich. Aus diesem Grund wohl werden für Totengedenkfeiern geeignete Texte manchmal auch bei einer Zusammenkunft, deren Programm vorher nicht festgelegt wurde, ausgewählt.

Ein Wechseln der Stimmung vom Ernsten und Traurigen zum Spaßigen ist am ehesten bei Zusammenkünften ohne feste Vorbestimmung des Textes möglich. Daß das Traurige bei Treffen dieser Art völlig ausgespart würde, ist nicht denkbar. Fast immer wird es Momente geben, da die Mehrzahl der Anwesenden weinen muß. Aber das schließt nicht aus, daß die *ḫalpa* eine halbe Stunde später scherzt oder eine frivole Stelle, z.B. aus "Mašrab", vorträgt, die zur Erheiterung aller Anwesenden beiträgt. Oder sie rezitiert Verse aus den "Toy kitāblari̊", die zur Hebung der Stimmung beitragen. Eine Diskussion der *ḫalpa* mit den Teilnehmerinnen kann bei diesen Lesungen vom Textinhalt zum realen Leben und wieder zum Text zurück gehen.

Die rituelle Reinheit ist Voraussetzung für die Teilnahme an dem gemeinsamen Lesen des Korans. Sie soll aber auch immer dann vorliegen, wenn man den Koran oder andere religiöse Bücher berührt (vgl. auch 0.5). Eine Frau in Choresm, die in einer Zeitungsredaktion beschäftigt war, sagte Anfang der neunziger Jahre auf meine Frage, ob sie oft an verschiedenen religiösen Zeremonien teilnehme, sie hätte einmal teilnehmen wollen, sei aber wieder weggeschickt worden, weil sie gerade ihre Menstruation hatte. Daraus ergab sich die Frage, wie es die *ḫalpa* und *ātin āyi* halten, wenn sie zu einer Lesung gebeten werden, die auf die Tage ihrer Regel fällt. Im Ferghanatal erhielt ich die Antwort, die *ātin āyi* sage in diesem Fall: *ʿuẓrim bār* (ich habe einen Entschuldigungsgrund), was als Begründung für die objektive Unmöglichkeit, eine Lesung oder Feier durchzuführen, ausreiche.

Die Forderung nach dem Bedecken der Haare steht in engem Zusammenhang mit der nach *ṭahārat*. Sie kann, wenn es nicht gerade die heißeste Jahreszeit ist, in der es ohnehin ratsam ist, den Kopf zu bedekken, außer für Europäerinnen auch für junge Usbekinnen, die fast europäisch leben, unbequem sein. Doch fügen sie sich dem Willen und den Vorstellungen der *ḫalpa* und *ātin āyi*, wenn sie diese besuchen.

Bei Fragen zur Produktsicherheit wenden Sie sich bitte an:
If you have any questions regarding product safety,
please contact:

Walter de Gruyter GmbH
Genthiner Straße 13
10785 Berlin
productsafety@degruyterbrill.com

Ḫalpa in Choresm (Ḫ^{w}ārazm) und *ātin āyi* im Ferghanatal

Zur Geschichte des Lesens in Usbekistan im 20. Jahrhundert

Teil II

SIGRID KLEINMICHEL

INHALT

5 *Ḫalpa* und Gesellschaft im 20. Jahrhundert

5.1 *Awlāddan awlādga* (von Generation zu Generation)

Alle *ḫalpa* sagen, daß *ḫalpačilik* von Generation zu Generation weitergegeben werden müsse.

Dies bedeutet jedoch nicht, daß es in der Familie aller *ḫalpa* bereits mehrere Generationen von Frauen dieses Berufs gegeben hat. Es genügt, daß es unter den Vorfahren Lesekenntnisse gab. Frauen, die aus der Familie eines *ēšān* oder eines *mullā* stammen oder die glaubhaft berichten, daß mehrere ihrer Vorfahren Koranleser o.ä. waren, trifft man nicht sehr häufig.

Einmal lernte ich die *ḫalpa* dreier Generationen kennen: eine 1920 geborene Frau, ihre ca. 1942 geborene Tochter und die 1964 geborene Enkelin, deren *ustāẕ* ihre Mutter war. Von der Urgroßmutter der jüngsten *ḫalpa* sagten die Frauen, daß sie *ṭabīb* gewesen sei.

In der väterlichen Linie von D. (vgl. 5.4) gab es vier Generationen von Koranlesern (*qārī*). Ihr Großvater mütterlicherseits war *imām* an einem Pilgerort. Ihre Mutter hatte in einer alten Schule zu lernen begonnen, mußte aber, da sie früh verheiratet wurde und die Familie des Mannes ihre Beschäftigung mit den Büchern nicht duldete, ihr Lernen gegen ihren Willen aufgeben. Dafür heiratete ihre Tochter, D., einen Mann, der in der *madrasa* studiert hatte, und wurde selbst *ḫalpa*. Eine von D.s Töchtern wiederum, 1960 geboren und Russischlehrerin von Beruf, hat bereits einige Voraussetzungen für künftiges *ḫalpačilik*: Sie liest bereits die Texte in arabischer Schrift, betet täglich fünfmal und fastet im *ramażān*.

Der Großvater von G. (vgl. 5.4) hatte die *madrasa* besucht. Ihrem Vater gelang es, die Bücher des Großvaters oder einen Teil davon aufzubewahren. Er hat G. diese Bücher übergeben.

In der Familie einer *ḫalpa* waren mehrere *mullā*. Die Vorfahren hatten im Ort Turkestan oder in dessen Nähe gelebt. Sie gehörte zur sechsten Generation derer, die in die Gegend von Urgentsch und Chiwa gekommen waren. Eine Tante war *ḫalpa*, doch war sie durch den "bösen Blick" bereits mit sechsundzwanzig Jahren gestorben. Der Vater konnte den Koran lesen. Die *ḫalpa* selbst wurde verheiratet mit einem Mann aus einer *ḫ*ʷ*āǧa*-Familie. Zugleich war ihre Schwiegermutter die Enkelin eines *ēšān* und die Tochter eines *ēšān* aus Chiwa. In dieser Familie gab es also ein starkes Bewußtsein der Familientradition.

Eine 1995 gerade *ḫalpa* gewordene dreiundfünfzigjährige Frau, von Beruf Krankenschwester (Assistentin) in der Stomatologie, hatte eine Großmutter, die *ṭabīb* war. Denselben Beruf hatte ein Onkel, den sie aber nur flüchtig oder gar nicht kennengelernt hat. Sie selbst hat nicht am Heilen, sondern am Bücherlesen Interesse.

Bibi ᶜAyša (ᶜĀʾiša) aus Hasarasp, 1995 achtzig Jahre alt und noch immer mit *ḫalpačilik* beschäftigt, war die Enkelin eines *qāẓī*. Auch ihr Vater konnte Bücher in arabischer Schrift lesen. Von ihm hat sie lesen gelernt.

S. stammt aus einer *ēšān*-Familie. Über sie vgl. 5.4.

Abadan (Ābādān) ḫalpa (vgl. 5.2 und 5.3.1) sagte, sie stamme nicht aus einer Familie von *mullā*, auch nannte sie keine *ḫalpa* unter ihren Vorfahren. Aber sie betonte, daß sie schon mit acht Jahren den Koran lesen konnte. Das müßte zwischen 1913 und 1917 gewesen sein (das Geburtsjahr war nicht genau zu ermitteln). Es muß also jemanden in ihrer Umgebung gegeben haben, der das Lesenlernen des Mädchens gefördert hat. Leider war Abadan so schwerhörig, daß das Gespräch mit ihr ungeheuer kompliziert war. So war nicht zu erfahren, was es bedeutete, daß keine *mullā* in ihrer Familie waren. Vielleicht hatte sie sich nur angewöhnt, so zu sprechen, weil die Auskunft, unter ihren Vorfahren seien in alter Zeit wohlgebildete Leute gewesen, früher ungünstig war.

Wenn die Fähigkeit zur Heilkunst von Generation zu Generation weitergegeben wird, so bedeutet das nicht, daß die Nachkommen mit denselben traditionellen Methoden heilen wie die Vorfahren. Sie können sich sogar sehr resolut von dem distanzieren, was eine noch lebende ältere *ṭabīb* als normal betrachtet. Wahrscheinlich zeigt sich bei derartiger Distanzierung eine Tendenz weg vom Nomadisch-Bäuerlich-Vorislamischen, hin zum Städtisch-Islamischen. Wenn das Interesse an der Heilkunst von einem Mann an seine Tochter vererbt wird, versteht es sich von selbst, daß sie als Frau ihr Schwergewicht auf anderes legen kann.

Eine auffallende Erscheinung im 20. Jahrhundert war es jedoch, daß sich auch Frauen der Tätigkeit einer *ḫalpa* zuwandten, deren nahe Verwandte keinerlei religiöse Bindungen hatten und in deren Familien nichts von gebildeten Vorfahren berichtet wurde.

Der Grund für die Aufnahme von *ḫalpačilik* kann bei ihnen eine schwere, scheinbar unheilbare Krankheit gewesen sein. Wenn sich eine Frau, Heilung suchend, zuerst an die modernen Ärzte und dann an eine *ṭabīb* gewandt hatte, mag manche Heilerin, die ja immer mit dem *ḫalpa*-Milieu verbunden war (vgl. 2.4), geraten haben, sie solle *ḫalpa* werden.

In diesen Fällen konnte die Kranke auch den Einstieg von außen wagen, selbst wenn sie bis zu diesem Zeitpunkt nicht einmal beten konnte, wie einmal zu hören war. Daneben gab es und gibt es profane Gesichtspunkte, die die Tätigkeit der *ḫalpa* anziehend machen. Es ist eine Möglichkeit, Geld zu verdienen, mit anderen Frauen zu kommunizieren, sich Achtung zu erwerben. In sowjetischer Zeit könnte – zumindest jeweils dann, wenn sich Partei und Verwaltung relativ lax gegenüber den religiösen Dingen verhielten – der Reiz des Nichterlaubten dem Beruf zusätzliche Anziehungskraft verliehen haben. Die Motivierung einer Frau durch staatliche Stellen (vgl. 5.3.8), sich *ḫalpačilik* zuzuwenden, dürfte sich ebenfalls allein auf diese Zeit beschränken. Heute kommt die für die Frauen nicht immer erfreuliche "Rückkehr" in die Familien hinzu. Die Ursache dafür ist der äußerst geringe Verdienst in fast allen Berufen. Er stimuliert die patriarchalisch gebliebenen Ehemänner, ihre Frauen in die Familie "heimzuholen". Die Verdrängung der Frauen aus dem Berufsleben durch die Gesellschaft, die der sozialökonomischen Probleme nicht Herr wird, könnte in Zukunft bestimmend werden. Für die Frauen wäre dann *ḫalpačilik* eine Möglichkeit, drohender Isolierung zu entgehen.

Manche der *ḫalpa*, die die Weitergabe des Berufs von Generation zu Generation nicht nachweisen können, konstruieren sich eine passende Vergangenheit. Am Erfinden fiktiver Genealogien hat es in Mittelasien nie einen Mangel gegeben. Früher bedurften ihrer die Herrscher auf den verschiedenen Ebenen. Einen kurzen historischen Zeitraum lang bedürfen jetzt einige *ḫalpa* ihrer. Ein Mann, der Kolchosdirektor, dann Chef des Dorfsowjets, dann *maḥalla*-Chef war, erhält nun eine *mullā*-Jugend, und schon ist die Linie hergestellt, deren seine Tochter für *ḫalpačilik* bedarf.

Einige Frauen in derselben Situation gehen andere Wege. Sie stellen ihr Berufungserlebnis als besonders wichtig heraus und verdrängen damit sich selbst und den Gesprächspartnern gegenüber die Tatsache, daß *awlāddan awlādga* bei ihnen nicht gewährleistet ist.

Der Grad der Frömmigkeit und die Stärke der religiösen Motivierung hängt im übrigen von der Tatsache, ob *ḫalpačilik* von Generation zu Generation weitergegeben wurde, nicht ab. Hierfür sind sehr viele Faktoren im Leben und in der Art der Persönlichkeit der Frauen ausschlaggebend.

Sollte an die Stelle der früher sehr geringfügigen Öffnung zur Welt hin eine deutliche Öffnung zur islamischen Welt treten, sollten die islamischen Werte die Stelle der sozialistischen Werte einnehmen, von denen Anfang der neunziger Jahre behauptet wurde, es habe sie als positive Werte gar nicht gegeben, so wird *ḫalpačilik* in demselben Maße zunehmen, wie es bereits Mitte der neunziger Jahre zu beobachten war. Es wird dann einen sehr großen Raum im geistigen Leben der Frauen einnehmen. Man kann sich ausrechnen, daß es in dreißig bis vierzig Jahren nicht mehr schwer sein wird, in den dann stattfindenden Gesprächen mit Überzeugung von der Weitergabe des *ḫalpačilik* von Generation zu Generation zu sprechen. In jeder Großfamilie wird es dann ein bis in die dritte Generation zurückgehendes Interesse für die religiösen Bücher geben. Von außen in den Beruf Eingetretene wird es nicht mehr geben, und es wird negiert werden, daß es sie jemals gegeben hat.

5.2 Frühere *ḫalpa*

Es waren Pauschalantworten der *ḫalpa* über ihre Tätigkeit in sowjetischer Zeit, die mich in den Jahren 1993, 1995 und 1996 veranlaßten weiterzufragen. Einige *ḫalpa* erklärten in dieser Zeit, erst jetzt könnten sie frei tätig sein, früher sei alles verboten gewesen. Daraus hätte man den Eindruck gewinnen können, es hätte in den Jahrzehnten des Bestehens der Sowjetunion keinerlei *ḫalpačilik* in Choresm gegeben und die Totenfeiern hätten ohne das Vorlesen der alten Bücher durchgeführt werden müssen. Dann erfuhr ich, daß einige *ḫalpa* ihre Tätigkeit bereits seit zwanzig oder dreißig Jahren ausübten und daß hier und da in den dreißiger, vierziger oder fünfziger Jahren *ḫalpa* gelesen hatten. Ich begann, wenigstens nach den Namen von bekannten, bereits verstorbenen *ḫalpa* zu fragen, deren Tätigkeit in diese Zeit fiel. Aus Zeitmangel konnte ich den nächsten Schritt, in die Kleinstädte und Dörfer zu fahren, um mit den Nachfahren und Nachbarn der genannten *ḫalpa* zu sprechen, nicht tun. Diese hätte man nach dem Werdegang der *ḫalpa*, nach den sozialen Bedingungen, unter denen sie lebten, und nach dem Verbleib der Bücher fragen müssen. Den Weg der Bücher hätte man erfragen und bei den noch lebenden Schülerinnen das eine oder andere Buch ansehen müssen.

Immerhin ergab sich aus den Antworten, daß wahrscheinlich fast ohne Unterbrechung durch alle Jahre hindurch Totengedenkfeiern veranstaltet wurden, mindestens seit den vierziger Jahren auch wieder mit den traditionellen Texten. Die Schwierigkeiten dabei waren unterschiedlich groß.

An dieser Stelle gebe ich die Namen einiger *ḫalpa*, die in Choresm tätig waren. Die wenigen Daten über sie, die ich erhalten konnte, füge ich hinzu.

Vorausgeschickt sei noch, daß über die Frauen manchmal gesagt wird, sie hätten noch in der *madrasa* studiert oder bei der Moschee gelernt. Beides ist wohl als Lernen in der *maktab* zu verstehen. Jedenfalls war in den Fällen, da solches berichtet wurde, bekannt, daß die *ḫalpa* eine reguläre Ausbildung nach alter Art erhalten hatte. Alle Jahreszahlen und Altersangaben sind annähernd.

Bei dem **Pilgerort für Bilālğān buwa** lebte Bibiğān, die um 1992 mit fast neunzig Jahren gestorben ist.

In **Chanka** lebte Sara ḫalpa bis 1968, sie starb mit etwa neunzig Jahren. Māmāğān ḫalpa lebte ebenda bis 1983, sie wurde vierundachtzig Jahre alt. Über sie oder eine Gleichnamige habe ich noch eine andere Auskunft: sie starb 1993 mit dreiundachtzig Jahren. Sie war die *ustāẕ* einer etwa fünfzigjährigen *ḫalpa*, die ich kennengelernt habe. Diese sagte über Māmāğān, sie habe noch in der Moschee gelernt. Sie hat, wie mir ausdrücklich bestätigt wurde, trotz aller Schwierigkeiten ihr ganzes Leben lang bei Totengedenkfeiern und bei Hochzeiten vorgetragen. Falls es sich um dieselbe Frau handelt, die eine andere *ḫalpa* mir genannt hatte, bestätigt dies die Ungenauigkeit, mit der man bei den Alters- und Jahresangaben rechnen muß.

Ṣapūra (< Ṣabūra) ḫalpa starb in Chanka 1988 mit etwa siebzig Jahren.

In **Chiwa** hat Biwi (Bibi) ḫalpa ein hohes Alter erreicht. Im Dorf Tschanaschik bei Chiwa lebte Yaqitğān (< Yāqūtğān) ḫalpa bis 1984 oder 1985. Sie war etwa 1900 geboren. Sie hatte in einer *madrasa* gelernt. Sie wurde *ḫalpa*, als ihr Sohn im Krieg vermißt war und für tot erklärt wurde.

Bei **Kunja Urgentsch** lebte Saᶜādatğān ḫalpa. Sie war wegen ihrer guten Stimme sehr anerkannt. Sie starb zwischen 1980 und 1985.

Die Stadt **Urgentsch** hat ohne den Vorort, der *rajcentr* heißt und als Zentrum der umliegenden Ortschaften gilt, 31 *elat*. Dieser Begriff entspricht in diesem Fall dem sonst in Usbekistan üblichen Begriff *maḥalla*. Eine Frau erklärte, *elat* sei dialektal (*šīwa*), literatursprachlich müsse es *maḥalla* heißen. Den Begriff *maḥalla* verwenden nach ihrer Aussage aber nur die Männer. In jedem *elat* gab es Mitte der neunziger Jahre ein bis zwei *ḫalpa*. Besonders viele *ḫalpa* gab es im Ersten *elat*. Aufgezählt wurden fünf bekannte *ḫalpa*, die als sehr gute Kennerinnen ihres Gegenstands galten. Von ihnen war Yāqūtğān ḫalpa Mitte der neunziger Jahre fast hundert Jahre alt. Ihre Vortragsart wurde gerühmt, doch trete sie jetzt nicht mehr als *ḫalpa* auf. Außerdem konnte die hier lebende Rimağān (Raḥīmağān) die alten Bücher lesen, obwohl sie nie *ḫalpa* war.

Jetzt sei sie jedoch erblindet. Bis Ende der dreißiger Jahre lebten Ŭġilğān ḫalpa Pinyān (< Pinhān) und Ayimğān ḫalpa. Beide hatten die *madrasa* besucht. Eine Enkelin von Ŭġilğān ist noch am Leben und als Dozentin in der Universität tätig. Eine Urgentscher *ḫalpa*, die Anfang der dreißiger Jahre geboren ist, erinnert sich daran, beide in ihren Kinderjahren gesehen zu haben. Ulupaša bī (< bibi) ḫalpa hatte noch die *madrasa* besucht, sie starb ungefähr 1987. Aybibi ḫalpa starb 1988 im Alter von achtundachtzig Jahren. Sie dichtete selbst, sprach fast nur in Versen, veröffentlichte jedoch nichts. Sie war die *ustāẓ* einer mir bekannten *ḫalpa*. Meine Bekannte nannte noch unter den bereits verstorbenen *ḫalpa*, ohne sie genauer zu charakterisieren, Bikeğān änä. Bis 1988 lebte auch Šükürğān ḫalpa. Šükür ḫalpa starb 1992. Sie stammte aus dem Stadtbezirk Qirq Sača (< Sarča) elati. Mir wurde ausdrücklich bestätigt, daß es sich trotz Namensgleichheit um zwei Personen handelt. Bis 1993 lebte Tūḫta ḫalpa. Sie erreichte ein Alter von ungefähr neunzig Jahren. Sie stammte vom Amudarja, etwa 14 km von Urgentsch entfernt. Sie las immer im Zweiten *elat* von Urgentsch.

Im Vorort Ġaybu von Urgentsch lebt Abadan (Ābādān) ḫalpa, die ich kennenlernen konnte. Nach unterschiedlichen Aussagen ist sie 86 oder 87 oder 90 Jahre alt. Sie war von Anfang der vierziger Jahre bis etwa 1987 als *ḫalpa* tätig, vgl. auch 5.3.1. In Ġaybu lebte auch Qaraman Ṭūṭī ḫalpa. Sie starb etwa 1983 im Alter von achtzig Jahren.

In der Nähe des **Pilgerortes für Ulu pīr** zwischen Urgentsch und Schawat lebten die *ḫalpa* Maryam, die 1954 starb, und Lālağān bibi, die 1972 oder 1973 mit siebenundachtzig Jahren starb. Beide waren Lehrerinnen von S., vgl. 5.4 und 6.3. S. war mit mehreren der bereits verstorbenen *ḫalpa* bekannt, weil diese oft zum Pilgerort Ulu pīr kamen. Sie nannte unter diesen folgende *ḫalpa*: Šādmān ḫalpa, die bis etwa 1983 lebte, und Bike ḫalpa, die um 1980 starb. Beide sind sehr alt geworden. Sie hatten noch in einer alten Schule (*eski maktab*) gelernt. Sie besaßen eine gute Bildung und eine gute Stimme (*sawādi wa awāzi yaḫsi ekan*). Ihre *ustāẓ* hatten ihre guten stimmlichen Voraussetzungen erkannt und Wert auf die Ausbildung der Stimmen gelegt. In der Nähe von Ulu pīr lebte Niyāzğān ḫalpa. Eventuell ist diese Niyāzğān ḫalpa identisch mit einer Frau desselben Namens, deren Tätigkeit S. Rūzimbāyev einige Zeilen widmet.[1] Nach seinen Angaben hatte die *ḫalpa* den Familiennamen Mūsāeva und stammte aus dem Kolchos "Leninizm" in der Ge-

---

[1] Rūzimbāyev 1985, 31.

meinde Schawat. Sie hatte, gefördert durch ihren Vater, der *mullā* war, bei der Moschee des Dorfes mit elf bis zwölf Jahren lesen und schreiben gelernt. Zu ihrem Repertoire gehörten mindestens zehn Epen, die der Wissenschaftler aufzählt, wie auch die eigentlichen *ḫālpa*-Texte. Genannt werden auch zwei ihrer Schülerinnen.

Nariğān ḫalpa aus Kirow (wahrscheinlich zwischen Urgentsch und Kunja Urgentsch) hatte noch in der alten Schule gelernt. Saʿādat ḫalpa aus Schawat trug Bücher vor, heilte und beherrschte das Weissagen (*kitāb qaradi*). Ūġilğān ḫalpa aus Bekler war ebenfalls eine Weissagerin (*kitāb āčgan*).

In **Jangiarik** lebte Raḥīmağān bis März oder April 1990. Sie ist achtzig Jahre alt geworden. Sie war sehr beliebt. Ihr Sohn lebt noch dort. Im Kolchos "1. Mai" bei Jangiarik lebte Sūna ḫalpa. Sie starb im Alter von ca. zweiundsechzig Jahren ungefähr 1991. Man kannte sie gut auch in den türkmenischen Orten Aschchabad, Mary und Bairam-Ali. Sie trug die Texte für die dort lebenden Usbeken vor. Die Türkmenen kennen keine Feiern dieser Art, wie von den Informanten noch einmal ausdrücklich unterstrichen wurde.

In **Jangibasar** lebte bis 1991 Sara; sie starb mit fünfundachtzig Jahren. Bis 1980 etwa lebte Rūzībike. Šaripa (< Šarīfa) starb 1969. Sie war fünfundsiebzig Jahren alt. Man erinnert sich noch, daß sie eine außerordentlich gute Stimme hatte und deshalb die beste *ḫalpa* weit und breit war. In den siebziger Jahren starb Rima (Raḥīma) ḫalpa, 1968 hatte sie noch bei einer Hochzeit gesungen. Über Rima ḫalpa und ihre jüngere Schwester Ḥawā' gibt es eine Legende: *basmači*, die zu den Jomud gehörten, hatten das Dorf überfallen und drei Mädchen mitgenommen. Rima sprach einen Vers, um besonders die jüngere, damals noch unverheiratete, Schwester zu schützen. Die Worte seien jetzt noch vielen in dieser Gegend bekannt: *bizler barib labz (lafẓ) etüwdik, // alib kelib tuznanini yeyüwdik, // bir birewge ʿahd-u paymān etüwdik; // bizlerge tegseñ hem Ḥawā'ġa tegme; // atamiz Ḥasanbay, adimiz Rima; // bizlerge tegseñ hem Ḥawā'ġa tegme.*[2]

(Wir sind gekommen, haben uns unterhalten, // haben Salz und Brot gegessen, // wir haben einander Treue gelobt; // wenn ihr uns anfaßt, so laßt aber Ḥawā' in Frieden; // mein Vater ist Ḥasanbay, mein Name ist Rima; // wenn ihr euch uns nähert, so laßt aber Ḥawā' in Frieden.)

---

[2] Leider habe ich keine Aufnahme von dem Text, wahrscheinlich wurden die anlautenden *t* als *d* gesprochen.

Im Ḥamza-Kolchos der Gemeinde (*rajon*) Jangibasar lebte Amīna ḫalpa. Sie war sehr alt und starb 1989 oder 1990.

Natürlich ähnelt diese erste Annäherung an *ḫalpačilik* in Zeiten, die in grauen Nebel entrückt sind, einem Einsammeln von toten Seelen. Die Namen sagen nur aus: Es gab *ḫalpačilik*. Alles weitere bleibt noch offen.

5.3 Rekonstruktionsversuch

5.3.1 Historische Konturen

Bisher kann man über die Tätigkeit von *ḫalpa* und *ātin āyi* in der ersten Hälfte des 20. Jahrhunderts nur Vermutungen anstellen. Um mehr als nur die Umrisse eines Bildes zu erhalten, müßten zwei Wege gegangen werden. Der erste wäre, mit den Methoden der mündlichen Geschichte zu forschen. Leider zeigen die usbekischen Literaturwissenschaftler und Historiker bisher kein Interesse daran. Außerdem droht leider oft etwas Neues, wenn es einmal als sinnvoll erkannt ist, in Mittelasien Kampagnecharakter anzunehmen. So kann es sogar einer neuen Forschungsrichtung in der Wissenschaft ergehen. Breit angelegte Aktionen ohne durchdachte Vorbereitung wären für die Schaffung einer Materialbasis fast ebenso ungünstig wie das Nichtstun. Erscheinen immer wieder neue Fragende in den Häusern, erlahmt die Bereitschaft der Befragten, Auskunft zu geben, bald. Ein usbekischer Folkloreforscher war in den achtziger Jahren mit einer derartigen Situation konfrontiert. Er wußte, daß in einer bestimmten Gegend sehr originelle Märchen erhalten waren. Als er dorthin fuhr, um Material zu sammeln, erwies es sich, daß ihm Studentengruppen zuvor gekommen waren. Sie hatten in ihrem Praktikum manche Märchen aufgezeichnet, doch diese nie publiziert, geschweige denn einen wissenschaftlichen Kommentar dazu verfaßt. Die Leute wollten nicht mehr erzählen. Um wieviel schwerer als bei Märchen, die zum Erzählen geschaffen sind, ist es bei Problemen, an deren Einzelheiten sich die Leute nur erinnern, wenn die Fragen an das Verschüttete und Verdrängte rühren. Hier bedarf es einer Vertrauenssituation, die nicht leicht herzustellen ist. Nur dann kann man aber von den allgemeinen Antworten zu erlebten Ereignissen vordringen, die ein Bausteinchen für das vielfarbige und vielschichtige Geschichtsbild wären. Daß dieser Weg nicht aussichtslos ist, kann man an M.R. Kamps ausgezeichneter Monographie über die usbekischen Frauen zwischen 1906 und 1929 erkennen. Ihre Quellen sind mehr als 30 in mehreren Gegenden Usbekistans geführte Interviews, die sie in den Jahren 1992 und 1993 aufgezeichnet und ausgewertet hat, Archivmaterialien sowie Tatsachen aus schwer zugänglichen Zeitungs- und Zeitschriftenaufsätzen der Dschadiden und der nachrevolutionären Jahre.[3]

Ein zweiter Weg wäre die Prüfung der in den Handschriftenkatalogen verzeichneten Handschriften. Zuerst kämen jene Handschriften in Frage, die Frauen gehörten. Derartige Hinweise finden sich hin und wieder in den Katalogen (vgl. 3.2.4 und 6.1 unter Ḫāliṣ, 9.). Von den Handschriften der Frauen, von der Art der Zusammenstellung der Texte ausgehend, wird es vielleicht möglich sein, nicht nur über das 19., sondern auch über das 18. Jahrhundert manches zu erfahren.

Zweifellos war die Funktion der *ḫalpa* und der *ātin āyi* in der Gesellschaft vor der Revolution eine andere als danach. Für die Vermittlung von Bildung an Mädchen waren diese Frauen vor der Revolution weitgehend allein zuständig. Die Mischung des Repertoires, die man heute in einigen Orten Choresms und des Ferghanatals beobachten kann, war wahrscheinlich in jener Zeit das Charakteristische. Gut ausgebildete *ḫalpa* und *ātin āyi* konnten sicher unter anderem das Lesen von Ghaselen der in der jeweiligen Gegend bekannten Dichter seit dem 15. Jahrhundert vermitteln, was heute nicht mehr möglich ist. Von der Ausgliederung bestimmter Teile der Literatur und nur deren Aneignung durch die Öffentlichkeit und dem Übriglassen anderer Teile konnte damals nicht die Rede sein. Allerdings wäre es eine Illusion anzunehmen, daß stets alles Vergangene in gleicher Weise präsent gewesen sei. Nur waren es andere Mechanismen als im 20. Jahrhundert, die zum Vergessen des einen Teils der Dichtung und zum Bewahren eines anderen Teils führten.

Möglicherweise kann man aus der Lehrtätigkeit der Usbekinnen in Afghanistan noch einige Rückschlüsse auf die vorrevolutionäre Tätigkeit der Frauen in Usbekistan ziehen. Aber man müßte genau hinsehen, um zu entscheiden, ob das heute dort Vorhandene dem Tun der *ātin āyi* in einer der Regionen Usbekistans oder dem der *ḫalpa* in Choresm ähnelt oder ob es von ganz anderer Art ist.

Einige der Tätigkeitsbereiche der *ḫalpa* und *ātin āyi*, insbesondere die Ausgestaltung der Totengedenkfeiern durch sie, sind eventuell im ersten Jahrzehnt nach der Oktoberrevolution noch nicht auf großen Widerstand

---

[3] Kamp 1998. In enger Berührung mit meiner Thematik steht Kapitel II: Educating Uzbek Girls: The Otin and the Soviet School, 116-183. M.R. Kamp schlußfolgert aus den Quellen, daß die *ātin āyi* ihre Tätigkeit in den zwanziger Jahren – unbeeinflußt von dschadidischen oder anderen neuen Gedanken – fortsetzten (135-136), während sie sich in den dreißiger Jahren aus der Lehre zurückziehen und auf Auftritte bei Feiern beschränken mußten (156-158).

gestoßen, weil alles, was mit dem natürlichen Tod zu tun hatte, nicht die Aufmerksamkeit der Revolutionäre erregte. Allmählich wurden die Frauen und Mädchen in das modernere Bildungssystem einbezogen. Aber den *ḫalpa* blieben sicher noch genügend Wirkungsbereiche. Ich nehme an, daß *ṭabībčilik* und *kitāb qaraš* dazugehörten. In bezug auf *ṭabībčilik* haben wir aus den zwanziger Jahren die Beobachtungen von A.L. Troickaja, die ich in 2.5 erwähnt habe. Gegen Ende der zwanziger Jahre und in den dreißiger Jahren dürfte die gesamte Tätigkeit der *ḫalpa* und *ātin āyi* suspekt geworden sein. Die Vertreter der neuen Macht begegneten jedem alten Buch mit äußerstem Mißtrauen. Allein der Besitz alter Bücher konnte zur Verhaftung und manchmal zum Tod des Verhafteten führen. So schafften die Männer die Bücher aus dem Haus und vergruben sie auf den Friedhöfen. Darüber ist in den neunziger Jahren des öfteren berichtet worden.

Die Gefährdeten waren vor allem die Männer. Die Bücher werden ihnen oder ihnen und ihren Ehefrauen gemeinsam gehört haben, bzw. von ihnen gemeinsam genutzt worden sein. Die Situation muß sich deutlich von der heutigen unterschieden haben, da die wenigen alten Bücher und abgeschriebenen Texte häufig den Frauen allein gehören und die Männer sich nicht dafür interessieren. Heute sind die Männer LKW-Fahrer, im Handel Tätige, Tankstellenwarte, Milizionäre oder dergleichen und ihre Frauen *ḫalpa* bzw. *ātin āyi*. Die Bildung ist, ähnlich wie die vergangene Literatur, in zwei Bereiche auseinandergefallen. Während es zwischen den zwei Literaturbereichen jedoch Überschneidungen gegeben hat (z.B. in bezug auf Mašrab), gab es zwischen den Arten, Bildung zu vermitteln, von den dreißiger Jahren an bis zum Ende der sowjetischen Zeit nicht einmal Berührungspunkte.

Wenn in alten Zeiten die Frau las, las mit Sicherheit auch der Mann. Selbst wenn man Geschmacksunterschiede einrechnet, können diese nicht so groß gewesen sein wie die eines heutigen Milizionärs und seiner *ḫalpa*-Gattin. Es waren dieselben Bücher, die beiden zugänglich waren, und es gab keinen anderen Bildungsbereich. Insofern war früher auch der Mann dafür verantwortlich, welche Bücher man besaß und las. Er konnte die Angelegenheit nicht herunterspielen und behaupten, er könne gar nicht lesen und interessiere sich nicht dafür, welche Bücher im Haus seien.

Seit dem Übergang zum Lateinalphabet 1929/30 waren die alten Bücher auch äußerlich leicht erkennbar. Da alle dschadidischen Veröffentlichungen ebenso wie die Texte religiösen Inhalts nur unter dem Blickwinkel betrachtet wurden, ob sie mit den sozialistischen Vorstellungen jener Zeit vereinbar seien, und da die Autoren von Büchern mit dschadidischer Tendenz in den dreißiger Jahren hingerichtet wurden, galten nicht einmal die modernen Texte aus der Zeit zwischen 1910 und 1935, die die Rückständigkeit Turkestans und häufig auch den Islam in der herrschenden Form heftig kritisiert hatten, als bewahrenswert.

Die Verantwortung der Männer ist für den Versuch, jenen Zeitpunkt zu finden, da *ḫalpačilik* wieder begann, wichtig.

Leider habe ich nur einen einzigen Bericht einer *ḫalpa*, der mich annehmen läßt, daß *ḫalpačilik* mit Beginn der vierziger Jahre wieder möglich wurde, wenn auch in kleinen vorsichtigen Schritten. Abadan ḫalpa erzählte Folgendes: Sie hat bei einem *mullā* gelernt, den Koran zu lesen. Der *mullā* verbot ihr und anderen Frauen aber, irgendetwas bei einer Hochzeit oder einem anderen Fest vorzutragen. Bei diesen Gelegenheiten traten in jener Zeit, die sie nicht genauer bezeichnete, nur *sāzči*, also singende *ḫalpa*, auf. Den *dīnī ḫalpa* (sie sagte sogar *dīnī ḫalpačilar*!) war dies untersagt. Der *mullā* erlaubte ihr auch nicht zu schreiben und lehrte es sie nicht. Die Erlaubnis zum Lesen (*fātiḥa*) erhielt Abadan vom *imām* in Ġaybu am Rande von Urgentsch, der Mullā Anna ād Sayyid Naẓar hieß. Sie hat bis 1987 als *ḫalpa* gewirkt, und sie war zweiundvierzig Jahre lang mit *ḫalpačilik* beschäftigt, d.h. seit 1945. Eine Bekannte fügte hinzu, was sie über Abadan gehört hatte: Ihr Mann hatte ihr untersagt, Bücher in arabischer Schrift vorzutragen. Erst als ihr Mann in den Krieg einberufen wurde, konnte sie mit *ḫalpačilik* beginnen. Das war deshalb möglich, weil es in ihrer Wohngegend einen Kolchosvorsitzenden gab, der nach oben sagte, es gebe in seinem Kolchos kein *ḫalpačilik*, und es nach unten erlaubte.

Wenn man also vom Ehemann, vom *mullā* und vom Kolchosvorsitzenden hört, daß sie dies und jenes verboten, anderes aber erlaubten, so hat das einerseits mit der patriarchalischen Gesellschaft zu tun, in der die Männer den Rahmen für alles festlegen. Es ist aber auch zu bedenken, daß die Männer, die im Berufsleben standen, für sich und ihre Familie das notwendige Maß der Anpassung an die neuen gesellschaftlichen Regeln zu erproben und zu bestimmen hatten. Für die Frauen, die ins Berufsleben hineinkamen, galt das Erproben auch, aber sie trugen "nur" für sich und ihre Kinder die Verantwortung. An *ḫalpačilik* zu denken, hatten diese Frauen natürlich keine Muße. Sie betraf *ḫalpačilik* viel weniger als die Männer, deren Frauen oder nahe Verwandte diese Tätigkeit ausüben wollten. Die Männer hatten die Verantwortung zu tragen. Sie wären zur Rechenschaft gezogen worden, wenn bekannt geworden wäre, daß man sich in ihrem Haus mit religiösen Büchern befaßte. Die

Frauen, die im Haushalt beschäftigt und für die Kindererziehung zuständig waren, fragten offenbar nicht danach, wie groß das Maß der Anpassung an unverstandene oder verstandene, aber nicht akzeptierte Maßnahmen und Anordnungen sein mußte. Sie drängten danach, etwas Erlerntes und Gewohntes fortzusetzen, die Männer zogen die Grenzen.

Abadan ḫalpa hat also, wenn ihre eigenen Angaben stimmen, 1945 mit *ḫalpačilik* begonnen. Wenn die Angaben der Frau stimmen, die über sie berichtete, war es 1941 oder 1942. Mit dem Krieg und seinen Auswirkungen hat eine Art Neubeginn von *ḫalpačilik* aber zu tun. Im Rahmen der allgemeinen Entwicklung der Religions- und Kulturpolitik ist dies nicht unerwartet. 1943 wurden zwei Räte für religiöse Angelegenheiten in Moskau und vier Verwaltungsbezirke für muslimische Angelegenheiten geschaffen.[4] In der Kriegszeit wurden sowohl in Rußland als auch in den anderen Republiken der Sowjetunion Lieder und Epen wieder ins allgemeine Repertoire aufgenommen, denen man vorher mit sehr großer Skepsis begegnet war. Die kriegerischen Momente der Epen, die darin angedeuteten Kämpfe zwischen den Völkern, die jetzt zu einem Verbund gehörten, und die in der Regel einseitige Stellungnahme des Erzählers waren zwar nicht der einzige Grund, weshalb man sie nicht publizieren wollte. An Motiven gab es auch anderes, das störte, wie religiöse Elemente und die für die Recken der Epen natürliche Polygamie. Aber die zuerst genannten Motive waren wohl die wesentliche Ursache dafür, daß die früher publizierten Epen (Kasaner Drucke, Taschkenter und Samarkander Lithographien) und die in den zwanziger Jahren von den Folkloreforschern aufgezeichneten Epentexte lange Zeit in den Bibliotheken und Archiven blieben.[5] Im Krieg dagegen hielt man es für möglich, die Epen umzufunktionieren und das durch sie gestärkte Selbstbewußtsein

---

[4] Die zwei im Oktober 1943 geschaffenen zentralen Räte in Moskau hießen *Sovet po delam russkoj pravoslavnoj cerkvi* (Rat für die Angelegenheiten der Russisch-orthodoxen Kirche) und *Sovet po delam religioznych kul'tov* (Rat für die Angelegenheiten religiöser Kulte), vgl. Bol'šaja Sovetskaja Ėnciklopedija, Band: SSSR, Moskva 1947, Artikel Religija i cerkov' v SSSR, 1775-1790 (1788) und Bol'šaja Sovetskaja Ėnciklopedija, 2oe izdanie, t. 50 SSSR, Moskva 1957, Artikel Religija i cerkov', 642-643 (643). Einer der vier muslimischen Verwaltungsbezirke wird geleitet von *Ūrta Āsiyā wa Qāzāġistān musulmānlari dīnī bāšqarmasi* (Religiöse Verwaltung für die Muslime Mittelasiens und Kasachstans). Diese Verwaltung wurde am 20.10.1943 in Taschkent eingerichtet, vgl. Islām. Spravočnik, Tāškent ³1989, 291.

[5] Die anderen Stellen, die nicht ins moderne sozialistische Leben paßten, ließen sich aus den publizierten Texten herausnehmen, ohne daß der ganze Text zerfiel. Diesen Weg ist man dann in der zweiten Hälfte des 20. Jahrhunderts häufig gegangen.

gegen den jetzigen Feind, den deutschen Faschismus, zu wenden. Auch die Epenforschung wurde im Krieg intensiviert. Viktor M. Žirmunskij und Hādī Ẓarīf verfaßten ihr gemeinsames Werk über das usbekische Heldenepos in dieser Zeit. Viel Mühe verwendete man gerade damals auch auf Übersetzungen ins Russische.

Ebenso scheint sich das Verhältnis gegenüber den religiösen Büchern damals etwas geändert zu haben. Die Gefahr, die man vor dem Krieg in ihnen sah, kann durch die Kriegsereignisse, da alle Kraft für das einfache Überleben gebraucht wurde, relativiert worden sein. Keineswegs sollte man sich jedoch die Kriegszeit im "Hinterland" in irgendeiner Dimension als idyllisch vorstellen. Die Frauen mußten, um den Lebensunterhalt der Familien zu sichern, auf den Feldern, in den Fabriken und im Haus ihre eigene Arbeit und die der Männer erledigen. Aber es ist denkbar, daß sie, indem sie dies taten, auch das Alltagsleben in stärkerem Maße als vorher und danach prägten. Ein Teil des Alltagslebens war die Trauer. Im Krieg hatte sie im Leben des Hinterlandes einen großen Platz. Wahrscheinlich gelang es den Frauen, die Trauer wieder so zu leben, wie es in alten Zeiten üblich gewesen war. Dazu gehörten die Bücher.

Die einzelnen Phasen zu beschreiben, die es bis zur Erklärung der Unabhängigkeit für die Entwicklung von *ḫalpačilik* gab, ist mir noch nicht möglich.

Für die sowjetische Zeit insgesamt gilt, daß das Vorlesen der religiösen Bücher nicht erlaubt war. Aber nur während kurzer Zeitabschnitte dürfte es durch die Behörden ausdrücklich verboten gewesen sein. Dies in jenen Jahren, in denen die Aufklärung gegen Aberglauben und Religiosität Kampagnecharakter annahm. Ansonsten war es in Usbekistan aber möglich, an den nicht akzeptierten Anweisungen vorbeizuleben. Es gab Zeiten, in denen es fast schien, als sei die Tradition wiederhergestellt, und dann wurden die *ḫalpa* und *ātin āyi* plötzlich wieder an ihrer Tätigkeit gehindert. Die Gründe waren für die *ḫalpa* nicht erkennbar, und die Vorgänge mochten ihnen als reine Willkür erscheinen. Eine letzte Schwierigkeit für das Wirken der *ḫalpa* und *ātin āyi* vor der Erklärung der Unabhängigkeit Usbekistans ergab sich in der Zeit von *perestrojka* und *glasnost'*. Während einige usbekische Wissenschaftler noch die Losungen von *glasnost'* wie auf einem Tablett vor sich hertrugen, ohne sich entscheiden zu können, was wirklich zu tun sei, belebte sich in Mittelasien das religiöse Leben. Dies wurde bemerkt. Journalisten stellten das Beobachtete sorgenvoll (in russischer und in anderen Sprachen der Sowjetunion) dar. Welche Aufforderungen gleichzeitig von Moskau aus an die Zentralkomitees der Kommunistischen Parteien in

Mittelasien ergingen, läßt sich heute sicher ohne große Schwierigkeiten nachweisen. In Usbekistan ist bekannt, daß die Sekretärin für Ideologie Anweisungen erließ, die einem Verbot des mehr oder weniger öffentlichen Lesens der religiösen Texte gleichkam. Ihr Name war in aller Munde wie auch die Tatsache oder Vermutung, daß sie keine normale Familienerziehung genossen hatte, sondern in einem Kinderheim aufgewachsen war. Das Problem war personalisiert und schien sich in Nichts aufgelöst zu haben, als sich mit der Entlassung Usbekistans in die Unabhängigkeit die Machtstrukturen, einschließlich der Abhängigkeit vom Zentralkomitee der KPdSU im ideologischen Bereich, gewandelt hatten. Mit der Erklärung der Unabhängigkeit galt *ḫalpačilik* und die Tätigkeit der *ātin āyi* als erlaubt. Oft wurde der Vortrag der religiösen Bücher in den Medien sogar mit überschwenglichen Worten als einer der wertvollsten Bestandteile der eigenen Kultur gepriesen. Daß es auch für das unabhängige Usbekistan nicht einfach ist, einen ausgewogenen Umgang mit den religiösen Angelegenheiten zu finden, zeigte sich 1997 und 1998, als in bezug auf die Tätigkeit der *ḫalpa* und *ātin āyi* erneut eine Wende eintrat (vgl. 0.1).

Aber da von vielen Frauen berichtet wird, daß sie sich jahrzehntelang mit *ḫalpačilik* befaßten, nehme ich an, daß die in den Kriegsjahren wieder aufgenommene Tätigkeit der *ḫalpa* niemals wieder ganz und gar abbrach. Einige wenige und manchmal nicht sehr sichere schriftliche Zeugnisse hierfür kann man finden. Hierzu gehört ein Buchumschlag eines Lehrbuches von 1955 mit dem Titel "Rodnaja literatura" (Unsere Literatur), in den die beiden Lithographien "Yūsup wa Aḥmad" und "Yūsuf wa Zalīḫā" eingebunden waren. Ein genauerer Beleg ist die Bemerkung in einer "Ayyūb"-Handschrift, daß der Text 1972 abgeschrieben wurde. Leider gibt es nicht viele Beweisstücke dieser Art.

5.3.2 Unter welchen Bedingungen wurden junge Frauen *ḫalpa*

Die Tatsache, daß manche Frauen *ḫalpačilik* in jungen Jahren aufgenommen haben, ist mir des öfteren berichtet worden. Es ist möglich, daß die *ḫalpa* manchmal die Zeit der Tätigkeit in diesem Beruf als etwas länger angeben als sie in Wirklichkeit war, um ihre Bedeutung herauszustreichen. Aber selbst wenn einige von ihnen fünf Jahre zu ihrer Tätigkeit hinzugedichtet haben sollten, waren mehrere Frauen in einem Alter von weit unter vierzig Jahren, als sie mit ihren Kenntnissen an die Frauenöffentlichkeit traten.

Eine vierzigjährige *ḫalpa*, Mutter von neun Kindern und vierfache Großmutter, begegnete mir 1992. Sie wohnte in einem Dorf. Ihre Mutter, eine Russin, war gestorben, als die *ḫalpa* fünf Jahre alt war. Von ihren eigenen Töchtern hatte sie schon drei verheiratet, wie sie stolz berichtete. Die Ehemänner hatte sie in der Nachbarschaft sehr gut ausgesucht. Ihr eigenes kleinstes Kind war gerade drei Jahre alt. Sie hatte eigentlich Literatur und Pädagogik studieren wollen, aber die Familie konnte ihr aus materiellen Gründen kein Studium ermöglichen. Literatur war bereits in der Schule ihr liebstes Unterrichtsfach. Einige Gedichte aus den Chrestomathien der Schulzeit (Ḥamīd ᶜĀlimǧān, Zulfiya) sind ihr noch in Erinnerung. ᶜAlīšēr Nawāʾīs Ghasele hat sie ebenfalls in den Schulbüchern kennengelernt und nur dort gelesen. Jetzt hat sie aber keine Zeit mehr, die Literatur des 20. Jahrhunderts oder die Gedichte Nawāʾīs zu lesen. Sie war, als ich sie kennenlernte, seit zehn Jahren *ḫalpa*, hatte also im Alter von dreißig Jahren 1982 mit dem Vortrag der religiösen Texte begonnen. Ihrem unerfüllbaren Ziel, Literaturlehrerin zu werden, hatte sie sich auf diese Weise angenähert. In ihrer Familie ist *ḫalpačilik* wahrscheinlich nicht tradiert worden, es wäre ohnehin nur die väterliche Seite in Frage gekommen. Ihr *ustāẓ*, der ihr auch die *fātiḥa* gegeben hatte, war ein alter Mann, der wenige Jahre, bevor wir uns trafen, im Alter von hundert Jahren gestorben war. Ich nehme an, daß ihr Werdegang für jene Jahre die Ausnahme war. Ihre Tätigkeit als *ḫalpa* wird den offiziellen Stellen nicht bedenklich erschienen sein, da sie stets eine große Familie zu versorgen hatte und als Privatsache betrachtet werden konnte, was sie sonst tat.

Eine 1995 vierundvierzigjährige *ḫalpa* aus Chanka gab an, daß sie seit zwanzig Jahren Texte vortrage. Wenn es so stimmt, begann sie im Alter von vierundzwanzig Jahren damit.

Eine andere Frau aus demselben Ort im Alter von fünfzig Jahren war nach ihren Angaben seit fünfzehn Jahren als *ḫalpa* tätig. Das heißt, auch sie hatte bereits mit fünfunddreißig Jahren *ḫalpačilik* begonnen. Sie sei Bäuerin, gab sie an, wolle jetzt aber in Rente gehen. Das ist möglich, da sie sieben Kinder hat. Sicher wird sie dann noch mehr Zeit für *ḫalpačilik* verwenden. 1995 hatte sie allerdings schon neben den jeweils aktuellen Leseaufgaben vier oder fünf Schülerinnen zu betreuen, von denen die älteste vierunddreißig Jahre alt war.

Hier füge ich eine Vermutung ein, die ich aus einigen Gesprächen wie auch aus der modernen Prosaliteratur ableite. In Erzählungen und Romanen wird manchmal berichtet, daß eine bestimmte Person an einer Stelle als arbeitend eingetragen war, dort auch Gehalt empfing, aber niemals bei der Arbeit erschien und den Kollegen nicht bekannt war. Vielleicht verhielt es sich bei einigen *ḫalpa* ähnlich (vgl. auch G. unter 5.4). Der Kolchosvorsitzende und der Gemeindechef im Dorf wußten genauso gut wie die *ḫalpa* selbst, daß ihre Tätigkeit im Dorf gebraucht wurde. Gab es keine ältere *ḫalpa*, so mußte man einer jüngeren Frau gestatten, als *ḫalpa* tätig zu sein. Aber man konnte ihr natürlich keine Stelle im "öffentlichen Dienst" schaffen. So blieb sie als Bäuerin eingetragen, was sie früher eventuell tatsächlich eine Zeitlang war. Sie vereinbarte dem Scheine nach zwei verschiedene Tätigkeiten oder – nimmt man den Haushalt dazu – sogar drei Tätigkeiten. Aber in Wirklichkeit war die Kolchosbäuerin keine. In den Städten mag es anderes gewesen sein. Dort gibt es eine größere Zahl von Beschäftigungsbereichen, und ein Fabrikdirektor fühlte sich nicht verantwortlich für das Wohlbefinden seiner Arbeiter im Alltag, wozu die Möglichkeit, zu manchen Gelegenheiten eine *ḫalpa* zu rufen, gehörte. Dort konnte die Frau wohl wirklich erst in der Rentenzeit mit *ḫalpačilik* beginnen, wenn sie den Beruf nicht aufgeben wollte. Zur Verantwortlichkeit staatlicher Behörden oder der *maḥalla*-Leitung für die *ḫalpa*-Angelegenheiten vgl. aber noch unten die Bemerkungen unter 5.3.8.

Eine *ḫalpa* lernte in der Schulzeit von der vierten bis zur siebenten Klasse, bei einem Mann, der um der guten Tat willen (*ṣawāb učun*) zusammen mit seinen Töchtern auch sie unterrichtet hat. Als sie von ihm die *fātiḥa* erhielt, muß sie etwa sechzehn Jahre alt gewesen sein. 1995 sagte sie, daß sie jetzt seit dreißig Jahren die Bücher vortrage. Sie könnte demnach im Alter von etwa dreiundzwanzig Jahren damit begonnen haben. Die Frage, ob es Jahre gab, in denen sie ihr Wissen verbergen mußte, verneinte sie, davon könne nicht die Rede sein. Alle wußten von ihren Kenntnissen und sie wurde, nachdem sie mit *ḫalpačilik* begonnen hatte, immer zum Vorlesen eingeladen.

5.3.3 *Ḫalpačilik* in der Rentenzeit

Da *ḫalpačilik* einem Beruf gleichkommt, war und ist dies schon aus Zeitgründen mit einem anderen Beruf nicht vereinbar, falls der Beruf nicht eine Fiktion ist, wie unter 5.3.2 erwähnt. Ein Ausscheiden aus dem Beruf hätte eine Frau mit ihrem Gesundheitszustand oder damit begründen können, daß sie sich der Familie mehr widmen müsse. Diese Gründe zu nennen oder zu erfinden, war nicht schwierig. Einige Frauen machten davon Gebrauch und wandten sich *ḫalpačilik* zu. Andere blieben im Beruf bis zur Rentenzeit, d.h. bis zum fünfundfünfzigsten Lebensjahr bzw. bis zum fünfzigsten, wenn sie fünf Kinder und mehr geboren hatten, und wurden, wenn sie den Wunsch dazu hegten, dann *ḫalpa*.

Eine 1920 oder später geborene *ḫalpa* hat sich mindestens ab 1959, als sie eine schwerere Krankheit hatte, mit dem Gedanken befaßt, daß sie *ḫalpa* werden könnte. Damals begann sie, unter Verwandten und Bekannten die dafür notwendigen Bücher zu sammeln. Darunter waren Lithographien und Abschriften von Lithographien und alten Handschriften, die bereits verstorbene Personen für sich angefertigt hatten. 1975 schloß sie ihr Berufsleben als Lehrerin ab und wurde *ḫalpa*. Es ist möglich, daß sie damals noch nicht fünfundfünfzig Jahre alt war, denn mit dem Geburtsjahr verhielt es sich so: Es wurde gesprächsweise angedeutet, daß im Paß 1920 stehe, genau wisse man es nicht. Die *ḫalpa* sah auch jünger aus, als sie dem Paß zufolge hätte sein müssen, was in Mittelasien nicht all zu häufig ist. Da sie sagte, sie habe sieben Jahre lang in der Schule Texte in Lateinschrift gelesen, muß sie in den dreißiger Jahren zur Schule gegangen sein. Nach den sieben Jahren trat sie 1940 oder 1941 in ein Lehrerbildungsinstitut ein. Nebenbei hatte sie geheiratet, und zwar einen Mann, der viel älter war als sie und der, da ihm die Frau gestorben war, mehrere Kinder hätte allein versorgen müssen. Wahrscheinlich hat man sie, um sie verheiraten zu können, um ein paar Jahre älter gemacht. Jedenfalls hatte sie in den neunziger Jahren noch genügend Energie, um nicht nur die Totengedenkfeiern durchzustehen, sondern auch andere für ihre Texte zu begeistern.

Eine 1927 geborene *ḫalpa* hat in folgenden Berufen gearbeitet: Lehrerin, Kolchosbäuerin, Kindergartenleiterin, Brigadeleiterin in der Seidenraupenzucht, Direktorin einer Farm – letzteres nach dem Tod ihres Mannes, der vorher der Direktor war. Die Ursache für die nicht gerade übliche Reihenfolge konnte ich nicht erfragen. 1983 ging sie in Rente. In demselben Jahr erkrankte sie und wurde *ḫalpa*. Mit einer derartigen Wende in ihrem Leben habe sie nie gerechnet, da sie früher die *ḫalpa* und deren Tätigkeit niemals ernst genommen und sogar über sie gespottet habe (*masḫara qildim*). Die Krankheit zwang sie, ihre Anschauungen zu ändern. Die erstaunliche Offenheit hat eventuell zwei Gründe. Erstens war sie durch ihre berufliche Tätigkeit in ihrer Gegend sehr bekannt, und man muß dort auch ihre früheren Auffassungen gut gekannt haben, so daß sie mir ohnehin leicht hätten zu Ohren kommen können. Andererseits gehörte ihre Bekehrung gleichsam zum Initiationserlebnis und machte dieses um so wirksamer.

5.3.4 Beispiel einer Lehrer-Schüler-Kontinuität

Nur in einem Fall ist es mir möglich, die Mosaiksteinchen gleich zusammengetragenen Angaben zu einem Bild zusammenzufügen, das mehrere Generationen von *ustāẓ* und *šāgird*, die nicht miteinander verwandt sind, zeigt. Am Anfang steht Maġpiraǧān, Tochter eines *ēšān*, der als solcher auch Heiler war. Zuerst begegnete mir ihr Name als der eines Textes. Dann erwies sich, daß hinter dem Text ein wirklicher Mensch stand, eine Frau diesen Namens, die bis 1975 gelebt hat. Wenn auch der Text fast nichts über sie aussagt, gibt es doch noch ein paar erhellende Aussagen von anderer Seite, vgl. den Text "Maġpiraǧān" unter 6.3. Die Schülerin von Maġpiraǧān ist Bibiǧān. Sie kommt ebenfalls aus der Familie eines *ēšān*. 1996 war sie in einem Alter zwischen siebzig und achtzig und bereitete sich gerade auf die Pilgerfahrt nach Mekka vor, wie ich von *ḫalpa* N. erfahren habe. Sie hat für N., die durch den Tod ihrer Schwiegermutter schwer krank geworden war, mehrere Texte abgeschrieben, als diese selbst noch nicht schreiben konnte. Die Schülerin von Bibiǧān war Saᶜādatǧān. Sie ist 1990 verstorben. Über sie gibt es wieder einen, für historisches Interesse allerdings wenig Auskunft gebenden, Text mit dem Titel "Saᶜādatǧān", vgl. 6.3. Saᶜādatǧāns Schülerin ist N.

5.3.5 Diskontinuität im Leben einiger *ḫalpa*

Im Leben mehrerer *ḫalpa* ist der Beginn ihrer Tätigkeit nicht nur für sie selbst durch Krankheit, Traum und Pilgerschaft eine schwere Zeit, sondern er ist auch für Außenstehende als deutlicher Bruch mit der bisherigen Lebensweise der Frau erkennbar: Eine Frau macht sich ihr ganzes Leben lang über die *ḫalpa* lustig und wird dann selbst *ḫalpa*. Eine Frau haßt als junges Mädchen und junge Frau die Tätigkeit ihrer Mutter, die *ḫalpa* ist, weil sie selbst fröhlich und unbeschwert leben möchte; sie wird noch zu Lebzeiten der Mutter selbst *ḫalpa*. Ein junges Mädchen übernimmt in der Schulzeit die Funktion der Komsomolsekretärin und wird – für die Klassenkameraden unerwartet – nach der Schulzeit *ḫalpa* (vgl. G. unter 5.4). Eine Technologin und Abteilungsleiterin in einer Fabrik, die als ehrenamtliche Parteisekretärin neben der Arbeit auch viel Zeit auf Sitzungen und Versammlungen verbringt, wird mit Beginn der Rentenzeit *ḫalpa*.

Ähnlich wird eine Frau, die Pädagogik studierte, aber ihr ganzes Leben lang hauptberufliche Parteiarbeiterin war, zur Autorin frommer *ḫalpa*-Texte.

Es erhebt sich die Frage nach der Kompatibilität. Daß ein frommes Leben gleichsam die Fortsetzung oder der Abschluß der zuvor mit wenig Frömmigkeit verbrachten Jahrzehnte ist, ist nicht selten in den Ländern islamischer Kultur. Eine prinzipielle Unvereinbarkeit scheint nicht vorzuliegen. Dagegen hätte man diese erwarten können, wo zwei Seiten mit einem ausgearbeiteten Gedankensystem und mit schwerwiegenden, logischen Argumenten einander gegenübertreten. Die Inhalte dessen, was sie jeweils verkünden, können den Frauen nicht unwichtig sein, und doch sind sie austauschbar. Diejenigen unter ihnen, deren Vorfahren sehr fromme Leute waren, müssen gewußt haben, daß es für diese eine andere Wahrheit gegeben hatte. Sie lag aber weit zurück und galt nicht mehr. Mit der *perestrojka* und erst recht mit der Unabhängigkeit rückte die alte Wahrheit wieder deutlich ins Blickfeld. Schnell wurde diese zur alleinigen Wahrheit erhoben. Ebensowenig, wie es früher eine Auswahl und Entscheidungsmöglichkeit gab, gibt es jetzt eine. Man handelt im Dienste der neuen alten Wahrheit. Gleich bleibt aber bei den Frauen, in deren Leben es außer einer schweren Krankheit deutliche ideelle Brüche gibt, ein besonderer Eifer. Ihre Persönlichkeit ist davon geprägt, daß sie sich stets für eine Angelegenheit engagieren müssen, auch genießen sie wohl das Herausgehobensein aus der Menge der Mitbürgerinnen. In dieser Prägung liegt das Kontinuierliche, so läßt sich mit dem Bruch leben.

Eine neue gesellschaftliche Kontinuität hat ihren Anfang genommen. Sie zieht eine große Zahl sehr junger und auch nicht junger Frauen in ihren Bann. Nicht jede Krankheit, die heute scheinbar unausweichlich zu *ḫalpačilik* führt, hätte früher diese Wirkung gehabt. Dies wird fast nicht reflektiert, und ein Umsehen nach anderen Orientierungspunkten im Leben gibt es kaum.

5.3.6 Angst

Während mehrere *ḫalpa* sagten, es sei schwer gewesen mit *ḫalpačilik*, da alles verboten war, sprachen nur wenige darüber, wovor sie sich konkret zu fürchten hatten.

N., eine der *šāgird* von Saᶜādatǧān (vgl. 6.3), war um 1980 drei Jahre lang krank. Weder das Übernachten auf dem Friedhof noch die häufigen Fahrten zu ihrer *ustāz* um 1983 stellte sie als problematisch dar. Aber sie sagte ausdrücklich, sie habe es lange Zeit aus Angst ihren Nachbarn nicht gesagt, daß sie dabei war, die arabische Schrift zu erlernen. Mit den Besuchen bei Saᶜādatğān könnte es so sein, daß dies den Nachbarn deshalb als normal erschien, weil diese eine heilende *ḫalpa* war. Ihre Dienste wurden offenbar, ohne daß es in der Öffentlichkeit deutlich artikuliert worden wäre, relativ häufig in Anspruch genommen. Die Hinwendung zu den religiösen Büchern und zur arabischen Schrift konnte eventuell leichter zur Denunziation durch die Nachbarn führen, weil die öffentlichen Stellen ein erneutes Gedeihen des Glaubens mehr fürchteten als die Inanspruchnahme der traditionellen Heilkunst. Die Verbindung der Dinge untereinander war ihnen wahrscheinlich nicht bekannt. Außerdem könnte die *ḫalpa* das Gelächter und die Zweifel der Nachbarn gefürchtet haben, denn es wundert die Nachbarn schon, wenn sich eine etwa vierzigjährige Frau mit sieben oder acht Kindern, von der man es nie gedacht hätte, plötzlich den alten Büchern zuwendet.

Für eine andere *ḫalpa* bestand eine besondere Schwierigkeit darin, daß ihre Kinder noch zur Schule gingen, als sie auf der Grundlage ihrer Kenntnisse als *ḫalpa* hätte auftreten können. Zumindest eine ihrer Töchter war in der Schule mit einer Art militantem Atheismus konfrontiert worden. Der Lehrer oder die Lehrerin habe gesagt: *"Ḫudā yŭq, qŭl qŭy!"* (Es gibt keinen Gott, unterschreibe das!). Die Kinder seien auch danach gefragt worden, ob ihre Mutter *ḫalpa* ist. Die Frau war in dieser Zeit noch im Kindergarten tätig. Dort arbeitete sie zehn Jahre, nachdem sie zwanzig Jahre als Verkäuferin gearbeitet hatte, ein Beruf, der ihr die Möglichkeit gegeben hatte, ihre nicht mehr berufstätigen Eltern zu unterhalten. Ihr Ehemann verbot ihr die Tätigkeit einer *ḫalpa*. Sie spricht so darüber: *"Yašullim ḫalpa bŭlmiysan dep maǧbūr etgan, čiqmiysan dep .... ikki yil meni yašullim čiqarmadi, ḫalpani(ñ) uyi dep aytmasinlar"* (Mein Mann verbot mir, *ḫalpa* zu sein. "Du gehst nicht lesen", sagte er. Zwei Jahre lang ließ mich mein Mann nicht zum Lesen gehen. "Sollen die Leute nicht sagen "dies ist das Haus einer *ḫalpa*", sagte er). Das Verbot dürfte für die Frau nur eine Bestätigung ihres eigenen Wissens gewesen sein.

Dieselbe *ḫalpa* erzählte von der Vorsicht, die ihr Vater walten lassen mußte. Er war als Kulak eingestuft worden und hatte als solcher z.B. nicht das Recht, im Zweiten Weltkrieg an der Front zu kämpfen. Zu ihm kamen freitags seine Freunde. Er lehrte sie die arabische Schrift und wahrscheinlich auch den Koran zu lesen. Den Zeitraum hat die *ḫalpa* nicht angegeben. Es könnten die Nachkriegsjahre gewesen sein. Die Furcht zwang den Vater und seine Freunde zu folgendem Vorgehen: *ᶜArab tilini(ñ) ustina ḥāẓirgi ḥarfdan qŭyib šunday qip (qilib) ŭrgatdi*

(Auf die [Bücher in] arabische[r] Sprache legten sie Bücher mit den heutigen Buchstaben, und so lehrte er).

Für diejenigen, die im Berufsleben standen, war ein offen gezeigtes Interesse für *ḫalpačilik* undenkbar. Eine Frau, die jetzt als *ḫalpa* tätig ist und vor ihrer Rentenzeit Lehrerin war, erzählte, daß sie auch früher gern im *ramażān* gefastet hätte, doch sei in der Schule streng darauf geachtet worden, daß keine der Lehrerinnen dies tue.

5.3.7 Was sagt der Ehemann

Interessant zu beobachten ist, wie sich die Ehemänner zur Tätigkeit ihrer Frauen, die bereits *ḫalpa* sind, verhalten. Allerdings konnte ich nur die Ehemänner zweier *ḫalpa* und einer Frau, die Interesse am Lesen und Abschreiben von Büchern hat, ohne *ḫalpa* zu sein, kennenlernen.

Für den einen Mann war die Gattin durch *ḫalpačilik* keineswegs gesund geworden. Er erzählte mir und einer anderen Person, obwohl wir natürlich nicht danach gefragt hatten, sie habe auch jetzt noch regelmäßig Konsultationen in der Nervenklinik. Zwar konnte man einerseits den Eindruck gewinnen, als wolle er ein wenig Ruhm aus der Tätigkeit seiner Frau auf sich ableiten, doch waren seine Zweifel gegenüber der ganzen Angelegenheit sehr groß, und wahrscheinlich litt er auf seine Weise unter der Krankheit seiner Frau. Auf jeden Fall schwankte er in der Bewertung ihrer Tätigkeit. Seine Unsicherheit, die allerdings als Besserwissen daherkam, könnte auch daher rühren, daß er seinen Kollegen bei der Miliz, wenn die Rede auf die Gattin kam, diese immer als krank schilderte, im Familienkreis aber ein anderes Verhältnis zu ihr zeigte. Dies sind Vermutungen.

Die anderen beiden Männer standen der Tätigkeit ihrer Frau wohlwollend und mit Interesse gegenüber. Die Beschäftigung ihrer Frau war für sie der andere Beruf, von dem man nichts oder wenig versteht, von dem man sich aber aus Sympathie zum Partner das eine oder andere erzählen läßt.

Ab und zu sagte eine *ḫalpa*, sie würde gern dies und jenes tun, aber der Ehemann erlaube es nicht. Bezieht sich eine derartige Aussage auf *ṭabībčilik*, sind zwei Gründe denkbar. Erstens, der Mann befürchtet, daß seine Frau gesundheitlich der Tätigkeit eines *ṭabīb* nicht gewachsen ist. Zweitens, der Mann fürchtet für seine Reputation.Das Wissen über die Tätigkeit einer *ḫalpa* bleibt im Frauenmilieu, nur ein wenig Gerede darüber dringt nach außen. Die Heilkunst eines oder einer *ṭabīb* betrifft die Männerwelt im gleichen Maße wie die Frauenwelt. Die Bekanntheit einer *ṭabīb* reicht weiter als die einer einfachen *kitābī ḫalpa*. Nicht mit jedem Männerberuf ist dies gut vereinbar. Die Männer als diejenigen, die für die Familie die Verantwortung tragen und als diejenigen, die anders als ihre aus rechtlicher Sicht nicht berufstätigen Frauen in Berührung mit den öffentlichen Stellen stehen, ziehen die Grenzen, wie sie dies früher unter anderen gesellschaftlichen Bedingungen auch getan haben.

Als fremder Fragender kann man sich manchmal jedoch auch nicht des Eindrucks erwehren, daß für eine *ḫalpa* der Ehemann nur der Vorwand ist, diese und jene Bitte abzuschlagen. Sie kann aus irgendwelchen Gründen die Bitte nicht erfüllen (ein Buch zeigen, ein Buch abfotografieren lassen, ein erneutes Treffen vereinbaren). Da es zu den usbekischen Sitten gehört, daß man keine Bitte eines Gastes zurückweist, gibt es natürlich auch Formen, mit unerfüllbaren Bitten umzugehen. Am häufigsten begegnet man dem Vertrösten auf später. Aber die Frauen haben als eine zusätzliche Form den Verweis auf ihren "bösen", "verständnislosen", "ungerechten" usw. Ehemann. So akzeptieren viele Frauen nicht nur die von ihnen verlangte Unterwürfigkeit, sondern sie arrangieren sich auch damit auf ihre Weise.

5.3.8 *Ḫalpa* und *maḥalla* bzw. *elat*, *ḫalpa* und Verwaltungsorgane

Die Familie eines Verstorbenen bedarf häufig der Hilfe Außenstehender, um alles Notwendige für die Durchführung der Totengedenkfeiern zu organisieren. Anfang der neunziger Jahre – wahrscheinlich auch früher, doch fehlen mir Angaben darüber – ging oder fuhr deshalb die *ḫādim*, das ist die Stellvertreterin des *maḥalla*-Chefs, bei den *ḫalpa* herum, um eine unter ihnen zu finden, die Zeit hätte, die Lesungen in der Familie zu übernehmen. Die *maḥalla*-Komitees hatten sicher u.a. wegen dieser Bedürfnisse zu der Struktur gefunden, daß dem Mann an der Spitze eine Frau als Stellvertreterin beigegeben wurde.

Irgendwann in den siebziger Jahren traten ein *maḥalla*-Chef, man nannte ihn damals nicht *āqsāqāl*, sondern *šūrā* (eigentlich der Begriff für "Sowjet, Rat"), und eine Frau, die die Funktion des *"raʾīs polkom"* hatte[6], an die unter 5.3.5 genannte Technologin heran. In dem Gespräch

---

[6] *raʾīs polkom* oder *raʾīs-i polkom*, also etwa "Chef des Polkom" ist eine hübsche Fehlinterpretation der russischen Abkürzung für *rajonnyj ispolnitel'nyj komitet: rajispolkom*, also "Exekutivkomitee auf Rayonebene, Gemeinderat". Ein derartiges Komitee ist ebensowenig wie *šūrā* eine Funktion einer Person, aber man nannte den Chef so, wie eine Leitung aus mehreren Personen hätte heißen sollen. Darin kam sicher auch zum Ausdruck, daß man nur vom Chef Entscheidungen erwartete.

wurde die heutige *ḫalpa* gefragt, ob sie sich nicht mit *ḫalpačilik* befassen wolle. Sie sei alt (sie war in den Fünfzigern), zu ihrem Alter passe diese Tätigkeit, während es doch gar nicht gut sei, wenn junge Frauen *ḫalpa* würden. So machten sich hier leitende Persönlichkeiten auf staatlicher und nichtstaatlicher (*maḥalla*) Ebene Gedanken über den reibungslosen Ablauf der Dinge, die die *ḫalpa* in der Hand haben, und versuchten einen gewissen Einfluß darauf zu nehmen, ähnlich wie oben unter 5.3.2 für das Dorf vermutet. Vielleicht wird man später wissen, ob es derartige Initiativen auch an anderen Orten gab und ob sie spontan aus der Not geboren wurden oder ob es Entscheidungen auf den obersten staatlichen Ebenen gab, daß man, was man nicht verhindern könne, wenigstens beobachten solle, indem man zu den Ausführenden Kontakt behielte.

Die ehemalige Technologin hat dieses Gespräch zweimal erwähnt. Sie betonte außerdem, daß sie sich bereits in den letzten Arbeitsjahren mit Texten in arabischer Schrift befaßt habe. Sie habe sich dann manchmal während der Arbeit eingeschlossen und das Abschreiben arabischer Texte geübt. Es war nicht herauszubekommen, ob dies der erste Schritt zur Erfüllung des Auftrags war oder ob ihr der Auftrag entgegenkam, weil sie bereits begonnen hatte, mit dem Gedanken zu spielen, sie könne *ḫalpa* werden. Für die Tätigkeit der *ḫalpa* heute ist der Unterschied nicht relevant, aber für eine Antwort auf die Frage, wie stark staatliche Stellen nicht nur eingreifen wollten, sondern tatsächliche eingegriffen haben, wäre es nicht uninteressant zu wissen, wie es sich hier und in anderen Fällen verhielt.

Vielleicht hat die *ḫalpa* von diesen Dingen deshalb gesprochen, weil für sie die Anerkennung durch staatliche Stellen nicht minder wichtig war als die Anerkennung durch ihre Mitbürger im *maḥalla*. Dies vermute ich, weil sie auch gern von den Auszeichnungen sprach, die sie während ihrer Berufstätigkeit erhalten hatte. Da die älteren *ḫalpa* im *maḥalla* gestorben sind, ist sie heute in ihrer näheren Umgebung diejenige, die am längsten *ḫalpa* ist (1922 geboren und seit 1975 in Rente). Daraus erwächst ihr genügend Achtung. Ihre Bücherkenntnis ist nicht schlechter als die vieler anderer *ḫalpa*. In allem, was sie tut, ist die gute Organisatorin erkennbar. Nie hat beispielsweise eine andere *ḫalpa* Bücher zum Ansehen bereit gelegt für den Fall, daß ich während ihrer Abwesenheit käme u.ä. Sie ist an den Umgang mit Europäern gewöhnt und streift mühelos manche für die Kommunikation hinderliche Etikette ab, z.B. das obligatorische Bereiten eines warmen Essens für den Gast bei jedem Besuch. So kann sie sich gleichsam in zwei kulturellen Sphären bewegen, obwohl es ihr äußerlich nicht anzusehen ist. Diesen Typus einer wenig frommen und doch ihren Aufgaben wahrscheinlich recht gut gewachsenen *ḫalpa* wird es in den kommenden Jahrzehnten vermutlich nicht mehr geben, da es genügend Frauen gibt, die jetzt früh in diesen Beruf einsteigen.

Mitte der neunziger Jahre, als die Regierung und die Verwaltungen auf Wilajet-Ebene (*ḥākimiyat*) keinerlei Bedenken mehr gegen die Tätigkeit der *ḫalpa* hatten, bildete sich der Typus von Vorzeige-*ḫalpa* heraus, die sich vor der Fernsehkamera sicher zu bewegen verstanden. In dieser Zeit entstand – ich nehme an, spontan und ohne Anweisung von höchster Stelle – der Wunsch bei einer Verwaltung, eine *ḫalpa* für einen nützlichen Aufruf an die Bevölkerung zu gewinnen. Man wandte sich an D., vgl. 5.4, und forderte sie auf, im Fernsehen zu den Leuten zu sprechen und ihnen zu sagen, daß sie nicht so große Summen für die Totengedenkfeiern ausgeben mögen. Möglicherweise hoffte die Verwaltung, daß D. schon deshalb auf die Bitte eingehen werde, weil sie einmal mit Hilfe öffentlicher Mittel die Pilgerfahrt nach Mekka hatte unternehmen können. Es war den Behörden nicht entgangen, daß die Familien sehr große Summen – häufig geliehene – für Feiern verwenden. Sie waren der Auffassung, daß in der Zeit der sozialen Not die wenigen Mittel der Bevölkerung anders verteilt werden sollten, damit niemand hungere, besonders Kinder nicht. Da sie sich von eigenen Appellen keinerlei Wirkung versprachen, wandten sie sich an eine *ḫalpa*. D., die sich in den Gesprächen stets bemühte, gegenüber anderen Auffassungen und Praktiken ihrer Kolleginnen große Toleranz zu zeigen, konnte ihren Unwillen über diese Aufforderung nicht zurückhalten. Sie hatte abgelehnt und gesagt, das *ḥākimiyat* habe alle Mittel zur Verfügung, das Fernsehen stehe ihm ganz und gar offen, es solle dort selbst mitteilen, was es für richtig halte. Damit habe sie nichts zu tun. Für D. gab es wahrscheinlich mindestens zwei Probleme. Erstens würden die Einnahmen der *ḫalpa*, d.h. ihre eigenen und die ihrer Kolleginnen, zurückgehen, wenn die Bevölkerung für die Totengedenkfeiern weniger Mittel bereithielte. Sie würde durch ihren Aufruf, wäre er erfolgreich, ihre eigene Tätigkeit untergraben. Zweitens hatten die *ḫalpa* in den vergangenen Jahrzehnten ihre Tätigkeit nur entfalten können, weil sie taten, was ihnen selbst wichtig erschien und was unter den jeweils gegebenen Bedingungen möglich war. Jetzt, da es viele Erleichterungen für *ḫalpačilik* gab, konnte D. wohl keine Notwendigkeit erkennen, sich für Dinge zu engagieren, für die andere die Verantwortung tragen. Falls man erwartete, daß sich D. wegen der erhaltenen Unterstützung der Verwaltung gegenüber dankbar zeigen werde, so war die Auffassung der *ḫalpa* hierüber sicher anders. Mehrere Male habe ich am Ende der *perestrojka* Bekannte in Usbekistan sagen hören, ihr Verwandter, ihre Verwandte habe beantragt, auf Staatskosten nach Mekka zu pilgern, und die Aussichten seien gut, weil er oder sie in der Vergangenheit besonderes Leid erduldet oder besondere Erschwernisse zu tragen hatte. Vielleicht waren die Schwierigkeiten, die der Familie von D. vor dem Studienbeginn einiger ihrer Kinder bereitet worden waren, als eine derartige Situation akzeptiert worden. Die Inanspruchnahme der staatlichen Mittel konnte dann aber keinerlei Verpflichtung nach sich ziehen.

1998 jedoch wurden die *maḥalla*-Komitees sogar durch einen Regierungsbeschluß verpflichtet, auf die Tätigkeit von *ḫalpa* und *ātin āyi* Einfluß zu nehmen, vgl. 0.1 und 2.2. Gründe für den Regierungsbeschluß waren die angewachsenen Bedenken gegenüber der religiösen Tätigkeit von Frauen und Männern bzw. gegenüber politischen Zwekken, die hinter dieser vermutet wurden, und die zunehmende Armut unter großen Teilen der Bevölkerung. Doch ein Verzicht auf große Feiern läßt sich kaum durch Verbote und Erlasse erreichen. Ist es in einem Stadtviertel einmal üblich, daß zur Totenfeier mehrere hundert Personen erscheinen, kann eine Familie nicht einfach ausscheren, wenn sie ihr Ansehen behalten will. Der Erlaß bewirkt nur, daß man die Feier, die man eventuell in einem Restaurant veranstaltet hätte – in großen Städten und reichen *maḥalla* ist das möglich – , nun doch im eigenen Hof bzw. auf der Straße davor veranstaltet. Mit der Bezeichnung *eḥsān* kann man eventuell kaschieren, worum es sich in Wirklichkeit handelt, und so den Vorwürfen aus dem Wege gehen.

5.4 Beispiele aus der Tätigkeit von vier *ḫalpa* und drei *ātin āyi*[7]

Hat man mehrere *ḫalpa* kennengelernt, so fällt auf, daß sich manche Dinge mit großer Stetigkeit wiederholen. Aber es bleibt doch genügend Individuelles, und oft überraschen einen Charakterzüge, Auffassungen, Lebenszusammenhänge. Stellvertretend für eine größere Zahl seien hier vier *ḫalpa* vorgestellt. Die Initialen entsprechen nicht den Initialen ihrer wirklichen Namen. Aus dem Leben der *ātin āyi* habe ich viel weniger erfahren als aus dem der *ḫalpa*. Drei *ātin āyi* seien aber unten vorgestellt.

S. gab ihr Alter 1995 mit neunundvierzig Jahren (*bir kam elli*) an, d.h. sie ist 1946 oder 1947 geboren (die Usbeken geben als Alter das Jahr an,

[7] Weitere Ausführungen über die in diesem Kapitel genannten Texte finden sich unter 6.1 und 6.2.

in dem sie am Leben sind; neunundvierzig bedeutet das neunundvierzigste Jahr, das nach dem achtundvierzigsten Geburtstag beginnt). Ihre Mutter gilt als Analphabetin (*sawādsiz*). Das heißt auf jeden Fall, daß sie die für das *ḫalpa*-Milieu "eigentlichen" Bücher in arabischer Schrift nicht lesen kann. Sie ist Jahrgang 1926, d.h. wenn sie zur Schule gegangen sein sollte, hätte sie in Lateinschrift schreiben und lesen gelernt. Die Lateinschrift würde sie vergessen haben, da es seit 1940 nichts Gedrucktes in dieser Schrift mehr zu kaufen gab. Hinsichtlich der kyrillischen Schrift ist für eine Frau dieses Jahrgangs, die nicht besonders am Lesen interessiert war und dieses auch für keinen Beruf brauchte, *sawādsizlik* nicht unerwartet.

Die Mutter ist 1946 im Alter von zwanzig Jahren mit einem zweiunddreißig Jahre älteren *ēšān* verheiratet worden. Die Familie zeigte mir ein Foto, auf dem der Vater zu sehen ist. Gleb P. Snesarev hatte es aufgenommen oder aufnehmen lassen.[8] Der *ēšān* hatte bei der *maḥalla masǧidi* und bei einer weiteren Moschee gelernt. Sein Lehrer war Mullā Quryaz (< Mullā Qurbān Niyāz). Der Großvater von S., der Vater des *ēšān*, Ḥusayn ēšān buwa, hat bis 1906 oder 1907 gelebt. Er starb, als ihr Vater zwölf Jahre alt war. Er hatte an einer *madrasa* in Buchara studiert. Er hatte gelobt, den Koran hundertmal abzuschreiben. Jedoch erkrankte sein Vater, und er mußte Buchara verlassen, als er den neunundneunzigsten Koran abgeschrieben hatte. Einen dieser Korane besitzt heute noch einer der Nachkommen des Ḥusayn ēšān.

Der Vater von S. heilte auch, wurde aber, da er *ēšān* war, nicht *ṭabīb* genannt. Er heilte in der Regel mit Hilfe von *duʿā'*. Die Kunst des Weissagens befähigte ihn auch, sechs Tage vor dem Sterben seinen Tod auf die Stunde genau vorauszusagen. Er starb 1962, nach usbekischer Rechnung im Alter von achtundsechzig Jahren (er war 1895 geboren).

In den *ēšān*-Familien haben noch häufiger als sonst üblich Cousin und Cousine untereinander geheiratet. Um die Mitte des zwanzigsten Jahrhunderts nahmen die Männer aber auch Frauen aus Familien, in denen es keinen *ēšān* und keinen *ḫʷāǧa* gab. Daß auch eine Frau aus einer derartigen Familie mit einen Mann aus einer einfachen Familie (*qārača*) verheiratet werden konnte, war anfangs eine noch größere Ausnahme, doch ist es jetzt nicht mehr allzu selten. Die Mutter von S. stammte jedenfalls nicht aus einer *ēšān*-Familie, sondern ist, wie sie selbst sagte,

---

[8] Der Wissenschaftler publizierte es in seinem Buch "Pod nebom Chorezma" zwischen Seite 64 und 65 (in der deutschen Fassung "Unter dem Himmel von Choresm" zwischen Seite 80 und 81). Der Vater von S. ist darauf in der Mitte zu sehen.

üzbek. D.h., der *ēšān* gilt nicht als *üzbek*, er steht außerhalb der ethnischen Gliederung. Der Heirat stimmte die Mutter zu, weil es damals ganz wenig Männer ihres Alters gab. Die wenigen, die den Krieg überlebt hatten, waren Invaliden. Es gibt auch noch eine andere Begründung, die die Familie für fromme Leute bereit hält: Das Mädchen war sehr krank, und die Familie gelobte, wenn sie gesund würde, werde man sie dem *ēšān* zur Frau geben, der vorher bereits zwei Frauen gehabt hatte. Wenn die Mutter von S. heute von ihrem verstorbenen Ehemann spricht, nennt sie ihn *yašuli* (so auch im Türkmenischen, während ÜTIL, 265, mit dem Hinweis *"dialektal" yāšulli* gibt). Diese Bezeichnung für eine ältere ehrwürdige Person kann heute auch für eine Frau verwendet werden.

Die Mutter von S. hat drei Töchter geboren. Außer S. ist auch deren 1956 geborene Schwester *ḫalpa*.

Da ihr Vater *ēšān* war, hat S. das Lesen der alten Bücher, wie sie sagt, geerbt. Es war nicht ihre Entscheidung, *ḫalpa* zu werden. Die Bestimmung zur *ḫalpa* war von Anfang an da.

S. lebt zwar in einem Dorf, doch ist dies ein zentraler Ort, denn es befindet sich bei der Pilgerstätte für Ulu pīr. Hierher kommen die *ḫalpa* von Urgentsch, Chanka, Jangiarik, von dem benachbarten Schawat, von Taschaus in Türkmenistan (doch nicht Türkmeninnen, die *ḫalpačilik* nicht kennen, sondern Usbekinnen) und von anderen Orten.

S.s erste Lehrerin war Maryam. Sie war eine Cousine des *ēšān*. Von ihrem gemeinsamen Großvater *buwa ēšān* ist heute in der Familie noch manchmal die Rede. Maryam hatte eine alte Schule besucht und dann noch bei dem Vater von S., dem *ēšān*, gelernt. Bei Maryam lernte S. schon im Alter von fünf oder sechs Jahren, bevor sie zur Schule ging. Als Maryam 1953 sehr krank wurde, empfahl sie ihrer Bekannten Lālaǧān, die ebenfalls eine alte Schule besucht hatte, S. weiter zu unterrichten. 1954 starb Maryam. Bei Lālaǧān bibi, die 1972 oder 1973 gestorben ist, lernte S. zwei Jahre lang sehr intensiv, indem sie sie jeden Tag nach der Schule besuchte. Da Lālaǧān ein umfangreiches Wissen besaß, genoß sie die Achtung vieler Leute. Man nannte sie *mullā änä* oder *ḫalpa änä* oder *ḫalpa bī*. Sie hatte entsprechend viele Schülerinnen.

Zu den Büchern, die S. mit den *ustāẓ* las, gehörten auch ᶜAlīšēr Nawā'ī, Fużūlī, Bēdil und Ṣūfī Allāyār. Damit erhielt sie eine für ihre Zeit ungewöhnliche Ausbildung, in der es die Trennung der Bildungsinhalte in jene, die in den Universitäten gelehrt wurden (ᶜAlīšēr Nawā'ī für Studenten der usbekischen Philologie und Literatur, Fużūlī und Bēdil für Orientalisten), und jene, die allein im religiösen Milieu studiert wurden

(Ṣūfī Allāyār und die Bücher, die im Mittelpunkt der *ḫalpa*-Ausbildung standen und stehen) nicht gab.

Die beiden *ustāẕ* unterrichteten S. auch im Schreiben. Das erste Buch, das sie abschrieb, war ein "Nurlama" ("Nūrnāma"). Sie schreibt heute für sich selbst und für andere Texte ab. Außerdem verfaßt sie *bayāż*, was ihre um zehn Jahre jüngere Schwester, die ebenfalls *ḫalpa* ist, nicht tut. Einige Details zu ihrem *bayāż*-Schreiben siehe unter 6.3. Daß sie schreiben solle, hat ihr Vater ausdrücklich vor seinem Tod gesagt. Der Grund war eventuell der, daß aus dieser seiner dritten Ehe keine Söhne hervorgegangen waren.

Die *fātiḥa* und damit die Erlaubnis, selbst Texte vorzutragen, erhielt sie bereits mit sechzehn Jahren in der 8. Klasse (1962) von ihrer *ustāẕ* Lālağān. Außerdem segnete sie der Schwager von Lālağān, Sayyid Aḥmad ēšān. Auch diesen kann man auf G.P. Snesarevs Foto sehen. Bei ihm kehrte der Wissenschaftler während seiner Feldforschungen ein.

1963 im Alter von siebzehn Jahren begann S. ihre Tätigkeit als *ḫalpa*. Ob sie damals schon aufgefordert wurde, aus Anlaß von Totengedenkfeiern vorzutragen, ist mir nicht bekannt. Ich halte es aber für möglich. Zwar hatte eine andere *ḫalpa*, G. (siehe unten), bei der ersten Begegnung, als sie siebenundzwanzig Jahre alt war, gesagt, sie sei zu jung, um bei Totengedenkfeiern vorzutragen, dann erwies sich aber, daß sie gar nicht das Bestreben hat, diese Aufgabe jemals zu übernehmen. Ihr *ḫalpačilik* umfaßt ganz andere Funktionen, über die sie nicht sprechen wollte. Ihre Aussage könnte so gedeutet werden, daß der Gedichtvortrag durch sehr junge *ḫalpa* bei Totengedenkfeiern nicht gerade üblich, jedoch auch nicht unmöglich ist. Da es in den sechziger Jahren wenig *ḫalpa* gab, könnte die Tochter des *ēšān* schon hin und wieder aufgefordert worden sein, die Zeremonie in die Hand zu nehmen. In den neunziger Jahren trug S. sowohl bei Totengedenkfeiern als auch bei fröhlichen Festen vor.

S. kannte außer den beiden *ustāẕ* auch andere gute *ḫalpa* in ihrer Umgebung, die jetzt verstorben sind.

Die meisten Bücher, die sie besitzt, hat sie sich abgeschrieben. Dazu gehören auch "Toynāma" – so nennt sie die Texte, die bei Hochzeiten vorgetragen werden (vgl. unter 6.1 Toy Kitāblari̊). Wie andere *ḫalpa* bestätigt sie, daß "Yār-yār" sowohl bei Hochzeiten als auch beim *yil* älterer Menschen gesungen werde.

Weiterhin besitzt sie die selbst abgeschriebenen "Ḥikmat" von Qul ḫʷāğa Aḥmad (in einem A-4-Heft) und "Qumrīğān", das sie bereits vor zehn Jahren kopierte. 1994 übertrug sie sich "Hamrā wa Ḥūrliqā" (sonst immer: "Ḥūrliqā' wa Hamrā") in ein A4-Heft. Dieses werde sowohl bei *tūy* als auch bei *yil*-Feiern gelesen – eine Aussage, an deren Richtigkeit für den Wohnort von S. ich nicht zweifele –, die ich aber sonst nirgendwo wiederholt fand. Das Buch habe sie lange Zeit nicht besessen, nun aber endlich abschreiben können. Eines ihrer Bücher enthält eine ältere Handschrift mit dem Text "Marğuwwa". Sie zweifelt nicht daran, daß dies die Tochter von Šīḫ Šarab (Šayḫ Šaraf) ist, die im Alter von achtzehn Jahren starb. Dieser Text ist zusammengebunden mit neuen Abschriften von "Ibrāhīm b. Adham", "Ġarīf" (so! das ist "Ġarīb wa Šāhṣanam"), "Ibrāhīmğān", "Ğuhūdnāma" (d.i. "Ğuhūd oğlan") und "Dēwāna-i Burḫ". Das "Ulu pīr"-Buch ("Manāqib" des Ġawṣu 'l-Aᶜẓam) kennt sie gut. Sie hat es sich selbst aus einem alten Buch abgeschrieben, wie sie sagt. Wahrscheinlich hat sie des öfteren Lesungen dieses Buches, von denen sie berichtet, mitgestaltet. Es gehört aber, wie sie sagt, zu den schwierigeren Büchern, und nicht jede *ḫalpa* könne es lesen.

Aus "Dēwāna-i Burḫ" trug sie auf meine Bitte etwas vor. Mich interessierte, wie lebendig dieser Text noch ist, den die *ḫalpa* nicht von sich aus nennen. Das Vortragen erschien einem kleinen Mädchen von drei Jahren, das anwesend war, als Musik. Es wollte gerne dazu tanzen.

Die Verfasser der Texte, die S. liest, interessieren sie ebensowenig wie die meisten *ḫalpa*. Die Namen ᶜAndalīb und Ṣayqalī kennt sie nicht. Da sie lange Zeit bei gut gebildeten *ḫalpa* gelernt hat, kann man daraus, wenn auch mit einiger Vorsicht, schlußfolgern, daß das Ignorieren der Autorschaft gegenüber manchen Texten zur Tradition gehört, vgl. 3.1.

Von ihrem Vater hat S. nur drei Bücher bekommen können, den Koran ("Kalima" oder "Kalāmullā", sagt sie), ein "Nūrnāma" und ein medizinisches Buch. Diese drei Bücher überreichte ihr der Vater eine Stunde vor seinem Tod. Die übrigen Bücher hat ein Sohn aus einer der beiden früheren Ehen geerbt.

Der *ēšān* wünschte, daß auch sie das Heilen erlerne. Sie übt aber den Beruf des Vaters nur in eingeschränkter Form aus, vgl. über die duᶜā' unter 2.5.

Ihre Schülerinnen kommen aus Taschaus und verschiedenen Orten in der Nähe von Urgentsch, aber nicht aus der Wilajet-Hauptstadt selbst. S. ist auch *ustāẕ* ihrer jüngeren Schwester, die die Fachschule für Kultur (*madaniyat technikumi*) in Taschkent absolviert hat. Die Absolventen dieser Fachschule fanden zumeist Arbeit in den Kulturhäusern ihrer Heimatorte.

Unter den Pilgerorten nennt sie die *qadam ğā* für Zaynu 'l-ᶜĀbidīn und für Šāh-i mardān (ᶜAlī), beide in Chiwa. Zu Sulṭān Uways kann man von Ulu pīr aus jeden Donnerstag mit einem Bus fahren.

Zur Verwandtschaft der Familie des *īšān* gehört eine Familie von *ḫʷāğa*. Diese können sich rühmen, daß ein Großvater vor Fīrūz Šāh II. eine Prüfung über seine Korankenntnisse abgelegt habe. Sonst ist wenig Wissen über die älteren Zeiten überliefert. Was man von Fīrūz Šāh sonst noch weiß, ist über die neuen Fernsehsendungen angeeignet worden.

S. hat sieben Kinder geboren, die Töchter haben den Beruf einer Krankenschwester erlernt. Die jüngste Tochter wollte studieren, doch konnte die Familie nicht die nötigen Mittel dafür aufbringen. Es war ein offenes Geheimnis, daß die Universitäts- und Fachschullehrer ihr Gehalt aufbesserten, indem sie Studienplätze – gegen Recht und Gesetz – gleichsam verkauften. Für ein Universitätsstudium wären damals 25.000 *sūm* notwendig gewesen, für eine Krankenschwesterausbildung gab man 6000 *sūm*.

Ihre eigenen Kinder haben nur zwei bis drei Kinder. Sie findet das in Ordnung, es sind andere Zeiten.

B. aus der Nähe von Chiwa hat eine Entwicklung genommen, die der von S. entgegengesetzt zu sein scheint. Sie ist 1954 geboren und sagt, sie sei eine einfache Kolchosbäuerin gewesen. Diesen Worten ist nicht ohne weiteres zu glauben, aber andere Angaben gibt es nicht. Im März 1995 rief ihre Freundin, eine heilende und Geister bezwingende, seltener lesende *ḫalpa*, bei der ich mit einem Begleiter zu Gast war, B. herbei. Sie stellte B. als *ḫalpa* vor, die für sie die notwendigen Texte schreibe. B. erzählte frank und frei, wie sie das Lesen und Schreiben der alten Texte durch das Fernsehen erlernt hatte, vgl. 1.4. Das Schreiben von *bayāż* beherrschte sie auch und beschrieb es auf eine Weise, die mir als fröhliche Scharlatanerie erschien, vgl. 6.3. In kurzen Erzählpausen nahm sie mehrmals ein wenig Schnupftabak aus der Kittelschürzentasche. Sie neckte ihre Freundin, die, obwohl sie es ihr dringend geraten habe, keinerlei Lust zeige, das Schreiben in arabischer Schrift zu erlernen. Die Neckerei konnte einen wundern, hatte doch die Freundin eine regelrechte Berufung erlebt, während B. auf sehr profanem Wege *ḫalpa* geworden war. Das Verhältnis der beiden Frauen zueinander wurde offenbar auch durch den Altersunterschied bestimmt. B. ist fünf Jahre älter als ihre Freundin.

B. trug bereits in dieser Zeit sowohl aus Anlaß von Totengedenkfeiern als auch bei fröhlichen Festen Texte vor.

Von dem *mullā*, der ihr die *fātiḥa* erteilt hat, bekam B. als Geschenk die Bücher "Tulum ḫʷāğa", "Ibrāhīm b. Adham", "Payǧambarniñ wa Fāṭimaniñ wafātnāmalari", "Payǧambarniñ waṣiyyatlari". Im Gespräch über die Bücher kam folgendes zur Sprache. Das "Muṣībatnāma" umfaßt die gedichteten Erzählungen über den Tod des Propheten, der vier ersten Kalifen (*čār yār* < *čahār yār*), Fāṭimas und Ḥamzas. "Imāmlar" liest sie nur am *ʿāšūrā'* im Monat *muḥarram*, und zwar, wenn an diesem Tag jemand gestorben ist, oder einfach um der Belohnung für die gute Tat willen (*s̱awāb učun*). Erstaunlicherweise – denn in ihrem Wohnort werden von den *ḫalpa* sonst keine *dāstān* gelesen – sagte sie über "Tulum ḫʷāğa", man könne das Buch zum *qirq* oder zum *yil* eines Menschen lesen, der alt gestorben sei (älter als vierzig). Ist der Verstorbene sehr alt, so kann man das Buch auch am Tag des Todes lesen. Ein "Yār-yār" liest bzw. singt sie außer zur Hochzeit auch aus Anlaß des Todes, aber nur bei alten Menschen. Bei Hochzeiten singt sie außerdem "Mubārak" und "Salām". "Muškil kušād" und "Bibi Sešanba" liest sie am Dienstag und am Mittwoch. Mehrere *ḫalpa* und andere Frauen versammeln sich zu diesem Zweck im Gebäude, das zu Ehren des Abdāl buwa außerhalb der Festungsmauer am Basar von Chiwa errichtet wurde. Die Textteile werden von den *ḫalpa* im Wechsel gelesen, niemals liest eine *ḫalpa* den ganzen Text. Das Buch über Ġawṣu 'l-Aʿẓam dagegen liest man immer in den Wohnhäusern.

B. wußte über die Lesungen außerhalb der Totengedenkfeiern sehr gut Bescheid. Sie hatte sie offenbar maßgeblich mitgestaltet. Über "Muškil kušād", "Bibi Sešanba" und "Ulu pīr" sagte sie, daß diese Texte in Chanka nicht gelesen werden, doch lese man dort die "Toynāma".

B. kannte Saʿādatǧān, eine heilende *ḫalpa*, vgl. 6.3. Sie war einmal mit der jüngeren Schwester ihres Ehemannes dorthin gefahren, um für das Mädchen Hilfe zu erlangen, das sich, wie sie sagte, von ihrem fünfzehnten Lebensjahr an nicht weiterentwickelt habe. Die Hilfe war, wie sie auf meine Frage erwiderte, gering.

B. war die erste *ḫalpa*, die ich zu Scherzen aufgelegt fand. Alles schien für sie in bester Ordnung zu sein. Ihre Tätigkeit machte ihr Spaß. Sie sprach gern und offen darüber. Es gab für sie offensichtlich keine Notwendigkeit, die Bedeutung ihres Berufes durch übermäßigen Ernst zu unterstreichen. Natürlich war sie auch fern vom Wesen jener *ḫalpa*, die in starkem Maße emotional auf die von ihnen selbst vorgetragenen Texte reagierten.

Im Januar 1996 trat sie mir gewandelt entgegen. Allerdings kam ich unangemeldet in ihr Haus, sie war beim Brotbacken, der ständig kranke

Ehemann lief umher wie auch der zweiundzwanzigjährige Sohn, dem man seine Krankheit, die ihm nicht ermöglicht hatte, einen Beruf zu erlernen, nicht auf den ersten Blick ansah. Später sagte B., daß sie kein Geld habe, ihn zu verheiraten. Aus der Sicht von Taschkenter Usbekinnen ist eine derartige Aussage ungebührlich. Weder spricht man so, noch verhält man sich so. Das Geld für die Hochzeit kann man sich leihen, wenn es an der Zeit ist, den Sohn zu verheiraten. Möglicherweise stand aber auch seine Krankheit der Verheiratung im Wege.

B. sagte, sie habe jetzt wenig Zeit. Der Grund war nicht die aufwendige Hausarbeit für die fünf Kinder und den kranken Mann oder *ḫalpačilik* – wahrscheinlich fast die einzige Einkommensquelle der Familie –, sondern ihre Beschäftigung mit einer anderen Wissenschaft: "Mir wird jetzt eine andere Wissenschaft gegeben (*bāšqa ʿilm berilayapti*)", sagte sie. Mein Begleiter fragte: "Die Magie (*ʿilm-i ġaybmi*)?". Sie wich aus. Darauf könne sie noch nicht antworten. Sie sei den Weg noch nicht zuende gegangen, befinde sich in der Mitte des Weges. Auf eine weitere Frage, ob sie eine Krankheit durchgemacht habe oder ob ihr die Magie im Traum gegeben worden sei, erwiderte sie, krank sei sie nicht gewesen, mehr könne sie nicht sagen. Mein Begleiter, der zupackender fragte, als ich es getan hätte, bewies aber auch Umsicht, indem er unserer Bekannten hier und dort anbot, auf eine Frage nicht zu antworten, wenn es ihr nicht möglich sei. So blieb die Gesprächssituation normal, und die *ḫalpa* erzählte noch einen Kindheitstraum, vgl. 1.3. Auf die Frage, ob sie den Traum auch jetzt sehe, wiederholte sie, daß sie erst auf halbem Weg sei und nicht antworten könne (*yarim jūlimdaman, aytišga būlmaydi*). Doch sagte sie, sich auf das Buch "Malika-i dānišmand" beziehend, die Propheten hätten ihr Wissen von Gott durch die Vermittlung von Ǧabrāʾīl empfangen. Erlange jemand das Wissen im Traum, so handele es sich um *awliyālik*. Als Heilige zu gelten, wollte sich B. offenbar nicht oder noch nicht anmaßen, weshalb sie keine eindeutige Antwort auf die Frage nach dem Traum geben wollte.

Eine weitere Frage galt dem Weissagen und Heilen (*kitāb qaraš*). B. sagte, man könne dies wohl ohne Schwierigkeiten tun, aber man müsse dafür die Verantwortung tragen (*kitāb qaralaweradi, lekin ǧawābini beriš kerak*). Die Antwort könnte so interpretiert werden, daß man vor den Mitbürgern geradestehen müsse, wenn man dies und jenes prophezeie. Im sakralen Kontext kann sie aber auch bedeuten, daß man am Jüngsten Tag Rede und Antwort stehen muß, sei es für Fehldeutungen, sei es für die Tätigkeit an sich, die von den Geistlichen in Mittelasien nicht eindeutig gebilligt wird. Von der Furcht vor der Verantwortung hatte auch eine andere *ḫalpa* gesprochen, in dem Fall im Zusammenhang mit *duʿā'*, vgl. 2.5.

Schließlich nannte B. ihre zukünftige Tätigkeit *ṭabībčilik*, es sei ihr aufgegeben worden, Menschen zu heilen (*ādam qarašni buyurdilar*). Aber als eine ganz und gar profane Angelegenheit wollte sie die Heilkunst doch nicht hinstellen. So kam sie nunmehr von selbst auf *ʿilm-i ġayb* zurück. Die Magie könne man sich auf zweierlei Weise aneignen (*ʿilm-i ġayb ikki yūl bilan ālinadi*). Entweder man werde krank und erhalte sie dann als Heilmittel gleichsam geschenkt, oder es werde im Traum offenbar, daß man die Magie beherrschen könne, und dann müsse man langsam, Schritt für Schritt, das Fundament dafür schaffen. Damit hatte sie gerade jene zwei Wege benannt, die einerseits für ihre Freundin und andererseits für sie selbst zutrafen.

B. hatte zu diesem Zeitpunkt noch einen anderen neuen Tätigkeitsbereich. Sie hatte sich ein Pseudonym (*taḫalluṣ*) zugelegt, unter dem sie selbst dichtete. Die Gedichte trug sie zuerst in kyrillischer Schrift in ihr Heft ein. Ihre Freundin sagte später: "Dichtertum wurde ihr geschenkt" (*šāʿirlik berildi uña*) und bestätigte, daß sie es im März 1995 noch nicht besessen habe. Sie selbst sagte, man könne nicht ausweichen, wenn das Dichten einem gegeben worden sei. Was sie schreibe, sei auch nicht das Ihre, sondern Gottes. Somit war auch auf diesem Feld eine sakrale Dimension angelegt, ihrer Entfaltung schien nichts im Wege zu stehen.

Ein Heft, das sie zeigte, läßt vermuten, daß sie bereits früher zu dichten versucht hatte. Das würde zu ihrer Erklärung über die Herstellung von *bayāż* bei dem ersten Treffen passen. Das Heft entsprach ihrem damaligen Wesen: Auf der ersten Seite Telefonnummern mit Namen, es folgten "Sulṭān Uways", "Munāǧāt-i ḥażrat-i Pahlawān ata", eigene Verse in kyrillischer Schrift, "Ǧuhūd oġlan", "Kiyik", Gedichte von Maḫtūmqulī, "Kitāb-i Abdāl baba ʿazīz". Ein anderes Heft enthielt das von ihr sehr geschätzte "Mawlūd-i šarīf". Mehrfach wies sie – vgl. auch oben – auf "Malika-i dānišmand" hin. Sie wollte uns ein Gedicht vortragen und bat die Tochter, das entsprechende Heft zu bringen. Es war nicht das richtige, doch auch dieses war voller Gedichte in kyrillischer Schrift. Das Gedicht, das sie gemeint hatte, trug sie dann voller Inbrunst vor, wie sie denn bei dieser Begegnung insgesamt tiefen Ernst und innerere Anteilnahme zeigte.

Sollte sich B. aus der Sicht ihrer Landsleute in den zwei neuen Aufgabenbereichen, dem Heilen und dem Dichten, bewähren, so wird sie sich dem Wesen der früheren *baḫšī* ~ *baqsī* angenähert haben. Wie deutlich ihr deren Bild zur Zeit der Vorbereitung auf die neue Tätigkeit vor Augen stand und ob sie gerade ihnen bewußt ähnlich werden wollte, sei dahingestellt.

Zu G. geleitete Ingeborg Baldauf und mich 1993 ein junger Mann, der sie aus der Schulzeit kannte, da sie in der Klasse seines jüngeren Bruders gelernt hatte. Er verbarg nicht sein ironisches Verhältnis gegenüber der Tätigkeit der jungen Frau. Diese sei in der Schule Komsomolsekretärin gewesen, jetzt sei sie *ḫalpa*. Ihn trieb neben der Hilfsbereitschaft für uns auch seine eigene Neugier. Niemals dringt ein Mann in die Sphäre des *ḫalpačilik* ein, es sei denn, seine Ehefrau wäre *ḫalpa* und bei beiden bestünde auch ein Interesse für die Tätigkeit des Partners. So war er begierig, durch uns etwas über diesen Bereich der Kultur seines Landes zu erfahren.

G. ist 1966 geboren, so daß sie 1995 ihr Alter mit dreißig angab (vgl. oben unter S.). Sie hat keine Kinder und ist nicht verheiratet.

Von ihren Büchern zeigte G. "Sawād-ḫʷān" von ᶜĀlimǧān Barūdī, ein "Bibi Fāṭimaniñ yār-yāri", von dem sie sagte, daß sie es nicht singe, weil es zu traurig sei. "Ibrāhīm b. Adham" besaß sie als defekte alte Handschrift, die sie auf eingenähten Schulheftseiten ergänzt hatte. Das habe sie mit sechzehn Jahren getan. Da dieser Text bei Totengedenkfeiern vorgetragen wird und sie bei solchen nicht auftritt, liest sie ihn nicht in der Öffentlichkeit. Aus späteren Gesprächen erfuhr ich, daß sie dessen Inhalt jedoch sehr gut kennt. Eine alte Koran-Handschrift war in Leder gebunden und in mehrere Tücher eingehüllt. Den Text über ᶜAbdu 'l-qādir Gīlānī, genannt Ġawṣu 'l-Aᶜẓam, besaß sie als alte und als neue Handschrift. Die letztere umfaßte 18 Kapitel (*manqaba*) von den insgesamt 100, die in Choresm am häufigsten gelesen werden. Sie zeigte das "Muškil kušād"-Buch, über das sie gern sprach. Den Text wollte G. aber keinesfalls fotografieren lassen, wie auch nicht den Text "Imām-i Muḥammad Bāqir". Weiterhin besaß sie eine Lithographie der "Ḥikmat" von Aḥmad Yasawī und "Baba Raušan". Bei beiden Büchern betonte sie, wie bei "Ibrāhīm b. Adham", daß sie sie nur zu Hause lese.

Zu dieser Zeit hatte G. noch eine offizielle Anstellung als Reinigungsfrau im Gemeinderat. Sie fügte aber gleich hinzu, daß sie gar nicht dort arbeite, ihre jüngeren Schwestern würden die Arbeit für sie erledigen. Die "jüngeren Schwestern" brauchten in diesem Fall nicht unbedingt als ihre wirklichen Schwestern verstanden zu werden. Es gab eine Absprache irgendwelcher Art. Wahrscheinlich ging es nicht so sehr um das Gehalt, das sie von dort beziehen konnte, sondern um einen Arbeitsnachweis, den sie als Unverheiratete in sowjetischer Zeit haben mußte, und diese Zeit lag noch nicht sehr weit zurück.

Für G. war die Weitergabe von einer Generation zur anderen sehr wichtig. Zwar erwähnte sie keine *ḫalpa* in ihrer Familie, aber ihr 1964 verstorbener Großvater besaß *madrasa*-Bildung. Ein Teil ihrer Bücher stammt von ihm.

Ihre Krankheit, die sie zu *ḫalpačilik* geführt hatte, bezeichnete sie als Rheumatismus. Durch ihre Tätigkeit als *ḫalpa* sei sie gesund geworden. Beides entsprach nicht der Wirklichkeit, vgl. aber über die geringe Bedeutung der Art der Krankheit 1.1.

In der ersten Zusammenkunft erklärte sie, sie habe im Traum gesehen, daß sie *ḫalpa* werden müsse; den Inhalt des Traumes gab sie nicht preis. Erst bei einem späteren Gespräch sagte sie, daß in dem Traum, den sie als einen Hinweis auf *ḫalpačilik* verstanden hatte, die Großmutter von Büchern umgeben dasaß. Damit war implizite *awlāddan awlādga* (von Generation zu Generation) noch einmal unterstrichen. Für sich und für andere Personen, die um ihre früheren Interessen und Handlungen wußten, hat sie diese möglicherweise mit Hilfe des Traumes als eine kurzzeitige Abweichung ausgelegt.

In der zweiten Hälfte der achtziger Jahre hatte sie eine *ustāẕ*, die 1988 starb; danach schloß sie ihre Lehre bei einer anderen Frau ab.

G. sagte damals, sie trete ausschließlich bei Festen auf, d.h. sie singe bei den Zusammenkünften der Mädchen im Haus der Braut am Vorabend der Hochzeit, die *qizlar yiġiliši* oder *qinalaš (ḫinalaš) kečasi* (Versammlung der Mädchen oder Abend des Schmückens mit Henna) genannt werden, sowie im Haus des Bräutigams bei Ankunft der Braut ein fröhliches "Yār-yār" und "Gelin salāmi" (*kelin salāmi*, Begrüßung der Braut). Für die Hochzeit kommt auch "Malika-i Dilārām" in Frage. Den Text von "Salām" zeigte sie später. Er war in kyrillischer Schrift in ein Schulheft geschrieben. Für die Totengedenkfeiern sei sie zu jung, und sie könne auch nicht das Weinen der Frauen ertragen. Ihre "Yār-yār" entsprechen nicht den in sowjetischer Zeit aufgezeichneten und publizierten, sondern es sind alte Hochzeitslieder. Man habe sie immer singen können, niemand habe sich eingemischt in die Dinge, die innerhalb der Häuser geschahen. Später sagte sie einmal, daß die "Yār-yār" in sowjetischer Zeit durch spaßige Inhalte glänzten.

G. hatte damals eine recht große Zahl von Schülerinnen. Sie nannte die Zahl zwanzig. Die Schülerinnen kämen, antwortete sie auf eine Frage, in den Ferien. Dies war wieder zu genau gefragt. Es erschien mir später wahrscheinlicher, daß ihre *šāgird* gar nicht mehr die Schule besuchten und daß die Treffen unabhängig vom morgendlichen Unterricht vereinbart werden konnten.

Gern sprach sie über den Besuch von Pilgerstätten. Zu dem nahe gelegenen Pilgerort für Ulu pīr ging sie jede Woche mittwochs. Einmal traf ich sie dort. Sie erschien in sehr einfacher, unauffälliger Kleidung, anders als sonst in der Öffentlichkeit, wo sie sich um ein elegantes Aussehen bemühte. Bei Bahā'u 'd-dīn Naqšband war sie schon mehrfach. Sie ist bestrebt, das Grab zweimal jährlich zu besuchen. Auch beim Mausoleum Aḥmad Yasawīs ist sie schon oft gewesen. Die Pilgerfahrten, erklärte sie, trete sie nicht jeweils zu einer bestimmten Jahreszeit an, wie ich es von anderen *ḫalpa* gehört hatte, sondern dann, wenn sie im Traum von der Notwendigkeit der Pilgerfahrt erfahre. Nicht der Heilige selbst erscheine ihr dann, sondern dessen Grab und eine Stimme. Selbst wenn dies nicht für die Pilgerstäte von Ulu pīr zutrifft, die von den frommen Frauen in Urgentsch jede Woche besucht wird, müßte sie recht oft von den Gräbern träumen.

Ihre Komsomolvergangenheit kam bei diesem ersten Treffen darin zum Ausdruck, daß sie sich nicht auf das Antworten beschränkte, sondern selbst ganz und gar zupackend fragte, z.B. danach, ob ich es besser fände, wenn die Frauen in der Öffentlichkeit läsen oder wie sie für sich allein zu Hause.

Im März 1995 begegnete ich G. erneut. Eine Lehrerin veranstaltete in ihrem sehr reichen Haus ein Treffen mit einer *ḫalpa*, wozu sie ihre Kolleginnen eingeladen hatte. G. las dort im Verlauf von drei Stunden mit Pausen ein "Nūrnāma", vgl. 2.2.

Des öfteren liest sie auf dem Friedhof mit dem symbolischen Muškil kušād-Grab in Urgentsch den von dieser heiligen Frau handelnden Text.

Es erwies sich, daß G. auch *töbīb* (*ṭabīb*) ist, wovon sie selbst niemals sprach. Sie heilte vor allem Kinder und konnte Frauen von ihrer Unfruchtbarkeit befreien. Welche Mittel sie dazu benutzte, habe ich nicht erfahren. Eine Frau, deren Unterkiefer verzerrt war, hat sie mit Hühnerblut geheilt, wie es in Choresm üblich ist, wurde berichtet.

Bei einem späteren Gespräch sagte G., daß sie im Monat *muḥarram* auch "Imāmlar" lese.

Sie beschafft sich hin und wieder einen neuen Text, schreibt aber nicht selbst. Wenn die Aussage, daß sie eine defekte Handschrift bereits in jungen Jahren ergänzt hatte, stimmt, müßte sie aber schreiben können. Die jetzt benötigten Texte schreibt für sie eine Frau ab, deren Namen sie nicht nennen wollte.

G. verfaßt keine *bayāż*. Das *bayāż*-Schreiben für ältere Verstorbene verurteilt sie, vgl. 6.3. Doch erklärte sie in diesem Zusammenhang, daß ein *bayāż* für eine Frau, die keine Kinder gehabt hat, richtig sei, denn hier handele es sich um einen ebenso traurigen Fall wie beim Sterben eines sehr jungen Menschen. Als Beispiel für eine Kinderlose, für die ein *bayāż* geschrieben wurde, nannte sie Maǧpiraǧān. Anders als einige *ḫalpa*, denen sie an Strenge vergleichbar ist, billigt sie also den Text über diese Frau. Es ist naheliegend, daß zu dieser Einstellung ihr eigenes Schicksal beiträgt.

Eine andere *ḫalpa* erzählte, daß G. einer jungen Frau die *fātiḥa* erteilt habe, die man bei Ulu pīr als Kartenlegerin sehen konnte. Ob sie den Segen für das Kartenlegen oder für das Lesen gegeben hat, war nicht ganz klar. Jedenfalls wollte G. vom Kartenlegen nichts wissen.

Einmal konnte ich G. fragen, was sie getan hätte, wenn es nicht 1990 jenen kulturellen Umbruch gegeben hätte. Ich selbst konnte sie mir gut als Journalistin vorstellen. Aber sie antwortete, sie hätte Mathematik studiert. In beiden Fällen war ihre Krankheit nicht berücksichtigt. Schließlich war sie in einem Alter, das es ihr erlaubt hätte, mindestens 1984 ein Studium aufzunehmen, doch hat sie dies nicht getan. Wäre ihre Krankheit heilbar, hätte sie sich in einer Situation, in der *ḫalpačilik* nicht so sehr gefragt gewesen wäre, mit den religiösen Texten sicher nur in ihrer Freizeit beschäftigt. Immerhin hatte sie sich bereits in ihrer Jugend den religiösen Büchern zugewandt. Ihrem Charakter sind Strenge und Fröhlichkeit in gleicher Weise eigen. Wichtig ist für sie in allem das rechte Maß. Die Wirkung auf andere ist für sie Lebenselixier. Insofern war auch ihre frühere Tätigkeit eine Möglichkeit zur Selbstverwirklichung. Die gesellschaftlichen Umstände im unabhängigen Usbekistan haben ihr den Weg zu *ḫalpačilik* gewiesen, aber manchen Wunsch noch nicht erfüllt. Gäbe es eine *madrasa* für Mädchen und Frauen am Ort, würde sie gern noch richtig Arabisch lernen, sagte sie. Eine Pilgerfahrt nach Mekka plant sie.

Den Namen von D., geboren 1933, hatte ich bereits mehrfach gehört, bevor ich sie kennenlernte. Oft hieß es, sie habe zweimal die Pilgerfahrt nach Mekka unternommen, und sie sei eine der besten *ḫalpa* weit und breit. Dann traf ich sie bei den Eltern einer Bekannten. Es war *naurūz*, vor einigen Häusern wurde in großen Kesseln *sumalak* gekocht. Zwei oder drei Frauen hatten etwas von der Mischung aus Weizenkeimlingen und Mehl, die am Anfang des Kochprozesses steht, auf ihr Gesicht aufgetragen. Es sah nach einer weißen Maske aus. Sie erklärten aber, daß sich darin keinerlei ritueller Zweck verberge. Man streiche das Gesicht nur zur Verschönerung der Haut damit ein, vgl. 6.1 unter "Bibi Sešanba". Es war ihnen etwas peinlich, daß ich sie mit dieser Maske sah. Im Gastzimmer tauchte bald eine der älteren Frau von draußen auf. Sie suchte das Gespräch mit mir. Es war eine moderne Frau, die früher eine leitende Funktion in einer Fabrik hatte. Sie gab sich frei und ungezwungen. Als sie von meinem Interesse für die *ḫalpa* hörte, nannte sie gleich mehrere, darunter D., und schlug vor, sie holen zu lassen. Wie andere Frauen vorher wies sie darauf hin, daß D. 1990 und 1994 nach Mekka gepilgert sei, und zwar einmal auf eigene Kosten, einmal auf Kosten der Bezirksverwaltung (*ḥākimiyat*). Tatsächlich kam D. nach etwa einer halben Stunde mit feinem hellgrauen Sommermantel, wie ihn dort kaum jemand trägt. Sie wirkte elegant und für ihr Alter sehr jung. Als ich mir, klug geworden durch den indirekten Rüffel einer anderen *ḫalpa*, vor dieser *ḥāǧ(ǵ)ī* das Kopftuch umbinden wollte, meinte sie, das sei nicht nötig. Sie ist aber nicht wie andere jetzige *ḫalpa* oder heute fromme Frauen, die die gleiche Toleranz erkennen ließen, früher in einer sowjetischen Behörde oder in einem angesehenen technischen oder pädagogigschen Beruf tätig gewesen. Großzügigkeit und Strenge gehören zu ihrem Wesen. Beide Eigenschaften zeigten sich auch, wenn ich nach Dingen, Umständen, Sachverhalten fragte, die sie nicht billigte. Niemals äußerte sie ihren Unwillen über andere *ḫalpa*, niemals sprach sie heftig über ein Tun, das ihr als verwerflich erschien. Was sie nicht akzeptierte, war Weissagen (*fāl āčiš*), Hammelkampf (*qüčqār urištiriš*), die Weitergabe eines Gebets auf einem Stück Papier als Heilmittel durch Frauen (*birawa/birāwga dawa/duᶜā' beriš*). Ihre Formel für diese Dinge lautete "das sollte man nicht tun", aber im gleichen Atemzug fügte sie hinzu, jeder müsse selbst wissen und verantworten, was er tue.

Als sie selbst zusammen mit der Gastgeberin beten wollte, prüfte sie zuerst, ob an der Stelle, zu der hin sie sich verbeugen würde, auch kein Bild oder Spiegel hinge. Ein Spiegel ein wenig weiter rechts störte sie nicht.

Unter ihren Vorfahren (vgl. 5.1) waren mehrere Lesekundige, so Ẕākir qārī, Šākir qārī, Sapa (Ṣafā') qārī (ihr Großvater), Wapa (Wafā) (ihr Vater). Ihr Vater war kein *qārī*, sondern nur *maḫzūm* (*maḫdūm*). Frauen, sagt sie, seien niemals *qārī*, denn es sei für sie zu schwer, den ganzen Koran auswendig zu lernen. Ihr Großvater mütterlicherseits war *imām*. Er lebte bis 1956. Auch ihre Mutter hat eine alte Schule besucht (eine *madrasa*, sagt sie), doch mußte sie diese verlassen, nachdem Ṣūfī Allāyār durchgenommen worden war, da sie mit vierzehn Jahren verheiratet wurde. Die Schwiegereltern wünschten nicht, daß sie weiter lernte. D. kennt von ihrer Mutter die Reihenfolge der Bücher, nach denen früher unterrichtet wurde: "Haptiyak" (< Haftiyak), Koran, Ṣūfī Allāyār. Was danach kam, weiß sie nicht genau, doch haben auf jeden Fall auch die Gedichte von Nawāʾī und Bēdil dazugehört. Ein "Haftiyak" besitzt sie in einer Kasaner Ausgabe von 1902. Sie erhielt es von einem Tataren, der in Choresm lebte. Seine Tochter wurde Ingenieur und lebt in Moskau. So gingen einige Nachkommen der am Jahrhundertanfang eventuell als muslimische Aufklärer gekommenen Tataren einen Schritt weiter in die moderne Zeit, während man in Usbekistan ein Mädchen nur in äußerst seltenen Fällen in nicht ausgesprochen weibliche Berufe und in entfernte Gegenden entläßt.

D. war in den Jahren 1973/74 krank, weshalb sie mehrmals die Pilgerstätte für Ulu pīr besuchte, ohne sich jedoch dort mehrere Tage oder Wochen aufzuhalten, wie es einige Kranke tun. Danach, d.h. im Alter von etwa vierzig Jahren, wurde sie *ḫalpa*. Niemals erwähnte sie einen Traum. Es scheint ähnlich zu sein wie bei S.: Ist die Weitergabe der für *ḫalpačilik* benötigten Fähigkeiten von Generation zu Generation gesichert, so kann man, wenn genügend Selbstbewußtsein vorhanden ist, auch auf das Berichten über Träume verzichten.

Außer Ulu pīr nannte sie an Pilgerstätten, die sie besucht, die für Bilāl, für Šāh-i mardān bei Nurata, für Mīr Kulāl bei Buchara und für Sulṭān buwa, d.h. Sulṭān Uways. Von letzterem wußte sie, daß es auch im Ferghanatal einen entsprechenden Pilgerort gibt.

Während sie einmal sagte, sie lese seit ihrer Jugendzeit die in arabischer Schrift geschriebenen Bücher, erklärte sie ein andermal, sie habe das Lesen von ihrem Ehemann erlernt. Wenn ihr Gatte einer ihrer Verwandten ist, könnte beides seine Richtigkeit haben. Der Ehemann kann jedoch keinesfalls als *ustāẓ* gelten, war von ihr zu erfahren, vgl. unter 1.4.

Die Texte, von denen sie keine alten Handschriften oder Lithographien besitzt, hat ihr Ehemann abgeschrieben. Sie nennt ihn, da er bedeutend älter ist als sie, *yašuli*. Sein Lehrer in der *madrasa* soll ein tatarischer *mullā* gewesen sein. Eventuell stammte aus dessen Familie das obengenannte "Haftiyak".

Der Ehemann hat in seinem offenbar praktischen Sinn die persischen Stellen in "Mawlūd-i nabī" ins Usbekische übersetzt und in einer neuen Lithographie die Stellen, die ohnehin hier außer ihm fast niemand versteht, mit der Übersetzung überklebt.

Auf gut muslimische Art wurde ich niemals mit dem Ehemann bekannt gemacht, obwohl ich mehrmals im Haus von D. weilte.

Da sie nicht selbst schreibt, verfaßt D. auch keine *bayāż*.

Sie besitzt eine Lithographie der "Ḥikmat", weiterhin "Baba Raušan", "Tulum ḫʷāġa", "Qażā'-i kursī", "Ayyūb" zusammen mit "Qiyāmatnāma" (dies in einer neuen Handschrift), "Payġambarni küyäwläri ipṭāra čaqirišī" (in neuer Handschrift), "Mūsānāma" zusammen mit "Imām-i Aᶜẓam" – von anderen Frauen "Yarim alma" genannt – (in neuer Handschrift vom *yašuli*), "Fāṭima bibimizniñ dunyāġa gälüši (käliši)" (in neuer Handschrift, vom *yašuli* geschrieben), "Ḥağğnāma", "Rūḥnāma", "Saᶜādatğān", "Dēwāna-i Burḫ", "Maġpiraġān" zusammen mit "Marġuwwa". Unter den Büchern, die man bei Hochzeiten singen könne, nennt sie: "Yār-yār", "Mubārak", "Šāhṣanam Ġarīb", die fröhlicheren Teile von "Yūsuf wa Zalīḫā".

D. liest bei Totengedenkfeiern, doch niemals am ersten und am dritten Tag. Ihre Vorfahren (*buwalar* < *babalar*), sagt sie, hätten es ihr nicht erlaubt, und damit geht sie allen weiteren Fragen aus dem Weg. Ihr eigenes "Rūḥnāma" trägt sie somit, da der Text am ersten Tag nach dem Tod eines Menschen gelesen wird, nicht vor. "Imāmlar" liest sie im *muḥarram*, "Ulu pīr" im *ramażān* und anderen Monaten, "Muškil kušād" dienstags oder mittwochs.

Offenbar legt sie keinen Wert darauf, viele *šāgird* zu haben. Eine ihrer Schülerinnen sei schon gestorben, eine andere habe das Lesen der Bücher in arabischer Schrift nur für sich selbst, nicht mit dem Ziel, *ḫalpa* zu werden, erlernt.

D. vertritt einen strengen Rahmen für das Verhalten und den Wirkungsbereich der Frauen: Männer haben das Recht, als professionelle Abschreiber tätig zu sein, Frauen nicht. Befindet sich ein Mann in der Gesellschaft, und sei es ein siebenjähriges Kind, so spricht dieser bzw. dieses nach dem Essen die *fātiḥa*, nicht eine Frau. Männer dürfen zu Heilzwecken *duᶜā'* schreiben und an Kranke geben, Frauen sollen das nicht tun. Frauen sind nicht fähig, den ganzen Koran auswendig zu lernen, sie können deshalb niemals *qārī* sein. Männer sagen richtig *maḥalla*, Frauen benutzen das falsche, dialektale Wort (*šīwa*) *elat*.

Ihre Kinder, es sind acht, der erste ein Sohn, die übrigen Töchter, hat sie zum Einhalten der muslimischen Gebote, zum Fasten und Beten erzogen. Sie haben jedoch auch studiert und sind in modernen Berufen tätig. Einige Male gab es Schwierigkeiten mit der Zulassung zum Studium eines Kindes in sowjetischer Zeit, aber D. hat durchgesetzt, daß nach den Leistungen entschieden wurde. Über ihre 1960 geborene Tochter, die Russischlehrerin ist, vgl. 5.1.

Die Achtung, welche D. genießt, resultiert aus ihren guten Lesefähigkeiten, ihrem der Etikette voll entsprechenden Verhalten und aus ihrer zweimaligen Pilgerfahrt nach Mekka. Unter europäischen Verhältnissen wäre sie gewiß eine Reiseliebhaberin. Auch jetzt ist sie nicht frei von anderen Reisewünschen, z.B. käme sie gerne einmal nach Deutschland. Ein wenig Geschwätz in ihrem Wohnort erklärt vielleicht ihre Toleranz in vielen Dingen, die angesichts ihrer engen Vorstellungen vom weiblichen Wesen erstaunlich ist: Einige von D.s Töchtern seien von sehr fröhlicher Natur, man könne sie fast leichtsinnig nennen, jedenfalls leisten sie sich Verhaltensweisen, die man von einer Muslimin sonst nicht erwartet. Und all dies hätten sie von ihrer Mutter geerbt, die in ihrer Jugend ebenso gewesen sei. Das Wohlverhalten, das Benennen der Regeln und die Einhaltung der Regeln wären dann angelernt, weil D. das Leben mit dem *yašulï* ohnehin leben muß. Darunter lebte dann aber noch ein anderer Geist, dem andere Verhaltensformen nicht ganz fremd sind.

Über die Bemühungen der Gebietsverwaltung (*ḥākimiyat*), D. zur Sprecherin ihrer Interessen zu machen vgl. 5.3.8.

M. lernte ich 1999 im Ferghanatal kennen. Sie ist 1934 geboren und hat neun Kinder – fünf Söhne, vier Töchter – zur Welt gebracht. Alle Kinder sind am Leben, und alle haben studiert. Eine ihrer Schwiegertöchter hat in Taschkent Medizin studiert und ist Ärztin. Sie selbst hat eine Ausbildung als Lehrerin für Mathematik und Physik erhalten und hat zehn Jahre lang in ihrem Beruf gearbeitet. Die religiösen Bücher begann sie im Alter von vierzig Jahren zu lesen, nachdem sie die Kinder großgezogen hatte. Ihre Mutter, ebenfalls eine *ātin āyi*, ist vor 15 Jahren gestorben (1984). Sie hat bis zu ihrem Tod den Koran und andere religiöse Bücher gelesen. Von den vier Schülerinnen der Mutter sind zwei bereits gestorben. Diese Zahl könnte der Realität entsprechen. Da die Mutter nicht mehr am Leben ist, bestünde kein Grund, sie durch Falschaussage zu schützen, selbst wenn offizielle Stellen begierig wären, etwas über die Verbreitung der Lesekenntnisse in bezug auf religiöse Literatur zu erfahren. Eine größere Zahl von Schülerinnen könnte jetzt nur noch zur Bewahrung ihres hohen Ansehens beitragen. Es verhält sich wohl ähnlich wie in Choresm: In sowjetischer Zeit erlernten viel weniger Personen als in den neunziger Jahren das Lesen der religiösen Texte. M. hat bei ihrer Mutter das Lesen einiger Bücher in arabischer Schrift erlernt. Auch die Großmutter von M. war *ātin āyi*.

M. war offener als andere *ātin āyi*, zeigte viel weniger Angst, doch wieviel Schülerinnen sie selbst hat, wie oft man sich zusammenfindet, konnte ich nicht erfahren. Von ihrem Besuch der Heiligengräber sprach sie ohne Scheu. Über Taschkent ist sie bereits zweimal nach Turkestan gepilgert, wo sich das Grabmal für Aḥmad Yasawī befindet. Unterwegs haben die Frauen in Sairam am Grab von Aḥmad Yasawīs Mutter Qarasač ana übernachtet. Außerdem war sie am Grab von Bahā'u 'd-dīn Naqšband in Buchara und zweimal in Samarkand. Sie war in Schahi Mardan (d.h. bei ᶜAlī) und, wie sie selbst spontan hinzufügte, auch am Grabe Ḥamza's. Die zweite Persönlichkeit ist Ḥamza Ḥakīm-zāda Niyāzī, der dort 1929 unter den Steinwürfen von aufgebrachten *mullā* starb. Sie hatte offenbar weder bei dem Besuch des Ortes selbst, vermutlich in sowjetischer Zeit, noch viele Jahre danach Schwierigkeiten mit der Ehrung für die beiden Persönlichkeiten, von denen die eine die Ausbreitung des Islams beförderte, die andere die islamische Gesellschaft modernisieren bzw. – nach der Interpretation der vergangenen Jahrzehnte – den Islam bekämpfen wollte. Zum nach Safēd Bulān benannten Pilgerort fährt sie am *qurbān ḥayit* (Opferfest).

Von ihren Büchern sprach sie gern und zeigte einiges. Es war die einzige *ātin āyi*, die von sich aus "Qiṣaṣu 'l-anbiyā'" nannte. Sonst betonen eher die Männer, daß dieses Werk von Rabġūzī für die *ātin āyi* große Bedeutung habe.

M. besitzt eine Lithographie von "ᶜĀšūrliq kitāb" sowie eine Taschkenter Lithographie von "Mawlūd-i nabī" (o. J.), die auch "Miᶜrāǧ-nāma" enthält. Dieses Buch konnte man in unterschiedlichem Zustand bei mehreren *ātin āyi* sehen. "Mawlūd-i nabī" kennt und rezitiert sie sehr gut, von "ᶜĀšūrliq kitāb" ist dasselbe anzunehmen.

Zu den Büchern, die ihr sehr vertraut sind, gehören auch "Ḥikmat" und "Ibrāhīm b. Adham".

Ein Buch von Ṣūfī Allāyār besaß sie als Lithographie ohne Titelblatt. Er werde hier bei Totenfeiern ab dem dritten Tag gelesen. Wahrscheinlich handelte es sich um "Ṣabātu 'l-ᶜāǧizīn". Die Gedichte von Huwaydā besaß sie als Lithographie aus der Typographie Il'in mit der Zensurerlaubnis von 1903. Es war zusammengebunden mit einem Buch über die Pflichten eines Gläubigen, eventuell "Malika-i dānišmand". Die Gedichte Huwaydās las sie viel schlechter als den zweiten Teil ihres Buches, obwohl ich sie gebeten hatte, etwas herauszusuchen, das sie besonders gern hat. Das war insofern nicht erstaunlich, als sie weit entfernt vom Geburtsort des Dichters lebt. Der andere Text wird offensichtlich oft bei den Zusammenkünften zitiert. Ḥazīnī kennt sie und schätzt seine Gedichte sehr (*maʿnāsi katta* "er hat einen tiefen Gehalt", sagte sie), kann aber keinen Text unter ihren Büchern finden. Für den Korankommentar, der bei mehreren *ātin āyi* zu sehen war, habe sie keine Zeit, sagte M.

Das Repertoire ähnelt viel mehr als das anderer *ātin āyi* dem von Choresm. Auffallend sind aber Ṣūfī Allāyār, die zwei im Ferghanatal geborenen Dichter und das Fehlen Mašrabs. Den Namen Mašrab hat keine *ātin āyi* von sich aus genannt. Alle danach Gefragten kannten den Dichter, aber seine Gedichte besaßen sie nicht. Vgl. noch das unter 6.1 zu Mašrab Notierte.

M. besaß erstaunlich viele vollständige Bücher, und die Mehrzahl war in gutem Zustand. Auf meine Frage, ob ihre Mutter die Bücher, wie viele andere *ātin āyi*, hatte verbergen müssen, sagte sie, das sei nicht geschehen und nicht notwendig gewesen. Die Antwort gehört zu den Seiten der Tätigkeit der *ātin āyi*, die ich wegen zu geringen Materials nicht eindeutig interpretieren kann. In Choresm hatte ich an einer Stelle den Verdacht, daß die neu gebundenen Bücher einer *ḫalpa*, die sie als ererbt ausgab, viele Jahrzehnte zuvor konfisziert und relativ gut aufbewahrt worden waren und nun mit welchem Recht auch immer wieder in private Hände gelangt waren. Um die Vermutung, es handele sich bei der *ātin āyi* um ähnliche Bücher, ganz ausräumen zu können, brauchte man sehr viele Antworten an unterschiedlichen Orten von derselben Art wie M. sie gegeben hat: Hier war es nicht notwendig, die Bücher zu verstecken, wir wohnen sehr abgelegen o.ä. (vgl. noch 3.1).

Was die Gestaltung der Totengedenkfeiern in sowjetischer Zeit betrifft, sagte M., man habe damals nur aus dem Koran rezitiert. Diese Antwort überzeugte mich viel mehr als die meiner Meinung nach kuriose Auffassung einer Namanganerin, man habe in sowjetischer Zeit, weil man den Koran nicht lesen durfte, viele andere, an sich unnütze Bücher in arabischer Schrift gelesen, vgl. 0.2. Natürlich ist die Aussage der Frau, trotz ihrer Kuriosität, interessant. Sie drückt das heutige Bestreben an einigen Orten aus, sich allein mit dem Koran zu befassen und die tschaghataische religiöse Literatur mehrerer Jahrhunderte ein weiteres Mal dem Vergessen anheim zu geben.

Ḥ. tritt als *ātin āyi* auf, seit ihre Schwiegermutter gestorben ist. Das war 1981. Geheiratet hat sie ungefähr 1960. Sie hat fünf verheiratete Töchter. Alle haben bei ihr lesen gelernt. Sie sind Hausfrauen. Ihre Schwiegertochter ist Lehrerin. Auch sie kann die alten Bücher lesen, doch ist sie bis jetzt keine *ātin āyi*. Ḥ. liest sehr gut und kann auch viele

Gedichte auswendig rezitieren. Sie schreibt auch selbst Gedichte. Zwei kleine dicke Hefte, etwa halb so groß wie ein Schulheft, hatte sie in kyrillischer Schrift vollgeschrieben und eines in arabischer Schrift. Davon, daß sie dichtet, hatte einst die Literaturwissenschaftlerin Muzayyana ᶜAlawiyya gehört. Vor etwa fünfzehn Jahren kam die Wissenschaftlerin, um die Dichterin kennenzulernen. Vor einiger Zeit – vielleicht 1998 – rief die Gemeindeverwaltung einen Wettbewerb für *ātin āyi* aus. Jede konnte das rezitieren, was sie selbst vorschlug. Ḥ. kam auf den ersten Platz. Durch den Wettbewerb wurde Ḥ. auch in der weiteren Umgebung bekannt, und eine Frau schickte ihr ein selbstverfaßtes Gedicht. Auch aus den Schulen kommen immer häufiger Bitten, sie möge dorthin kommen und Gedichte vortragen. Ḥ. war sehr offen und fast ohne Angst. Die öffentliche Anerkennung gab ihr Sicherheit.

Y.s Mutter war *ātin āyi* wie sie selbst. Sie muß eine von modernerer Lebensweise recht weit entfernte Frau mit einem schweren Leben gewesen sein. Ihr waren viele Kinder gestorben. Endlich blieb ein Mädchen, es war Y., am Leben. Die Mutter verheiratete sie, als sie vierzehn Jahre alt war[9], offenbar, damit die Familie fortdauere. In den Personalausweis hatte die Mutter eintragen lassen, sie sei 1937 geboren. Später sagte sie ihr, sie sei in Wirklichkeit im *ilan yili*, d.h. im Schlangenjahr nach dem Tierkreiskalender, und zwar *ūrik pišgan maḥalda* (zur Zeit, da die Aprikosen reif werden) geboren worden. Eines Tages hat Y. nachgesehen oder nachsehen lassen und herausgefunden, daß es sich um das Jahr 1941 gehandelt hat. Sie durfte die Schule nach der Heirat weiter besuchen und schloß diese mit der neunten Klasse ab. Auf meine Frage, in welchem Jahr die Hochzeit war, gibt sie eine Antwort, die ihrer Mutter Ehre machen würde: In dem Jahr, in dem hier die Sowchose gegründet wurde. Sie sieht aber nach und findet: 1959. Das ist also weder sechzehn, noch siebzehn oder achtzehn Jahre nach dem fiktiven Geburts-

---

[9] Das Gesetz der Usbekischen Sozialistischen Sowjetrepublik von 1928 erlaubte die Heirat für junge Männer ab dem achtzehnten und für Mädchen ab dem 16. Lebensjahr. 1938 wurde dieses Gesetz geändert und auch für Mädchen ein Mindestalter von achtzehn Jahren festgelegt. Die Exekutivkomitees der Gebiete und Kreise hatten aber das Recht in außerordentlichen Situationen, wenn entsprechende Bitten herangetragen würden, das Mindestalter der Mädchen um ein Jahr herabzusetzen. Mit Gesetz von 1976 wurde das Mindestalter der Mädchen auf siebzehn herabgesetzt, und die Verwaltungen der Städte und Gemeinden konnten auf besonderen Antrag das Mindestalter von Mann und Frau noch einmal um ein Jahr herabsetzen. Diese Gesetzesbestimmung wurde von der Republik Usbekistan übernommen. Vgl. Ātaḫūğaev 1995, 72-74, 98 und Wāsiqova 1996, 8.

datum 1937, noch vierzehn Jahre nach dem wirklichen Geburtsjahr 1941. Wahrscheinlich wurde zu irgendeinem Zeitpunkt berichtigt: Geboren 1941 und geheiratet achtzehn Jahre danach. Die Dokumente "stimmen" seither. Ihr erster Sohn wurde 1961 geboren, und sechs weitere Kinder folgten. Ihre Mutter ist mit dreiundsechzig Jahren 1982 gestorben. Falls dies stimmt, wäre die Mutter 1919 geboren gewesen und hätte etwa zwischen 1935 und 1940 jene Kinder geboren und zu Grabe getragen, wegen deren Schicksal Y. mit vierzehn Jahren heiraten mußte.

Auch die Großmutter war *ātin āyi*. Von ihr hat Y. einige Verse von Aḥmad Yasawī gehört und auswendig gelernt wie auch einige andere Verse. Die Großmutter hat erzählt, daß man die religiösen Bücher eine Zeitlang oberhalb der Tür in einem wieder verschlossenen Loch in der Wand verborgen habe. In den siebziger und achtziger Jahren, als Y. selbst lernte , war dies aber offensichtlich schon eine alte Geschichte. In den vierziger und fünfziger Jahren dürften die Bücher noch versteckt gewesen sein, und es hängt eventuell damit zusammen, daß die Mutter Y. nicht das Lesenlernen der religiösen Texte in früher Kindheit auferlegte. Denn als die Mutter 1982 starb, war Y.s Ausbildung noch nicht abgeschlossen. Ein Onkel las mit ihr die bis dahin noch nicht gelesenen, aber notwendigen Texte. Auf meine Frage, ob ein Mann der Lehrer einer *ātin āyi* sein könne, sagte sie, sie habe dann noch eine Lehrerin gehabt, die sie die Melodie des Vortrags lehrte.

Aḥmad Yasawī werde hier nicht übermäßig viel gelesen. Nur für die Totengedenkfeiern (auch hier *maʿraka*, wie in Choresm) brauche man einige Verse von ihm.

Sie erklärte, zur Zeit lerne und lehre sie in drei Gruppen. Lehrerin sei sie nur für eine Gruppe. In den zwei anderen Gruppen sei sie selbst Lernende, da sie sich in der Aussprache des Korantextes vervollkommnen wolle.

Die wichtigsten Stellen aus "Muškil kušād" und aus "Mawlūd-i nabī" kann sie auswendig und läßt sich auch nicht lange bitten, etwas vorzusprechen. Statt der dazugehörenden Texte, die sie nicht finden konnte, weil sie sie wahrscheinlich verborgt hatte, zeigt sie Hefte, die mit kyrillischer Schrift vollgeschrieben sind. Daraus kann man aber keineswegs bei Zusammenkünften der Frauen (*yiġiliš*) vortragen, sagt sie. Sie schreibt in die Hefte Gedichte, die die Besucherinnen mitbringen, wenn sie ihr gefallen.

Trotz der aus europäischer Sicht eigentümlichen Schwierigkeiten mit der Zeitrechnung wirkte Y. wie eine ganz und gar moderne Frau. Sie bekannte sich mit nur sehr geringer Furcht zu dem, was sie gern tat. Man konnte den Eindruck gewinnen, daß sie sich von keiner Seite übermäßig stark in ihren Beruf hineinreden läßt. Leider fiel ihr auch die Aufgabe zu, einige in der Nähe wohnende Berufsgenossinnen mit zu vertreten, die sich 1999 aus Angst vor jeglichem Gespräch mit einer Ausländerin verleugnen ließen.

6 Das Textcorpus

6.1 Kern des Textcorpus

In diesem Kapitel werden die Texte, welche entweder bei den *ḫalpa* in Choresm oder bei den *ātin āyi* im Ferghanatal oder bei beiden im Zentrum der Aufmerksamkeit stehen, genannt. Ist ein Text nur in einer der beiden Regionen bekannt, wird darauf hingewiesen. Soweit es Übersetzungen oder wissenschaftliche Editionen einzelner tschaghataischer Texte gibt, werden diese erwähnt. Bei der Nennung von Lithographien, die die *ḫalpa* und *ātin āyi* benutzen oder die den von ihnen benutzten Texten zugrundeliegen, wie auch beim Anführen von Handschriften, die gleiche oder ähnliche Texte enthalten, habe ich Vollständigkeit nicht angestrebt. Diese Arbeit müßte bei der Bearbeitung einzelner Texte geleistet werden. Neue Ausgaben der neunziger Jahre des 20. Jahrhunderts nenne ich, soweit sie mir bekannt geworden sind. Über allgemein bekannte Persönlichkeiten, deren Biographie und deren Werke in den Nachschlagewerken verzeichnet sind, werden an dieser Stelle keine Ausführungen gemacht. Spielt jedoch oder spielte eine bekannte Persönlichkeit bzw. deren verklärte Gestalt, wie etwa ʿAbdu ʾl-qādir Gīlānī, im mittelasiatischen Alltag eine größere Rolle, so wird auf die zumeist von Ethnologen beschriebenen Tatsachen aufmerksam gemacht.

In der alphabetischen Reihenfolge werden die Titel so bezeichnet, wie der Brauch bei den *ḫalpa* und *ātin āyi* ist, d.h. parallel zu wirklichen Titeln werden auch Dichternamen genannt. Zur besseren Orientierung habe ich einige Verweise eingefügt. Nur der Name eines Dichters, den weder die *ḫalpa* noch die *ātin āyi* nennen, dessen Verse sie aber lesen, erscheint in der alphabetischen Reihenfolge. Es handelt sich um Ḫāliṣ. Die Ausnahme habe ich deshalb zugelassen, weil der Dichter oft als Autor erscheint, seine Person aber sehr schwer faßbar ist. Ich stelle in der Hoffnung, daß es jemandem gelingt, herauszufinden, ob es sich um eine, zwei oder gar drei Persönlichkeiten handelt und wann und wo er/sie lebte(n), zusammen, was mir bekannt geworden ist.

Zu allen im folgenden genannten Titeln sind Einzeluntersuchungen notwendig. In einigen Fällen wäre zu klären, welche arabischen, persischen oder früheren turksprachigen Quellen die Entstehung der heute gelesenen Texte angeregt haben. Die jeweils vorhandenen tschaghataischen bzw. usbekischen Texte sollten miteinander verglichen werden, damit Aussagen über ihre sprachliche Gestalt und eventuell über inhaltliche Unterschiede gemacht werden können. In weiterführenden Arbeiten muß die Poetik der Texte beschrieben werden. Eine Annäherung an die Gestalt des jeweiligen Autors, gleich ob man dessen Namen im Text erfährt oder nicht, muß durch Vergleich mit anderen Texten versucht werden.

Wenn im folgenden von neuen Handschriften die Rede ist, sind solche gemeint, die die Frauen in der sowjetischen Zeit anfertigten oder anfertigen ließen.

ᶜAbdu ʾr-raḥmān Qaraqčï vgl. **Nūrnāma**

Abū Ḥanīfa vgl. **Yarïm alma**

Aḥmad Yasawī, Ḥikmat oder **Ḥikmatlar** (Weisheitssprüche)
Aḥmad Yasawī ist in Choresm sehr beliebt und unter seinem Beinamen Qul ḫʷāğa bekannt. Es gibt keine *ḫalpa*, die seine Verse nicht kennt. Man lese, sagen die *ḫalpa*, Qul ḫʷāğa, oder sie sagen, man lese die "Ḥikmat". Die meisten *ḫalpa* kennen sicher auch den Namen Aḥmad Yasawī, die Zuhörerinnen jedoch meistens nicht. Die Verse werden in Choresm und im Ferghanatal gern zu Totengedenkfeiern gelesen. In Choresm wurde ausdrücklich darauf hingewiesen, daß man Qul ḫʷāğa bereits am Tag des Todes einer Person lesen kann. Daß Aḥmad Yasawīs Verse, auch "Dēwān-i ḥikmat" genannt, zugleich als "Qurʾān-i türkī" gelten, wird in wissenschaftlichen und populärwissenschaftlichen Darstellungen seit den neunziger Jahren wieder vermerkt. Unter den *ḫalpa* habe ich dies zwar nicht gehört, aber der Rang, den sie den Gedichten einräumen, entspricht durchaus dieser Bezeichnung.

Vámbéry hat einige *ḥikmat* veröffentlicht, die Sprache hat er "sehr chokandisch" genannt.[10]

In den zwanziger Jahren des zwanzigsten Jahrhunderts erschienen noch ᶜAbdurraʾūf Fiṭrats Aufsätze über Aḥmad Yasawī und die ihm folgenden Dichter[11], danach wurde in Mittelasien bis in die späten achtziger Jahre nichts mehr über den für die *ḫalpa* und die *ātin āyi* heiligen Mann publiziert. Dann jedoch setzten die Publikationen der Aḥmad Yasawī zugeschriebenen Gedichte wieder ein, so daß sie den mittelasiatischen Lesern jetzt in mehreren Ausgaben in arabischer sowie in

---

[10] Vámbéry 1867, über die Sprache S. 33, Text S. 115-123.

[11] Fiṭrat 1927, 1928.

kyrillischer Schrift zur Verfügung stehen. Für die *ḫalpa* und die *ātin āyi* gab es jedoch fast keinen Rezeptionsbruch hinsichtlich Qul ḫ^{w}āğa Aḥmads. Zwar konnte man die Bücher nicht mehr auf den Basaren kaufen, doch gehörten die Verse zu dem Wichtigsten, das man sich aus der einen oder anderen erhaltenen alten Handschrift, aus neuen Handschriften oder aus Lithographien abschrieb. Teilweise werden die Verse auch mündlich weitergegeben worden sein, denn wenn eine der Frauen, die religiöse Verse vortrugen, etwas auswendig wußte, waren die Verse Qul ḫ^{w}āğas gewiß immer dabei.

Wenig bekannt war in Mittelasien bis 1990 M. Fuad Köprülüs bereits 1919 publizierte ausgezeichnete Arbeit über Aḥmad Yasawī. In den neunziger Jahren begann eine intensivere Arbeit über Aḥmad Yasawī in Mittelasien. Unter den neueren Arbeiten in Europa sei Thomas Steinbachs Magisterarbeit von 1998 erwähnt. Ein Vergleich der Texte der *ḫalpa* untereinander sowie ein Vergleich ihrer Texte mit den Texten der Lithographien und älteren Handschriften wäre einer Untersuchung wert. Wenn sich in den Handschriften der *ḫalpa* sonst Unbekanntes oder wenig Bekanntes fände, wüßte man, daß es eine Tradition neben der von Texten der Lithographien beherrschten Tradition gab. Fänden sich nur Gedichte, die in den Lithographien vertreten sind, so würde die Annahme bestätigt, daß die Norm der lithographierten und gedruckten Texte Früheres verdrängte. Die *ātin āyi* haben die Verse nur selten abgeschrieben, weil im Ferghanatal eventuell seit jeher mehr Handschriften und Lithographien vorhanden waren und ein größerer Teil als in Choresm im 20. Jahrhundert bewahrt blieb. Auch war es hier nicht unüblich, die auswendig gelernten Verse vorzutragen, ohne das Buch, aus dem sie stammten, vorzuweisen.

ᶜAndalīb vgl. **Saᶜd Waqqāṣ**

Arwāḥnāma vgl. **Rūḥnāma**

ᶜĀšūrliq kitāb vgl. **Imāmlar**

Ayyūb
Der Text besteht aus einem einführenden *maṡnawī* im Versmaß *ramal*, Ghaselen, einigen wenigen *muḫammas* und einem vierzeiligen Strophengedicht. Im *maṡnawī* des Textes ist von den Leiden Ayyūbs (Hiobs) die Rede. Die übrigen Gedichte sprechen von der Vergänglichkeit der Welt, von der Erbarmungslosigkeit des "Himmels", vom Tod in allgemeinerer

Form, doch ist die Gestalt des Hiob stets auf einer zweiten Ebene mehr oder weniger präsent. Hiob und sein Schicksal bilden somit einen Hintergrund, vor dem der Dichter, dessen Dichterpseudonym Ayyūb ist, das eigene Herz und die Freunde ermahnt, die Welt, wie sie ist, anzunehmen, kein Unrecht zu tun und vom rechten Wege nicht abzuweichen. Das *taḫalluṣ* erscheint in fast allen Ghaselen. Drei Ghasele haben "Ayyūb" als *radīf*.

In einer der neuen Handschriften der *ḫalpa* wird der Text als *qiṣṣa* bezeichnet, obwohl keine der Handschriften die für das Genre der *qiṣṣa* üblichen Prosateile oder zumindest Prosaüberleitungen hat und obwohl der Charakter der Gedichte eine feste oder auch nur lockere bestimmte Reihenfolge nicht verlangt. Zur Frage, ob der Dichter Ḫāliṣ als Autor der "Ayyūb"-Gedichte in Frage kommt, vgl. unten unter Ḫāliṣ. Die Autoren von SVR VII nehmen allerdings an, daß es einen Dichter Ayyūb gab, von dessen Lebenszeit und Lebensort man nichts wisse. In diesem Band sind drei Handschriften mit Ayyūb-Gedichten verzeichnet (Nr. 5157-5159). Es wird jeweils ein *bayt* aus der Handschrift zitiert, von denen zumindest das aus Nr. 5157 und aus Nr. 5159 in den in Choresm fotografierten Handschriften ebenfalls vorhanden ist. Nr. 5157 und 5158 sind Teil von Handschriftenbänden, die aus Choresm stammen könnten, denn zu Nr. 5157 mit der Signatur 6895/III gehören Texte von ᶜAndalīb (Signatur 6895/I) und Gedichte von einem Dichter Rāǧī (Signatur 6895/II), der nicht der bekanntere Namanganer Rāǧī, sondern ein Dichter aus Choresm sein soll; Nr. 5158 (Signatur 5353/IV) wiederum ist Teil eines Bandes, der außerdem die Epen "Göroġli"(Signatur 5353/I) sowie "Gülčehra wa Šahriyār" (Signatur 5353/V) enthält, die in Choresm mehr verbreitet sind als in anderen Gegenden Usbekistans.[12] Außerdem enthalten Nr. 5157 und 5158 "Qiṣṣa-i Ibrāhīm b. Adham" (Signatur 6895/V und 5353/III), ein Werk, das inhaltlich sehr gut zu den Gedichten von Ayyūb paßt, sich allerdings unter den religiösen Frauen ganz Usbekistans, und nicht nur bei denen in Choresm, großer Beliebtheit erfreut.

Die Zahl der Gedichte von Ayyūb in den einzelnen neuen Handschriften der *ḫalpa*, die Auswahl aus einer eventuell umfangreicheren Handschrift oder Lithographie und die Anordnung der Gedichte ist unterschiedlich. Die umfangreichste Handschrift, deren Kopie vorhanden ist, enthält 62 Gedichte. Ein Vergleich der Handschriften der *ḫalpa* hat ergeben, daß es sich um ca. 77 verschiedene Gedichte handelt. In den

[12] Vgl. Rūzimbāyev 1985, 18, 43 ff.

meisten Handschriften wird der Beginn eines neuen Gedichtes, unabhängig von der wirklichen Form, angekündigt mit *ġazal-i digar* oder *munāǧāt-i digar* oder *ġazal-i Ayyūb*. Eine Handschrift enthält ein Datum für die Abschrift. Es ist *ǧumādī 'ṣ-ṣānī* 1392 (Juli 1972). Die Ayyūb-Verse finden sich in eigens dafür angelegten Heften oder in Sammelheften, die verschiedene für die Totenfeiern geeignete Texte enthalten. In diesen Fällen kann die Zahl der Gedichte bedeutend geringer sein als in den reinen "Ayyūb"-Heften. So enthielt ein Heft außer dem *maṣnawī* nur 18 Gedichte. Besonders gut passen zu den Versen über Ayyūb die Aḥmad Yasawī zugeschriebenen Verse. Ein Heft enthielt neben den "Ayyūb"-Versen noch "Saᶜd Waqqāṣ", Trauergedichte über den Tod Muḥammads von Ṣayqalī (18. Jahrhundert) und Ḫāliṣ, weiterhin "Ibrāhīmǧān" und Fāṭimas Klagen um Muḥammad.

Den Text könne man immer bei den Totenfeiern lesen, sagte eine *ḫalpa*, am besten jedoch ab dem 7. Tag. Eine andere Frau erklärte, daß "Ayyūb" auch außerhalb der Totenfeiern gelesen werde, und zwar wie der Koran und die Texte über Muḥammad freitags.

Von den *ātin āyi* wurde der Text nicht erwähnt, was nicht bedeuten muß, daß er von ihnen nicht gelesen wird.

Baba Raušan oder **Buwa Raušan** oder **Baba Röwšan**

Diese *qiṣṣa* hat zwei zentrale Gestalten. Baba Raušan, nach dem sie benannt ist, dominiert nur im ersten Teil, der etwas weniger als die Hälfte umfaßt. Baba Raušan stirbt, und der Erzähler kommt nicht wieder auf ihn zurück. In der heutigen Form der *qiṣṣa* scheint die Gestalt Baba Raušans vor allem nötig zu sein, um die Heldentaten der zweiten, ᶜAlīs, als notwendig erscheinen zu lassen. Aus dem Titel läßt sich eventuell schließen, daß die *qiṣṣa* um Baba Raušan ursprünglich selbständig existiert hat. Durch die Verbindung mit den Abenteuern ᶜAlīs könnte dann der Kern der Geschichte an den Rand gedrängt worden sein. Die *ḫalpa* in Choresm scheinen besonders von den Erlebnissen Baba Raušans angerührt zu sein. Dieser hat einen großen Schuldenberg bei einem Juden. Der Geldverleiher verlangt sein Geld zurück oder die Tochter des Schuldners zur Frau. Die zweite Forderung dürfte eine Variante oder die ursprüngliche Form der weit verbreiteten Geschichte mit der Forderung nach einem Stück Fleisch aus dem Körper des Schuldners[13] sein, denn die Tochter ist ebenfalls "sein Fleisch". Keine der Bedingungen kann

[13] Vgl. z.B. Vámbéry 1901.

Baba Raušan erfüllen. Er fragt den Propheten um Rat, dieser überträgt die Rettung Baba Raušans ᶜAlī. Dieser läßt sich von Baba Raušan als Sklave verkaufen. Der zahlt seine Schuld zurück, stirbt bald darauf, und das Terrain – die Erzählfläche – ist frei für die ᶜAlī-Abenteuer, die ein beliebter Erzählstoff im Männermilieu waren. Der Wechsel von Prosa und Versen ist für diese *qiṣṣa* bestimmend. Die Verse sind vierzeilige Strophengedichte mit acht bzw. elf Silben je Zeile und – weniger häufig – Gedichte im *ᶜarūż*.[14]

"Baba Raušan" gehört in Choresm zu den am meisten gelesenen Büchern. Jede *ḫalpa* besitzt mindestens eine spät abgeschriebene Fassung hiervon. Hin und wieder sieht man auch Lithographien oder Teile von diesen. Es ist anzunehmen, daß die Geschichte auch im Männermilieu gelesen wurde. Snesarev gibt ihren Inhalt auf Grund mündlicher Erzählungen von Männern wieder, ohne auf die schriftliche Quelle zu verweisen. Eine von der schriftlichen unabhängige mündliche Tradition ist aber angesichts der weiten Verbreitung des geschriebenen Textes unwahrscheinlich. Ein zusätzliches Element der mündlichen Erzählungen ist, nach Snesarevs Wiedergabe zu urteilen, nur die Lokalisierung der Heldentaten ᶜAlī's in Choresm.[15]

Im Ferghanatal ist das Buch längst nicht so beliebt wie in Choresm. Doch an alten Lithographien kann man hier mehr finden als dort. Lithographische Ausgaben erschienen u.a. in Samarkand 1903, in Buchara 1904 und in Taschkent 1911.

In den fünfziger Jahren rechnete man "Baba Raušan" zu den Epen, jedoch zu jenen, die nicht mündlich entstanden, sondern als Buch verfaßt wurden (*dastany knižnogo proischoždenija*), und zu jenen Büchern, die zu rezipieren schädlich sei, weil es in die Kategorie "nicht volkstümlich" (genauer *"antinarodno"*, also: in seinen Intentionen gegen das Volk gerichtet) eingeordnet wurde.[16] Der Text wurde in einem Band zusammen mit "Ibrāhīm b. Adham" und "Amīr-i Aḫtam qiṣṣasi" in der Reihe "Ḫalq kitāblari" 1991 und ein Jahr darauf als selbständige Publikation veröffentlicht. Einige *ātin āyi* besitzen die neue Fassung in kyrillischer Schrift, was unterstreicht, daß sie den Text allein für sich lesen oder zumindest zu lesen beabsichtigen. Für Lesungen, die einer sakralen

---

[14] Vgl. auch Kleinmichel 1998, 160.

[15] Snesarev 1983, 56f.

[16] Ẓarīfov 1958, 109.

Atmosphäre bedürfen, käme die Fassung in kyrillischer Schrift nirgendwo in Frage.

Baḫtnāma vgl. **Nūrnāma**

Bibi Fāṭima wafātnāmasi (Pāṭima wapātnāmasi) oder **Bibi Fāṭima-Zuhra wafātnāmasi** oder ähnliche Titel und **Fāṭima bibimizniñ dunyāġa kälišï (dünyagä gälišï)** oder **Bibi Fāṭimaniñ tawalludi** oder **Tawallud-i bibi Fāṭima-Zuhra** und **Yār-yār** (Buch über den Tod von Fāṭima; Geburt unserer Bibi Fāṭima; O Freund)
Über einige Lebensabschnitte der Fāṭima gibt es Dichtungen, von denen die über ihren Tod und die über ihre Hochzeit am bekanntesten sind.

Sehr beliebt ist eine Dichtung von Ḫāliṣ (vgl. unten), bestehend aus einem *maṣnawī* im Versmaß *hazaǧ*, das mehrfach von *muḫammas* unterbrochen ist. Die Prosateile anderer Dichtungen, die manchmal die Form kurzer Prosaüberleitungen haben, sind hier zu Prosaüberschriften geschrumpft. Diese Dichtungsform wandte der Autor auch bei anderen Themen an (vgl. "Ibrāhīmǧān", "Imāmlar", "Safēd Bulān"). Häufig finden sich in den Heften der *ḫalpa* nur einzelne Teile der Dichtung. Auch eine Lithographie der Druckerei Azya (o. J.), deren wichtigster Teil das "Yār-yār" ist, enthält einige Teile aus der Dichtung über Fāṭimas Tod, ihre Klage über den Tod Muḫammads und den ihrer Söhne sowie ein *muḫammas*, das ᶜAlīs Trauer über Fāṭimas Tod ausdrückt. Zu Ḫāliṣ' Dichtung gehören fünf *muḫammas* mit jeweils fünf, sieben oder neun Strophen. Eines der Gedichte in *muḫammas*-Form (ᶜAlīs Trauer) mit dem Refrainwort *maḥramim* (oft falsch dargestellt als *mahramim*; eventuell hat der Schreiber, der zuerst so schrieb, an *mihribānim* gedacht), macht den Eindruck, als sei es regelrecht zersungen worden, so stark weichen die vorhandenen Varianten voneinander ab. Ein 1992 in kyrillischer Schrift publiziertes "Miᶜrāǧnāma" von Ḫāliṣ enthält neben der Dichtung mit diesem Titel auch Verse des Dichters über Fāṭimas Tod, und zwar drei *muḫammas* und den größten Teil des *maṣnawī*.

In einer älteren Handschrift von Tūḫtaǧān änä, die ich namentlich nenne, da sie eine gute, stets freundliche Helferin war, aber 1998 verstorben ist, findet sich ein *maṣnawī* im Versmaß *ramal* über Fāṭimas Tod. Dies scheint ein Teil der Erzählung über den Tod des Propheten zu sein. Ṣayqalīs "Dēwān" dürfte es nicht entnommen sein, denn dessen *maṣnawī*-Teile sind im *hazaǧ* gedichtet. In Choresm wird die Fassung, die Tūḫtaǧān änä besaß, offenbar nur selten gelesen, denn in den neueren Handschriften fand sie sich nicht.

Bestandteil der Lithographie über Ḥusayns Tod (vgl. "Imāmlar") ist eine ghaselförmige Dichtung im Versmaß *ramal* von Šams-i Özkendī (Özgendī)[17] über Fāṭimas Tod. Wahrscheinlich steht auch deren Verbreitung weit hinter der von Ḫāliṣ zurück.

Die Erzählung über die Geburt von Fāṭima, ihre Kinderjahre und über die Bekehrung von Gefährtinnen der Fāṭima zum Islam existiert in Choresm in vier Fassungen, die alle sehr selten vorgetragen werden. Neben einer Prosafassung gibt es zwei *maṣnawī*-Dichtungen, eine im Versmaß *hazağ* von Niyāzī und eine im Versmaß *ramal*. Der Autor der vierten Dichtung, Kemīne (A)bū Qāsim, dürfte jetzt der türkmenischen Literatur zugerechnet werden. Die Besitzerin der Handschrift hat sich vorn in kyrillischer Schrift eine Übersicht über die enthaltenen Titel angelegt. Die Fāṭima betreffende Dichtung nennt sie "Paṭimāh-i (!) Zuhrāni(ñ) dunyāġa kälib ᶜAlīgä nikāh bolġanini(ñ) bayāni" (Erzählung darüber, wie Fāṭima zur Welt kam und wie sie mit ᶜAlī verheiratet wurde). Dies ist eine Dichtung aus vierzeiligen Strophen mit dem Refrainwort *oldi*. Die Verszeilen sind elfsilbig.

Das Gedicht bzw. Lied mit dem Refrain *yār-yār* in jeder Zeile können viele *ḫalpa* auswendig vortragen. Es diente als Muster für moderne Hochzeitslieder, die im Elternhaus der Braut aus Anlaß der Verabschiedung der Braut gesungen werden.[18] In der Lithographie von Azya (o.J.) gehen dem "Yār-yār"-Text zwei Gedichte voraus. Eines ist ein *maṣnawī* im *hazağ*, das den Beginn der Hochzeit beschreibt (Muḥammad erhält Blüten vom *ṭūbā*-Baum durch einen Engel). Das andere ist ein Lied mit dem Refrain *dedilär* in jeder Zeile. Es stellt einen humorvollen Wechselgesang zwischen Bilāl (gest. 641) und Fāṭima dar, worin der erste Gebetsrufer (*mu'aẕẕin*) Fāṭima in Worten Geschenke aus dieser Welt und aus dem Jenseits überreicht, die Fāṭima jedoch bescheiden als ihr nicht zukommend zurückweist. Auch dieses Lied fand in sowjetischer Zeit eine neue Form als Wechselgesang zwischen jungem Mann und Mädchen, jedoch ohne den Refrain des Originals.[19] "Yār-yār" selbst setzt den

---

[17] Nach ᶜAbdurra'uf Fiṭrat gehört der Dichter zu jenen, die im Stil Aḥmad Yasawīs schrieben. Er machte auf 24 Gedichte von Šams-i Özkendī in "Baqirġan kitābi", Kazan 1906 aufmerksam. Der Wissenschaftler vermutete, daß Šams-i Özkendī im 10. Jahrhundert der *hiğra* lebte (Ende des 15. Jahrhunderts, 16. Jahrhundert). Vgl. Fiṭrat 1928, 50-51.

[18] Moderne Varianten z.B. in: Sovet dawri ḫalq qūšiqlari, 260-271; Üzbek šeᶜriyati antologiyasi, t. 1, 31-34. Auch im Türkmenischen sind Lieder dieser Art verbreitet, z.B. Türkmen ḫalq šachyrana [šāᶜirāna] dörediğiligi, Ašgabat 1956, 105f.

[19] Z.B. in: Sovet dawri ḫalq qūšiqlari, 284-291.

humorvollen Ton nicht fort. Es ist zunächst ein Lob auf die Braut Fāṭima, das Muḥammad ausspricht, weil Gott es ihm aufgetragen hat, handelt dann von der Gemeinde und schließlich vom Leben der Fāṭima und vom Leben und Sterben ihrer Söhne.

Diesem Text folgt in der Lithographie wie auch bei den wirklichen Hochzeitsfeiern – dies bei der Ankunft der Braut im Haus des Bräutigams – ein "Salām" genanntes Lied, vgl. auch unten. Im letzten Teil der Lithographie stehen die obengenannten Trauergedichte von Ḫāliṣ, die auch in der Überschrift oder im Text als *marṣiya* bezeichnet werden. Den Abschluß bildet ein *munāǧāt* von Ḫāliṣ, der sich an dieser Stelle Ēšān-i Ḫāliṣ nennt. Denkbar wäre, daß Ḫāliṣ auch der Autor der anderen in die Lithographie aufgenommenen Teile ist. Sollte sich diese Annahme bestätigen, wäre dennoch die Frage, woher das Muster für "Yār-yār" kommt, noch unbeantwortet, denn das Lied könnte durchaus – und sei es unter den anonymen Volksliedern – Vorgänger gehabt haben. Eine in Choresm von I. Baldauf fotografiertes Büchlein bestätigt die Vermutung, daß die Umgestaltung des Musters nicht erst in sowjetischer Zeit begann. Das Büchlein enthält einen Teil eines älteren "Yār-yār"-Textes, der nicht identisch ist mit dem der Lithographie, sowie ein in sehr ungelenker Schrift geschriebenes Hochzeitslied, in dem sich die Dichterin Ay bibi ḫalfa nennt. Diese war die *ustāẕ* der jungen Frau, welche das Heft zu fotografieren erlaubt hatte. Da Hochzeitsfeiern bei vielen Völkern auch Laien zum Dichten anregen, rufen derartige Texte keine große Verwunderung hervor.

Ausgehend von den mir zur Zeit vorliegenden Texten vermute ich erstens, daß Fāṭimas Hochzeit bei der islamisierten Bevölkerung von einem mir nicht bekannten Zeitpunkt an die Hochzeit schlechthin war, die bei jeder individuellen Hochzeit durch Lieder wieder in Erinnerung gerufen wurde. Jede Hochzeit erhielt dadurch eine sakrale Färbung. In einer ebenfalls heute schwer bestimmbaren Zeit entstand, zweitens, das "Yār-yār"-Muster für die Fāṭima-Hochzeitslieder. Möglicherweise ist der "Yār-yār"-Text in der Lithographie der Druckerei Azya nicht einmal der einzige Fāṭima-Hochzeits-Text, der über eine längere Zeit hin eine Kanonisierung erfahren hat. Später wiederum konnte, drittens, das "Yār-yār"-Muster auch für weniger sakrale Texte verwendet werden. So entstanden neben den allein auf Fāṭima hinweisenden Texten solche, die sich auf Alltägliches bezogen, aber dennoch das Gedenken Gottes und einiger in der jeweiligen Gegend wichtiger heiliger Männer und Frauen nicht vernachlässigten. Lieder dieser Art finden sich im übrigen auch in den Epen, so zum Beispiel in "Alpamiš".[20] In den sowjetischen "Yār-yār"-Texten schließlich ist Gott verdrängt, und der Alltag mit einigen Gegenständen und Begriffen aus dem sozialistischen Leben rückt in den Mittelpunkt. Die nachsowjetischen "Yār-yār" werden den vorsowjetischen ähnlich sein, ohne ihnen ganz zu gleichen, da man erwarten kann, daß der jeweilige Alltag auch reflektiert wird. Interessant wäre ein Vergleich mir den "Yār-yār", die die Usbeken in Afghanistan singen.

Es ist klar, daß die Dichtungen über Fāṭima unterschiedliche Funktionen haben. Die Dichtungen über ihren Tod und die ihr in den Mund gelegten Klagen über den Tod der Söhne passen zu Totengedenkfeiern. Die auf Fāṭimas Hochzeit bezogenen Gedichte können bei den Hochzeitsfeiern gesungen werden. Der Vortrag kann mit dem Blick ins Buch oder aus dem Gedächtnis erfolgen. In diesem Fall besteht nicht die Notwendigkeit zu beweisen, daß man den Text auch lesen könne. Vor allem für "Yār-yār" ist die mündliche Form des Vortrags charakteristisch. Doch existieren die Texte in Choresm auch in abgeschriebener Form und im Ferghanatal in Lithographien. Zu den Vortragenden der nicht modernisierten Texte gehören in Choresm alte und junge *ḫalpa*, sehr fromme, und weniger fromme.

Mehrere *ḫalpa* erklärten, "Yār-yār" werde auch bei Totenfeiern gesungen, und zwar beim *yil*, wenn ein alter Mensch gestorben sei. Die Urgentscher Abschreiberin, die ich kennengelernt hatte, erklärte das mit der Hoffnung, daß in diesem Haus nun lange Zeit keine Trauerfälle mehr vorkommen und nur Hochzeitsfeiern stattfinden mögen. Diese Erklärung klingt ein wenig europäisch und paßt nicht gut zu dem sonst stets hervorgehobenen Gottvertrauen. Die manchmal zu hörende Auskunft, daß das zum *yil* gesungene "Yār-yār" ein anderes sei als das auf den Hochzeiten gesungene, bedeutet, daß man bei den Hochzeiten ein modernisiertes fröhliches "Yār-yār" bevorzugt und das ältere, getragene "Yār-yār" über Fāṭima für die traurigen Anlässe bereithält. Denn bei ihrer Hochzeit wird ja bereits ihres Todes und des Todes ihrer Söhne gedacht.

Bibi Muškil kušād siehe Muškil kušād

Bibi Sešanba, Qiṣṣa-i Bibi Sešanba, Risāla-i Bibi Sešanba ana

Das Märchen um Bibi Sešanba kommt als reiner Prosatext sowie als Prosatext, gemischt mit Versen (Ghaselen, *masnawī*), vor. Dem eigentli-

[20] Vgl. z.B. die Ausgabe "Alpāmiš, dāstān" in der Reihe "Üzbek ḫalq iğādi", Tāškent 1979, S. 373-381.

chen Text geht eine Anweisung voraus, wie und zu welchem Zweck man sich auf die Bibi Sešanba-Zeremonie vorbereiten solle. Bei Kinderwünschen oder anderen Wünschen richte man für Bibi Sešanba, die, wie es ausdrücklich im Text heißt, die Tante des Bahā'u 'd-dīn Naqšband ist, eine Feier aus. Die feierliche Zusammenkunft wird hier *ḫudāʾī* genannt, ein Begriff, abgeleitet von *āš-i ḫudāʾī* (Gott gewidmete Speise/Speisung), den man im Alltag der neunziger Jahre besonders häufig in Taschkent hören konnte. Man bereite eine *umāč* genannte Suppe und bewirte damit Witwen und weibliche Waisen, nicht aber Männer, und erzähle dann von Bibi Sešanba ana. Diese sitzt in einer Höhle und hilft der Hauptgestalt, einem Mädchen, dessen böse Stiefmutter es spinnen und eine Kuh hüten läßt. Die Kuh ist hier Wegführerin (wie sonst häufig Hirsch oder Reh) und zugleich Widerpart der Stiefmutter, die sie denn auch schlachten läßt. Bibi Sešanba rät, die Knochen zu begraben. Doch dann geht das Motiv verloren, es wächst kein Baum an der Stelle, wo sich das Grab befindet. Und da das Mädchen wunderbare Kleider benötigt, um wie Aschenputtel auf dem Fest eines Edlen der Stadt zu tanzen, wohin Stiefmutter und Stiefschwester bereits geeilt sind, werden diese nicht vom Bäumchen geschüttelt, sondern Bibi Sešanba erbittet sie durch ein Gebet aus dem Paradies, und Huris bringen sie. Es folgen Fest, verlorener Schuh, Wiederfinden der Waise (Halbwaise), der allein der Schuh paßt, Hochzeit. Doch dies ist nicht das Ende. Die Jungverheiratete bereitet ein Mahl, wie Bibi Sešanba es ihr aufgetragen hat, um die Frauen zu bewirten; ihr edler Ehemann ist wütend darüber und schüttet das Essen aus, wird dann aber selbst des Mords an den drei Söhnen des Padischah verdächtigt; da er bereut, was er seiner jungen Frau und Bibi Sešanba angetan hat, und selbst reichlich spendet, klärt sich alles auf, und er wird gerettet. Zu danken ist Bibi Sešanba.

Den Wegen, wie es zu dem Märchen und der dazugehörenden Zeremonie gekommen ist, muß noch nachgegangen werden. Beides erscheint heute in einer im Alltag so tief verwurzelten Form, daß man sich, trotz der aus den europäischen Märchen bekannten Motive, schwer eine späte europäische Beeinflussung vorstellen kann.

In Umlauf ist eine Lithographie von 1332 (1913/14). Es gibt Lithographien, die "Muškil kušād" (vgl. unten) und gleichzeitig "Bibi Sešanba" enthalten. "Bibi Sešanba" ist andererseits – im Gegensatz zu "Muškil kušād" – auch Bestandteil der zumeist kleinen "Nūrnāma" genannten Sammelbände (vgl. unten), wenn diese relativ vollständig sind. Zu einem tiefen Konflikt zwischen dem nach Bibi Sešanba benannten, eventuell vorislamischen Brauch und muslimischen Vorschriften kommt es deshalb nicht, weil es in den Texten heißt, die Geschichte sei in Buḫārā-i Šarīf berühmt – und die Stadt wird bei dieser Nennung als durch und durch islamisch gedacht, weil Bibi Sešanba als Tante des Bahā'u 'd-dīn Naqšband, als zu Gott Betende und mit dem den Muslimen verheißenen Paradies in unmittelbarer Verbindung Stehende vorgestellt wird und weil während der Bibi Sešanba gewidmeten Feier muslimische Gebete gesprochen werden. Der Herausgeber der Lithographie hat sich zudem in besonderer Weise bemüht, den Text zu islamisieren. Es sind Passagen eingefügt, die das Abendgebet des Mädchens (*ḫuftan*) beschreiben, die rituelle Reinigung und zwei zusätzliche *rik'at* für Bibi Sešanba erwähnen. Außerdem geht dem "Bibi Sešanba"-Text eine "Sērmalak" (durch Engel gesättigt) genannte *qiṣṣa* voraus, die aus einem Prosateil und einem Gedicht in der Form eines *musaddas* besteht. Der Text berichtet davon, wie Fāṭima für die hungrigen Söhne Ḥasan und Ḥusayn aus Steinen und etwas jungem Grün (*maysa*), auf Gottes Befehl von Ǧabrā'īl gebracht, im Kessel die *sērmalak* genannte Speise kocht. Der Name rühre daher, daß Engel den Kessel beim Kochen umstanden. Im Refrain des Gedichtes werden Muḥammad und die vier rechtgeleiteten Kalifen genannt. Am Ende wird auf Zusammenkünfte, bei denen diese Tag und Nacht gekochte Speise verzehrt wird, hingewiesen und hinzugefügt, daß keinesfalls Fremde (*bīgānalar*) teilnehmen sollen. In dieser Fassung handelt es sich sicher um einen späten Text, der zugleich Ätiologie und Etymologie für die in Mittelasien zum *naurūz*-Fest bereitete Speise *sumalak* anbietet. Die *ḫalpa* und *ātin āyi* haben diesen Text nicht erwähnt, kennen aber die Legende, daß *sumalak* zum ersten Mal von Fāṭima bereitet worden sei.[21] Die Funktion dieses wie eventuell vorhandener ähnlicher Texte ist dieselbe wie die der in den "Bibi-Sešanba"-Text eingefügten Passagen – die Islamisierung von Bräuchen, die älter sind als der Islam. Auffallend ist, daß es in einigen Texten heißt, die Speise würde Gott zuliebe bereitet, während andere Texte auf einer Widmung für Bibi Sešanba bestehen.

Der Text über Bibi Sešanba wird von einer eingeladenen *ātin āyi* bzw. *ḫalpa* dienstags gelesen oder erzählt (*sešanba* "Dienstag"), in einigen Gegenden z.B. am ersten Dienstag nach einer Hochzeit. In manchen

[21] Das Weißmachen des Gesichts durch Bestreichen mit Mehlbrei beim *sumalak*-Kochen hatten die Frauen 1995 in Choresm auf moderne Art als Auftragen einer Gesichtsmaske zur Verschönerung der Haut erklärt, vgl. 5.4. Eine frühere Beziehung zu den Engeln in der *qiṣṣa*, die den Kessel der Fāṭima umtanzen, scheint nicht ausgeschlossen, obwohl man hier sicher noch nicht den Ursprung des Brauchs hat.

Orten hieß es, der Text werde fast jede Woche gelesen. Neben den Usbeken kennen auch viele Tadschiken (nicht die in den Bergen lebenden) und Kirgisen den Brauch, für Bibi Sešanba eine Feier auszurichten.[22] Die Mehrzahl der jüngeren Frauen und Mädchen in Mittelasien scheint das Märchen über Bibi Sešanba nicht einmal in großen Zügen zu kennen. Doch wissen alle von den Bibi-Sešanba-Zusammenkünften, bei denen die Bewirtung in ihrer Hand liegt. Sie dürfen auch von den Speisen ein wenig essen, werden jedoch erst im höheren Alter voll in die Feier einbezogen. Männer haben in der Regel keine Vorstellung davon, was oder wer Bibi Sešanba ist.

Zur Anrufung der Bibi Sešanba vgl. noch unten unter "Muškil kušād". Es scheint, daß in den Gegenden Mittelasiens, in denen die Muškil kušād-Tradition sehr stark ist, die Bibi Sešanba-Feier etwas zurückgedrängt ist und umgekehrt.

Fāṭima vgl. **Bibi Fāṭima**

Ġawṣu 'l-Aᶜẓam, das ist **ᶜAbdu 'l-qādir Gīlānī** oder **Ǧīlānī** (1077/78-1166)

Es gibt mehrere tschaghataische Fassungen der "Manāqib", die vom Leben und von den Wundern des ᶜAbdu 'l-qādir Gīlānī berichten. Eine Übersetzung wurde von Tāǧu 'd-dīn b. Raḥmatu 'llāh Ḫᵂārizmī verfaßt (SVR VII, Nr. 5590 bis 5593). Die Verfasser des Katalogs vermuten, daß sie zwischen 1846 und 1855 entstand. Eventuell lag diese Fassung der Handschrift aus dem Jahre 1306 (1888/89) zugrunde, die ein Abschreiber 1992 in ein liniertes Heft von 215 Seiten übertragen, vervielfältigen lassen und in Choresm an Heiligengräbern zum Verkauf gebracht hat. Diese Handschrift enthält wie die des Tāǧu 'd-dīn b. Raḥmatu 'llāh Ḫᵂārizmī hundert *manqaba*. Eine weitere Übersetzung stammt von Mullā ᶜAbd-i Rusul-i Kāšġarī (VOHD 4, Nr. 534.). Eine Handschrift in mehreren Varianten, verfaßt 1825, ist in SVR (III, Nr. 2173, und VII, Nr. 5579 - 5585[23]) als anonym beschrieben. Hiervon existiert, wie im Katalog angegeben wird, eine Taschkenter Lithographie. Eventuell ist diese

[22] Mein Dank gilt Barno Aripova für Auskünfte über Bibi Sešanba.

[23] Nr. 5585 mit der Signatur 11197/V wurde von Mullā Bekniyāz walad-i Muḥammad Ḥusayn Dēwān 1929/30 abgeschrieben. Sie enthält vier *manqaba*. Den Abschreiber kann man – vgl. unten unter Sulṭān Uways – für einen Mann aus Choresm halten. Die Handschrift steht eventuell der Fassung von Tāǧu 'd-dīn b. Raḥmatu 'llāh Ḫᵂārizmī näher als der aus Ostturkestan.

identisch mit den bei M. Hartmann genannten Lithographien (Kostelov 1898 und Kamenskij 1893).[24] Die Beschreibung in den Katalogen läßt vermuten, daß die anonymen Handschriften oder ein Teil von ihnen der des Mullā ᶜAbd-i Rusul-i Kāšġarī zumindest nahestehen. Ikrāmiddīn Āstānaqul ŭġli hat 1993 eine Fassung der "Manāqib" in kyrillischer Schrift herausgegeben. Er nennt seine Quelle nicht und gibt als Verfasser Muḥammad Ṣiddīq Rušdī aus Jarkent an, der jedoch im Text nicht vorkommt.[25] Seine Fassung scheint den anonymen Handschriften aus SVR (zumindest SVR III, Nr. 2173 und SVR VII Nr. 5583) zu entsprechen, denn sie enthält dasselbe aus zwei *bayt* bestehende Chronogramm mit der Nennung des Tages 3. *ẕi 'l-ḥiǧǧa* und mit dem Wort *murġ*, das die Jahreszahl 1240 (1825) ergibt.

Wahrscheinlich ist es kein Zufall, daß die tschaghataischen Fassungen aus Choresm und Ostturkestan stammen, wo die Kunst der Übersetzung blühte, weil man weniger als in anderen Gegenden Mittelasiens persisch las. Die Handschriften sind sehr unterschiedlich in ihrem Umfang. Vielleicht taten frühere Abschreiber dasselbe wie im 20. Jahrhundert die *ḫalpa*: Sie schrieben aus den umfangreichen Werken nur das ab, was ihnen am meisten gefiel oder was ihnen am wirkungsvollsten erschien.

Die *ḫalpa* in Choresm nennen das Buch häufig verkürzend "Ulu pīr", so wie der Heilige selbst bei ihnen heißt, bzw. "Ulu pīrimiz kitābi". Sie besitzen neuere Abschriften eines Teils der "Manāqib". Es kommen zum Beispiel 32 oder 18 Einzelerzählungen (*manqaba*) von den insgesamt 100 vor. Bei einer *ḫalpa* umfaßten die 18 Erzählungen 177 Seiten in einem großen Heft. Die Texte stammen von verschiedenen Handschriften und sind auch nicht mit den entsprechenden Stellen in der 1992 veröffentlichten Fassung identisch. Der Name des Übersetzers ist in ihnen nicht enthalten. Über das Verhältnis der *ḫalpa* zum Text vgl. noch 2.2.

Die Überzeugung, daß ᶜAbdu 'l-qādir Gīlānī kranken oder auf andere Weise gequälten Menschen beisteht, findet ihren Ausdruck in Zeremonien, die von Ethnologen wiederholt beschrieben wurden. Einige von ihnen betonen die darin sichtbaren schamanistischen Elemente, andere die spezifische Form des Islamischen.

Über die Anrufung des Ġawṡu 'l-Aᶜẓam in einer Zeremonie, die der Abwendung eines übelwollenden Zaubers diente, berichtete A. L. Troic-

---

[24] Hartmann 1904b, Nr. 13 und 14.

[25] Vgl. unten unter "Mūsānāma" eine Übersetzung von diesem Autor.

kaja 1929. Die *fālbīn* bzw. *ḫalfa* habe nach dem Abbrennen der notwendigen 41 kleinen Kerzen die Geister der Ahnen angerufen, danach die *parī* und schließlich die *ǧinn*. Ihr gleichmäßiges Tamburinspiel habe sie hin und wieder durch die Rufe "Ġawṣ, Ġawṣ" unterbrochen, worin die Ethnologin den *šayḫ* der *qādiriyya* erkannte.[26] In einem *munāǧāt* genannten, als schamanistische Anrufung bei den Tadschiken des Serafschantales beschriebenen und zitierten Text findet sich der Name des Heiligen viermal: zuerst als Ġawṣu 'l-Aᶜẓam dann, nachdem neun weitere Personen genannt sind, als Šayḫ ᶜAbdu 'l-qādir-i Ǧīlānī, nach der Nennung von weiteren Personen und heiligen Orten als Pādšāh šayḫ mawlānā Muḥyi 'd-dīn Ġamīl und schließlich ganz am Ende noch einmal in der Formel *yā Ġawṣu 'l-Aᶜẓam dastgīr* (O Ġawṣu 'l-Aᶜẓam, Beschützer). Nur die dritte Stelle mit Ġamīl ist unsicher. O. Murādov, der den Text veröffentlichte, erhielt aus den geführten Gesprächen den Eindruck, daß die vortragende Frau wie auch die Zuhörerinnen sich sehr genaue Vorstellungen von den Angerufenen machen, die zu ihnen gehörenden heiligen Orte kennen und mit den über sie in Umlauf befindlichen Legenden wohlvertraut sind.[27]

O.A. Suchareva beschreibt, wie eine Schamanin zu Beginn einer der Heilung dienenden Zeremonie Kerzen herstellte, indem sie Schilfstengel mit Watte umwickelte. Davon waren einundvierzig Stück den *čiltān* gewidmet, sechs Stück dem Ġawṣu 'l-Aᶜẓam, acht Stück den *čār yār* (den rechtgeleiteten Kalifen) und ein Stück, das mit zwei kleinen Stengeln zusammengebunden wurde, der *māmā*.[28]

Der Heilung diente auch die von I. Baldauf beschriebene Zeremonie, während der ebenfalls Ġawṣu 'l-Aᶜẓam angerufen wird. Er hat hier die Beinamen *dasgīr* (< *dastgīr*) und *paryādras* (<*faryādras*), beides in der Bedeutung "Helfer, Beschützer".[29] Daß man ᶜAbdu 'l-qādir Gīlānī nicht

---

[26] Troickaja 1929, 154.

[27] Murādov 1975, 100-105. Man hätte an sich, da der ganze Text sehr suggestiv wirkt und wegen der genannten Wiederholungen, annehmen können, daß selbst die Vortragende den Text nicht vollständig durchschaut und nicht darum bemüht ist, ihn bis ins letzte Detail zu verstehen. Auch scheint es auf den ersten Blick verwunderlich, daß der Forscher nicht einen größeren Teil der vorkommenden Namen interpretiert, wenn schon die Frauen im Alltag alles aufs beste deuten. Doch muß man berücksichtigen, daß die Publikation derartiger Texte in den siebziger Jahren durchaus noch nicht üblich war und daß eventuell die institutsinternen Diskussionen über die Veröffentlichung dem Wissenschaftler Grenzen setzten.

[28] Suchareva 1975, 62.

[29] Baldauf 1989,49 (in meiner Transkription).

getrennt von dem der Heilung dienenden *ẕikr* sieht, deutet auch A. Schimmel an, wenn sie bemerkt "In der Volksfrömmigkeit ist Gilani der Meister der Dschinnen geworden, ...".[30]

Nach A. L. Troickaja galt ᶜAbdu 'l-qādir Gīlānī als Beschützer und Gönner der Berufsgruppe der *maddāḥ*. Einzelne Geschichten aus den "Manāqib" wurden von den *maddāḥ* vorgetragen, die Troickaja als ungebildet und des Lesens und Schreibens nicht mächtig beschreibt. Zu diesen Geschichten gehöre die über die Wiederbelebung des Sohnes einer Frau, die ein entsprechendes Gebet an ᶜAbdu 'l-qādir Gīlānī gerichtet hatte. Troickaja fand die Geschichte in den "Manāqib", die sie durchsah, nicht. Es dürfte sich um die Geschichte der Frau handeln, die zwanzig oder einundzwanzig Jahre lang am Meeresufer geklagt hatte, weil ihr Sohn mit seinen 12.000 (Variante: 24.000) Schiffsgenossen untergegangen war. ᶜAbdu 'l-qādir Gīlānī gelingt die Wiederbelebung. In einer Variante gerät er darob in Streit mit Gott, weil dieser ᶜAbdu 'l-qādirs Wunsch, der Frau zu helfen, zu langsam erfüllt hatte, so daß die Trauernde ihren Sohn erst beim dritten Gang nach Hause dort vorfand und der Heilige zunächst in eine peinliche Situation geriet. Gott erklärt ᶜAbdu 'l-qādir, daß er zuerst die Fische finden mußte, die die Toten gefressen hatten, dann die Knochen der Toten, und nachdem alles wieder zusammengesetzt war, mußte die Seele wieder hineingetan werden. Das dauere eben seine Zeit. – Die Gläubigen werden durch diese Geschichte auf Wundertaten großer Männer, aber zugleich auf das Üben von Geduld orientiert. In dem 1992 vervielfältigten, 215 Seiten in tschaghataischer Sprache umfassenden Buch, das in Choresm verkauft wurde, wird die Geschichte in zwei Fassungen in Kapitel sechs und dreizehn erzählt. In einem ebenfalls neuen Heftchen in arabischer Schrift ohne Ort und Jahr von 7,5 x 10,5 cm und 48 Seiten, das den Titel "Duᶜā'-i Ġawṯu 'l-ᶜAẓam" (hier so) trägt, ist nur diese Geschichte, wiederum in einer anderen Variante, und das dazugehörende Gebet enthalten. In der für mich in Urgentsch abgeschriebenen Fassung ähnelt die Geschichte vom wiederbelebten Sohn der in diesem Heftchen. Doch sind beide nicht identisch. Eventuell gehen beide auf einen und denselben älteren tschaghataischen Text zurück. Auch die 1993 in Taschkent von Ikrāmiddīn Āstānaqul ūġli in kyrillischer Schrift herausgegebene Schrift über ᶜAbdu 'l-qādir Gīlānī enthält die Wiederbelebungserzählung zweimal (S. 43-45, S. 57).

---

[30] Schimmel 1992, 352. Vgl. hierzu auch die Bemerkungen zum *ẕikr* unter 2.5.

Man kann annehmen, daß die Geschichte in einigen Gegenden und bei einigen Bevölkerungsschichten zu den verbreitetsten gehörte.

Der Begründer der *qādiriyya* wird auch dort geschätzt, wo man die "Manāqib" nicht kennt. In Namangan sagt man, wenn man einen plötzlichen Schmerz verspürt, "*yā Ġawṣu 'l-Aᶜẓam*". So ruft man den heiligen Mann, um Hilfe bittend, an. An den Texten jedoch scheinen die *ātin āyi* im Ferghanatal kein Interesse zu haben. Wenn einer der Gründe hierfür ihre derzeitige Konzentration auf den Koran ist, könnte in der früheren Zugehörigkeit des Textes über ᶜAbdu 'l-qādir Gīlānī zum *maddāḥ*-Milieu ein weiterer Grund für die Abstinenz der *ātin āyi* gegenüber den "Manāqib" liegen. Vgl. auch unten das zu Mašrab Ausgeführte. Ob die Kenntnis der "Manāqib" des ᶜAbdu 'l-qādir Gīlānī im Ferghanatal relativ fest an die Zugehörigkeit zum Orden der *qādiriyya* gebunden war und nur jene *ātin āyi* die Texte kennen, deren Vorfahren dem Orden angehörten, bleibt weiteren Untersuchungen vorbehalten.[31]

Ǧamīlǧān

Die Erzählung um die Gestalt des treuen Jungen Ǧamīlǧān, der seinem Herrn Naǧmu 'd-dīn Kubrā auch im Tode noch dient, indem er mit seinem eigenen Kopf unter dem Arm und mit einem Krug voll warmen Wassers aus dem Fluß steigt, ist bei den *ḫalpa* in Choresm beliebt. Daß der heilige Naǧmu 'd-dīn Kubrā zuvor des *bačabāzlik* verdächtigt worden war, was hier als Päderastie verstanden werden muß, erfährt man aus einer *qiṣṣa* über Naǧmu 'd-dīn Kubrā, deren Inhalt zuerst E. Bertel's wiedergegeben hat.[32] Vgl. auch Naǧmu 'd-dīn Kubrā unter 6.2.

Ǧuhūd oǧlan oder **Ḥikāyat-i ǧuhūd oǧlan** oder **Nāma-i ǧuhūd bača**
(Der Judenjunge; Erzählung vom Judenjungen)

Diese Dichtung aus 45 vierzeiligen Strophen mit dem weit verbreiteten Reimschema axax, bbbx, cccx, mit 11 Silben je Zeile und dem Refrainwort *äylädi* gehört zu den verbreitetsten in Urgentsch. Sie berichtet davon, wie ein junger Jude im Alten Testament die Voraussage auf Muḥammad entdeckte, sich auf den Weg nach Mekka machte, um diesen zu suchen, aber nur ᶜAlī fand, da der Prophet gerade verstorben war, und wie er selbst wegen der Strapazen unterwegs, aber doch voller Freude

[31] Zur Geschichte der *qādiriyya* in Mittelasien vgl. jetzt Zarcone 2000 und Ostonaqulov (Āstānaqulov) 2000.

[32] Bertel's 1965, 329-334.

darüber, daß er hatte Muslim werden können, das Zeitliche segnete. Es handelt sich also um eine Bekehrungsgeschichte, ein Erzählungstyp, wozu unter anderem auch "Kiyik" und ein Text über die Kinder- und Jugendjahre von Fāṭima gehört.

Obwohl es sich um nur einen Text handelt (gleiche Strophenzahl, gleicher Strophenaufbau, gleiches Refrainwort), sind die Abweichungen der Handschriften voneinander relativ groß. Es gibt Unregelmäßigkeiten im Reim und in der Silbenzahl, die meiner Meinung nach darauf zurückgehen, daß die schriftliche Überlieferung entweder von Phasen der mündlichen Überlieferung unterbrochen wurde oder daß die Abschreiberin/der Abschreiber nicht buchstabengetreu abschreibt, weil sie/er das Gedicht anders kennt und in dieser Weise bevorzugt.

Einer der drei von I. Baldauf und mir fotografierten vollständigen handschriftlichen Texte aus Choresm enthält am Ende das *taḫalluṣ* Qāsim, ein anderer das *taḫalluṣ* Maḫtūmquli̊, bei einem dritten ist die letzte Strophe weggelassen. Die alte Handschrift von Tūḫtağān änä (vgl. oben unter Fāṭima) enthält nur den Anfang des Textes (acht Strophen) ganz am Ende des Bandes. Daß der oder die Abschreibende die Verse, die das für ihn oder sie nicht entzifferbare oder uninteressante *taḫalluṣ* enthalten, wegläßt, ist normal.

Wenn Maḫtūmquli̊ diesen Text geschrieben haben sollte, müßte man ihn in den Handschriften und in den Drucken und Lithographien vom Ende des 19. und Anfang des 20. Jahrhunderts finden. Auch eine Aufnahme in die nach dem Jahr 1990 erschienenen Maḫtūmquli̊-Ausgaben könnte man erwarten. Jedoch enthält weder Vámbéry (1879), noch Ostroumov (1907), noch eine Taschkenter Lithographie (o. J., veröffentlicht bei ᶜĀrifğānov zusammen mit "Otuz iki tuḫum qiṣṣasi̊" von Gayi̊bi̊/Ġaybī) den Text. In zwei neueren Aschchabader Ausgaben der Verse von Maḫtūmquli̊ (1990 und 1993) sucht man den Text ebenfalls vergeblich. Die Maḫtūmquli̊-Ausgaben aus sowjetischer Zeit enthalten den Text nicht. Sollte sich nach der Durchsicht von Maḫtūmquli̊-Handschriften erweisen, daß der Text bei dem Dichter nicht vorkommt, ist doch allein die Zuschreibung interessant. Von einem Text, dessen Autor man nicht kennt und dessen Namen oder *taḫalluṣ* man am Ende nicht lesen kann, nimmt man einfach an, daß er von einem weitbekannten Dichter stammt. Wenn sich diese Vermutung bestätigt, so vervollständigt sich das Bild vom Verhältnis der Vortragenden zur Autorschaft der vorgetragenen Texte in Mittelasien!

"Ǧuhūd oġlan" gehört in Choresm zu den ersten Texten, die eine künftige *ḫalpa* zu lesen hat. Der Text wird hier bei den Totenfeiern für junge und alte Personen gelesen. Den *ātin āyi* im Ferghanatal, denen die Strophengedichte im silbenzählenden Versmaß ohnehin fremd sind, ist der Text nicht bekannt.

Yūsuf Beg Šayḫu 'l-Islām oġli hat eine kasachische Fassung des Textes geschrieben und zusammen mit seiner Dichtung "Ḥażrat-i ᶜUṣmānniñ qonaqġa čaqirġani" (vgl. "payġambarni küyäwläri ipṭāra čaqirisi" unter 6.2) 1901 veröffentlicht. Seine Dichtung in vierzeiligen Strophen nach dem Reimschema aaxa, bbyb, cczc trägt den Titel "Qiṣṣa-i kudak balaniñ ḥikāyasi" (Erzählung vom Knaben).

Ḫāliṣ

In den Heften der *ḫalpa* und *ātin āyi* sowie in den Lithographien der *ātin āyi* finden sich folgende Dichtungen mit dem *taḫalluṣ* Ḫāliṣ:

1. Eine Dichtung über Bibi Fāṭima in der Form eines *maṣnawī* mit eingefügten *muḫammas*. Hierzu gehört in einer Fassung ein *munāǧāt*, worin der Dichter mit seinem Namen Ēšān-i Ḫāliṣ erscheint.
2. "Ǧābir" oder "Qiṣṣa-i aṣḥāb-i payġambar" als vierzeiliges Strophengedicht.
3. "Ibrāhīmǧān" in derselben Form wie die Dichtung über Fāṭima.
4. "Imāmlar", bestehend aus mehreren *muḫammas*, einem *musaddas* und zwei vierzeiligen Strophengedichten. Eines davon hat den Titel "Māh-i ᶜāšūr fażīlatlarini(ñ) bayāni" (Erzählung über die Vortrefflichkeit des Monats *ᶜāšūr*) mit dem Refrain *-di-ya* (enthalten in der "Imāmlar"-Lithographie).
5. "Miᶜrāǧnāma" als *maṣnawī* mit eingefügten *muḫammas* wie die Dichtung über Fāṭima und "Ibrāhīmǧān".
6. Das zu "Payġambarniñ wafātnāmasi" gehörende "Waṣiyyat" in der Form eines *muḫammas* im *hazaǧ* mit dem Refrainwort *imdi/indi*, eventuell mit einem dazugehörenden *maṣnawī*, vgl. unten, und mit dem nachfolgenden "ᶜUkkāša" in derselben *muḫammas*-Form.
7. "Rūḥnāma" oder "Arwāḥnāma", bestehend aus mehreren *muḫammas*, einem *maṣnawī* und vierzeiligen Strophengedichten.
8. "Safēd Bulān" in der Form eines *maṣnawī* mit *muḫammas* und *musaddas* mit der Jahreszahl 1811.

Dichtungen, die den Taschkenter Handschriftenkatalogen zufolge von Ḫāliṣ stammen:

1. "Abū 'l-fayż Ḫān". SVR IX, Nr. 6291, enthält dieses Gedicht von Šāh Ḥakīm Ḫāliṣ in persischer Sprache. Nach dem angegebenen ersten *bayt* zu urteilen, handelt es sich um eine Kasside oder um ein *maṣnawī*. Der

Autor gilt hier noch als der "bekannte Taschkenter mystische Dichter aus dem 17. bis 18. Jahrhundert". Die Autoren des Katalogs zweifeln nicht daran, daß Abū 'l-fayż Ḫān jener letzte Chan der Astarchaniden-Dynastie ist, der 1747 ermordet wurde. Der Anschlag auf das Leben des Herrschers, dessen Tod und Beerdigung seien beschrieben und das, wie angenommen wird, bald nach seinem Tod. Die Handschrift, in der sich das Gedicht befindet (Signatur 9215), enthält noch ein "Kitāb-i deh wazīr" und "Ḥikāyat-i čahār darwēš". Teil II und IV der Handschrift scheinen noch nicht beschrieben zu sein.

2. "ᶜAlī". Ein Ḫāliṣ aus Sairam vom Ende des 19. und Anfang des 20. Jahrhunderts verfaßte KFIR Nr. 370 zufolge eine Dichtung über ᶜAlī. Ein Abschnitt dieser Dichtung von 12 Blatt, worin ᶜAlīs Tod beweint wird, befindet sich in einer Handschrift, die sonst Gedichte Huwaydās enthält. Zu überprüfen wäre erstens ein eventueller Zusammenhang mit KFIR Nr. 490, einer Handschrift von 6 Blatt, die das Ende einer Dichtung über ᶜAlīs Tod enthält; zweitens mit "Kulliyāt-i Ḫāliṣ" in KFIR Nr. 479, worin ein "Ġazātnāma" (verschrieben als ᶜArātnāma) enthalten ist. Der Autor ist dem Katalog zufolge der "usbekische Dichter Ḫāliṣ aus Choresm (19. Jh.)". "Kulliyāt-i Ḫāliṣ" wie auch die Handschrift selbst sind datiert. Für die Dichtungen gibt der Katalog das Jahr 1811 an, für die Handschrift 1849/50. "Ġazātnāma" könnte eine der weit verbreiteten ᶜAlī-Geschichten sein. Daß Dichter, die Gedichte über Muḥammad und seine Familienmitglieder in sehr getragener Stimmung verfaßten, zugleich das Genre der handlungsreichen Eroberungs- und Bekehrungsgeschichten liebten, kann man an den Dichtungen von Ṣayqalī erkennen, zu denen "Amīr-i Aḫtam qiṣṣasi" gehört. Im übrigen hat ein Dichter Ḫāliṣ ja auch die historisch bewegte Erzählung "Safēd Bulān" verfaßt, vgl. oben unter 8. und unten unter "Safēd Bulān".

3. "Arwāḥnāma". Diese Dichtung ist wie das eben genannte "Ġazātnāma" in "Kulliyāt-i Ḫāliṣ" (KFIR 479) enthalten (im Katalog verschrieben als "Rāwāḥnāma"). Ihr Entstehungsdatum liegt demzufolge vor 1811. Zu überprüfen wäre, ob es sich um die Dichtung handelt, die in der Lithographie von 1333 (1914/15) vorliegt (vgl. oben 7. und unten unter "Rūḥnāma"). Daß das "Arwāḥnāma" von 13 Blatt in KFIR Nr. 481 von der Art der Handschrift ist, die jener Lithographie zugrundelag, scheint relativ sicher, da sie der Beschreibung zufolge aus Ghaselen, *murabbaᶜ*, *muḫammas* und *maṯnawī* besteht.

4. "Ayyūb". Eine "Ḥażrat-i Ayyūb qiṣṣasi̊" hat Ḫāliṣ, wie aus SVR VII, Nr. 5112, 5113, ersichtlich ist, ebenfalls gedichtet. Wie oben unter "Ayyūb" bemerkt, werden die "Ayyūb"-Gedichte in einer Handschrift als *qiṣṣa* bezeichnet. Sollten die Wissenschaftler des Šarqšunāslik Instituti der Akademie der Wissenschaften Usbekistans bei ihrer weiteren Sichtung der Handschriften mit religiöser Thematik keine von den bisher bekannten "Ayyūb"-Handschriften völlig verschiedene "Qiṣṣa-i Ayyūb" finden, könnte man der Frage nachgehen, ob Ḫāliṣ auch unter dem Pseudonym Ayyūb dichtete. Die Tatsache, daß die "Ayyūb"-Gedichte häufig in Handschriften zu finden sind, welche Werke aus Choresm enthalten, könnte dafür sprechen, daß der "Ayyūb"-Dichter ebenfalls von dort stammte. Allerdings nannte jener Ḫāliṣ die "Ḥażrat-i Ayyūb qiṣṣasi̊" sein Werk, der im 17. bis 18. Jahrhundert in Taschkent gelebt haben soll. Es entsteht die Frage, ob ein Dichter mit dem *taḫalluṣ* Ḫāliṣ von Choresm nach Taschkent gegangen ist.

5. "Dēwān-i Ḫāliṣ". Eine Handschrift dieses Titels von 40 Blatt ist in KFIR unter Nr. 480 verzeichnet. Der volle Name des Dichters ist hier Ya^{c}qūb ḫ^{w}āğa b. Ibrāhīm ḫ^{w}āğa Ḫāliṣ. Ihm wird auch ein "Yūsuf wa Zalīḫā qiṣṣasi̊" zugeschrieben, vgl. unten 15. Er stammt aus Choresm, und der *dēwān* wurde auf Veranlassung von Muḥammad Raḥīm Ḫān II (1865-1910) 1879 zusammengestellt. Die Autoren des Katalogs haben dieser Handschrift zwar einen Platz unmittelbar nach "Kulliyāt-i Ḫāliṣ" gegeben. Doch wird dessen Dichter der "usbekische Dichter Ḫāliṣ aus Choresm (19. Jh.)" genannt und der des *dēwān* Ya^{c}qūb ḫ^{w}āğa b. Ibrāhīm ḫ^{w}āğa Ḫāliṣ. Eventuell waren sich die Verfasser des Katalogs der Identität des Dichters nicht ganz sicher. Immerhin enthält "Kulliyāt-i Ḫāliṣ" eine Dichtung "Qiyāmatnāma", die der "Taschkenter Dichter des 17. bis 18. Jahrhunderts" für sich reklamiert (vgl. unten unter 14. Qiyāmatnāma), so daß man an zwei verschiedene Dichter mit dem Namen Ḫāliṣ denken könnte.

6. "Fāṭima". KFIR 491 ist ein "Wafātnāma-i ḥażrat-i bibi Fāṭima qiṣṣasi̊" in Versen von 28 Blatt, KFIR 492 "Ḥażrat-i bibi Fāṭima qiṣṣasi̊" von 17 Blatt, beide von Ḫāliṣ. Ein Vergleich mit den Fassungen in den Lithographien und in anderen Handschriften steht noch aus.

7. "Ibrāhīmğān". Die Handschriften 5508, 5509, 5510 in SVR enthalten den Text von Ḫāliṣ. An dieser Stelle findet man auch einen Verweis auf

mehrere Lithographien zwischen 1905 und 1914 (Taschkent, Buchara, Samarkand).

8. "ᶜIbratnāma". Die oben unter "ᶜAlī" und unter "Arwāḥnāma" genannte Handschrift Nr. 479 aus KFIR mit dem Titel "Kulliyāt-i Ḫāliṣ" von 1811 enthält, wie aus dem Katalog hervorgeht, auch ein "ᶜIbratnāma", das ich in den Heften der *ḫalpa* und *ātin āyi*, jedenfalls unter diesem Titel, nicht gesehen habe.

9. "Imāmlar". Eine *marṡiya* auf Ḥasan und Ḥusayn von Ḫāliṣ ist KFIR 488. KFIR Nr. 493 hat den Titel "Imāmlar qiṣṣasi" und stammt ebenfalls von Ḫāliṣ. Diese Handschrift mit der Signatur 1338/IV gehörte einer Saᶜādat bibi. Derselbe Handschriftenband enthält noch zwei *marṡiya* (1338/I, d.i. Nr. 523; 1338/II, d.i. Nr. 521), die von dem Typ wie die heute in Choresm geschriebenen *bayāż* zu sein scheinen (vgl. 6.3), ein "Maqtalnāma" von Qul Sulaymān (1338/III, d.i. Nr. 767) und ein "Wafātnāma-i ḥażrat-i Muḥammad" von Ṣayqalī (1338/V, d.i. Nr. 407).

KFIR 769 ist ein "Maqtalnāma" über den Tod Ḥusayns von Ḫāliṣ. Von dieser Handschrift mit der Signatur 2807/IV ist nur noch 2807/III beschrieben. Dieses ist "Qiṣṣa-i kiyiknāma" von Nazīrī (hier so!). Vgl. unter "Payġambar" die Vermutung von Maḥmūd Ḥasanī darüber, daß Naẓīrī (oder Nazīrī) ein *taḫalluṣ* von Ḫāliṣ sein könnte. 2807/I und 2807/II sind noch nicht beschrieben. Wie diese drei Texte von Ḫāliṣ zueinander stehen, ist noch nicht klar.

Neben dem "Maqtalnāma" Nr. 767 in KFIR von Qul Sulaymān (Sulaymān Baqirġanī) enthält KFIR ein weiteres unter Nr. 768 von demselben Dichter.

10. "Mawlūdnāma". KFIR Nr. 569 enthält neben Ghaselen von Mašrab, Huwaydā und Fawtī ein "Mawlūdnāma"von Ḫāliṣ von 12 Blatt. Da sonst stets "Mawlūd-i nabī" von Ḫilwatī genannt wird, vgl. unten, wäre dessen Vergleich mit dem Text der Handschrift KFIR Nr. 569 wichtig.

11. "Miᶜrāğnāma" nennt der Taschkenter Ḫāliṣ ebenfalls (SVR VII, Nr. 5112, 5113) unter seinen Dichtungen. SRV (Bd. I-XI) enthält kein tschaghataisches "Miᶜrāğnāma". Unser "Miᶜrāğnāma" von Ḫāliṣ, vgl. oben unter 5. und unten unter "Miᶜrāğnāma", könnte eben dieses sein. Maḥmūd Ḥasanī hat eine Variante dieses Textes 1992 in kyrillischer Schrift publiziert.

Bei der Handschrift "Miᶜrāğnāma" in KFIR Nr. 863 von 4 Blatt handelt es sich eventuell um eine *qiṣṣa*, da der Text von den Autoren des

Katalogs als *povest′* bezeichnet wird, und S. 251 bis 291 wird *qiṣṣa* stets mit *povest′* wiedergegeben. Der Autor dieser *povest′* ist Nazīrī (so!). Weiterhin enthält die Handschrift KFIR Nr. 949 u.a. ein "Qiṣṣa-i miᶜrāǧ" von 2 ½ Blatt. Der Autor ist nicht angegeben. Naẓīrī ist nicht ausgeschlossen, vgl. unten unter "Kiyik".

12. "Payġambar". Ich halte es für möglich, daß bei der Beschreibung der Handschriften jene, die vom Sterben Muḥammads handeln, zurückgestellt wurden, um sie zu einem günstigeren Zeitpunkt vorzustellen. Sonst könnte man schwer verstehen, warum gerade jene Texte, die im Mittelpunkt der Vortragstätigkeit der *ḫalpa* und der *ātin āyi* stehen, in den Handschriftenfonds wenig vertreten sind. Ṣayqalīs Dichtung "Wafātnāma-i ḥażrat-i Muḥammad" ist in KFIR unter Nr. 406 bis 408 enthalten. Zu unserem "Payġambarniñ wafātnāmasi" vgl. oben unter 6. Maḥmūd Ḥasanī hat, einer Lithographie von 1913 folgend, ein "Qiṣṣa-i wafāt-i ān Ḥażrat" (*ān Ḥażrat* ist Muḥammad) zusammen mit "Miᶜrāǧnāma" und "Qiṣṣa-i wafāt-i bibi Fāṭima"1992 in kyrillischer Schrift veröffentlicht. Da die beiden zuletzt genannten Dichtungen von Ḫāliṣ stammen, hält er es für möglich, daß auch "Qiṣṣa-i wafāt-i ān Ḥażrat" von diesem stammt, obwohl der Dichter sich Naẓīrī nennt. Ḫāliṣ hätte also eventuell Naẓīrī als weiteres *taḫalluṣ* verwendet.

Von Nazīrī liegen in KFIR (mit dieser Schreibung) folgende zwei Dichtungen vor: "Qiṣṣa-i kiyiknāma" (Nr. 859, 860, 861) und "Miᶜrāǧnāma" (Nr. 863). Der Titel "Qiṣṣa-i kiyiknāma" läßt wegen der Genrebezeichnung *qiṣṣa* den Wechsel von Prosa und Versen vermuten. In den Handschriften der *ḫalpa* ist "Qiṣṣa-i wafāt-i ān Ḥażrat" in vierzeiligen Strophen mit dem Refrain *imdi* in eben der Form vertreten, wie sie Maḥmūd Ḥasanī publiziert hat. Dieselbe Lithographie könnte die Grundlage sein. Sollte Ḫāliṣ mit Naẓīrī (er nennt sich in der Dichtung über Muḥammad auch Kamtarīn) identisch sein, wäre es sehr auffallend, daß er einmal ein *muḫammas* im *hazaǧ* auf *imdi* gedichtet hätte (vgl. oben 6.) und ein zweites Mal ein vierzeiliges Strophengedicht mit zwölf Silben je Zeile ebenfalls auf *imdi*.

Ḫāliṣ und Nazīrī (Naẓīrī?) stehen auch mit "Maqtalnāma" und "Qiṣṣa-i kiyiknāma" nebeneinander (vgl. oben unter 9. "Imāmlar").

13. "Qayṣar" und ein Ḥaǧǧ-Buch. "Qayṣar" ist eine Bekehrungsgeschichte von Ḫāliṣ in KFIR (Nr. 489) von 9 Blatt, deren Form als *qiṣṣa* bezeichnet wird. "Qayṣarnāma" in KFIR Nr. 950 könnte dasselbe sein, da erstens eine *qiṣṣa* von Ḫāliṣ über Vater und Sohn, die die Pilger-

fahrt vollzogen haben, vorausgeht[33] und zweitens Verse von Ēšān und ein "Yār-yār" folgen. Ḫāliṣ wiederum nennt sich auch Ēšān-i Ḫāliṣ und ist eventuell auch der Autor der "Yār-yār"-Verse (vgl. oben 1. und unter "Bibi Fāṭima").

14. "Qiyāmatnāma" nennt Ḫāliṣ nach SVR VII, Nr. 5112, 5113, unter den Werken, die er verfaßt habe (17. bis 18. Jahrhundert, Taschkent!). In SRV (Bd. I bis XI) ist kein tschaghataisches "Qiyāmatnāma" verzeichnet. Jedoch findet man eine Dichtung dieses Titels in KFIR (Nr. 479) in der Handschrift, die den Titel "Kulliyāt-i Ḫāliṣ" trägt. Der Dichter wird hier, wie oben unter "ʿAlī" und unter "Arwāḥnāma" erwähnt, als usbekischer Dichter des 19. Jahrhunderts aus Choresm bezeichnet. Daß es zwei "Qiyāmatnāma" in zwei Jahrhunderten geben sollte, wäre zwar nicht erstaunlich, aber daß beide von einem Ḫāliṣ geschrieben wären, wäre doch ein rechter Zufall. Es sei denn, ein jüngerer Ḫāliṣ aus Choresm hätte dem älteren aus Taschkent folgen bzw. ihm etwas anderes entgegensetzen wollen.

KFIR hat außerdem anonyme Handschriften einer "Qiyāmatnāma"-Dichtung (Nr. 764-767).

Bisher ist, soviel ich weiß, noch nicht überprüft worden, ob es sich bei den anonymen "Qiyāmatnāma" um Varianten der Dichtung aus "Kulliyāt-i Ḫāliṣ" handelt.

Das unten aufgeführte "Qiyāmatnāma" – ein vierzeiliges Strophengedicht mit dem Refrain *-ar ermiš* – enthält das *taḫalluṣ* Qul Umūrī. Wenn die Handschriften aus KFIR genauer vorgestellt sein werden, wird man sehen, ob sie in einem Zusammenhang mit der Dichtung von Qul Umūrī und der von Ḫāliṣ stehen und ob es sich bei Ḫāliṣ und Qul Umūrī um einen oder zwei Dichter handelt.

15. "Qiṣṣa-i Yūsuf wa Zalīḫā" (SVR VII, Nr. 5112 bis Nr. 5115) ist eine Dichtung des Taschkenter Dichters Šāh Ḥakīm, der etwa im 17. oder 18. Jahrhundert gelebt haben soll und der das *taḫalluṣ* Ḫāliṣ benutzte. Der Dichter erklärt, daß er die Dichtung auf Bitten seines Freundes Hawāʾī aus Sairam verfaßt habe. (Eine, wie die Autoren sagen, unikale Handschrift hiervon von 153 Blatt enthält SVR II unter Nr. 1660). Hawāʾī

---

[33] Dichtungen vom Typ "Ḥağ(ǧ)nāma"(Buch über die Pilgerfahrt) wurden in den neunziger Jahren von Laien und Dichtern erneut verfaßt. ʿAbdullā ʿĀripov veröffentlichte unter seiner Namensform Ḥāǧ(ǧ)ī ʿAbdullā ʿĀrif 1992 in Taschkent ein "Ḥağ(ǧ) daftari" (63 S.).

habe Ḫāliṣ seine Prosafassung übergeben. Ḫāliṣ habe noch die Erzählung aus "Qiṣaṣu 'l-anbiyā'" hinzugefügt. Im Vorwort der Handschrift Nr. 5113 teilt Ḫāliṣ mit, daß er einige Zeit in Ferghana gelebt habe.

Unter dem Titel "Yūsuf wa Zalīḫā qiṣṣasi" hat KFIR sechs Handschriften verzeichnet (Nr. 482 bis 487). Der Dichter heißt hier Yaᶜqūb ḫʷāǧa b. Ibrāhīm ḫʷāǧa Ḫāliṣ. Er erklärt, daß er die Geschichte aus "Qiṣaṣu 'l-anbiyā'" übernommen habe. Leider haben die Autoren von KFIR nicht verglichen, ob es sich um Varianten der Dichtung aus SVR Nr. 5112 bis 5115 handelt.

Die Namen der Dichter der "Yūsuf"-Dichtung sind also nicht identisch, obgleich beide Ḫāliṣ heißen. Hier sind ähnliche Zweifel wie bei "Qiyāmatnāma" angebracht. Hinzu kommt aber, daß die "Yūsuf"-Dichtung sehr umfangreich ist, keine hat weniger als 100 Blatt. Ein Vergleich der "Yūsuf"-Handschriften von Ḫāliṣ aus den beiden Katalogen ist dringend erforderlich, wenn man die Gestalt des Dichters oder der Dichter begreifen will.

SRV enthält außer der obengenannten "Yūsuf wa Zalīḫā"-Dichtung noch die bereits viel diskutierte Dichtung von "Durbek" von 1409 (Nr. 5046) und die Dichtung von ᶜAndalīb (Nr. 5362 bis 5367).

In KFIR findet man neben "Yūsuf wa Zalīḫā qiṣṣasi" von Yaᶜqūb ḫʷāǧa b. Ibrāhīm ḫʷāǧa Ḫāliṣ ein "Qiṣṣa-i ḥażrat-i Yūsuf" (Nr. 841) ohne genauere Kennzeichnung, weiterhin eine anonyme Dichtung "Yūsuf wa Zalīḫā" aus dem 17. Jahrhundert (Nr. 871-879) und "Qiṣṣa-i Yūsuf" (Nr. 927 und 928) ohne nähere Kennzeichnung.

16. Ḫāliṣ ist in KFIR in folgenden Gedichtbänden vertreten: in Nr. 574 als Ēšān-i Ḫāliṣ; in Nr. 691, einem *bayāż*, das gekennzeichnet ist als "typisches Beispiel einer choresmischen Anthologie" (es enthält u.a. Gedichte von Mu'nis und von Āgahī); in Nr. 722, worin außerdem Naẓīrī (so) vertreten ist; in Nr. 726, ein *bayāż*, worin neben Ḫāliṣ ein Dichter mit dem *taḫalluṣ* Ēšān Ṣūfī erscheint.

Schließlich ist noch zu bemerken, daß Ǧumaniyāz Šarīpov einen Mann mit ähnlichem Namen wie Yaᶜqūb ḫʷāǧa b. Ibrāhīm ḫʷāǧa, nämlich Muḥammad Yaᶜqūb ḫʷāǧa mit *taḫalluṣ* Ḫāliṣ, als Bibliothekar des Chans von Choresm sowie als fruchtbaren Übersetzer und Dichter in Choresm vorgestellt hat. Er habe zwischen 1903 und 1908 vier umfangreiche Übersetzungen aus dem Persischen und Arabischen vorgelegt.[34] Ǧumaniyāz Šarīpov stützte sich auf eine damals unveröffentlichte, aber in zwei Handschriften vorhandene Arbeit über Chiwiner Dichter von Ḥasan Murād qārī Muḥammad Amīn ūġli Laffasī, der wissenschaftlicher Mitarbeiter eines Museums in Chiwa war. Inzwischen ist die Arbeit von Laffasī publiziert. Darin ist das Jahr des Todes von Yaᶜqūb ḫʷāǧa Ḫāliṣ angegeben: 1298 (1880/81). Unter den Werken des Ḫāliṣ nennt Laffasī neben Übersetzungen und *haǧwiyyāt* Ghasele, *muḫammas* und *musaddas*, die alle Liebesgedichte, reich wie ein Ozean, seien. Er zitiert zwei *bayt* eines *maṯnawī* im *raǧaz*.[35] Die Titel und Jahresangaben der Übersetzungen, die Ǧumaniyāz Šarīpov nennt, erscheinen in dem gedruckten Werk von Laffasī nicht. Die Jahre 1903, 1905/06 und 1907/08 sind nach Ǧ. Šarīpov Jahre der Übersetzung, nicht Jahre der Abschriften. Hier hat sich vielleicht Ǧ. Šarīpov geirrt. Entweder es sind nicht die Übersetzungen von Ḫāliṣ, oder die Daten sind Jahre der Abschriften.

Ich halte es für möglich, daß der von Laffasī und Ǧ. Šarīpov erwähnte Dichter und Übersetzer Ḫāliṣ jener Yaᶜqūb ḫʷāǧa b. Ibrāhīm ḫʷāǧa war, den die Autoren von KFIR als Dichter aus Choresm vom Ende des 19. Jahrhunderts nennen. Ihm könnte der oben unter 5. erwähnte "Dēwān-i Ḫāliṣ"gehören. Da Laffasī seine Arbeit in den vierziger Jahren des 20. Jahrhunderts schrieb,[36] ist es durchaus denkbar, daß er die religiösen Gedichte von Ḫāliṣ unerwähnt ließ.

Es erscheint ziemlich rätselhaft, daß man über einen Dichter, dessen Werke in ihrer Mehrzahl so große Verbreitung gefunden haben, nichts weiß. Andere Dichter religiöser Texte, wie z.B. Ṣūfī Allāyār, Ṣayqalī u.a., sind, obwohl ihre Dichtung ebenfalls jahrzehntelang nicht publiziert wurde und in der usbekischen Literaturwissenschaft der sowjetischen Zeit keinen Platz hatte, doch weithin bekannt.

Daß es sich um mindestens zwei Dichter mit dem *taḫalluṣ* Ḫāliṣ handelt, scheint nicht ausgeschlossen. Einer von ihnen hätte dann den Namen Šāh Ḥakīm gehabt, der andere den Namen Yaᶜqūb ḫʷāǧa b. Ibrāhīm ḫʷāǧa. Der erste Name kommt nur in SVR vor, der zweite nur in KFIR. Aber es bleibt unsicher, welche Dichtungen von welchem Dichter verfaßt wurden. Man könnte versucht sein, dem älteren, der in Taschkent lebte, die Form des *maṯnawī* mit eingefügten *muḫammas* zuzuschreiben,

---

[34] Šarīpov 1965, 116, 124-126.

[35] Laffasī 1992, 18f.

[36] Vgl. die Vorbemerkung des Herausgebers Pālwānnaẓīr Bābāǧānov, S. 3.

dem jüngeren Ḫāliṣ in Choresm dagegen die vierzeiligen Strophengedichte, die in seiner Heimat sehr beliebt sind. Dem zweiten Ḫāliṣ wären dann auch "Ǧābir" (vgl. 6.2) und die zwei vierzeiligen Strophengedichte in "Imāmlar" zuzuordnen. Aber wie verhält es sich mit "Arwāḥnāma", das die Formen "beider" Ḫāliṣ enthält, und wie mit "Qiyāmatnāma" und mit "Yūsuf wa Zalīḫā"?

Was die Lebenszeit des Dichters oder der Dichter Ḫāliṣ betrifft, so weist unter den Informationen, die mir zur Verfügung stehen, nichts auf das 17. Jahrhundert hin, weshalb ich annehme, daß bei den Autoren von SVR ein Irrtum vorlag, als sie vom 17. und 18. Jahrhundert sprachen. Höchstens wenn der Dichter von "Abū 'l-fayż Ḫān" schon recht alt gewesen sein sollte, als er das Gedicht verfaßte (kurz nach dem Tod des Chans, vgl. oben), könnte er im 17. Jahrhundert geboren sein. In diesem Fall würde ich aber vermuten, daß es ein dritter Ḫāliṣ wäre. Denn dem Taschkenter Ḫāliṣ wäre eventuell "Safēd Bulān" von 1811 zuzuschreiben. Er kann nicht im 17. Jahrhundert geboren sein. 1811 ist allerdings auch für den Autor der Sammlung "Kulliyāt" aus Choresm belegt (oben unter 2., 3., 8., 14.). Gibt es eventuell einen weiteren Irrtum, und der Dichter des "Kulliyāt" stammte nicht aus Choresm? Der 1880/81 gestorbene Ḫāliṣ aus Choresm kann nicht 1811 bereits sein "Kulliyāt" vorgelegt haben. Demzufolge muß es entweder zwei Ḫāliṣ in Choresm gegeben haben, oder "Kulliyāt" gehört dem Taschkenter Ḫāliṣ des 18. bis 19. Jahrhunderts. Da "Arwāḥnāma" und "Qiyāmatnāma" (die in "Kulliyāt" enthalten sind) dem Taschkenter Ḫāliṣ zugeschrieben werden, neige ich dazu, "Kulliyāt" für sein Werk zu halten und einen Irrtum der Autoren von KFIR anzunehmen.

Als Orte bzw. Gegenden, in denen Ḫāliṣ lebte, werden am häufigsten Taschkent und Choresm genannt. Weiterhin ist ein Aufenthalt in Ferghana belegt (vgl. oben unter 15.). Dieser Aufenthalt könnte der Materialsammlung für "Safēd Bulān" gedient haben (vgl. unten unter dem Titel). Als vierter Ort spielt Sairam eine Rolle. Erstens wird ein Dichter Ḫāliṣ aus Sairam genannt (vgl. oben unter 2.), und zweitens übergab ein Dichter aus Sairam dem Ḫāliṣ seine Prosafassung von "Yūsuf wa Zalīḫā" (vgl. 15.).

An möglichen weiteren *taḫalluṣ* für Ḫāliṣ kommen Ayyūb, Naẓīrī (oder Nazīrī) und Kamtarīn in Frage.

Wollte man, entgegen den Tatsachen, die dagegen sprechen (zu lange Lebenszeit, Vielzahl der verwendeten Gedichtformen), annehmen, daß es nur einen Dichter Ḫāliṣ gab, müßte dieser weit im Lande herumgekommen sein. Für den Dichtertyp, zu dem der Verfasser der bisher bekannten

Dichtungen, die das *taḫalluṣ* Ḫāliṣ enthalten, gehörte, war das Herumwandern nicht charakteristisch. Er war kein Dichter, den man mit Mašrab (gest. 1711) oder mit Gulḫanī (19. Jahrhundert) vergleichen könnte. Unter den bekannteren Dichtern des 19. Jahrhunderts, die nicht den *qalandar*-Dichtern glichen, scheint nur Ḥāziq (gest. 1843) von Herat bis Choresm und von Kokand bis Buchara gekommen zu sein. Doch war seine "Wanderschaft" oft keine freiwillige.[37] Bei dem den religiösen Dingen zugewandten Ḫāliṣ könnte man, wenn das Herumwandern für ihn charakteristisch gewesen sein sollte, eher innere Gründe als äußere annehmen, doch solche, die denen des religiösen und zugleich rebellischen Mašrab nicht glichen.

Die Mehrzahl der Tatsachen spricht für die Annahme von mindestens zwei Dichtern Ḫāliṣ, einem Taschkenter mit Beziehungen zum Ferghanatal aus dem 18. bis 19. Jahrhundert und einem in Choresm (Yaᶜqūb ḫʷāǧa b. Ibrāhīm ḫʷāǧa, gest. 1880/81). Die in den Katalogen enthaltenen Unsicherheiten werden sich bei genauer Prüfung der Handschriften eventuell ohne große Schwierigkeiten überwinden lassen.

Für möglich halte ich aber daneben eine beabsichtigte Mystifizierung. (Den Verfassern der Kataloge will ich diese allerdings nicht zuschreiben.) Verginge noch etwas mehr Zeit, ohne daß sich jemand mit der Klärung der hier aufgeworfenen Fragen beschäftigte, könnte man leicht einen weiteren Aḥmad Yasawī oder einen weiteren Sulaymān Baqirġanī vor sich haben. Deren Persönlichkeiten sind im Dunkel der Geschichte verborgen, aber ihre Gedichte oder die ihnen zugeschriebenen Gedichte sind seit Jahrhunderten bei vielen Turkvölkern bekannt. Aḥmad Yasawī und Sulaymān Baqirġanī haben poetische Formen gefunden, die dem Geschmack ihrer Landsleute voll entsprachen. Ihre Art zu dichten befriedigte deren Bedürfnis nach Vorbildern im Leben und Leiden. An der Verklärung der Dichter haben über die Jahrhunderte sicher manche Dichter mitgewirkt, die auf die gleiche Art dichteten, aber auf einen eigenen Namen in der Geschichte verzichteten. Ähnlich könnte es sich bereits heute mit Ḫāliṣ verhalten.

Ḥikmat oder **Ḥikmatlar** vgl. **Aḥmad Yasawī**

---

[37] Vgl. ÜAT IV, 204-229.

Huwaydā (geb. in Osch, gest. um 1780 in Tschimjan)
Der kleine Ort Tschimjan im Ferghanatal war die längste Zeit seines Lebens der Wohnort Huwaydās. In Choresm kennen einige Frauen den Namen des Dichters. Zu rituellen Zwecken wurden seine Gedichte in den neunziger Jahren dort jedoch nicht gelesen, und so ist anzunehmen, daß jene *ḫalpa*, die gerade dabei war, sich seine Gedichte abzuschreiben, eine Ausnahme war. Im Ferghanatal ist der Name des Dichters sehr gut bekannt, und in Tschimjan haben die Gedichte Huwaydās eine besonders große Bedeutung. Sie stehen nur hinter dem Koran zurück. Im Ausnahmefall, wenn eine Familie darum bittet, kann man einige von Huwaydās Gedichten auch bei einer Totengedenkfeier vortragen, sagte eine *ātin āyi*. In dem langjährigen Wohnort des Dichters konnte man auch hören, daß seine Gedichte oft in der neu erbauten, für den kleinen Ort sehr groß erscheinenden Moschee gelesen werden. Die Größe der Moschee dürfte damit zusammenhängen, daß man wegen des im Ort befindlichen Grabes für Huwaydā auf große Pilgerscharen hofft.

Nicht wenige *ātin āyi* besitzen eine alte Lithographie mit Huwaydās Gedichten. Auch das *maṣnawī* "Rāḥat-i dil" (Ruhe des Herzens) kommt in der Form einer Lithographie vor. Es besteht aus vielen einzelnen Geschichten, zumeist wohl persischen Quellen entnommen. Darunter sind eine Dichtung über Ḥasan und Ḥusayn und eine über Ibrāhīm b. Adham. Eine *ātin āyi* besaß eine alte Lithographie mit "Rāḥat-i dil". Da Umschlag und Titelblatt fehlten, wußte die Besitzerin nicht genau, worum es sich handelte, und sagte, das Buch enthalte *"Huwaydā wa Ibrāhīm Adham aralaš"* (Huwaydā im Wechsel mit Ibrāhīm b. Adham). Da Huwaydā im Ferghanatal sehr verehrt wird, werden in der Vorstellungswelt dieser *ātin āyi* Huwaydā und Ibrāhīm b. Adham heilige Personen von gleichem Rang gewesen sein. Daß der eine ein Dichter war, der andere ein legendenumwobener heiliger Mann, über den verschiedene Dichter, darunter auch Huwaydā, geschrieben haben, war für sie sicher nicht der Differenzierung wert, vgl. auch 3.1.

Handschriften sind keine Seltenheit. So sind in SVR VII, Nr. 5116, ein *dēwān* und die Nummern 5117-5124 "Rāḥat-i dil", in KFIR die Nummern 369-372 der *dēwān* oder Teile davon und die Nummern 373-383 "Rāḥat-i dil". Auch verschiedene *bayāż* enthalten Verse des Dichters. "Rāḥat-i dil" wurde im 19. Jahrhundert mehrfach in Kasan gedruckt, und zwar nach H.F. Hofman seit 1860. Die Auflagenhöhen waren beträchtlich, z.B. 1888 und 1890 jeweils 6.000 Exemplare, 1893 6.400 Exemplare.[38]

In den Lithographien heißt der Dichter Huwaydā Čimyānī. So kommt z.B. eine Lithographie von Il'in aus Taschkent mit Zensurerlaubnis von 1903 vor. Martin Hartmann erwarb 1901 in Istanbul eine dort (ohne Jahresangabe) hergestellte Lithographie des *dēwān* und stellte diese mit der Übersetzung einiger Ghasele vor.[39] "Rāḥat-i dil" wurde 1994 in Taschkent in kyrillischer Schrift herausgegeben. Zwar habe ich dieses Buch im Ferghanatal nicht gesehen, da aber der kyrillisch geschriebene Text für die *ātin āyi*, die nach 1935 geboren sind (Schulbeginn 1941/1942), leichter lesbar ist als der in arabischer Schrift geschriebene, vermute ich, daß einige *ātin āyi* ihn erworben haben und darin lesen. Ein Namanganer Wissenschaftler äußerte 1999 die Absicht, demnächst ein weiteres Buch mit Gedichten von Huwaydā herauszugeben.

Wie Ḥazīnī's Gedichte (vgl. 6.2) dürften auch die Huwaydās unter Männern nicht ganz unbekannt sein. Ich nehme aber an, daß es außer den sehr religiösen Männern und einigen Wissenschaftlern die *ātin āyi* waren, die das Wissen über diese Gedichte mehrere Jahrzehnte lang bewahrt haben. Für sie ist der Bruch in der Rezeption von Huwaydās Gedichten viel geringer als für die Männer spürbar.

Ibrāhīm b. Adham

Die Geschichte von Ibrāhīm b. Adham, der der Königswürde entsagt und alle bestehenden menschlichen Beziehungen aufgibt, um sich allein dem Gottesgedenken zu widmen, ist in der ganzen islamischen Welt bekannt. Sie enthält auch die Suche von Ibrāhīms fünfzehnjährigem Sohn Muḥammad nach seinem Vater. Der Asket ist zunächst überwältigt vom Zusammentreffen mit dem Sohn, der, um zum Vater zu gelangen, so viele Entbehrungen auf sich nahm. Doch wird er von Gott mit ähnlichen Worten ermahnt, wie der Prophet Muḥammad ermahnt wurde. Dieser sollte sich für die Gemeinde oder für seinen Sohn Ibrāhīm entscheiden (vgl. unter Ibrāhīmğān). Ibrāhīm b. Adham soll sich für Gott oder für seinen Sohn entscheiden. Wie der Prophet verzichtet er auf den Sohn. So gehört "Ibrāhīm b. Adham" zu den Geschichten, die das Opfern des Sohnes als notwendigen Gottesgehorsam darstellen, wenn das Motiv auch nicht im Zentrum des Erzählten steht. Die *ḫalpa* und *ātin āyi* ken-

---

[38] Hofman 1969; Smirnov 1888, 396, 1891, 392, 1893/94, 395.

[39] Hartmann 1902b.

nen außer "Ibrāhīm b. Adham" die Geschichte von Muḥammad, der seinen Sohn Ibrāhīmǧān opferte, die von Ibrāhīm Ḫalīlu 'llāh (Abraham), der Ismāᶜīl zu opfern bereit war (vgl. unten), ᶜAndalībs Dichtung über Saᶜd Waqqāṣ (vgl. unten), die Geschichte von ᶜUmar, der Abū Šaḥama opferte (vgl. 6.2), und zweifellos die von Muḥammads Großvater, der beinahe den Vater des Propheten geopfert hätte (vgl. unter "Mawlūd"). In der Vorstellungswelt vieler *ḫalpa* existiert vielleicht jede dieser Geschichten für sich allein. Daß das Motiv immer wieder erneuert wurde, wird nur wenigen von ihnen auffallen, obwohl die Reihe auch von den Namen her auffallend ist: Ibrāhīm opfert Ismāᶜīl, Muḥammad opfert Ibrāhīmǧān, und ein anderer Ibrāhīm (Ibrāhīm b. Adham), der nicht geopfert wurde, opfert seinen Sohn Muḥammad, so als müßte die Reihe unendlich fortgesetzt werden. Erst Tschingis Aitmatow ("Richtstatt") stellt das Sohnesopfer in einen ganz anderen Zusammenhang, und bei ihm ist das unfreiwillige, aber selbst verschuldete Sohnesopfer von höchster menschlicher Tragik. Natürlich sprechen die *qiṣṣa* und Aitmatows Prosa unterschiedliche Rezipienten an. Aber ganz ausgeschlossen sind Überschneidungen im 20. Jahrhundert nicht.

In Mittelasien ist die Geschichte über Ibrāhīm b. Adham in der Form einer anonymen *qiṣṣa* am verbreitetsten. Sie besteht aus Prosa und Versen, darunter sowohl vierzeilige Strophengedichte von elf und acht Silben je Zeile als auch ein Ghasel und mehrere *muḫammas*.[40] Daneben gibt es andere Fassungen, wie z.B. die oben unter Huwaydā erwähnte. Davon, daß es Bestrebungen gab, den Text bei den Kasachen zu verbreiten, zeugen Kasaner Drucke von 1908 und 1911 (mit dem Zusatz *qazaq tilinde* bzw. *qazaqča* im Titel).[41]

Alle *ḫalpa* in Choresm besitzen die *qiṣṣa*. Der Name des frommen Mannes wird hier meistens als Ibrahim Ädäm ausgesprochen. Eine *ḫalpa* nannte ihn Ädhäm diwane.

Soweit es sich um Lithographien handelt und deren erstes Blatt fehlt, ist ein neues Blatt eingeklebt, worauf der fehlende Text, jedoch nicht die Herkunft der Lithographie, die die *ḫalpa* nicht interessiert, handschriftlich ergänzt ist. Bei einigen *ḫalpa* sind auch in der Mitte mehrere fehlende Seiten ergänzt. Daneben kommen völlig neu abgeschriebene Texte vor.

---

[40] Vgl. Kleinmichel 1998, 160.

[41] Vgl. Halen 1988, 332f.

SVR VII enthält mehrere Handschriften aus dem 19. Jahrhundert (Nr. 5594-5600).

In einer Lithographie von 1325 (1907/08) steht neben "Ibrāhīm b. Adham" auch die Geschichte von Ibrāhīmğān. Weitere Lithographien wurden in Taschkent 1329 (1911) und 1335 (1916/17) hergestellt. In der Reihe "Ḫalq kitāblari" erschien 1991 der Band "Ibrāhīm b. Adham qiṣṣasi", in den außer der im Titel genannten *qiṣṣa* noch "Amīr-i Aḫtam qiṣṣasi" und "Baba Raušan qiṣṣasi" aufgenommen wurden.

Der Text wird in Choresm am 7. Tag nach dem Tod eines Menschen gelesen, allerdings nicht bei Menschen, die alt geworden sind. Die *ātin āyi* im Ferghanatal kennen den Text ebenfalls, und einigen von ihnen ist daneben die Fassung von Huwaydā bekannt. Einige *ātin āyi* bestanden darauf, daß der Mann Ibrāhīm Adham heiße und korrigierten mich, wenn ich das "*bin*" einfügte. Bei einem Gespräch unter *ātin āyi* und anderen Frauen, die verschiedene religiöse Texte kennen, war ich überrascht, daß nicht die Askese und Hingabe an Gott, die Ibrāhīm b. Adham kennzeichnen, die frommen Frauen interessierten, sondern die märchenhaften Elemente am Anfang der Erzählung.

Ibrāhīmğān wafāti (wapāti) oder Qiṣṣa-i wafāt-i Ibrāhīm b. Rasūl ʿalayhi ʾs-salām (Tod des Ibrāhīmğān; Erzählung über den Tod Ibrāhīms, des Sohnes des Propheten, Friede sei mit ihm)
Der Text berichtet davon, wie Muḥammad durch Ǧabrāʾīl erfährt, daß er sich für seine Gemeinde (*umma*) oder für seinen Sohn entscheiden muß. Beide zugleich im Übermaß zu lieben sei nicht möglich. Muḥammad entscheidet sich für die Gemeinde. Ibrāhīm geht in allen hier betrachteten Fassungen entgegen den sonstigen Überlieferungen bereits zur Schule. Er stimmt dem Vater zu und ist bereit zu sterben.

Unter den in SVR VII genannten Handschriften (Nr. 5505 bis Nr. 5514) finden sich Texte über den Tod Ibrāhīms von vier verschiedenen Autoren sowie ein anonymer Text.

Die *ḫalpa* in Choresm bezeichnen die Geschichte, von der sie alle ohne Ausnahme eine Fassung in ihre Hefte übertragen haben oder übertragen lassen haben, meistens liebevoll als "Ibrāhīmğān". Daneben und neben den obengenannten Titeln kommen vor "Ibrāhīmğāni(ñ) ölimi", "Payġambar bālasi ölgäni", "Mäḥmäd payġambar oġlini(ñ) wafāti" (Tod Ibrāhīmğāns, Tod des Sohnes des Propheten, Tod des Sohnes des Propheten Meḥmed). In Choresm sind mindestens zwei unterschiedliche Texte bekannt.

Der eine, wahrscheinlich der am meisten gelesene, ist ein *maṡnawī* mit eingeschobenen *muḫammas*. Diesen Text hat, in einer etwas kürzeren Fassung als die bei den *ḫalpa* vorhandenen, Bodrogligeti 1975 veröffentlicht. In seinem Text steht dreimal der Name des Autors Ḫāliṣ (vgl. oben). Da die *ḫalpa* den Namen nicht kennen, findet man ihn in ihren Texten häufig verschrieben oder umgedeutet zu *qābiż* (der Seelenergreifer ᶜAzrā'īl, der in diesem Text eine nicht unwichtige Rolle spielt). An sich könnte man erwarten, daß der Name des Dichters als *taḫalluṣ* in der jeweils letzten Strophe der fünfzeiligen Strophengedichte *muḫammas* stünde, und in den Texten der *ḫalpa* gibt es vier derartige Gedichte (bei Bodrogligeti drei). Oft ist aber die ganze Zeile mit dem Autorennamen ausgelassen. Eventuell konnten die *ḫalpa* oder andere Abschreiber diese Zeile nicht verstehen, weil sie den Namen nicht kannten, wie sie auch sonst keinerlei Informationen über das historisch verbürgte Leben der Dichter besitzen. Es ist jedoch noch ein weiterer Grund für die Tilgung des Dichternamens denkbar: Der Text verliert an Sakralität, wenn man annehmen muß, daß er "heruntergeschrieben" wurde, wie man heute ein Buch schreibt. Besser soll der Name des Dichters und damit die Entstehungszeit und -art eines Werkes im Dunkeln bleiben. Dann tritt das Ausgesagte als eigentliche Wirklichkeit hervor.

Häufig steht dieser erste Text neben "Payġambarniṅ wapātnāmasi", "Waṣiyyatnāma-i payġambar", "Wafāt-i bibi Fāṭima", "Qażā'-i kursī", "Mūsānāma". Die ersten drei Texte folgen auch in einer Lithographie von 1325 (1907/08), die vor diesen Texten auf den Seiten 1-95 noch "Ibrāhīm b. Adham" enthält, dem "Ibrāhīmġān"-Text. Im Ferghanatal ist diese Lithographie in den Händen der *ātin āyi* keine Seltenheit. Zwischen 1905 und 1915 wurde der Text in Buchara, Samarkand und Taschkent mehrfach als Lithographie herausgegeben. Weiterhin kommen in den Heften der *ḫalpa* neben "Ibrāhīmġān" der Text über Saᶜdwaqqāṣ, der über Ḥasan und Ḥusayn sowie der Text, den die *ḫalpa* als "Ibrāhīm Ḫalīlu 'llāh" bezeichnen, vor.

Die von den *ḫalpa* gelesenen Texte sind nicht völlig identisch. So hat z.B. ein *muḫammas* auf *babam* in einer der Fassungen statt dessen das Refrainwort *atam*. Der Text einer *ḫalpa* enthält das die Dichtung abschließende *bayt* mit dem Autorennamen, die meisten haben es nicht. Auch einzelne *bayt* innerhalb der Dichtung unterscheiden sich in verschiedenen Fassungen. Im Unterschied zu der Fassung bei Bodrogligeti haben die Fassungen bei den *ḫalpa*, wie es für die *qiṣṣa* charakteristisch ist, kurze einleitende Prosateile zu jedem Abschnitt.

Während manchmal die vierzeiligen Strophengedichte wie Ghasele geschrieben werden, konnte man andererseits einen Teil des *maṣnawī* bei einer *ḫalpa* als Vierzeiler geschrieben sehen, und dies so, daß die beiden miteinander reimenden *miṣrāᶜ* eines *bayt* aus Versehen gerade nicht nebeneinander stehen.

Der zweite Text ist eine Dichtung aus 15 vierzeiligen Strophengedichten mit unterschiedlichem Refrain und unterschiedlicher Strophenzahl in jedem Gedicht, doch alle nach dem bekannten Reimschema *axax bbbx cccx* usw. Bei einigen *ḫalpa* ist der Text nach Art der Ghasele geschrieben, so daß jeweils die erste und dritte Verszeile in der Mitte der geschriebenen Zeile enden. Wie im ersten Text gibt es hier sehr kurze einleitende Prosatexte zu den einzelnen Strophengedichten. Der Autor dieser Fassung ist bisher nicht bekannt. Diesen Text findet man häufig in etwas älteren Handschriften, die in den neunziger Jahren im Alltag nicht oder wenig gelesen wurden. Wahrscheinlich wurde der zweite Text – zumindest vorübergehend – von dem ersten verdrängt. Dieser zweite Text kann in den Handschriften neben "Wafātnāma-i Fāṭima" und neben dem *dāstān* "Yūsuf wa Aḥmad" u.a. stehen.

Ein dritter Text, der einer älteren Handschrift zufolge von Hudāʾī stammt, ist wie der zuerst genannte Text von Ḫāliṣ ein *maṣnawī*. Doch ist das Versmaß *ramal*, während es bei Ḫāliṣ *hazağ* ist. Anders als bei Ḫāliṣ sind keine *muḫammas* eingefügt. Einige *bayt* vom Ende dieses Textes sind in einer Handschrift an das Ende der Dichtung in vierzeiligen Strophen (zweiter Text) angefügt. Das *taḫalluṣ* des Dichters Hudāʾī (*hudā* "rechter Weg, wahre Religion") wurde hier durch das Wort *ḥaqīqat* ("Wahrheit") ersetzt. Eventuell ist der dritte Text der älteste. In vollständiger Form habe ich ihn bisher nur in einer Handschrift von Tūḫtağān änä (vgl. oben unter Fāṭima) gesehen. Diesem Text wiederum ist die Handschrift in SVR VII, Nr. 5505, verwandt.[42] Das in dieser Handschrift enthaltene *maṣnawī* ist ebenfalls im *ramal* gedichtet. Etwa dreißig *bayt* sind dem Text von Hudāʾī sehr ähnlich. Einer dieser beiden Texte dürfte eine *naẓīra* zu dem anderen sein. Dem Katalog zufolge ist der Autor der Dichtung in SVR VII, Nr. 5505, Mawlānā, dessen Name tatsächlich am Ende des Textes steht. Dem Vorsatzblatt der Handschrift zufolge handelt es sich um ein Buch von Ṣayqalī.

Inhaltlich ähneln alle Texte einander sehr.

---

[42] I. Baldauf erhielt einen Mikrofilm dieses Textes vom Šarqšunāslik Instituti der Akademie der Wissenschaften Usbekistans. Ich danke dem Institut und meiner Kollegin für die Möglichkeit der Benutzung.

Ibrāhīm Ḫalīlu 'llāh oder **Ibrāhīm payġambar wa Ismāʿīl degän oġli** oder **Ḥażrat-i Ismāʿīl ʿalayhi 's-salām-ni qurbānliq qilġanlari bayāni** (Ibrāhīm, der Freund Gottes; Der Prophet Ibrāhīm und sein Ismāʿīl genannter Sohn; Erzählung darüber, wie Ḥażrat-i Ismāʿīl, Friede sei mit ihm, geopfert werden sollte)
Einige *ḫalpa* besitzen einen Prosatext, andere die Dichtung von Sulaymān Baqirġanī. Der Prosatext folgt weitgehend Rabġūzīs "Qiṣaṣu 'l-anbiyā"[43], jedoch ohne die Elemente der Diskussion der Geschichte. Anders als Rabġūzī beginnt nur der Prosatext mit einer Schwierigkeit, in die Gott durch die Zweifel der Engel an der Liebe Ibrāhīms (Abrahams) zu ihm gerät. Erst dann folgt der Traum, worin Ibrāhīm die Aufforderung zum Opfer erhält. Der Prosatext findet sich z.B. in Heften der *ḫalpa* zusammen mit der ebenfalls weit verbreiteten anderen Geschichte von einem Sohnesopfer, dem Muḥammads ("Ibrāhīmġān"), und mit den Geschichten vom Opfertod Ḥusayns.

Die Dichtung enthält das *taḫalluṣ* Qul Sulaymān (das ist Sulaymān Baqirġanī). Als Überlieferer der Geschichte wird von dem Dichter ʿAbbās genannt.[44] Die Dichtung ist ein vierzeiliges Strophengedicht mit dem Refrain *-di-ya* und mit sieben Silben je Verszeile. Sie gleicht also "Yarim alma" und der Ḫāliṣ'schen Dichtung über Ǧābir (vgl. 6.2). Ein Taschkenter Neudruck von "Baqirġanī kitābi" in kyrillischer Schrift (1991) enthält auch diese Dichtung (S. 35-41).

Die Texte werden in Choresm am 40. Tag nach dem Tod eines Menschen gelesen, allerdings nur für Menschen, die alt geworden sind. Ich nehme an, daß der Dichtung der Vorzug gegeben wird.

Zum Sohnesopfer vgl. noch unter "Ibrāhīm b. Adham".

Imāmlar oder **Qiṣṣa-i imām-i Ḥasan wa imām-i Ḥusayn rażiya 'llāhu ʿanhu / ʿanhumā** oder **Ošbu ʿāšūr ayinda imāmzādalarġa mātam tutub afsūs-u nadāmat qilib mātam tutġanlarini bayāni** oder **ʿĀšūrliq** (Die Imāme; Geschichte vom Imām Ḥasan und vom Imām Ḥusayn, Gott möge an ihm/an ihnen beiden Wohlgefallen haben; Das ist die Erzählung darüber, wie man mit Bedauern und Reue trauert, wenn man im *ʿāšūr*-Monat der Imām-Söhne gedenkt; *ʿāšūrā'*-Buch)
Die auch in Mittelasien weit verbreiteten Klagen um Ḥasan und Ḥusayn haben hier mehrere literarische Ausformungen in tschaghataischer Spra-

---

[43] Rabġūzī 1990, 77ff; Rabghūzī 1995, vol. 1, 100ff.

[44] Vgl. Veccia Vaglieri 1986.

che erhalten. In Choresm wie auch im Ferghanatal nennt jedoch keine der Frauen, die die Texte lesen, einen der Autoren.

Die heute am meisten verbreitete Fassung besteht aus mehreren Gedichten von unterschiedlichen Dichtern, die durch Prosaüberleitungen zu einem Text "Qiṣṣa-i imām-i Ḥasan wa imām-i Ḥusayn" zusammengefaßt wurden. Wahrscheinlich exististierte diese am Anfang des 20. Jahrhunderts als Lithographie gedruckte Fassung bereits vorher in Handschriften. Während die *ḫalpa* nur über neue Abschriften einiger Teile hiervon verfügen, sind im Ferghanatal von diesem Text in Taschkent bei ᶜĀrifǧānov hergestellte Lithographien in Umlauf. Von diesen wurde die Lithographie mit dem Datum 1329 (1911) von 79 Seiten in den neunziger Jahren ohne Kommentar als fotomechanischer Nachdruck erneut herausgegeben. Ausgehend von dieser Lithographie wurde 1998 in Chodschend (Tadschikistan) ein Text in drei dünnen Heften in kyrillischer Schrift gedruckt (das Jahr des Druckes findet sich nur im zweiten Teil, der Ort der Herausgabe in Teil 2 und 3). Die graphische Darstellung zeigt, daß nur Lettern für das Tadschikische zur Verfügung standen. Die Autoren mehrerer Texte dieser Sammlung nennen sich mit *taḫalluṣ*. Es sind: Muǧrim, Haǧrī Miskīn, Ḫāliṣ (siehe oben), Uwaysī (ca. 1780 Marghilan bis ca. 1845 ebenda), Ṣayqalī (18. Jh.), Šams-i Özkendī (siehe oben unter Fāṭima), Aḥmad ḫʷāǧa, Qul Sulaymān, Miskīn Ġulām. Die Mehrzahl der Stücke stammt von Ḫāliṣ. Der Dichterin Uwaysī Interesse für das Thema des Märtyrers von Kerbela ist bekannt.[45] Falls der Lithographie eine Handschrift zugrundelag, wäre für sie das Datum post quem 1810 bis 1820, die Zeit, seit der die Dichtung von Uwaysī vorliegt.

Die meisten Gedichte der Lithographie sind, nicht ganz dem Titel entsprechend, Ḥusayn gewidmet. Viel seltener wird Ḥasan genannt. Von den in der Lithographie enthaltenen fünf *muḫammas* von Ḫāliṣ auf *bālam* (zuweilen auch als *balām* dargestellt) findet man einige auch an anderer Stelle, z.B. in der oben unter "Bibi Fāṭima" genannten Lithographie von der Druckerei Azya. Neben den Gedichten für Ḥasan und Ḥusayn ist in die Lithographie auch ein *musaddas* auf den Tod des Propheten aufgenommen (von Ṣayqalī) wie auch ein *musaddas*, das die Geschichte von ᶜUkkāša wiedergibt, der vor dem Tod Muḥammads noch eine Beschwerde gegen ihn vorzubringen hatte, vgl. "Payġambarniñ wafātnāmasi". Als vierzeiliges Strophengedicht von Ḫāliṣ ist außerdem die Geschichte von den zwei Söhnen des Ǧābir enthalten, die während

[45] Vgl. ÜAT IV, 168ff.

der Vorbereitung des Gastmahls für den Propheten ums Leben kommen und wiederbelebt werden, vgl. 6.2. Zwei ghaselähnliche Gedichte sind dem Tod der Fāṭima gewidmet (mindestens eins von Šams-i Özkendī), und schließlich handelt ein langes, von Aḥmad ḫʷāğa verfaßtes Gedicht von Imām-i Aᶜẓam (Abū Ḥanīfa 'n-nuᶜmān b. Ṣābit, vgl. auch unten "Yarim alma").

Der Band wurde, wie man sieht, in der Art eines *bayāż* zusammengestellt, nur daß hier im Unterschied zu den sonstigen Gepflogenheiten eine gewisse thematische Einheit gegeben ist. Die Auswahl der Texte war eventuell von dem Wunsch geprägt, keinen Verdacht übermäßiger schiitischer Tendenzen aufkommen zu lassen.

An Gedichtformen sind – außer ghaselähnlichen Gedichten und einem *maṣnawī* – *muḫammas*, *musaddas*, *mustazād* und mehr oder weniger regelmäßige vierzeilige Strophengedichte vertreten.

Eine zweite Fassung von "Qiṣṣa-i imām-i Ḥasan wa imām-i Ḥusayn" besteht aus ghaselähnlichen und anderen Gedichten, welche wie die der ersten Fassung durch Prosaüberleitungen miteinander verbunden sind. Eventuell ist der Text von einer Frau gedichtet, die sich in der ersten Prosaüberleitung Kātiba bēčāra nennt. Die Gedichte sind Klagen, die Fāṭima, Šahrbānū (der Ehefrau Ḥusayns), Bibi Zaynab (der Schwester Ḥusayns) sowie Ḥusayn in den Mund gelegt sind.

Eine dritte Fassung hat die Form eines *maṣnawī*. Sie scheint nicht sehr verbreitet zu sein.

Im Ferghanatal kennt man "Qiṣṣa-i imām-i Ḥasan wa imām-i Ḥusayn" als "ᶜĀšūrliq" oder "ᶜĀšūrliq kitāb", seltener "ᶜĀšūrliq kitābi". Gedichte über Ḥasan und Ḥusayn gehören zur Grundausstattung der *ḫalpa* und *ātin āyi* an Texten.

Kiyik (Hirsch, Antilope, Steinbock)
Bei den *ḫalpa* finden sich mindestens zwei unterschiedliche Dichtungen, die sie "Kiyik" nennen. Zwar sind beide kleine *maṣnawī* im Versmaß *hazağ*, und der Inhalt ist in großen Zügen derselbe, doch handelt es sich um selbständige Werke zweier Dichter. Beide geben ihren Namen nicht an, während sich in KFIR eine "Qiṣṣa-i kiyiknāma" von dem Dichter Nazīrī (hier nicht Naẓīrī) findet (Nr. 859, 860, 861, vgl. auch "Miᶜrāğnāma" von ihm). Über die Form von "Qiṣṣa-i kiyiknāma" wird im Katalog nichts Genaueres mitgeteilt. Ein kleines "Qiṣṣa-i kiyik" enthält auch KFIR 949. Da diese Handschrift daneben unter anderem ein "Qiṣṣa-i miᶜrāğ" enthält, liegt die Vermutung nahe, daß es sich um Nazīrīs (oder Naẓīrīs) Dichtung handelt. Vgl. unter Ḫāliṣ 9. und 12. sowie unten unter

"Payġambar" noch die Überlegung von Maḥmūd Ḥasanī darüber, ob Naẓīrī (Nazīrī) mit Ḫāliş identisch sein könnte.

Im Mittelpunkt der Dichtung steht das Motiv der Bürgschaft, das mehr oder weniger zum Motiv der Bekehrung geformt werden kann: Ein *kiyik* ist von einem ungläubigen Jäger (der Jäger steht für den Heiden an sich) gefangen worden und bittet im Beisein Muḥammads, der zufällig hinzugekommen ist, um Aufschub der Tötung, weil es ein letztes Mal seine Kinder säugen und sich von ihnen verabschieden möchte. Muḥammad bleibt als Bürge (ar. *kafīl* in einem Text und pers. *girau* in einem anderen). Die zwei bzw. drei Jungen begleiten ihre Mutter, um das Leben des Propheten zu retten. Der Jäger ist gerührt und will von seinen bösen Taten Abstand nehmen bzw. wird – so in einem der Texte – Muslim.

Nach Auskunft einer *ḫalpa* hören die Leute diesen Text gern bei Totenfeiern. Manchmal wird von den Frauen eine Verbindung zu Änwär änä (sonst: ᶜAnbar ana) hergestellt, die als Ehefrau von Sulṭān Uways oder von Ḥakīm ata (Sulaymān Baqirġanī) oder von Zangī ata gilt und um die sich eine Legende mit einem *kiyik* rankt, das sie molk. Man zeigt in den Sulṭān-Uways-Bergen sowohl den Ort, der *Kiyik saġġan* (*kiyik* gemolken) heißt, als auch Änwär änä's Grab, das von den Pilgern besucht wird, wenn sie zu Sulṭān-Uways gehen.[46]

Innerhalb der turksprachigen religiösen Texte hatte die Hirschgeschichte mit dem Bürgschaftsmotiv einen so hohen Rang, daß man sie häufig in Dichtungen über die Geburt des Propheten einschloß oder ihnen anfügte. Das kasachische "Naᶜt-i nabī" (Lob des Propheten) von Tinišliq oġli[47], vorliegend z.B. in einer Lithographie, Kazan' 1903, enthält hintereinander zwei gedichtete *kiyik*-Geschichten (S. 44-48). Dem osmanischen "Mevlid-i Nebi" von Süleyman Čelebi wurde eine *geyik*-Erzählung angefügt.[48] Bei Radloff findet man eine kasachische Variante unter der Rubrik Buchepen (*kitap öläñ*).[49]

V. Basilov hat die Verehrung des *kiyik* (*keyik*) bei den Türkmenen totemistischen Vorstellungen zugeordnet.[50] Über die Verankerung des

---

[46] Vgl. Snesarev 1969a, 240-243; Snesarev 1983, 84f.

[47] So in der Lithographie S. 86, während auf der Karteikarte für das Exemplar in der Staatsbibliothek Preußischer Kulturbesitz als Autor Qugar-Uglu angegeben ist.

[48] Vgl. Kocatürk 1964, 158; Pekolcay 1967, 174.

[49] Radloff 1870, "Kīk", 665-670.

[50] Basilov 1963b, 135-150.

Hirsches oder ihm verwandter Tiere als Helfer, Retter und Wegführer in buddhistischen und islamischen Literaturen ist wiederholt geschrieben worden.[51] Die von den *ḫalpa* in Choresm gelesenen Texte müssen offenbar auch in diesem Zusammenhang gesehen werden. Und schließlich sind auch Erzählungen der zweiten Hälfte des 20. Jahrhunderts, wie die von Tschingis Aitmatow ("Der weiße Dampfer", "Die Richtstatt") und die von Yaşar Kemal ("Alageyik") im Auge zu behalten.

Maġpiraġān vgl. 6.3.

Maḫtūmquli̇ oder **Magtimguli** (ca. 1733-1782)

Maḫtūmquli̇s Gedichte können, wie einige *ḫalpa* sagen, bei Totenfeiern gelesen werden. Ältere Handschriften sind noch vorhanden. Abgeschrieben werden sie jedoch selten. Die Frau, die als Abschreiberin von Handschriften für die *ḫalpa* tätig war, erhielt – wie sie sagte – keine Aufträge, Maḫtūmquli̇s Gedichte abzuschreiben. Eine *ḫalpa*, die einen Teil einer alten Handschrift besaß, konnte daraus nichts vortragen, obwohl sie meiner Bitte gern entgegenkommen wollte. Sie wich nach wenigen Versuchen auf "Qiṣṣa-i imām-i Ḥasan wa imām-i Ḥusayn" aus. Diesen Text beherrsche sie besser, begründete sie ihre Entscheidung. Ihre bei dem Gespräch anwesende, äußerst tolerante, nur wenig ältere Stiefmutter hatte ohnehin ihre Zweifel daran, daß man Verse von Maḫtūmquli̇ bei Totenfeiern vortragen könne, nicht zurückgehalten. In der Stadt Chanka kennt man Maḫtūmquli̇ sehr gut. Eine *ḫalpa*, die Maḫtūmquli̇-Verse ausgezeichnet vortragen konnte, meinte allerdings, der Text gehöre zu den "Toy kitāblari̇". In diese Kategorie ordnete sie offensichtlich alles ihr Bekannte ein, das ihr für Totengedenkfeiern nicht geeignet schien. Eventuell tragen die *ḫalpa* verschiedener Orte hin und wieder zumindest einige Gedichte Maḫtūmquli̇s ohne Buchvorlage vor. Die relativ geringe Anzahl von geschriebenen Texten des Maḫtūmquli̇ bei den *ḫalpa* ist nicht unbedingt als Desinteresse zu deuten.

Die Maḫtūmquli̇-Rezeption im 20. Jahrhundert hat einiges mit der Mašrab-Rezeption gemeinsam. Die Rezeption durch die Europäer hatte mit Alexander Chodzko begonnen, wurde durch Vámbéry und dann durch N.P. Ostroumov fortgesetzt.[52] Die Gedichte erschienen in Lithographien, z.B. bei ᶜĀrifġānov in Taschkent. In sowjetischer Zeit formten

[51] Z.B. Çağatay 1953, 1956; Cumbur 1982.

[52] Chodzko 1842, 389-394; Vámbéry 1879; Ostroumov 1907.

sich die türkmenische wie auch die usbekische Öffentlichkeit ihren Maḫtūmqulī neu, der sich wenig unterschied, nur daß der Dichter den Türkmenen als ihr großer klassischer Dichter erschien. Daneben pflegten die *ḫalpa* in Choresm ihren eigenen alten Maḫtūmqulī weiter, für den manche Akzente, welche die literarische Öffentlichkeit setzte, nicht zutrafen. Wahrscheinlich ist es noch möglich, den alten und den neuen Maḫtūmqulī im 20. Jahrhundert zu beschreiben. Der Maḫtūmqulī des 21. Jahrhunderts wird wieder ein anderes Aussehen haben und wäre neben diese beiden zu stellen.

Malika-i dānišmand oder **Dānišmand Malika** (Die gelehrte Malika)
Die *ḫalpa*, deren Tätigkeit sich auf mehr als auf Totenfeiern erstreckt, besitzen in der Regel dieses Buch, tragen gern etwas daraus vor oder antworten auf eine Frage von Teilnehmerinnen einer Zusammenkunft, in "Malika-i dānišmand" sei es so und so erklärt. Bei der Tätigkeit der *ātin āyi* im Ferghanatal spielt das Buch eventuell eine geringere Rolle. Aber denjenigen, die es besitzen, gefällt es ausnehmend gut. Handschriften, Lithographien und Drucke waren weit verbreitet. Eine Übersicht und Hinweise auf weitere Literatur findet man bei G. Jarring.[53] M. Hartmanns Sammlung enthält mehrere Exemplare des Buches unter dem Titel "Mulaika".[54] In KFIR handelt es sich bei den Nummern 791 - 796 um diesen Text.

Eine Lithographie stammt aus der Druckerei Il'in in Taschkent und hat die Zensurerlaubnis vom 26.8.1904. Die Lithographie vom Jahrhundertanfang wurde in den neunziger Jahren als Kopie in einfachem Pappumschlag erneut verkauft. Daneben gab es in den neunziger Jahren mindestens zwei Drucke in kyrillischer Schrift, eine o.O. und o.J., wahrscheinlich in Chorésm hergestellt, eine in Taschkent 1994 herausgegeben.

---

[53] Jarring 1980, S. 104f (Anmerkung 19).

[54] Hartmann 1904a, Nr. 11, 18, 74, 98, 99, 103. Nr. 99 ist beschrieben bei Götz 1979, S. 526f.

Mašrab, Babaraḥīm Mašrab (gest. 1711)
Seine Gedichte werden in Choresm zum *yil* (Totengedenkfeier, ein Jahr nach dem Tod) gelesen. Die meisten *ḫalpa* besitzen seine Gedichte. Die *ātin āyi* lesen Mašrab nicht, obwohl der Dichter aus Namangan stammt und sonst von ihnen besonders jene Dichter bevorzugt werden, die in demselben Ort wie die *ātin āyi* oder in der näheren Umgebung ihres eigenen Wohnortes gelebt haben. Einen Grund hierfür kann man in den Angriffen Mašrabs gegen die orthodoxe Geistlichkeit sehen, die Martin Hartmann[55] hervorgehoben hat, und in der daraus resultierenden Zurückweisung der Gedichte Mašrabs durch die Gelehrten, die Lykošin[56] am Anfang des 20. Jahrhunderts bemerkt hat. Die ablehnende Haltung der Geistlichkeit gegenüber dem Dichter ist offenbar zu einer festen Tradition geworden. So wurde mir 1993 erzählt, den Geistlichen in Taschkent sei vorgeschlagen worden, sich an einer öffentlichen Feier zum Mašrab-Jubiläum zu beteiligen, sie hätten jedoch abgelehnt. Ein weiterer Grund hängt mit dem ersten zusammen: die Gedichte Mašrabs gehörten zu einem Milieu, das nicht das der *ātin āyi*, sondern das der *maddāḥ* war. Troickaja erwähnt in ihrer Untersuchung über die *maddāḥ* in Usbekistan, daß diese in ähnlicher Weise wie die schriftlichen Fassungen über das Leben Mašrabs erzählten und in ihre Prosaerzählungen Mašrabs Gedichte neben selbst Gedichtetem einfügten.[57] Die sehr große Zahl von Handschriften in den Katalogen in der Form der "Qiṣṣa-i Mašrab" – ein Prosabericht über sein Leben mit eingefügten Ghaselen, *muḫammas* und einigen anderen Gedichten – in Abschriften seit der Mitte des 19. Jahrhunderts zeigt aber, daß der Dichter von breiten Kreisen der Bevölkerung gelesen wurde. In den Gedichtsammlungen (*bayāż*) sind die Gedichte Mašrabs ebenfalls keine Seltenheit.[58]

---

[55] Hartmann 1902a, 147-156.

[56] Lykošin 1910, 1992, 2f.

[57] Troickaja 1975, 205.

[58] Vgl. z.B. Raḥmatullāeva 1987, 37-44: in acht Handschriften von sechzehn beschriebenen finden sich Gedichte von Mašrab. In den lithographierten *bayāż* kommt Mašrab eventuell seltener vor, vgl. ʿAbdullāeva 1989, 37-44: in vier Lithographien von achtzehn beschriebenen; soweit der Ort der Herstellung ersichtlich ist, handelt es sich um Taschkenter Lithographien (zehn von achtzehn). Der Dichter Qārī hat mehrere *muḫammas* auf Ghasele von Mašrab verfaßt. Sie sind in einer Lithographie mit Ghaselen und *muḫammas* von Qārī enthalten, die einige *ātin āyi* von ihren Eltern geerbt haben, doch lasen sie nicht mehr darin.

Seit Ende des 19. Jahrhunderts war Mašrab in Kasan, Taschkent und Konstantinopel in Lithographien herausgegeben worden. M. Hartmann hatte auf Mašrab aufmerksam gemacht und den Prosateil des Mašrab-Buches 1902 ausführlich wiedergegeben. N. S. Lykošin gab zwischen 1910 und 1915 mehrfach Übersetzungen und Kommentare desselben Buches heraus. Ṣadriddīn ᶜAynī erwähnte den Dichter in "Namūna-i adabiyāt-i tāǧīk". ᶜAbdurra'ūf Fiṭrat nannte den Dichter in seinem Aufsatz über Aḥmad Yasawī und publizierte 1930 einen Aufsatz über ihn.[59]

Obwohl in den meisten Veröffentlichungen die Verbindung zwischen Mašrab und den einfachen Leuten wie auch seine Rebellion gegen die offiziellen Vertreter der Geistlichkeit und deren zumindest nach außen gezeigtes Desinteresse an den Versen Mašrabs und an seiner Person unterstrichen worden waren, setzte man 1937 noch einmal neu an und glaubte, einen völlig neuen Mašrab entdecken zu müssen. Seit 1958 wurden Verse von Mašrab mehrfach in populären Ausgaben herausgegeben. In dieser Zeit setzte, durch den Ghaselgesang befördert, eine breite Rezeption ein.

Zu erforschen bleibt aber, in welchen Schichten und in welchen Gegenden Mittelasiens man Mašrab im 19. und am Anfang des 20. Jahrhundert las. Zu beschreiben ist die fast ungebrochene Mašrab-Rezeption durch die *ḫalpa* in Choresm. Zu untersuchen ist, welche der Mašrab-Gedichte sowohl zum Textcorpus der *ḫalpa* gehörten als auch in das Mašrab-Bild der offiziellen literarischen Öffentlichkeit eingingen und welche Gedichte eventuell allein von den *ḫalpa* tradiert wurden. Interessant wäre auch ein Vergleich mit dem Mašrab-Bild der Usbeken in Afghanistan.

Mawlūd-i nabī oder **Mawlūd-i šarīf** (Die Geburt des Propheten)

Im Gegensatz zur Türkei, wo in allen Jahrhunderten seit dem 15. Jahrhundert "Mawlūd"-Texte geschrieben wurden (dort: "Mevlid") und wo heute noch stets der Text des Süleymān Čelebi von 1409 bevorzugt wird, ist den *ḫalpa* und *ātin āyi* in Usbekistan nur ein tschaghataischer Text, dessen Autor Ḫilwatī (1858-1924) ist, bekannt.[60] Den im Fonds des Qūlyāzmalar Instituti nachgewiesenen Text "Mawlūdnāma" (vgl. oben

[59] Hartmann 1902a; ᶜAynī 1926, 169 (das dort zitierte persische Gedicht ist in "Qiṣṣa-i Mašrab", Tāškent 1992, nicht enthalten, obwohl dieser Band neben den tschaghataischen auch einige persische Gedichte enthält); Fiṭrat 1928, 50, und 1930.

[60] Über den Dichter vgl. Ḫalīlbekov 1998, 128-139.

Ḫāliṣ, 10.) habe ich bei den Frauen nicht gesehen. Nicht wenige tschaghataische Texte sprechen zwar von der Geburt des Propheten, doch werden sie anders genannt, falls ihnen ein Titel gegeben ist, vgl. z.B. "Manāqib-i Muḥammad" von 1790 (KFIR Nr. 402) und "Qiṣṣa-i Muḥammad" (KFIR Nr. 414) – beide von Ṣayqalī und – dem Umfang nach zu urteilen – eventuell identisch, außerdem ein kurzer Text über Muḥammad von demselben Dichter (KFIR Nr. 401). Wenn diese Texte jemals sehr verbreitet gewesen sein sollten, sind sie jedenfalls um die Wende vom 19. zum 20. Jahrhundert im Frauenmilieu von Ḫilwatīs Dichtung verdrängt worden.

Hierbei handelt es sich um ein *masnawī* im Versmaß *ramal*, für das der Dichter eventuell eine der Fassungen von Süleymān Čelebis Text als Vorlage hatte. Auf die Abhängigkeit verweisen die fast gleichlautenden Refrainverse, die zwischen größeren Abschnitten stehen. Allerdings wandelt Ḫilwatī das ursprüngliche Refrain-*bayt* mehrfach ab, und er zeigt sich auch sonst selbständig. Der Einleitung folgen zwei Erzählungen (*ḥikāya*) über *mawlūd*-Feiern. Ein großer Teil der Dichtung ist der Erschaffung des Lichtes Muḥammads und der Weltschöpfung gewidmet. Dann folgt die Geschichte von Muḥammads Großvater ᶜAbdu 'l-muṭṭalib, der beinahe – wegen seines eigenen Gelübdes – Muḥammads Vater hätte opfern müssen. Berichtet wird von weiteren Bedrohungen des Lebens von Muḥammads Vater, von seiner Heirat, von Muḥammads Geburt und den Wundern, die zu dieser Zeit geschehen. Nach einem großen Sprung zu der ersten Offenbarung Muḥammads kehrt der Dichter zu den Besonderheiten der Gestalt des Propheten zurück, fügt die Geschichte der beiden Vögel (*quš* und *qarčiġay* – Vogel und Habicht) ein, die in Wirklichkeit die Engel Ǧabrāʾīl und Mikāʾīl sind,[61] läßt dann die Himmelsreise folgen und schließt mit einigen Worten über sich selbst ab. Der *masnawī*-Text wird nur von einigen Zwischenüberschriften in Prosa und von zwei Ghaselen etwa in der Mitte des Textes, wo unmittelbar von Muḥammads Geburt die Rede ist, unterbrochen.

Manche Texte, die in anderen Gegenden Bestandteil des "Mawlūd" sind, existieren in Usbekistan als selbständige Texte. So gehört zu einigen türkeitürkischen "Mevlid"-Texten das Vermächtnis des Propheten an Abū Bakr, und im Ferghanatal findet sich ein Text "Payġambar Abū Bakr'ġa waṣiyyat qïlganlarï" (Wie der Prophet sein Vermächtnis dem

---

[61] In Maḫtūmqulïs Dichtung aus vierzeiligen Strophen mit elfsilbigen Zeilen (vgl. 1983, t. II, 117-119) sind die Vögel Taube und Falke (*kepder, lačïn*), und die Probe muß nicht Muḥammad, sondern ᶜAlī bestehen!

Abū Bakr übergab) außerhalb des "Mawlūd"-Textes in einer alten Lithographie. Einige Erweiterungen des "Mevlid"-Textes von Süleymān Čelebi erscheinen auch der türkischen Literaturwissenschaftlerin Neclâ Pekolcay als später hinzugefügt.[62] Von ihnen sind für die *ḫalpa* und teilweise für die *ātin āyi* folgende – natürlich nicht textgleiche – Geschichten wichtig: Erzählung vom Tod der Fāṭima (vgl. Bibi Fāṭima), Erzählung vom Hirsch (vgl. "Kiyik"), Erzählung von Ibrāhīm (vgl. "Ibrāhīmġān") und Erzählung von Ismāʿīl (vgl. "Ibrāhīm payġambar wa Ismāʿīl degän oġli"). Die Erzählung von der Taube, welche nach N. Pekolcays Überzeugung ebenfalls nicht zum ursprünglichen Text gehörte, findet sich aber in Ḫilwatīs Text in der oben erwähnten Form.

Die oben unter "Kiyik" erwähnte kasachische Fassung eines "Mawlūd"-Textes mit dem Titel "Naʿt-i nabī" enthält ebenfalls eine größere Zahl selbständiger Geschichten. Davon gehören zwei zum Repertoire der *ḫalpa* – die von Ǧābir (vgl. 6.2) und die vom Hirsch (vgl. oben unter "Kiyik").

Im Ferghanatal kann man einer Lithographie des "Mawlūd" in arabischer Sprache begegnen. Diese hat außer dem Titel fast nichts gemeinsam mit der tschaghataischen Dichtung. Sie werde von Männern manchmal gelesen, heißt es. Eine *ātin āyi* sagte, sie habe den arabischen Text in ihrer Jugend auswendig gelernt. Ein wenig davon sei ihr noch im Gedächtnis geblieben, aber lesen könne sie den Text in arabischer Sprache nicht.

Im Ferghanatal besitzen die *ātin āyi* noch alte Lithographien, meistens ohne Jahres- und Ortsangabe, einmal jedoch immerhin mit Zensurerlaubnis von 1901. Daneben gibt es u. a. Lithographien von 1316 (1898/99), 1317 (1899/1900) und 1319 (1901/02)[63]. Einige Lithographien wurden in den neunziger Jahren des 20. Jahrhunderts ohne Jahresangabe des Nachdrucks herausgegeben. Daneben gibt es jetzt Texte in kyrillischer Schrift, die ebenfalls keine oder eine falsche Jahresangabe enhalten; z.B. steht in einem Exemplar am Ende 1959 und 1327. Das *hiǧra*-Jahr 1327 entspricht aber 1909, und das Jahr 1959 ist auch gänzlich unwahrscheinlich.

---

[62] Pekolcay 1967, 174f.

[63] Dieses Exemplar im Umfang von 72 Seiten gehört zu den von Martin Hartmann aus Ostturkestan mitgebrachten Büchern, vgl. Hartmann 1904b, 80, Nr. 4.

Miʿrāğnāma (Buch über die Himmelfahrt)
Es gibt zwei kürzere Versfassungen des "Miʿrāğnāma", die Ingeborg Baldauf und ich in Choresm fotografiert haben. Daß diese tatsächlich gelesen werden, ist daraus zu erkennen, daß die *ḫalpa* sich neue Abschriften angefertigt haben. Eine der beiden Fassungen ist ein *maṣnawī* im Versmaß *ramal*, das ca. 160 *bayt* umfaßt. Es enthält ein Chronogramm am Ende, das die Jahreszahl 1077 (1666/7) ergibt.[64] Der Autor nennt sich Hudāʾī (in einer Handschrift Hawāʾī wie jener Dichter aus Sairam, der ein "Yūsuf wa Zalīḫā" in Prosa verfaßte, vgl. unter Ḫāliṣ), und in einer weiteren Handschrift folgt ein Vers, worin er sich außerdem Bēčāra-i Mulk nennt. Die andere Fassung ist ein *maṣnawī* im Versmaß *hazağ*, in das zwei *muḫammas* eingefügt sind. Sie stammt von Ḫāliṣ (vgl. oben). Die Fassung von Ḫāliṣ wurde 1992 in kyrillischer Schrift nachgedruckt (Tāškent, Verlag Meḥnat), und zwar, wie es im Vorwort von Maḥmūd Ḥasanī heißt, auf der Grundlage einer Lithographie von 1913. Wie diese enthält der Nachdruck außerdem "Wafātnāma-i payġambar" von Naẓīrī und "Bibi Fāṭima wafātnāmasi" von Ḫāliṣ. Die *ḫalpa*, aus deren Heft ich dieses "Miʿrāğnāma" fotografiert habe, hatte in dasselbe Heft ebenfalls das "Wafātnāma-i payġambar" von Naẓīrī geschrieben (hier Naẓīrī, während in KFIR Nr. 863 Nazīrī und im Autorenverzeichnis S. 351 Naẓīrī gegeben ist). Die *ḫalpa* hat also vermutlich eine gleichartige Lithographie oder eine Abschrift von dieser als Vorlage benutzt.

Ein zweites Büchlein aus den neunziger Jahren des 20. Jahrhunderts, zusammengestellt von I. Ḥaq(q)qul und S. Rafʿiddīn (Tāškent, Verlag Jāzuwči 1995), enthält in kyrillischer Schrift acht verschiedene "Miʿrāğnāma" bzw. Auszüge daraus. Sie stammen aus den Werken von Aḥmad Yasawī, Sulaymān Baqirġanī, ʿAlīšēr Nawāʾī, Mašrab, Ṣūfī Allāyār, Ġiyāṣu ʾd-dīn, aus Rabġūzīs "Qiṣaṣu ʾl-anbiyāʾ" sowie aus Yūsufs Übersetzung eines von Šayḫ Akbar-ābādī auf persisch in Prosa mit Gedichteinschüben verfaßten Buches über die Himmelfahrt mit dem Titel "Nādiru ʾl-miʿrāğ".

Die mittelasiatische Tradition, "Miʿrāğnāma" und ähnliche Werke (z.B. "Nahğu ʾl-farādīs") in der jeweiligen als Literatursprache geltenden Turksprache zu verfassen oder aus dem Persischen in diese zu übersetzen, geht bekanntlich mindestens bis ins 14. Jahrhundert zurück.[65] Das oben genannte Werk von Šayḫ Akbar-ābādī wurde mehrfach ins Tscha-

---

[64] Ein Dankeschön an Helga Anetshofer-Karateke, die mitgerechnet hat!

[65] Eckmann 1964, 287-292; Tezcan 1995.

ghataische übersetzt. In SVR VII ist eine Übersetzung aus Chiwa von 1324 (1906/07) genannt (Nr. 5504), die 629 Blatt umfaßt, sowie eine weitere, welche als Lithographie in Taschkent 1329 (1911) herausgegeben wurde. Diese umfaßt 644 S. Man kann sie bei den *ātin āyi* im Ferghanatal noch hin und wieder sehen. In ʿAlīšēr Nawāʾī s Zeit wurde von dem Herater Dichter Muʿīn b. Muḥammad al-Farāhī (gest. 1501) ein persisches Buch über die Himmelfahrt unter dem Titel "Sayr-i šarīf" verfaßt (vgl. auch unten sein Buch über Mūsā). Es war in Mittelasien offenbar weit verbreitet. SVR IV hat davon 15 Exemplare (Nr. 2807-2821, Nr. 2807 z. B. mit 709 Blatt) sowie 2 Exemplare der davon angefertigten tschaghataischen Übersetzung von Muḥammad Raḥīmu ʾl-miskīn (Nr. 2822, 2823 mit 442 bzw. 751 Blatt).

In den umfangreichen Handschriften und Lithographien lesen heute wahrscheinlich nur Spezialisten. Die kürzeren Fassungen dagegen lesen die *ḫalpa* und *ātin āyi* gern, obwohl weder in Choresm noch im Ferghanatal bestimmte Tage genannt wurden, an denen der Text gelesen würde. In Kokand nannte eine *ātin āyi* "Miʿrāǧnāma" von sich aus, was bedeutet, daß der Text hier wichtig ist.

Zum Lesen des "Miʿrāǧnāma" im Monat *raǧab* vgl. 2.2.

Mūsā, Mūsānāma (Buch über Moses)

Das Buch beginnt als *maṯnawī* im Versmaß *hazaǧ* und wird dann durch andere Gedichte fortgesetzt. Es berichtet davon, wie Ǧabrāʾīl Mūsā zum Berg Ṭūr (Sinai) hinführt, wo er die Möglichkeit erhält, mit Gott zu sprechen. Gegenstand des Gespräches ist die *umma* des Mūsā und dann der Gesandte Muḥammad, auf den Moses eifersüchtig wird. Weiterhin werden durch Fragen und Antworten verschiedene Probleme des Wohlverhaltens erörtert – ähnlich dem Buch "Malika-i dānišmand". Innerhalb des Textes gibt es einen expliziten Hinweis auf "Qiṣaṣu ʾl-anbiyāʾ", aber das "Mūsānāma" ist weder im Inhalt noch in der Form mit Teilen von Rabġūzīs Text identisch.

Nr. 956 in KFIR könnte dem viel gelesenen Text über Moses entsprechen. Ein "Qiṣṣa-i Mūsā" von 10 Blatt in Prosa nennt KFIR unter Nr. 924 (Signatur 1417/III). Eventuell gehörte die Handschrift, die diesen Text enthält, einer *ḫalpa*. Als Zeit der Abschrift wird das 19. Jahrhundert angegeben. Sie ist nicht professionell hergestellt, denn über die Schrift ist gesagt, es handele sich um ein "unschönes, unentwickeltes *nastaʿlīq*". Das heißt, die Texte wurden für den Alltagsgebrauch geschrieben. Statt des Prosatextes über Mūsā liest man zwar heute in Choresm die Dichtung, doch sind fast alle Teile der Handschrift dort noch gut bekannt. Zu den viel gelesenen gehören neben "Mūsā": "Ibrāhīm b. Adham", "Marṣiya-i imām-i Ḥusayn", "Malika-i Dilārām". Weniger gelesene, aber doch bekannte Teile sind: Huwaydās "Rāḥat-i dil", "Qiṣṣa-i ḥażrat-i ᶜUṣmān wa ᶜAlī", "Qiṣṣa-i Ǧābir" von Ṣayqalī (zu diesen drei Texten vgl. 6.2). Das ebenfalls enthaltene "Qiṣṣa-i Är Ḥubbī" wurde von den *ḫalpa* zwar nicht erwähnt, doch paßt der Text gut nach Choresm (vgl. Ḥakīm ata und Zangī baba unter 1.2).

Eine Lithographie o.O., o.J. wurde in den neunziger Jahren nachgedruckt und auf den Basaren der Städte wie auch an den Heiligengräbern verkauft. Darin schließt sich dem eigentlichen "Mūsā"-Text ein vierzeiliges Strophengedicht über das Paradies, dessen Refrainzeile auf *-ar ermiš* endet, an, und es folgen zwei *marṣiya*, die die Form eines *muḫammas* bzw. eines *musaddas* haben. Das Gedicht auf *-ar ermiš* ähnelt den Gedichten mit demselben Refrain bei Aḥmad Yasawī, wovon mindestens neun mit dem *taḫalluṣ* Qul ḫʷāǧa Aḥmad bzw. Yasawī Miskīn Aḥmad vorliegen (so in der Lithographie Kazan 1904, die in den neunziger Jahren nachgedruckt wurde), ist jedoch mit keinem von diesen identisch. Die *ḫalpa* besitzen den "Mūsā"-Text in selbst oder von Verwandten bzw. Bekannten abgeschriebenen Fassungen.

Das "Mūsānāma" wird sowohl von den *ḫalpa* als auch von den *ātin āyi* sehr geschätzt. Es kann hier wie dort zu Totengedenkfeiern gelesen werden. Doch während der Text für die *ḫalpa* unverzichtbar ist, besitzen ihn nicht alle *ātin āyi*.

Die nachgedruckten Lithographien haben einen Umfang von 47 Seiten. Die im 20. Jahrhundert gelesenen Texte ähneln also nicht den umfangreichen Büchern über Mūsā, wie etwa das persische von Muᶜīn b. Muḥammad al-Farāhī aus Herat, vgl. SVR IV, Nr. 2805 und 2806, mit 166 bzw. 199 Blatt, wovon eine tschaghataische Übersetzung aus Ostturkestan von Muḥammad Ṣiddīq Miskīn, genannt Rušdī, mit 259 Blatt aus dem 17. Jahrhundert in Taschkent vorliegt, vgl. SVR VII, Nr. 5498.

Muṣībatnāma (Buch über die Leiden)
Die *ḫalpa* fassen manchmal mehrere Texte zu einem Titel zusammen. Das sind inhaltlich ähnliche und der Funktion nach gleiche Bücher, vgl. auch unten "Toynāma". Die im "Muṣībatnāma" enthaltenen Texte dienen dem Vortrag bei Totengedenkfeiern. So sagten die *ḫalpa* in Chiwa, zum "Muṣībatnāma" gehörten die Gedichte über den Tod des Propheten, den seiner "vier Gefährten" (*čār yār*), über den Tod Fāṭimas und den Tod von Muḥammads Onkel Ḥamza.

Muškil kušād (Müškül kušad, Müškül käšad)
So wird im turksprachigen Milieu Mittelasiens ein Text und die dazugehörende Zeremonie bezeichnet, wärend Autoren, die aus dem tadschikischen Milieu berichten, von Bibi Muškil kušā, d.h. "Die Schwierigkeiten Öffnende", bzw. "Die aus Schwierigkeiten Erlösende", sprechen.[66]

Der "Muškil kušād"-Text besteht aus einem märchenartigen *masnawī* im *hazağ* und einem Gebet. Die Hauptgestalt des Märchens ist ein Holzsammler, der in einer Textvariante *otinčī baba* (Großvater Holzsammler), in einer anderen *baba-i hēzimkaš* mit derselben Bedeutung genannt wird. Er begegnet, nachdem er Beil und Strick verloren hat, der heiligen Frau Muškil kušād in einer Höhle. Sie ist, so heißt es im Text selbst, die Tante (*ḫāla*) des Bahā'u 'd-dīn (gemeint ist der Begründer der *naqšbandiyya*), sitzt mit dem Gesicht zur Gebetsrichtung (*qibla*) gewandt und betet für den Holzsammler zu Gott. Sie weissagt ihm Wohlstand, wenn er regelmäßig ein *tanga* für sie ausgebe, indem er Brot, Rosinen, Salz sowie Kerzen kaufe, eine Zusammenkunft mehrerer Frauen in seinem Haus ermögliche und Gebete sprechen lasse sowie die *bibi ātin* reich belohne. Geschehe dies, so könnten die Teilnehmenden sich von Gott wünschen, was sie benötigten. Er möge jedoch an jedem Mittwoch ihrer gedenken. Da er dies einmal vergißt, als er bereits reich geworden ist, kommt es zu Komplikationen, die jedoch im letzten Augenblick noch entwirrt werden. Es folgt die Aufforderung an die Leser bzw. Zuhörer, eine gleiche Zusammenkunft jeden Mittwoch zu veranstalten, bzw. falls man sich dies nicht leisten könne, jeden siebenten Mittwoch (in einer Textvariante: in jedem Jahr siebenmal an einem Mittwoch, was – bei 52 geteilt durch sieben – auf dasselbe hinausläuft), dann gingen die Wünsche nach Kindern, Gesundheit, Hilfe für Schuldner und der Wunsch, treu im Glauben zu sein, in Erfüllung. Am Ende folgt das Gebet (*ṣalawāt-i šarīf*).

Der Text ist am Anfang des 20. Jahrhunderts mehrfach als Lithographie herausgegeben worden, z.B. in Taschkent 1911, 1912, 1913. In den neunziger Jahren wurde er, ausgehend von der einen oder anderen Lithographie, mehrfach in kyrillischer wie auch in arabischer Schrift, jedoch meistens ohne Jahres- und Ortsangabe, herausgegeben.

Interessant am vorliegenden Text und der dazugehörenden Zeremonie ist der Versuch, verschiedene, einander ähnliche Figuren in ein System zu bringen und die älteren Gestalten jüngeren zuzuordnen, die großen

[66] Murādov 1975, 99, 101, 103, und Literaturangaben in Anmerkung 18 auf S. 119.

Einfluß auf heutige Denkweisen haben. Erstens werden Muškil kušād und Bibi Sešanba (siehe oben) als Tanten mütterlicherseits (*ḫāla*) von Bahā'u 'd-dīn Naqšband aufgefaßt. Von ihnen sei Muškil kušād die ältere. Beide haben ihr Grab einige hundert Meter entfernt vom Grab des Begründers der *naqšbandiyya*. Doch werden auch anderenorts Gräber der beiden heiligen Frauen gezeigt. Zweitens wird Muḥammads Tochter Fāṭima, die den Beinamen Zuhra hatte, in zwei Personen umgedacht und jeder der beiden eine weitere Person zugeordnet. Fāṭima sei zugleich Bibi Sešanba und Zuhra sei zugleich Bibi Čāršanba. Die letzte Äußerung stammt aus dem Ferghanatal, wo man den "Muškil kušād"-Text wegen des Tages, der der heiligen Frau zugeordnet ist, auch als Text über Bibi Čaršanba (Frau Mittwoch) bezeichnet. Das Auseinanderdenken der Gestalt Fāṭimas in zwei Persönlichkeiten findet seinen Ausdruck auch darin, daß in Usbekistan weibliche Zwillinge seit langer Zeit keine anderen Namen als Fāṭima und Zuhra erhalten.[67] Zu "Muškil kušād" vergleiche auch 2.2.

Narīmġān walīġa siġinib aytilġan ġazallar oder **Ḥikāyat-i ḥażrat-i ᶜAbdu 'llāh Narīmġān** (In Verehrung von Narīmġān Walī vorgetragene Ghasele oder Erzählung über Ḥażrat-i ᶜAbdu 'llāh Narīmġān)

Die bei den *ḫalpa* vorhandenen Texte über Narīmġān oder Narīnġān sind kurz und sagen nichts über das Leben dieser Person aus. Mir liegt eine Dichtung vor, die aus einem *muḫammas* von 7 Strophen und einem Teil eines *masnawī* besteht, sowie eine Dichtung, die ein *muḫammas* aus 17 Strophen ist. Die *muḫammas*-Strophen beider Dichtungen sind an mehreren Stellen identisch. Wahrscheinlich stammen beide Texte aus einer etwas umfangreicheren Dichtung.

Nach Dawlat Raḥīm war ᶜAbdu 'llāh Narīnġān ein Lehrer des Sulṭān Uways.[68] Auch in der Vorstellung der *ḫalpa* ist er so eng mit Sulṭān Uways verbunden, daß eine *ḫalpa* auf die Frage, ob sie den "Sulṭān Uways"-Text besitze, sagte, sie habe nur "Narīmġān kitābi" (das Buch über Narīmġān).

Obwohl die Dichtung manchmal von den Frauen einen Titel wie oben erhält, der Ghasele vermuten läßt, muß nicht mit Sicherheit angenommen werden, daß es Ghasele über Narīmġān gibt. Denn oft wird in den *qiṣṣa* das Wort *ġazal* bei der Überleitung von einem Prosateil zu einem Ge-

---

[67] Vgl. auch Mify narodov mira, I, 171, und Index in II, 693.

[68] Raḥīm 1992, 6-10.

dicht einfach als Synonym zu *söz* verwendet (*bir ġazal aytdi̊ oder bir söz aytdi̊*), ohne daß es sich wirklich um ein Ghasel handelte. So kann es auch in dem obenstehenden Titel für "Dichtung" stehen. Zu Narīmǧān vgl. auch 1.2.

Nūrnāma (Buch vom Licht)
Der vollständige Titel lautete ursprünglich, wie aus V. Smirnovs Publikationsliste ersichtlich ist, "Risāla-i nūrnāma, yaᶜnī ḥażrat-i Rasūl ᶜalayhi 's-salām nūrinin̄ yarati̊luwini̊ wa ḫāṣiyatlari̊ni̊ bayān edär"(Buch über das Licht, das heißt Erzählung über die Erschaffung des Lichtes des Propheten, Friede sei mit ihm, und über seine Vorzüge).[69] Die Texte dieses Buches sind in Prosa verfaßt. Der wichtigste Teil dürfte das "Nūrnāma-i šarīf" sein, worin von der Erschaffung Muḥammads aus dem Licht (*nūr*) berichtet wird. Dieser Teil hatte für die mittelasiatischen Leser und Zuhörer sicher denselben Rang, den in anderen islamischen Regionen, insbesondere in der Türkei, das "Mawlūd-i nabī" hatte, dessen erster Teil denselben Dingen gewidmet war. In Mittelasien wurde ein "Mawlūd-i nabī" dagegen spät geschrieben und verbreitet (vgl. oben). Bestandteil dieses ersten Stückes ist noch ein Hinweis für die möglichen Zuhörer und Leser in Mittelasien: Wer es nach der rituellen Waschung liest – ob Türke, Tadschike, Hebräer oder Perser (*türk, tāǧīk, ᶜabrī* – in einigen neuen Abschriften wie auch in Ausgaben in kyrillischer Schrift statt dessen *ᶜarab* –, *ᶜaǧam*), dem werden am Jüngsten Tag seine Sünden vergeben. Es folgen andere Vorteile, die man vom Lesen oder Aufbewahren des "Nūrnāma" hat. Hier schließt sich noch eine Geschichte an, die das Erscheinen des "Nūrnāma" in Mittelasien mit Muḥammad Ġazzālī (1058-1111) verbindet, der es plötzlich in seiner Bibliothek entdeckt und dem Sultan Maḥmūd Ġaznawī (970-1030!) gebracht habe oder habe bringen lassen, welcher wiederum aus Freude hierüber ein großes Fest veranstaltet habe. Was Maḥmūd Ġaznawī aus diesem Anlaß spendete und erbauen ließ, ist in den einzelnen Exemplaren unterschiedlich dargestellt.

In einigen Fassungen des "Nūrnāma" geht diesem Teil noch eine Abhandlung über das Siegel des Propheten voraus, für das es auch eine bildliche Darstellung gibt. Hierzu gehört ebenfalls die Geschichte von ᶜUkkāša, die man in Mittelasien auch in versifizierter Form kennt (vgl. unten unter "Payġambarnin̄ wafātnāmasi̊").

---

[69] Smirnov 1892, 393.

Die übrigen Stücke des "Nūrnāma" sind erstens Handwerker-*risāla*, d.h. Darlegungen über die Entstehung der Handwerke, über ihren jeweiligen Begründer und Schutzpatron (*pīr*) und über Gebete, die zu sprechen sind.[70] Maximal sind es in den Lithographien von ᶜĀrifǧānov (Tāškent o.J.), die ich gesehen habe, neun *risāla*, und zwar über Bauern, Zimmerleute, Viehzüchter, Friseure, Weber, Fleischer, Eisenschmiede, Schuster, Kupferschmiede. Aber mehrere "Nūrnāma" enthalten eine geringere Zahl dieser Stücke.

Zweitens sind in den Lithographien sechs eigenständige Gebete enthalten, wovon "Duᶜā'-i ᶜAbdu 'r-raḥmān Qaraqčī" große Beliebtheit bei einigen *ḫalpa* erlangt hat, während eine *ḫalpa* sich distanziert zeigte und sagte, sie lese den Text nicht, d.h. sie trage ihn nicht vor, denn er könne die Jugend auf falsche Wege führen. Die Geschichte über ᶜAbdu 'r-raḥmān Qaraqčī berichtet davon, wie Muḥammad zur Verwunderung vieler zur Beerdigung des Räubers (*qaraqčī*) und Mörders ᶜAbdu 'r-raḥmān geht. Er sieht dort, daß der Mann ins Paradies eingeht. Verwundert darüber, fragt er die Ehefrau des Verstorbenen, welche guten Taten dieser ausgeführt habe. Er habe nichts Gutes vollbracht, lautet die Antwort, nur ein einziges Gebet habe er stets gesprochen und den Text bei sich getragen. Muḥammad sieht, daß es *duᶜā'-i ᶜaǧā'ibu 'l-istiġfār* (Gebet über das Wunder der Sündenvergebung) ist, ein Gebet, welches er an sich nicht habe bekannt machen wollen, weil er fürchtete, die Menschen würden, kennten sie es, aufhören, gehorsam zu sein. ᶜAbdu 'r-raḥmān habe es aber auf irgendeine Weise erfahren und angewandt, und so sei ihm vergeben worden. Es folgen die vielen günstigen Wirkungen, die dieses Gebet hat. Die Geschichte über den Räuber ᶜAbdu 'r-raḥmān besitzen einige *ḫalpa* in Abschriften unabhängig vom "Nūrnāma". Muḥammads Zweifel an der Brauchbarkeit des Gebetes, wie sie der Text zitiert, wiederholt sich gleichsam heute bei einigen *ḫalpa*!

Weiterhin enthält das "Nūrnāma" eine Anweisung, wie man sich gegen den "bösen Blick" schützen kann. Sie wird eingeleitet durch eine Geschichte über eine Frau mit Namen Tafāšat, die Muḥammads Enkelsöhne Ḥasan und Ḥusayn durch ihren Blick zum Zittern brachte.

---

[70] Die *risāla* kommen auch außerhalb des "Nūrnāma" in meist kleinen Büchlein vor. Die Größe war ihrer Funktion angepaßt, denn man trug sie zum eigenen Schutz und Erfolg stets bei sich. Gesehen habe ich derartige Büchlein nicht mehr, wohl aber aus dem Munde einer jungen Frau eine Erzählung darüber gehört, wie schlimm es jemandem ergehen kann, der – ohne eine Segnung dafür erhalten zu haben – ein Handwerk aufnimmt. Martin Hartmann hat mehrere *risāla* aus Ostturkestan mitgebracht, vgl. Hartmann 1904a, Nr. 2, 5, 7-10, 25-27, 84, 85, 87, 90-93. Vgl. auch M. Gavrilov 1912.

Und schließlich ist Bestandteil aller umfangreicheren "Nūrnāma" die oben genannte Geschichte über Bibi Sešanba.

Einige "Nūrnāma" enthalten ein "Baḫtnāma" (Buch über das Glück), das auch außerhalb der Sammlung vorkommt und das einige Männer und Frauen in Choresm wie das "Nūrnāma" als Talisman stets bei sich tragen. In diesen Fällen können beide "Bücher" sehr klein sein, z.B. 4 x 3 cm.

Offenbar wurden im Verlaufe der Jahre immer neue Geschichten, die den Kompilatoren gefielen, in das "Nūrnāma" aufgenommen, andere wieder weggelassen, oder es gab Übersetzungen aus verschiedenen Originalen. In Handschriften kommen z.B. noch vor: "Duᶜā'-i šaš qufl" (Gebet der sechs Schlösser), "Duᶜā'-i qarinča" (Ameisen-Gebet), "Duᶜā'-i qadaḥi 'n-nūr" (Gebet von der Schale des Lichtes), "Tāǧnāma" (Kronenbuch), "Duᶜā'-i bāzūband" (Gebet für das am Oberarm angebundene Amulett) u.a.

Eine Untersuchung darüber, welche Geschichten in welchen Gegenden wann hinzukamen, und welche als überflüssig erachtet wurden, würde sich lohnen. Doch müßte man zu diesem Zweck alle Lithographien und Drucke und möglichst viele Handschriften heranziehen. Gedruckt wurden das "Nūrnāma" wie auch später dazu gehörende einzelne Gebete in Kasan, z.B. 1857 und 1858 in einer Auflagenhöhe von jeweils 4.800 Exemplaren. 1891 hatte die Auflagenhöhe 14.700 Exemplare bei einem Umfang von 15 Seiten 8° erreicht.[71] Lithographien gibt es u.a. aus Kasan von 1908, aus Taschkent von 1907, 1908, 1910, 1911. Der Umfang schwankt zwischen 15 und 160 Seiten. Man kann Lithographien und älteren Handschriften sowohl in dem an Büchern sonst armen Choresm wie auch im Ferghanatal begegnen. Die große Bedeutung, die das "Nūrnāma" für die Bevölkerung hatte, und die Tatsache, daß es sowohl in Frauen- als auch in Männerkreisen beliebt war, ist offenbar der Grund dafür. In den neunziger Jahren des 20. Jahrhunderts gab es daneben eine Vielzahl neuer Exemplare. Nicht wenige Personen – Männer und Frauen –, die das Schreiben der arabischen Schrift einigermaßen beherrschten, erwarben sich einen kleinen Nebenverdienst, indem sie "Nūrnāma" mit wenigen für wichtig gehaltenen Gebeten abschrieben und an den Heiligengräbern verkaufen ließen. Diese haben, wie auch die alten Drucke, für die zuweilen 16° angegeben wird, und wie mehrere alte Handschriften, ein kleines Format – meistens ca. 8 x 10 cm. Verlage druckten Li-

---

[71] Dorn 1868, 595; Smirnov 1892, 393.

thographien nach und gaben auch Fassungen in kyrillischer Schrift heraus. Selbst der renommierte Verlag Jāzuwči publizierte 1993 ein "Nūrnāma" mit einer angezeigten Auflagenhöhe von 10.000 Exemplaren. Der Taschkenter Verlag Rūḥafzā übertraf 1996 diese Auflagenhöhe, indem er 20.000 Exemplare anzeigte.

Ein junger Mann, der bei einem Verlag tätig war, erzählte mir von Schwierigkeiten, in die er, ein religiöser Mensch, geraten war. Ein Mann hatte dem Verlag vorgeschlagen, das "Nūrnāma" herauszugeben. Der Gewinn wäre nicht unbeträchtlich gewesen. Doch mein Bekannter riet dem Verlagsleiter ab, denn man könne die Verbreitung des "Nūrnāma" nicht mit dem Gewissen vereinbaren. Das "Nūrnāma" werde von den Leuten dem Koran gleichgestellt. Das sei aber, als wolle man einen zweiten Gott anbeten, und dies ist eine Sünde (*gunāh*), wie ihm auch ein Verantwortlicher für Religionsfragen bestätigt habe. Tatsächlich kann man die Gleichstellung des "Nūrnāma" mit dem Koran daran beobachten, daß das Büchlein von einigen Leuten in besonders schöne Stoffe eingehüllt und am oberen Rand des Wandteppichs oder am oberen Türrahmen aufgehängt wird. Der Ansicht, daß es eine Sünde sei, von dem Buch irgendetwas zu erwarten, muß auch eine *ḫalpa* gewesen sein, die sehr ärgerlich auf meine Frage nach dem "Nūrnāma" und seiner Bedeutung reagierte. Was ich überhaupt meine, dergleichen gebe es gar nicht. Wenn man vom Licht sprechen wolle, so komme nur das Licht, aus dem der Prophet erschaffen wurde, in Frage. Es ist unmöglich, daß sie nicht wußte, welche Rolle in Choresm das "Nūrnāma" spielt, aber sie wollte nicht einmal das Wort aussprechen. In ihrer Familie gab es auch große *ṭabīb*, und sie war selbst Heilerin, was ich von anderen Personen erfahren hatte. Ihre Heilmethoden müssen ihr ganz und gar dem orthodoxen Islam entsprechend erschienen sein, das "Nūrnāma" dagegen verdammte sie.

Einige Frauen, sowohl *ḫalpa* als auch Nicht-*ḫalpa*, sprechen vom "Nūrlama". Wahrscheinlich handelt es sich nicht nur um eine Teilassimilation der Laute, sondern auch um eine andere Deutung. Das vom Licht berichtende Buch wird so zu einem Buch, von dem Licht ausgeht.

Die Schwierigkeit, die sich für Gläubige aus dem "Nūrnāma" ergibt, kann man auch an dem einen oder anderen Vorwort erkennen. Maʿrūf Ǧalīl schreibt 1998 (ohne Verlagsangabe) von der aufopferungsvollen Tätigkeit seines Lehrers Karīm Ḥaqqberdi ūġli, der das "Nūrnāma" vor zwanzig Jahren in fotografisch vervielfältigter Form verbreitete und dafür vor Gericht gestellt wurde. Nun, da sich die Zeiten geändert haben, sei der heilige islamische Glaube wieder ans Licht gekommen. Einige sagten zwar, das Büchlein sei ein Zauberbuch (*seḥr-ǧādū kitābi*), doch das sei keinesfalls so. Es sei eine Sammlung von Gebeten, die dem Koran entnommen seien. Die Herausgeber des "Nūrnāma" beim Verlag Rūḥafzā sprechen von dem hohen Bildungsgrad des Volkes seit alter Zeit, von der geringen Zahl von Analphabeten (gemeint ist: zu allen Zeiten) und von der schöpferischen Tätigkeit des Volkes nicht allein auf dem Gebiet der Literatur, sondern auch in verschiedenen Zweigen der Wissenschaft. In Handschriften verbreitet und gedruckt worden seien unter anderem aber auch abergläubische Erzählungen zur religiösen Thematik (*dīn mawżūᶜidagi ḫurāfī qiṣṣalar*). Eine davon habe der Leser nun in der Hand. Das sowjetische Leben und kommunistische Denken habe in der Gesellschaft die Vorliebe für den Aberglauben verstärkt. Der Aberglaube sei eine geistige Krankheit, er halte den Fortschritt auf. Man müsse nun Aberglauben und Wahrheit zu unterscheiden lernen. Die Wahrheitsliebe (bzw. Gottesliebe: *ḥaqqparastlik*) müsse man stärken. Deshalb wolle man hier mit dem "Nūrnāma" bekannt machen, das ein abergläubisches Werk genannt worden sei. So weit die Herausgeber. Wohlweislich geben sie aber dem Leser nur den ersten Teil, das eigentliche "Nūrnāma", in die Hand. Die mit dem orthodoxen Islam weniger zu vereinbarenden Seiten finden sich in den anderen Stücken. Darin wird häufig die Verbindung zum Islam dadurch suggeriert, daß am Ende erklärt wird, wer an der Richtigkeit des Gebetes oder der dargelegten Wirkungen zweifle, der sei oder werde Ungläubiger (*här kim duᶜā'ġa šäkk kältürsä kāfir bolġay* u.ä. Formulierungen).

Anders als bei den *ḫalpa* in Choresm zählte das "Nūrnāma" im Ferghanatal nicht zu den von den *ātin āyi* viel gelesenen und gepriesenen Büchern. Zu den Lesungen vgl. 2.2.

Payġambarniñ / payġambarimizniñ wafātnāmasi (wapātnāmasi) oder **Muḥammad payġambarniñ wafātlari / wafātnāmalari** oder **Dar bayān-i wafāt-i payġambar ᶜalayhi 's-salām** (Buch über den Tod unseres Propheten; Der Tod des Propheten Muḥammad; Erzählung über den Tod des Propheten, Friede sei mit ihm)
Nach Eckmann, der mehrere Handschriften nennt, stammt dieser Text von Ṣayqalī.[72] In den Heften der *ḫalpa* gehören drei relativ selbständige Teile zu diesem Text. Die Reihenfolge ist unterschiedlich. Auch folgen die Texte nicht immer unmittelbar aufeinander, und manchmal finden sie

[72] Eckmann 1964, S. 380.

sich auf mehrere Hefte verteilt, weil die *ḫalpa* sie zu unterschiedlichen Zeiten abgeschrieben haben. Die Ursache ist darin zu sehen, daß häufig bei einer Totengedenkfeier nur einer der Teile vorgetragen wird. Es handelt sich erstens um das Testament ("Waṣiyyat") Muḥammads, nachdem er schwer krank geworden ist und von Ǧabrāʾīl die Todesnachricht erhalten hat. Der zweite Teil ist die Geschichte darüber, wie der Prophet fragt, ob er noch Schulden irgendwelcher Art zu begleichen habe, und wie von zwei Personen Ansprüche geltend gemacht werden. An den ersten Mann hat Muḥammad noch drei *dirham* zu zahlen, was sogleich Abū Bakr erledigt. Der zweite Mann, ʿUkkāša[73], nach dem der ganze zweite Teil benannt wird, hat eine erstaunliche Forderung: Muḥammad hat ihn einst mit der Peitsche auf den nackten Rücken geschlagen, und er erklärt, daß der Prophet nur Verzeihung erlangen könne, wenn ihm durch ʿUkkāša dasselbe geschehe. Da der Prophet sich entkleidet, wird das Prophetensiegel auf seinem Rücken sichtbar. ʿUkkāša wirft die Peitsche weg, berührt das Siegel mit seinen Augen und kann sich dadurch des Zugangs zum Paradies sicher sein. Ein kleines zusätzliches Gedicht, das nur manchmal angefügt wird, teilt mit, daß der eigentliche Zweck von ʿUkkāšas Forderung eben das Berühren des Prophetensiegels war.

Der dritte Teil heißt, wenn er eine eigene Bezeichnung trägt, "Dar bayān-i wafāt-i payġambar ʿalayhi ʾs-salām", wie auch die Gruppe der drei Texte als Ganzes heißen kann. Er umfaßt die Träume von acht Personen, die Muḥammad nahestehen, von Abū Bakr, ʿUmar, ʿUṯmān, ʿAlī, ʿĀʾiša, Fāṭima, Ḥasan und Ḥusayn. Muḥammad deutet diese Träume als Voraussage seines Todes.

"Waṣiyyat" (Das Testament) hat bei allen *ḫalpa* dieselbe Form. Es ist ein aus 9 Strophen bestehendes *muḫammas* mit dem Refrainwort *imdi/indi* am Schluß jeder Strophe von Ḫāliṣ (vgl. oben unter Ḫāliṣ).

In engem Zusammenhang mit "Waṣiyyat" stehen zwei Dichtungen. Eine davon, die häufig zu finden ist, ist ein kleines *maṯnawī* im Versmaß *hazaǧ*. Das *maṯnawī* kann auch als Einleitung zu "Waṣiyyat" angesehen werden. Es berichtet davon, daß Muḥammad krank wurde, daß er Abū Bakr als Nachfolger einsetzte, und wie er, trotz seiner Schwäche, noch einmal zur Moschee gehen wollte, wobei ihn ʿAlī, den er aus diesem Grund rief, stützte bzw. trug. Diese Fassung könnte eventuell einen osmanischen "Mevlid"-Text zur Vorlage gehabt haben.

---

[73] Ein Grabmal für ʿUkkāša erwähnt Muʾminov 1996, 356, 365.

Die andere Dichtung, die in engem Zusammenhang mit "Waṣiyyat" steht, trägt den Titel "Qiṣṣa-i wafāt-i ān Ḥażrat ṣallā 'llāhu ᶜalayhi wa sallama" (Erzählung über den Tod des Propheten, Gott segne ihn und spende ihm Heil). Diese Dichtung aus 49 vierzeiligen Strophen nach dem Reimschema *axax, bbbx, cccx* mit 12 Silben je Zeile und mit dem Refrainwort *imdi* stammt von einem Autor, der sich Naẓīrī und Kamtarīn nennt. Der Inhalt ist derselbe wie der des eben genannten *maṡnawī*, doch in etwas ausführlicherer Form. Er enthält auch die anfängliche, aus Bescheidenheit erfolgte Weigerung Abū Bakrs, der Nachfolger zu werden, die Aufforderung Muḥammads an die *ṣaḥāba*, seine *ḥadīṡ* zu sammeln, die Tröstung der weinenden Fāṭima und das Versprechen, sie werde Muḥammad in sechs Monaten wiedersehen, das Kommen ᶜAzrā'īls und Ǧabrā'īls, die Bitte an Ǧabrā'īl, sich Gott gegenüber für die *umma* einzusetzen, und die Beerdigung des Propheten. Ich besitze nur ein Foto dieses Textes, nehme aber an, daß der Text in den an Türkmenistan angrenzenden Orten nicht selten ist. Maḥmūd Ḥasanī hat diesen Text 1992 erneut in Taschkent publiziert, und zwar – einer Lithographie (Tāškent 1913) folgend – zusammen mit "Miᶜrāǧnāma" und Versen über Fāṭimas Tod. Da die beiden zuletzt genannten Stücke von Ḫāliṣ stammen, hält der Herausgeber von 1992 es für möglich, daß der Dichter auch die Verse über Muḥammad verfaßt haben könnte, so daß Naẓīrī und Kamtarīn seine Pseudonyme wären. Einer der Dichter mit dem *taḫalluṣ* Ḫāliṣ bevorzugt die Form des *maṡnawī* mit eingefügten *muḫammas*. Eventuell ist es ein anderer Ḫāliṣ, der vierzeilige Strophengedichte schreibt (vgl. oben unter Ḫāliṣ), z.B. in der Dichtung über Ǧābir (vgl. 6.2), in einem Gedicht über den Monat *muḥarram*, das in den Lithographien über Ḥasan und Ḥusayn zu finden ist, und in einem "Arwāḥnāma". So läßt sich Maḥmūd Ḥasanīs vorsichtige Vermutung "Qissa-i wafāt-i ān Ḥażrat" stamme vielleicht von Ḫāliṣ, nicht zurückweisen. Sollte allerdings der Herausgeber der Lithographie von 1913 diese nach dem Prinzip der Autorschaft zusammengestellt haben, hätte er eine den Vorstellungen der *ḫalpa* völlig entgegengesetzte Auffassung von der Dichtung und ihren Verfassern gehabt. Denn die *ḫalpa* fragen nach den Dichtern nicht.

Der zweite Teil, "ᶜUkkāša", schließt in der Variante von Ḫāliṣ, die sehr verbreitet ist, unmittelbar an "Waṣiyyat" an und hat in diesem Fall dieselbe Form eines *muḫammas* mit dem Refrainwort *imdi/indi*. Dem Strophengedicht folgt in einigen Fällen die kurze Begründung des Tuns von ᶜUkkāša aus der Sicht des Erzählers. Sie hat die Form eines *maṡnawī* im Versmaß *hazaǧ*. Dieses Stück ist nicht identisch mit der Fassung, die

Bestandteil des unten als dritte Variante aufgeführten *masnawī* ist, denn dieses hat nicht das Versmaß *hazaǧ*.

Eine zweite Variante dieses Teils ist die Dichtung von Ṣayqalī über ʿUkkāša als *musaddas*, bestehend aus 14 bis 16 Strophen im Versmaß *ramal* und mit der Refrainzeile *hēč bändä, yā rabb, öz sulṭānidin ayrilmasin/ayrilmasun* (kein Sklave, o Herr, möge von seinem Sultan getrennt sein). Es finden sich Fassungen, in denen die Refrainzeile am Ende der Strophe stets zweimal steht, so daß ein *musabbaʿ* entsteht. Der Text ist in den Lithographien Bestandteil des "Imāmlar"-Textes. Diese Variante scheint ebenso verbreitet zu sein wie die erste.

In der unter "Ibrāhīmǧān" genannten älteren Handschrift von Tūḫtaǧān änä findet sich die Geschichte von ʿUkkāša in einer dritten Variante als Bestandteil des umfangreichen *masnawī* im Versmaß *ramal*.

Von dem dritten Teil sind mir zwei Varianten bekannt geworden. Zu den am häufigsten gelesenen Texten gehört der von Ṣayqalī. Dieser ist eine Fortsetzung des *musaddas* über ʿUkkāša und umfaßt 39 oder 40 sechszeilige Strophen.

Die andere Variante findet sich in der Handschrift von Tūḫtaǧān änä und ist Bestandteil des oben genannten umfangreichen *masnawī* im Versmaß *ramal* (siehe unter "Ibrāhīmǧān" und unter "ʿUkkāša"). Berichtet wird von den Träumen der Muḥammad am nächsten stehenden acht Personen und davon, daß Abū Bakr der Gemeinde das Testament Muḥammads überbringen solle.

Sowohl die *ḫalpa* als auch die *ātin āyi* kennen Texte über den Tod Muḥammads, aber die *ḫalpa* nennen sie viel häufiger. Die *ātin āyi* kennen von den Texten mindestens jene, die in der Lithographie von 1325 (1907/08) enthalten sind, deren Hauptteil "Ibrāhīm b. Adham" und "Ibrāhīmǧān" ist. Es sind: "Dar bayān-i wafāt-i payǧambar ʿalayhi 's-salām" (*masnawī* im *hazaǧ*), "Waṣiyyat" von Ḫāliṣ, "ʿUkkāša" in der Fassung des *muḫammas* mit dem Refrainwort imdi und die anschließende Begründung von ʿUkkāšas Tun als *masnawī* im *hazaǧ*.

Qiyāmatnāma (Buch über den Jüngsten Tag)
Der Text ist ein vierzeiliges Strophengedicht mit zwölf Silben je Verszeile, mit der bekannten Reimfolge *axax bbbx cccx* und mit dem Refrain *-ar ermiš*. Diese sehr beliebte Form begegnet auch bei Aḥmad Yasawī und in "Mūsānāma" (vgl. oben). Mit den Aḥmad Yasawī zugeschriebenen Versen hat dieser Text auch die häufige Einleitung *"aya dōstlar"* gemeinsam.

Der Text schildert den schrecklichen Zustand der Welt am Jüngsten Tag. Muḥammad weint um seine *umma*, die er in der Hölle sucht und findet. Die Mitglieder seiner Gemeinde haben zwar stets freitags gebetet und im Fastenmonat gefastet, doch haben sie auch Böses getan. Der Prophet hält ihnen vor, daß er ihretwegen dem Sterben seines Sohnes Ibrāhīm zugestimmt habe und daß sie es nicht zu schätzen wußten. Dann sieht er am Fuße des Throns Fāṭima, ʿAlī und deren Söhne Ḥasan und Ḥusayn, den ersten in grünem Gewand, was, wie der Leser aus anderen Texten weiß, darauf hindeutet, daß er vergiftet wurde, und den zweiten im roten Gewand – ein Hinweis auf seine blutige Ermordung. Wie im Text "Qażā'-i kursī" (vgl. 6.2) spricht nun Muḥammad mit Fāṭima und bittet sie, sie möge der Gemeinde die Tötung ihrer Söhne verzeihen. Doch ist die Prophetentochter verbittert, nur Bedrückung habe man von den Leuten erfahren, und sie zählt noch einmal die Leiden auf, welche die *umma* den Söhnen zugefügt hat. Im Verlaufe des Gesprächs gibt sie jedoch nach und fordert nur, die Gläubigen mögen stets im *ʿāšūr ayi̊* (d.h. im *muḥarram*, dem Sterbemonat Ḥusayns) für das Volk ein warmes Mahl und Brot spenden. Der Prophet freut sich, nimmt die Mitglieder seiner Gemeinde bei der Hand und führt sie über die Brücke *ṣirāṭ* ins Paradies. Der Dichter nennt sich Qul Umūrī.

Im Ferghanatal kann man von diesem Text noch Lithographien sehen. Sie sind ohne Orts- und Jahresangabe, wie auch die hiervon angefertigten Nachdrucke aus den neunziger Jahren. Nur in den alten Lithographien folgt dem eigentlichen "Qiyāmatnāma" noch ein als "Muḫammas-i āḫir zamān" bezeichnetes Gedicht. In Wirklichkeit ist es kein *muḫammas*, sondern ein Strophengedicht mit vierzeiligen Strophen nach dem bekannten Reimschema mit den Refrainworten *musulmānlar* und *yārānlar* im Wechsel. Der Dichter des "Muḫammas" ist Qul Sulaymān, das heißt Sulaymān Baqi̊rġanī (gest. 1186). Ein "Muḫammas" des Dichters in derselben Form, doch nicht identisch mit dem der Lithographien, wurde 1991 publiziert.[74] Inhaltlich paßt das "Muḫammas" gut zum "Qiyāmatnāma", weil es darin ebenfalls um eine "Endzeit" geht. Gedichte dieser Art sind wohl in Mittelasien in allen Jahrhunderten nach Sulaymān Baqi̊rġanī gelesen worden.[75] Dem "Muḫammas" folgt in den Lithogra-

[74] Bāqirġān kitābi, Tāškent 1991, 57-62. Das Vorwort wurde von Ibrāhīm Ḥaq(q)qul und Sayfiddīn Rafʿiddīn verfaßt. Die Publikation stützt sich auf eine der Kasaner Ausgaben, deren erste 1848 erschien.

[75] Im 19. Jahrhundert entstanden nicht wenige neue "Āḫir zamān"-Gedichte. Ihre Funktion war es in dieser Zeit, antikolonialen Stimmungen Ausdruck zu geben. In der

phien noch ein Ghasel auf *yiğlañïzlar* ohne Autor. – Vgl. oben unter Ḫāliṣ (14.) das Problem der Autorschaft für das "Qiyāmatnāma".

Andere Lithographien verbinden "Qiyāmatnāma" mit "Yār yār-i Bibi Fāṭima-i Zuhra", z.B. eine in der Druckerei Azya in Andidschan hergestellte. Daneben kommt "Qiyāmatnāma" auch mit "Arwāḥnāma" verbunden vor, so z.B. in einem Nachdruck einer Lithographie. Manchmal wird "Qiyāmatnāma" schließlich in einem Atemzug mit "Miᶜrāğnāma" genannt.

In einer von Martin Hartmann erworbenen Handschrift steht "Qiyāmatnāma" neben "Rāḥatu 'l-qulūb", einem "Rāznāma", einer "Ẕū-funūn"-Geschichte (vgl. unten unter "Muḥammad Ḥanafiyya") und anderem.[76] Die "Qiyāmatnāma"-Handschriften in KFIR, Nr. 764-766, von zwei, sechs und vierundvierzig Blatt sind wie die Hartmanns anonym. Das in KFIR Nr. 763 genannte "Maḥšarnāma" von Šams von sechs Blatt und die Prosaerzählung unter Nr. 900 ohne Originaltitel (*o dne strašnogo suda*) von fünf Blatt dürften zu derselben Thematik gehören, wenn auch die Darstellungsweise unterschiedlich ist.

Das "Qiyāmatnāma" wird in Choresm und im Ferghanatal zur Totengedenkfeier gelesen. Einige *ātin āyi* kennen den Text auswendig. Sie tragen ihn im Haus eines eben Verstorbenen vor und nennen diese erste Trauerfeier *taᶜziya*.

Rūḥnāma / Arwāḥnāma (Buch über die Seelen)

Zu den Erörterungen über die Richtigkeit des Titels vgl. 2.1. Eine *ḫalpa* bezeichnete den Text als "Murdanāma" (Totenbuch). Im Ferghanatal war ausschließlich die Bezeichnung "Arwāḥnāma" zu hören. Hier war 1999 der Nachdruck einer Lithographie von 1333 (1914/15) in Umlauf. Sie hat den Titel "Arwāḥnāma-i Bibi ᶜĀ'iša ṣiddīqa rażiya 'llāhu ᶜanhā" (Seelenbuch von Bibi ᶜĀ'iša, Gott möge an ihr Wohlgefallen haben). Die neuen Abschriften, aus denen die *ḫalpa* in Choresm lesen, kennen diesen Titel nicht, wie auch nicht die kurze Rahmenerzählung in Prosa über das

---

Literaturwissenschaft der fünfziger und folgenden Jahre gab es besonders bei den Kasachen – wegen der Neubewertung der zaristischen Kolonialzeit als gewinnbringend für die mittelasiatischen Völker – um diesen Gedichttyp manche Auseinandersetzung. Vgl. auch die Beispiele bei Radloff 1870, "Zar zaman", 714-724, und "Zaman aqir", 724-737, sowie Radloff 1872, "Ağir zaman bilgi", 244-245. Muchtar Auesow hatte eine 1928 publizierte Erzählung in Anlehnung an jene Gedichte "Qiyli zaman" genannt (deutsch "Aufruhr der Sanftmütigen" 1974).

[76] Hartmann 1904a, 7, Nr. 62.

Gespräch zwischen ʿĀʾiša und Muḥammad über Körper und Seele (*ǧān*) nach dem Tod. Die das "Arwāḥnāma" bildenden Gedichte sind aber in vielen Abschriften weitgehend identisch mit denen der Lithographie. Neben Abweichungen innerhalb der Gedichte gibt es in diesen Fällen hin und wieder einen Wechsel in der Reihenfolge der Gedichte. Die Gedichte sind Ghasele, *muḫammas* und *murabbaʿ*. Sie haben ein etwas anderes Reimsystem als die vierzeiligen Strophengedichte, die der Volksdichtung nahestehen, nämlich *aaaa*, *bbbb*, *cccc*, und sie sind in *ʿarūż*-Versmaßen gedichtet. Auf Seite 15 der Lithographie, die insgesamt 48 Seiten umfaßt, erscheint ein neuer Titel: "Risāla-i arwāḥnāma bu turur". Dieser Teil stammt von Ḫāliṣ (siehe oben), dessen *taḫalluṣ* in fünf *muḫammas*, jedoch auch in einem *maṣnawī* und in einem vierzeiligen Strophengedicht mit dem Refrainwort *bolġay* steht. Der Dichter verwendet hier die für ihn typische Form der Einbettung verschiedener Gedichte in ein *maṣnawī*, das oftmals zu kleinen Stücken zusammenschrumpft. Anders als sonst fügt er in diese Dichtung jedoch auch vierzeilige Strophengedichte ein. Dem Schreiber der Lithographie oder einem früheren Schreiber waren sie eventuell so fremd, daß er sich nicht an die richtige Reihenfolge der Verse hielt. Eines der vierzeiligen Strophengedichte hat den Refrain *-ar ermiš*, so daß die Verse denen von Aḥmad Yasawī – bzw. den ihm zugeschriebenen –, denen in "Mūsānāma" und denen in "Qiyāmatnāma" ähneln (vgl. oben). Ich nehme an, daß der erste Teil der Lithographie nicht von Ḫāliṣ stammt. Ob beide Teile erst für die Lithographie zusammengestellt wurden oder bereits in den Handschriften des 19. Jahrhunderts aufeinander folgten, müßte anhand der Handschriften überprüft werden. Ein großer Teil der neuen Handschriften der *ḫalpa* stützt sich jedenfalls auf die Lithographie von 1914/15 oder eine ähnliche Lithographie. Es scheint daneben auch andere alte oder neue Kompilationen mit demselben Titel "Arwāḥnāma" zu geben, wie aus einer der neuen Handschriften aus Choresm ersichtlich ist. Sie enthält nur wenige Gedichte aus dem ersten Teil der Lithographie und läßt dann ein sonst nicht vorkommendes vierzeiliges Strophengedicht und ein ghaselförmiges Gedicht folgen. Erstaunlich wäre die immer wieder erneuerte Zusammenstellung von "Arwāḥnāma" nicht, da in der mittelasiatischen Dichtung das Thema des Geschehens nach dem Tode einen großen Raum einnahm und da die große Rolle der Totenfeiern im Leben die Dichter und Dichterinnen auch stimulieren mußte, selbst Ähnliches zu verfassen.

Die Dichtung berichtet vom Waschen der Leiche, von der Beerdigung, von der Trennung von Körper und Seele (*ǧān*) und von den Gesprächen der Seele mit dem Körper nach der Trennung, vom Kommen der Engel Munkar und Nakīr, von einem Gespräch Gottes mit den Engeln über die Erschaffung des Menschen, von den Schwächen und Fehlern der Menschen (*ʿayb*), die Gott zudecken kann, von der Triebseele (*nafs*), vom Kommen der Seele/des Geistes (*rūḥ*) des Verstorbenen in das Haus, worin sie vor dem Tode des Körpers mit diesem lebte. Es wird auch mitgeteilt, wann die Seele/der Geist (*rūḥ*) kommt, nämlich in der *laylatu 'l-qadr*, in den Nächten der beiden großen Feiertage (*ʿīd*) und in der Nacht *ʿāšūr* (10. *muḥarram*). Die Leser bzw. Zuhörer werden aufgefordert, in diesen Tagen ein *aš-i ḫudāʾī* zu geben, also Gott zu Gefallen die Nachbarn zu speisen. Außerdem bedarf die Seele (*rūḥ*) der Gebete, weshalb man eine Person, die Gebete spricht (*namāzḫʷān*), rufen solle.

In Choresm wird der Text oder aus dem Text am dritten Tag nach dem Tod eines Menschen gelesen.

Troickaja schreibt, daß die *qalandar* donnerstags Familien besuchten, die um einen kurze Zeit zuvor Verstorbenen trauerten. Dort trugen sie das "Arwāḥnāma" vor. Dessen Inhalt gibt Troickaja folgendermaßen wieder: "In diesem Liedgesang wurde beschrieben, wie die Seele (*duša*) eines Toten ihr eigenes Grab besuchte. Sie erblickte die Zerstörung des eigenen Körpers, sah die herumgeworfenen Knochen. Traurig flog sie zu ihrem Haus, sah durch einen Türspalt und erblickte auf dem Ehrenplatz ihre Ehefrau, wie sie sich mit einem fremden Mann, ihrem neuen Gatten, vergnügte. Sie sah auch ihre traurigen, vernachlässigten Kinder. Der Geist (*duch*) des Verstorbenen wandte sich darauf mit einem Gebet an Allah und bat, ihn zu rächen und dem Beleidiger den Tod zu schicken. Allah erhörte die Bitte. Am Ende des Gesanges wird empfohlen, die Toten zu ehren, donnerstags den Koran zu lesen und für die Toten zu beten, damit man von den Geistern (*duch*) der Toten Segen erhalte und damit das Wohlergehen im Hause gewährleistet sei."[77] Hier handelt es sich also um einen anderern Text als den, welchen die *ḫalpa* und sicher auch die *ātin āyi*, welche die Lithographien benutzen, vortragen. Doch sprach auch Troickajas Text offensichtlich sowohl von *ǧān* als auch von *rūḥ*, was sie auf russisch mit *duša* und *duch* wiedergibt.

Das "Rūḥnāma" ist so eng mit den Totenfeiern verbunden, daß ältere Frauen, welche Texte in arabischer Schrift lesen können, sich aber nicht als *ḫalpa* betrachten, keinerlei Interesse dafür zeigen.

---

[77] Troickaja 1975, 196.

Saᶜd Waqqāṣ von ᶜAndalīb aus Choresm (ca. 1710 - ca. 1770)
Von den Dichtungen des ᶜAndalīb hat die über den Prophetengefährten Saᶜd Waqqāṣ (das ist Saᶜd b. Abī Waqqāṣ, gest. zwischen 670/71 und 677/78), besonderes Interesse bei den *ḫalpa* gefunden. Sie berichtet davon, wie Muḥammad einst Saᶜd Waqqāṣ den freigebigsten unter allen Gefährten nannte und ᶜAlī – enttäuscht von des Propheten Worten – den als Derwisch verkleideten Qanbar sandte, damit er die Freigebigkeit des Saᶜd Waqqāṣ prüfe. Qanbar soll nach dem Blut des Sohnes von Saᶜd Waqqāṣ verlangen. Wie Ibrāhīm Ḫalīlu 'llāh, Muḥammad selbst durch das Opfern des Ibrāhīmǧān und wie andeutungsweise Ibrāhīm b. Adham opfert Saᶜd Waqqāṣ seinen Sohn, damit der vorgebliche Derwisch und Gast das Blut erhält. Dem Propheten gelingt es jedoch, den Jungen wieder zum Leben zu erwecken.

Vámbéry hat den Text mit deutscher Übersetzung veröffentlicht.[78] Es handelt sich um eine Dichtung in vierzeiligen Strophen mit elf Silben in jeder Verszeile. Das verbindende Refrainwort lautet *äylädi*. Der Dichter ᶜAndalīb nennt sich bereits in der dritten Strophe, und sein Name erscheint auch am Ende. Einige Fassungen haben eine kurze Prosaeinleitung. Es war in den neunziger Jahren nicht allzu schwer, den Text bei mehreren *ḫalpa* zu fotografieren, da ihn buchstäblich alle kennen und wohl auch besitzen. Die Abweichungen der Texte voneinander sind relativ gering. Zum Ende der Dichtung hin treten etwas mehr Unterschiede in Erscheinung.

In den fünfziger Jahren wurde der Text ebenso beurteilt wie "Baba Raušan" (vgl. den Hinweis im Kommentar zu diesem Text). Die usbekische Literaturgeschichte von 1978 enthält eine sachliche Darstellung über "Baba Raušan".[79]

G. Snesarev berichtet von einem Kuppelbau auf dem Dorffriedhof von Pitnak am Amudarja, südlich der heutigen Grenzen von Choresm, den die Bewohner der umliegenden Orte für die Grabstätte des Saᶜd Waqqāṣ halten.[80] Den Text des ᶜAndalīb kennt der Ethnologe nicht. In den von ihm notierten mündlichen Legenden werden nicht ᶜAlī und Saᶜd Waqqāṣ, sondern ᶜUs̱mān und Saᶜd Waqqāṣ einander gegenübergestellt. Von ᶜUs̱mān wird erzählt, was die *ḫalpa* aus "Payġambarni(ṅ) küyäwläri

[78] Vámbéry 1867, 84-94.

[79] ÜAT III, 333-367. Dieser Teil stammt aus der Feder von Qābilǧān Ṭāhirov, mit bibliographischen Angaben auf den Seiten 333f.

[80] Snesarev 1983, 66-70.

ipṭāra čaqirišī" (vgl. 6.2) wissen. Es ist anzunehmen, daß den männlichen Informatoren von Snesarev, die das Grab kannten, auch die Texte um ʿAlī und Saʿd Waqqāṣ einerseits und um ʿUṣmān und ʿAlī (in "Payġambarni(ñ) küyäwläri ipṭāra čaqirišī") andererseits nicht unbekannt waren. Bei dem allgemeinen Desinteresse für die Autoren der religiösen Geschichten ist es nicht erstaunlich, daß sie im Zusammenhang mit Saʿd Waqqāṣ den Namen des Dichters ʿAndalīb nicht erwähnten. Die *ḫalpa* tragen die Stellen, an denen sich der Dichter nennt, laut vor, doch wird ihnen nicht klar, daß es sich um den Namen des Verfassers handelt, vgl. 3.1. Snesarev war sehr erstaunt darüber, daß es ein Grab für den Prophetengefährten Saʿd Waqqāṣ in Mittelasien gibt. A. Mu'minov jedoch erwähnt ein weiteres Grab bei Sauran am Syrdarja, das mit Saʿd Waqqāṣ in Verbindung gebracht wird.[81]

Für die *ḫalpa* gehört die Geschichte über Saʿd Waqqāṣ zum Kern des Textcorpus, während von den *ātin āyi* nur einige die Geschichte um das Sohnesopfer vom Hörensagen kennen. Den Text von ʿAndalīb liest man im Ferghanatal nicht. Den Namen des Dichters hat hier keine der Frauen jemals gehört. An sich müßten die ehemaligen Literaturlehrerinnen unter den *ātin āyi* den Namen kennen, doch ist ein Gespräch mit diesen über Gegenstände, die mit ihrer früheren Tätigkeit zusammenhängen, so gut wie ausgeschlossen. Was zu einer früheren Lebenszeit gehörte, möchten sie verdrängen, denn die Zeit ohne Koran oder fast ohne Koran erscheint ihnen jetzt als uneigentliches Leben oder gar als verwerflich.

Safēd Bulān qiṣṣasi (Erzählung über Safēd Bulān)
Die *qiṣṣa* ist in Namangan und dessen weiterer Umgebung als mündliche Legende in Umlauf, wie man auch zu der Safēd Bulān genannten heiligen Stätte gern pilgert (vgl. 1.2). Sie ist einer schwarzen muslimischen Sklavin gewidmet, von der berichtet wird, daß sie die abgeschlagenen Köpfe einer großen Zahl arabischer Krieger wusch, die während eines Freitagsgebets hinterrücks ermordet worden waren. Vor Trauer sei sie weißhäutig geworden, weshalb man ihr den Namen Safēd Bulān (weiße Bulān) gegeben habe. Die Ereignisse sollen sich im 7. Jahrhundert zugetragen haben, als Muḥammads Enkel Muḥammad Ǧarīr ins Ferghanatal kam, um dort, wie T. Nabīev im Vorwort der 1994 in Taschkent herausgegebenen *qiṣṣa* schreibt, Ruhe und Frieden herzustellen und den

---

[81] Mu'minov 1996, 360-361, 365.

islamischen Glauben einzuführen.[82] Details der Legende werden im Ferghanatal manchmal in den Pausen zwischen dem Koranlesen und dem Einnehmen der Mahlzeit diskutiert. Die seit 1994 wieder zugängliche Fassung der *qiṣṣa* von Šāh Ḥakīm Ḫāliṣ jedoch kennen die *ātin āyi* meistens nicht, und der Name des Dichters sagt ihnen gar nichts.

Der Text wurde, wie Maḥmūd Ḥasanī als zweiter Vorwortautor in der Veröffentlichung von 1994 mitteilt, aus drei Handschriften zusammengestellt, da kein vollständiger Text zu finden war. Über die Entstehung des Buches spricht der Dichter in der Einleitung. Er, Ḫāliṣ, habe sowohl eine persische Dichtung als auch ein *maṣnawī* in *türkī* zur Grundlage gehabt. Letzteres sei aber schlecht gewesen, er habe es verbessert. Zahlreiche eingefügte *muḫammas* und *musaddas* tragen ohnehin das *taḫalluṣ* von Ḫāliṣ. Die Dichtung hat in ihrer Länge (140 Seiten im kyrillisch geschriebenen Text), im Fehlen von Prosateilen außer Prosaüberleitungen, die wie Zwischenüberschriften wirken, und in ihrem Aufbau (vor der eigentlichen Geschichte ein Gebet, weiterhin Worte des Dichters über sein Werk, kleine Kapitel über Muḥammad und die *čār yār*, über ᶜAlī) mehr den Charakter eines klassischen *maṣnawī* als einer *qiṣṣa*. Eingefügte Ghasele finden sich in *maṣnawī* nicht selten, hier stehen an ihrer Stelle die Strophengedichte. Auch die Tatsache, daß der Text nicht sehr häufig überliefert ist, daß man es zum Anfang des 20. Jahrhunderts nicht für nötig hielt, eine Lithographie des Textes herzustellen, und daß die *ātin āyi* ihn nicht kennen, sprechen nicht für das Genre der *qiṣṣa*. Am Ende des Buches findet man noch die Zahl 1226 (1811) als Jahr, in dem die Dichtung beendet wurde.

Salām und Mubārak

Die so genannten Hochzeitslieder werden von der *ḫalpa* vorgetragen, wenn die Braut nach einer Autofahrt im Hause des künftigen Ehegatten angekommen ist.[83] Im Ferghanatal ist nur der Begriff *salām* üblich. Alle *ḫalpa*, die bei Hochzeitsfeiern auftreten, singen diese Lieder sehr gern. Eine *ḫalpa* sang mir zuliebe ein "Salām" außerhalb der Hochzeitssituation. Das erschien ihr so eigenartig, daß sie über ihren Gesang sehr lachen mußte.

---

[82] Šāh Ḥakīm Ḫāliṣ, Safēd Bulān qiṣṣasi, Tāškent 1994. Erwähnt ist die Legende und ihr historischer Hintergrund auch bei A. Mu'minov 1996, 358f.

[83] Monogarova 1969, 233-235, erwähnt die Begrüßungsverse, welche die *bī ḫalpa* vorlesen oder mündlich vortragen, unter dem Titel "Salām-nāma".

In sowjetischer Zeit hatte man besonders spaßige *salām* erdacht und gesungen.[84] Diese – *külgili salām* genannt – werden heute von einigen Frauen abgelehnt.

Sulṭān Uways

Die Geschichten um Uways al-Qaranī (es gibt auch die Schreibung Ways und Qārānī) kennen die *ḫalpa* gut und erzählen gern, wie Muḥammad sich einen Freund wünschte, Gott ihm einen verhieß, jedoch hinzufügte, er werde in Jemen geboren werden, und der Prophet werde ihn niemals sehen; wie Muḥammad eines Tages einen wunderbaren Duft verspürte und wußte, daß nun sein Freund geboren sei; wie Muḥammad in einem Krieg (bei Uḥud) sagte, man werde siegen, doch vergaß hinzuzufügen "*Ḫudā ḫʷāhlasa*" (so Gott will), weshalb Muḥammad im Kampf vier Zähne (Varianten: zwei Zähne, einen Zahn) verlor und besiegt wurde; wie daraufhin Sulṭān Uways, als er – schon in Choresm, auf dem jetzt noch zu besichtigenden Munāğāt taġi – sich alle 32 Zähne ausschlug, da er nicht wußte, welche Zähne sein Freund verloren hatte. Die *ḫalpa* nennen den Freund Muḥammads Ḥażrat-i Sulṭān Ways buwam (< *babam*) oder Ḥażrat-i Sulṭān Ways buwamiz oder Sulṭān buwağān. Mit den Erzählungen über ihn wird in der Regel auch die um ʿAbdu ʾllāh Narīmğān Walī verbunden (vgl. oben "Narīmğān"). Einen bestimmten Tag, an dem der Text gelesen werden müßte, gibt es nicht. Deshalb kommt es vor, daß weniger geübte *ḫalpa* die Geschichten um Sulṭān Uways sehr gut kennen, die Dichtung aber nicht flüssig lesen können.

In den Heften der *ḫalpa* findet sich ein *maṡnawī* im Versmaß *ramal* von Ummat (auch: Ummatī). Eine schöne Handschrift dieser Dichtung mit der Signatur 11197/IV besitzt das Šarqšunāslik Instituti der Akademie der Wissenschaften Usbekistans in Taschkent.[85] Diese Handschrift enthält zwei Entstehungsdaten des *maṡnawī*, und zwar 1250 (1834/35) für den Abschluß des vierten Kapitels und 1256 (1840/41) für den Abschluß des sechsten Kapitels. Von den Handschriften der *ḫalpa* enthält eine allein das frühere Datum, eine andere allein das spätere. In der

---

[84] Ein sowjetischer "Salām"-Text in: Sovet dawri ḫalq qūšiqlari, 272-283.

[85] Dem Šarqšunāslik Instituti der Akademie der Wissenschaften Usbekistans danke ich dafür, daß es einen Mikrofilm zur Verfügung stellte. Die Handschrift sowie eine weitere, kürzere ist beschrieben in SVR VII, Nr. 5586, 5587. In SVR VII ist außerdem unter den Nummern 5588 und 5589 ein Teil einer Dichtung über Sulṭān Uways von Ṣābirī genannt. Das dürfte Ṣābirī Ṣayqalī Ḥiṣārī (1730-1798) sein, der unter seinem *taḫalluṣ* Ṣayqalī bekannt ist. Einen "Sulṭān Uways"-Text von sieben Blatt von ihm enthält auch KFIR unter der Nummer 419.

Handschrift 11197/IV folgt dem *masnawī* ein *muḫammas*, das in keiner der Handschriften der *ḫalpa* enthalten ist. Eine *ḫalpa* besaß einen Text, der nur das zweite Kapitel über die Geburt des Sulṭān Uways und drei Strophengedichte enthält. Es sind ein *musaddas* und zwei *muḫammas*, die mit dem *muḫammas* in der Handschrift 11197/IV nicht identisch sind.

Über den Autor wissen die *ḫalpa*, wie nicht anders zu erwarten, nichts. Jedoch enthielt eine ältere, jetzt wahrscheinlich wenig gelesene Handschrift, die eine *ḫalpa* sich geliehen hatte, neben "Sulṭān Uways" eine große Zahl von Gedichten des Ummat. Mit Hilfe dieser und eventuell vorhandener ähnlicher Handschriften wird man ein genaueres Bild von dem Dichter gewinnen können.

Die Handschrift der Šarqšunāslik Instituti wurde 1348 (1929/30) abgeschrieben. Der Abschreiber ist Mullā Bekniyāz walad-i Muḥammad Ḥusayn Dēwān.[86] In einem populärwissenschaftlichen Büchlein von Dawlatyār Raḥīm über Sulṭān Uways ist als Abschreiber einer Handschrift von 1322 (1904/05) Mullā Pālwān Niyāz aus Kunja Urgentsch genannt.[87] Die Ähnlichkeit der Namen könnte vielleicht bedeuten, daß es sich um eine und dieselbe Person handelt. Der Abschreiber der Handschrift 11197/IV hat noch weitere in Choresm sehr beliebte Texte abgeschrieben, die in einem Band zusammengefaßt sind. Es sind ein Text über Nağmu 'd-dīn Kubrā (11197/I), Gedichte von Maḫtūmqulī, und zwar in der - zumindest um 1964, als Band VII von SVR erschien, - vollständigsten Fassung, die das Taschkenter Institut zur Verfügung hatte (11197/II), ein Text über Pahlawān Maḥmūd (11197/III)[88] sowie ein Text über ʿAbdu 'l-qādir Gīlānī (11197/V). Man darf wohl annehmen, daß die Handschrift 11197 wie die von Dawlatyār Raḥīm genannte aus Choresm stammt.

Dawlatyār Raḥīm faßt (ohne Bezug auf historische Quellen) einige Daten über die Errichtung eines Grabes für Sulṭān Uways zusammen: unter Muḥammad (eventuell ist ʿAlā'u 'd-dīn Muḥammad, 1200 bis 1220, gemeint) Errichtung des ersten Grabmals, Zerstörung durch die Mongolen, Wiedererrichtung unter Iltuzar Ḫān zwischen 1805 und 1807, Zerstörung durch ein Erdbeben, Wiedererrichtung durch Allāqulī Ḫān 1836

---

[86] SVR VII, S. 108 und 397. Meine Kopie enthält den Namen nicht. Er erscheint auf Blatt 176v desselben Bandes. Alle Titel sind von derselben Person abgeschrieben.

[87] Raḥīm 1992, S. 4 und 48.

[88] Wegen eines Druckfehlers in SVR versehentlich als 11197/I bezeichnet.

bis 1837.[89] Die Angaben – wie ungenau sie auch sein mögen – bestätigen das große Interesse in Choresm für Sulṭān Uways über einen großen Zeitraum hin.

Wenn es auch im Ferghanatal ebenfalls ein Uways-Grab gibt (vgl. unter 1.2), ist doch das Interesse für diese Persönlichkeit hier viel geringer, und bei der Tätigkeit der *ātin āyi* scheinen Texte um Sulṭān Uways keine Rolle zu spielen. Allerdings ist es mir noch nicht gelungen, in der näheren Umgebung des Denkmals danach zu fragen. Dort könnten die Ergebnisse anders sein.

Gleb P. Snesarev erhielt bei seinen Forschungen in den fünfziger Jahren zahlreiche Hinweise auf Legenden um Sulṭān Uways aus dem Munde von Männern. Er vermutet dahinter eine schriftliche Tradition, der er als Ethnologe nicht nachging. Er erwähnt lediglich, daß er eine 1948 abgeschriebene "Biographie" über Sulṭān Uways sah.[90] Tatsächlich fehlt keines der bei Snesarev nach mündlichen Berichten notierten Details über Sulṭān Uways in den Texten. Sogar die Schlußfolgerung des Ethnologen, der Streit des Sulṭān Uways mit Gott um die Sünder, die er auf den rechten Weg führen wolle, damit sie nach dem Tod nicht in die Hölle kämen, ähnele dem des Dēwāna-i Burḫ,[91] findet mehrfach eine verbale Bestätigung im "Sulṭān Uways"-Text. Seinen Wunsch nach einem Freund begründet Muḥammad während der Himmelfahrt damit, daß auch Mūsā (Moses) einen Freund erhalten habe: Burḫ. Ein Freund wird Muḥammad versprochen, und dieser, mit Namen Ways (Uways), werde dem Burḫ weit überlegen sein (vgl. auch unter Burḫ in 6.2).

Es ist anzunehmen, daß die männlichen Informanten den Text ebenso gut wie die *ḫalpa* kannten. An sich waren in der sowjetischen Zeit die guten Kenntnisse eines tschaghataischen Textes bei Männern, die weder Wissenschaftler noch Epensänger waren, eine Ausnahme. Das große Interesse für den "Sulṭān Uways"-Text bei Männern und Frauen in

---

[89] Raḥīm 1992, 54-56. Eine populäre Geschichte des Sulṭān Uways-Grabes findet sich auch bei Ḥasanbāy Matkarīm ēšān ūġli und ʿAbdurraḥīm Amīnǧān ēšān ūġli: Sulṭān-Ways-Qāraynin (hier so) maqbarasi ta'rīḫi, Tāškent 1991, 6 Seiten. Mu'minov 1996, 360, erwähnt die außerordentliche Länge von Gräbern in Turkestan – 10 bis 20 m –, die ursprünglich mit den jemenitischen Königen in Verbindung gebracht wurden, und die Übertragung dieser Maße auf die Gräber anderer Personen. Das Grab des Sulṭān Uways erwähnt er hierbei nicht ausdrücklich, doch dürfte es mit seinen ca. 11 m Länge ebenfalls zu ihnen gehören.

[90] Snesarev 1983, 85.

[91] Snesarev 1983, 86, 97.

Choresm hängt zweifellos mit der außerordentlichen Bedeutung des Pilgerortes in den Sulṭān-Uways-Bergen zusammen. Mit der Entfernung von der Volksfrömmigkeit und mit dem Bemühen, alle religiösen Fragen "richtig" zu entscheiden, nimmt die Kenntnis der Texte um Sulṭān Uways wiederum ab. So sagte eine *ḫalpa*, deren Textkenntnisse insgesamt weit über das Mittelmaß hinausreichten, es gebe Sulṭān Uways betreffend nur einen Text über seine Geburt. Dies ist etwa ein Sechstel des Textes der Handschrift 11197/IV. Hierzu paßte, daß sie, nach "Maġpiraġān" (vgl. 6.3) befragt, zu verstehen gab, daß sie diesen Text wohl kenne, aber ganz und gar ablehne.

Vasfi Mahir Kocatürk verzeichnet eine "Veyselkarani Hikayasi" für die osmanisch-türkische Literatur, für die er eine Entstehungszeit im 14. Jahrhundert annimmt.[92] Von Yunus Emre ist ein Gedicht über den heiligen Mann überliefert.[93] Beide Texte haben wahrscheinlich nicht nach Mittelasien ausgestrahlt, sondern sind ebenso ein Reflex auf persische oder arabische Quellen wie die mittelasiatischen auch.

Toy kitāblari̊ oder **Toynāma** (heute usbekisch Tūy kitāblari) (Hochzeitsbücher)
Unter "Toy kitāblari̊" versteht man fast überall in Choresm *dāstān* und *qiṣṣa*, die ursprünglich bei Hochzeiten vorgetragen wurden. Als "Toynāma" werden in einigen Gegenden Choresms, z.B. in Chiwa, ebenfalls *dāstān* bezeichnet, in anderen Gegenden sind Toynāma die "Yār-yār" sowie die "Mubārak" und "Salām" genannten Hochzeitslieder.

Auf die Frage, wie sie mit den "Tūy kitāblari̊" heute umgehen, sagen die *ḫalpa* in Urgentsch, diese Bücher seien nicht mehr so bekannt, weil man zu den Festen Tänzerinnen und als Moderatoren Schauspieler einlade. Wenn man schon eine *ḫalpa* herbeibitte, dann eine mit Akkordeon, die zumeist mit ihrem kleinen Ensemble kommt, also keine *kitābī ḫalpa*. Für diese bleibe bei den Hochzeiten und Beschneidungsfeiern als einzige Aufgabe, das "Yār-yār" zu singen. In Chiwa erhält man ebenfalls die Auskunft, daß hier diese Bücher höchstens privat von dem einen oder anderen gelesen werden, was aus *ḫalpa*-Sicht so etwas wie eine minderwertige Leseform ist! In anderen Orten, z.B. in Chanka, werden aber die "Toy kitāblari̊" sehr gern gelesen. Die Bezeichnung ist allerdings für die heutige Zeit etwas irreleitend, denn bei den großen Festen (Hochzeit und

[92] Kocatürk 1964, 159.

[93] Z.B. in der Ausgabe von Eyuboğlu 1972, 127f.

Beschneidung) liest man sie auch dort selten. Doch versammelt man sich in den Häusern von Leuten, die über einigen Wohlstand verfügen, um das eine oder andere Buch zu hören. Aus diesem Anlaß werden meistens nur kleinere oder größere Ausschnitte daraus vorgetragen, vgl. auch 2.2. Es scheint aber einige *ḫalpa* zu geben, die die Genres der *dāstān* und *qiṣṣa* sehr lieben und regelrecht nach Möglichkeiten suchen, sie vorzutragen. Neue Texte in kyrillischer Schrift, von denen es ja nicht wenige gibt, benutzen die *ḫalpa* nicht, während der in Choresm sehr bekannte Epensänger Bāla baḫši̊[94] die Neuausgaben in kyrillischer Schrift nicht verschmäht haben soll.

Über die von den *ḫalpa* früher und teilweise heute rezitierten "Toy kitāblari̊" lohnen sich eigenständige Untersuchungen. Begonnen wurden diese bereits 1985 von Ş. Rūzimbāyev.[95] Erneut wäre nach den Genres, nach der Formung der Stoffe, nach der Beziehung der Stoffe zu denen der rein religiösen Texte und auch nach den Rezeptionsweisen im 20. Jahrhundert zu fragen. Denn ein Teil dieser Bücher gehört zu jenen, die von den Frauen tradiert wurden, obwohl sie im öffentlichen literarischen Leben nicht mehr präsent waren.

Im folgenden nenne ich die von den *ḫalpa* häufig erwähnten Titel. Nur "Tulum Ḫ^wāğa", das unter den Epen eine Sonderstellung hat, steht unten außerhalb dieses Abschnittes.

"Dilārām" oder "Qiṣṣa-i Malika-i Dilārām"

Die *ḫalpa* erwähnen die *qiṣṣa* häufig, einige von ihnen besitzen alte Handschriften. KFIR enthält drei Handschriften (Nr. 787-790). Von einer Lithographie erschien die dritte Ausgabe in Taschkent 1910.[96] Der Handlungsverlauf wird von einem Inzestproblem bestimmt (der Vater begehrt die Tochter), ähnlich wie in "Qiṣṣa-i Malika-i Zuhriya", KFIR

[94] Vgl. z.B. Rūzimbāyev 1985, 24f.

[95] Zu den Epen selbst werden noch lange mit Gewinn die Arbeiten von Žirmunskij/Zarīfov 1947 und von Žirmunskij 1974 herangezogen werden können; neuerdings auch Reichl 1992.

[96] Halen 1988, 338.

Nr. 797, und wie in "ᶜĀrżigül"[97], das die Frauen in Choresm jedoch nicht genannt haben. Vgl. noch unten "Zawriyā".

"Edigä"

Eine Frau, die nicht *ḫalpa* war, jedoch den *ḫalpa* nahe stand und für diese dichtete, sagte, der Text des *dāstān* könne zur Feier des *yil* gelesen werden. Sie nannte das Buch, da sie ihr Wissen aus Büchern hatte, "Ḥayitgāh" (vgl. die unten unter "Tulum ḫʷāğa" erwähnte Schreibung *ᶜīdgāh*, was dem usbekischen *ḥayitgāh* entspricht). Die *ḫalpa* assoziieren den Namen der Hauptgestalt aber wohl nicht mit *ḥayit*. Daran, daß das Epos in Choresm sehr verbreitet war, besteht kein Zweifel. Eventuell gehörte es stärker zum Männermilieu, während die Frauen "Tulum ḫʷāğa" bevorzugten. Unter den Texten des unter 3.3 genannten Mannes, der Texte für seine Tochter abgeschrieben hatte, waren zwei Abschriften von "Edigä" (129 S., 132 S.). Auch er schrieb ᶜĪdgāh, während z.B. in P. M. Melioranskijs Veröffentlichung von Č. Valichanovs Text Idükä bzw. Edükä oder Idügä bzw. Edügä zu lesen ist.[98] Möglicherweise hat sich die Frau, die "Edigä" als Buch für die Jahresfeier bezeichnete, geirrt und meinte das Epos "Tulum ḫʷāğa", da beide Epen in engem Zusammenhang stehen und eventuell auch identische Teile haben.

Das Epos hat seit dem 19. Jahrhundert das Interesse mehrerer hervorragender Wissenschaftler gefunden. Zu den ersten gehörte A. Chodzko.[99] Im 20. Jahrhundert stand es im Mittelpunkt unsachlicher politischer Diskussionen und unterlag mehrere Jahrzehnte lang einem Publikationsverbot.[100]

---

[97] "ᶜĀrżigül" wurde wiederholt in Taschkent herausgegeben, so 1941, 1956, 1958, 1961. Žirmunskij und Ẕarīfov 1947, 146-150, behandeln sowohl "ᶜĀrżigül" als auch "Malika-i Dilārām" im Zusammenhang mit dem in der Weltliteratur verbreiteten Motiv. Usbekische Märchen enthalten sowohl das Vater-Tochter- als auch das Bruder-Schwester-Inzestmotiv, letzteres z.B. bei I. Thalhammer 1984, 134-136.

[98] Valichanov 1905, 7.

[99] Chodzko 1842, 348-362.

[100] Die Diskussionen wurden durch einen Beschluß des ZK der Kommunistischen Partei vom 9.8.1944 ausgelöst, worin von ernsten Mängeln und Fehlern bei der Darstellung der Geschichte der Goldenen Horde und von der nicht zu billigenden "Popularisierung des feudalen Chansepos über Idege" die Rede war. Vgl. KPSS v rezoljucijach i rešenijach s"ezdov, konferencij i plenumov CK, izdanie 8, Moskva 1971, t. 6 (1941-1954), 119. Eine Darstellung des Epos im wissenschaftlichen Denken und in den politischen Auseinandersetzungen mit umfangreichen Literaturangaben findet man bei Andrea Schmitz (1996).

"Göroġlï" (heute usbekisch "Gürüġli")
Das Epos wie auch Epen über die Nachfahren des Recken sind weit verbreitet. Die *ḫalpa* kennen die Epen gut. Rüzimbāyev hat ihnen in seiner Studie das Kapitel '"Gürüġli" turkumi dāstānlari wa uniñ bāšqa turkī ḫalqlar variantlari bilan alāqasi' (Die Epen der Gruppe "Gürüġli" und ihre Verbindungen mit den Varianten anderer Turkvölker) gewidmet.[101] Diese Epen haben zahlreiche Veröffentlichungen in sowjetischer Zeit erlebt.

"Ġarīb Šāhṣanam" oder "ʿĀšiq Ġarīb wa Šāhṣanam" oder "Šāhṣanam Ġarīb" oder "Šāhṣanam Ġarīf" oder "Šāhṣanam"
In seiner Verbreitung steht dieses Epos nicht hinter "Göroġlï" zurück. Männer und Frauen haben in gleicher Weise Freude daran. Eine *ḫalpa*, die als Tochter eines *ēšān* die Regeln des *ḫalpačilik* sicher gut kannte, hatte den Text in einem Band mit "Marġuwwa", "Ibrāhīm b. Adham", "Ibrāhīmġān", "Čuhūd oġlan" und "Dēwāna-i Burḫ" zusammengebunden , was darauf schließen läßt, daß ihr diese Texte gleichwertig waren. In Mittelasien wurde das Epos besonders häufig von den Türkmenen publiziert. Zwei vollständige Handschriften und drei Ausschnitte aus dem Epos findet man in KFIR (Nr. 824-828).

"Ḫirmān däli" oder "Ḫirāmān dali"
Das Epos aus der Gruppe "Göroġlï" wird stets unter denen genannt, die in Choresm verbreitet sind, und zwar bei den Türkmenen, Karakalpaken und Usbeken. Vámbéry nennt es mit europäischem Blick "ein Handbuch für angehende Räuber". Details finden sich bei Ṣ. Rüzimbāyev und K. Reichl.[102]

"Ḥūrliqā' wa Hamrā"
Von diesem sehr beliebten Text gab es Lithographien, z.B. "Kitāb-i Ḥūrliqā"'(Tāškent 1911)[103]. In KFIR ist unter Nr. 820 eine Handschrift genannt. W. Radloff gibt eine Versdichtung von den Kasachen (bei Radloff

[101] Rüzimbāyev 1985, 43-64.

[102] Vámbéry 1867, 36; Rüzimbāyev 1985, 45-55; Reichl 1992, 156-159, 249-260, 267f.

[103] Vgl. Halen 1988, 338.

als Kirgisen bezeichnet) und einen Prosatext "Hämra" von den Uighuren (Tarantschi) wieder.[104]

"Laylā wa Mağnūn" von ᶜAndalīb
Diese Fassung ist in Choresm gut bekannt und wird gern gelesen. Den Autor kennen die *ḫalpa* wie bei anderen Büchern nicht. Eine Frau sagte auf meine Frage, ob es sich um die Fassung von ᶜAndalīb handele, das Buch sei aus Arabien, was ja nicht grundsätzlich falsch ist.

"Muḥammad Ḥanafiyya"
Nicht wenige *ḫalpa* kennen den abenteuerreichen Text aus Prosa und Versen unter dem Namen von ᶜAlīs Sohn. Gelesen wird er nicht von vielen. Eine *ḫalpa* nannte ihn zu schwer. Außerdem handele es sich hier um ein Märchen und nicht um Wahrheit, dies gewiß im Unterschied zu den Texten, die sie bei Totengedenkfeiern liest und an deren Wahrheit niemand zweifelt.

Vámbéry nannte den Text ebenfalls "Mehemed Hanife" und reihte ihn unter die Schriften religiösen und moralischen Inhalts ein.[105] In Kasan wurde ein verwandter Text 1893 unter dem Titel "Ḥikāyat-i Ẕū-funūn" nach dem Namen der weiblichen Hauptfigur in einer Auflage von 1500 Exemplaren gedruckt.[106] Mehrere tschaghataische Handschriften sind enthalten in SVR VII (Nr. 5372-5376) und KFIR (Nr. 850-856) unter den Titeln "Ğangnāma-i Ẕū-funūn" und "Ğangnāma-i imām-i Muḥammad Ḥanafiyya". Eine Handschrift aus KFIR hat den Titel "Qiṣṣa-i Šāh-i Mardān" (Nr. 889), ist aber nach der Beschreibung ebenfalls eine Erzählung über Muḥammad b. al-Ḥanafiyya. Außerdem enthält KFIR unter Nr. 400 ein Buch ohne Titel von Ṣābir Ṣayqalī über die Kriegszüge des Imām Ḥanafī (hier so). In Martin Hartmanns Handschriftensammlung finden sich drei Texte unter verschiedenen Titeln.[107]

In den fünfziger Jahren des 20. Jahrhunderts galten die Erzählungen über Muḥammad b. al-Ḥanafiyya, ebenso wie "Baba Raušan" und "Saᶜd Waqqāṣ", als schädlich und ungeeignet für die Rezeption, vgl. die Anmerkung zu "Baba Raušan". 1993 wurde "Ẕū-funūn qiṣṣasi" einer Litho-

---

[104] Radloff 1870, 443-521, und 1886, 86-99.

[105] Vámbéry 1867, 38.

[106] Smirnov 1883/94, 394.

[107] Hartmann 1904a, 7, 12, Nr. 53, 62, 108.

graphie von 1904 folgend, aber in kyrillischer Schrift, in Taschkent herausgegeben. Eine türkmenische Fassung von "Muḥammad Ḥanafiyya" wurde 1993 in Aschchabad in Band II von "Türkmen ḫalq dessānlarï" (S. 73-139) veröffentlicht. Das Interesse der Türkmenen dürfte einen zusätzlichen Impuls dadurch erhalten, daß die *maġtïm*, die zu den herausgehobenen Stämmen gehören, ihre Herkunft ausdrücklich über Muḥammad b. al-Ḥanafiyya auf ᶜAlī zurückführen.[108]

"Ğangnāma-i ḥażrat-i imām-i Muḥammad Ḥanafiyya" oder "Zaynu 'l-ᶜarab" lautet auch der Titel einer Dichtung (Prosa und Verse im Wechsel) von ᶜAndalīb.[109] Davon erschienen zahlreiche Lithographien, z.B. in Taschkent 1896, 1900, 1910, 1913, 1916, in Buchara 1904, 1911 und weitere ohne Jahresangabe. Dieser Text wurde ebenfalls in Aschchabad in türkmenischer Sprache nachgedruckt.[110]

Die *ḫalpa* erwähnen neben dem Titel "Muḥammad Ḥanafiyya" den Titel "Zaynu 'l-ᶜarab", wenn auch nicht all zu häufig. Und nach der Meinung einiger weniger kann aus dem Text beim *yil* gelesen werden. Der Name des Autors ist den *ḫalpa* wie bei anderen ᶜAndalībschen Dichtungen unbekannt. Im Ferghanatal wird das Buch für keinerlei Feiern oder andere Zusammenkünfte verwendet, sondern hat den niedrigen Status, ein Buch für individuelles Lesen zu sein.

Die in Choresm bekannte märchenhafte Version erwähnt auch Jean Calmard in seinem Aufsatz, der eine erste Studie zu einer beabsichtigten kommentierten Herausgabe persischer Texte über Muḥammad b. al-Ḥanafiyya darstellt.[111]

"Qumrī" oder "Qumrīğān"
Dieses oft erwähnte Epos fand sich bei einer *ḫalpa* in einem dicken Heft zusammen mit "Qiṣṣa-i Mašrab", "Bibi Fāṭima" und "Baba Raušan". In Chanka scheint der Text zum Repertoire jeder guten *ḫalpa* zu gehören. Auch bei den Usbeken in Taschaus ist er beliebt. In Urgentsch kennt man ihn zwar, doch liest man ihn nicht. Rūzimbāyev besitzt einen Text aus Kuschkupir.[112] Vgl. auch KFIR Nr. 870.

---

[108] Demidov 1976, 132.

[109] Vgl. ÜAT III, 347-351.

[110] Nurmuchammet Andalip, Dessanlar, Ašgabat 1991-1992.

[111] Calmard 1998, 214-216.

[112] Rūzimbāyev 1985, 39.

"Ṣanaubar" oder "Ṣanaubar wa Zēwarḫān"
Den *ḫalpa* einiger Gegenden ist der Text gut bekannt. Vámbéry gibt einen Auszug.[113] In Kasan wurde 1891 "Qiṣṣa-i Ṣanaubar bin Ḫuršīd šāh" im Umfang von 48 Seiten und in einer Auflage von 2.400 Exemplaren gedruckt.[114] Eine Handschrift findet sich in KFIR unter Nr. 857. Die Texte mit dem Titel "Ṣanaubar wa Parīzād" in KFIR (Nr. 813-819 und 822) und "Gül Ṣanaubar"[115] dürften Varianten hiervon sein. T. Mirzāev und B. Sarimsāqov rechnen "Ṣanaubar" nach Thematik und Stil zu den "Buchepen", und zwar zu jenen, deren schriftliche Quelle sich nicht nachweisen lasse.[116]
Eventuell gibt es einen Zusammenhang mit dem Text "Munawwar wa Zēwarḫān", der auch als "Zēwarḫān" zitiert wird.

"Tulum ḫʷāğa" vgl. unten.

"Yūsup Aḥmad" oder "Yūsup beg wa Aḥmad beg" oder "Yūsuf wa Aḥmad" oder "Aḥmad Yūsup" oder "Bozoġlan" (heute usbekisch "Būzūġlān")
Bei Vámbéry findet man den Hinweis, daß die Heimat des Textes Urgentsch sei, und einen Auszug aus dem Epos. Eine vollständige Veröffentlichung legte er 1911 vor.[117] Zu den frühen Buchausgaben gehört die von 1890 in Kasan im Umfang von 76 Seiten in einer Auflage von 4800 Exemplaren.[118] KFIR enthält mehrere Handschriften (Nr. 831 - 840 und unter dem Titel "Bozoġlan" Nr. 812). V. Žirmunskij und H. Ẓarīfov erwähnen u.a. die Veröffentlichung der türkmenischen Fassung des Maġrūpī durch B. Qarriev von 1943 und deren russische Übersetzung von 1944 (Übersetzer G. Šengeli).[119] 1995 wurde Maġrūpīs Fassung in

---

113 Vámbéry 1867, 132-136.

114 Smirnov 1892, 392.

115 Rūzimbāyev 1985, 38. Von dem türkmenischen Dichter Šaydāī liegt ein Text "Gül-Senuber" vor in: Dessanlar. Magrupi, Šeydayi, Šabende, Ašgabad 1982.

116 Mirzāev/Sarimsāqov 1981, 23.

117 Vámbéry 1867, 33 und 95-114. Yusuf und Ahmed. Ein özbekisches Volksepos im Chivaer Dialekt, Budapest 1911.

118 Smirnov 1891, 390.

119 Žirmunskij/Ẓarīfov 1947, 112-119, 505, und Žirmunskij 1974, 191-197.

Aschchabad erneut herausgegeben. In Taschkent wurde 1987 in der Reihe "Ŭzbek ḫalq iğādi" eine "Yūsuf und Aḥmad"- Dichtung publiziert, die aus den von Pūlkan und Fāżil Yūldāš ūğli vorgetragenen *dāstān* geformt ist. Der kleingedruckte Hinweis neben dem Impressum *"'Yūsuf wa Aḥmad' dāstāni ilk marta našr qilinmāqda"* (das Epos "Yūsuf und Aḥmad" wird zum ersten Mal veröffentlicht) ist etwas irreführend, da die Erstveröffentlichung nur die hier vorgelegte Fassung betrifft.

Hin und wieder wird das Epos unter denen genannt, die für das *yil* oder sogar für das *qirq* geeignet seien.

"Yūsuf wa Zalīḫā"
In Choresm ist fast ausschließlich die Fassung von ᶜAndalīb bekannt. Sie wird manchmal zur Jahresfeier (*yil*) nach dem Tod eines Menschen gelesen. Vgl auch ŬAT III, 351-357.

"Zawriyā" oder "Malika-i Zawriyā"
Das Epos gehört nach Rūzimbāyev wie "Yūsuf wa Aḥmad", "ᶜĀšiq Ġarīb wa Hilālī" und "Šahriyār" zu den in Choresm entstandenen Texten. Wie "Malika-i Dilārām" stehe es den Märchen nahe.[120] Eventuell ist es identisch mit dem oben unter "Dilārām" genannten Text "Qiṣṣa-i Malika-i Zuhriya" aus KFIR, oder es ähnelt diesem. Ob es sich um ein *dāstān* (Epos) handelt, wie Rūzimbāyev annimmt, ohne die Genrefragen an dieser Stelle zu diskutieren, oder um eine *qiṣṣa*, wäre zu untersuchen. Es müßte herausgearbeitet werden, worin in diesem und vergleichbaren Fällen die Unterschiede zwischen *dāstān* und *qiṣṣa* bestehen, außer daß für die *qiṣṣa* eine Herkunft aus schriftlichen Texten angenommen wird und außer der Verwendung von *ᶜarūż*-Versen in den *qiṣṣa*.

Tulum ḫʷāğa
Dieses ist unter den für die Totengedenkfeiern geeigneten Büchern das einzige Epos, das sehr häufig genannt wird. Die anderen Epen (*dāstān*) werden bei den Totengedenkfeiern nicht vorgetragen.
Tulum ḫʷāğa ist der Vater von Raḥīmberdi, der später den Namen Edigä erhält (geschrieben ᶜĪdigä, so daß auch *ᶜīdgāh* gelesen werden kann). Mit dem bekannteren Epos "Edigä" steht es in engem Zusammenhang.

---

[120] Rūzimbāyev 1985, 18, 40; im Repertoire von *ḫalpa* in Choresm, S. 31, 32.

Das Epos wird in der Regel beim *yil* gelesen. Eine *ḫalpa* aus Chiwa erklärte aber, es könne auch beim *qirq* gelesen werden, und wenn jemand in sehr hohem Alter stirbt, sei es sogar möglich, den Text am ersten Tag nach dem Tod zu lesen. Bei der Gruppe der *šīḫ* gehört es zu den meistgelesenen Büchern. Für die *ḫalpa* spielen die in dem Epos reflektierten historischen Ereignisse keinerlei Rolle. Sie wissen nichts von dem Streit um das Epos "Edigä" (vgl. unten) in den vierziger und fünfziger Jahren des 20. Jahrhunderts, nichts von dessen Gründen und nichts davon, daß das Epos erst in der Periode der *glasnost'* in der Sowjetunion wieder in die Reihe der Bücher, die es zu rezipieren lohne, aufgenommen wurde. Für sie ist es einfach ein guter alter Text, der in einem dicken Heft z.B. neben der Geschichte über Saᶜd Waqqāṣ stehen oder zusammen mit "Payġambarimizniñ wafātnāmasi" und mit "Yūsup Aḥmad" ein umfangreiches Heft füllen kann. Viktor M. Žirmunskij zufolge wurde das Epos von Ḥādī Ẓarīf 1939 in Taschkent in der Chrestomathie für pädagogische Institute "Üzbek folklori" publiziert.[121] In Aschchabad erschien 1993 eine türkmenische Fassung. Bei Nr. 911 und 912 in KFIR handelt es sich um dieses Epos. Eventuell ist Nr. 910 eine Variante hiervon.

ᶜUkkāša vgl. Payġambarniñ/payġambarimizniñ wapātnāmasi

Ulu Pīr vgl. **Ġawṣu 'l-Aᶜẓam**

Waṣiyyat-i payġambar ᶜalayhi 's-salām vgl. Payġambarniñ/payġambarimizniñ wapātnāmasi

Yār-yār vgl. **Bibi Fāṭima**

Yarim alma oder **Qiṣṣa-i ḥażrat-i Imām-i Aᶜẓam raḥmatu 'llāhi ᶜalayhi** (Der halbe Apfel oder Erzählung über Ḥażrat-i Imām-i Aᶜẓam, das Erbarmen Gottes sei mit ihm)

Die Hauptperson dieser Geschichte ist Abū Ḥanīfa 'n-nuᶜmān b. Ṣābit, genannt Imām-i Aᶜẓam (699-769), der Begründer der hanefitischen Rechtsschule. "Yarim alma" ist eine Dichtung, die oft wie ein Ghasel geschrieben wird, aber in Wirklichkeit ein vierzeiliges Strophengedicht mit sieben Silben je Zeile ist. Der Refrain lautet *-di-ya*. Die Dichtung

---

[121] Žirmunskij 1974, 353 und 696.

zerfällt in zwei Teile. Der erste Teil berichtet davon, wie der Vater von Imām-i A^{c}ẓam, Ṣābit, einst die rituelle Reinigung vollzog und einen roten Apfel erblickte, der im Wassergraben (*ariq*) angeschwommen kam. Er aß die Hälfte, bevor ihm einfiel, daß dies nicht rechtens sei, weil der Apfel jemandem gehören müsse. Er suchte den Besitzer und wollte den Apfel bezahlen. Doch der Besitzer sagte, Ṣābit werde am Jüngsten Tag bestraft werden, eine Bezahlung wolle er nicht. Andererseits wußte er Ṣābits Ehrlichkeit zu würdigen und schlug ihm vor, seine Tochter zu heiraten und damit seine böse Tat zu sühnen, denn die Tochter sei stumm und blind, habe weder Hände noch Füße. Nehme er dieses Mädchen zur Frau, so könne ihm verziehen werden. Ṣābit fürchtet die Strafe am Jüngsten Tag und stimmt der Heirat zu. Als ihm das Mädchen zugeführt wird, sieht er, daß die Beschreibung des Vaters keineswegs zutrifft. Das Mädchen ist wunderschön, und Ṣābit bezichtigt ihren Vater der Lüge. Der erklärt jedoch, was seine Worte bedeuteten: das Mädchen sehe und spreche nichts außer dem Gotteswort und wende sich keiner Tat zu außer guten Taten. Die jungen Leute werden glücklich. Ihr Sohn Nu^{c}mān wird geboren, der mit sechs Jahren in die Schule gegeben wird. Im zweiten Teil erfahren Leser bzw. Zuhörer, welche außerordentlichen Fähigkeit der Sechsjährige besaß. Einen Streit zwischen dem Padischah und seiner Frau kann keiner der Richter lösen, allein Nu^{c}mān gelingt es auf der Grundlage seiner hervorragenden Kenntnisse der juristischen Sachverhalte. Man schickt zu Nu^{c}māns Mutter, ihr die frohe Botschaft zu melden. Sie weiß aber längst von den Fähigkeiten des Sohnes und erklärt, er wäre nicht erst mit sechs Jahren, sondern bereits mit drei Jahren zur Rechtssprechung auf höchster Ebene fähig gewesen, wenn nicht sein Vater damals unerlaubterweise den halben Apfel gegessen hätte. Nu^{c}mān erhält den Namen Imām-i A^{c}ẓam.

Das Umfunktionieren der Märchenmotive (Geburt eines Kindes nach dem Essen eines Apfels oder eines halben Apfels und Ausgeben des liebsten Kindes als häßlich, um den Freier zu prüfen, bzw. äußerlich häßliche Erscheinungsform eines schönen und begabten Menschen, bevor dieser sein eigentliches Schicksal gefunden hat) ist hier besonders auffallend, weil sie unmittelbar mit einer historischen Gestalt verbunden werden. Zu vergleichen ist "Muškil kušād", wo die Verknüpfung mit Bahā'u 'd-dīn jedoch äußerlich bleibt.

Eine *ḫalpa* verfügte über eine neue Handschrift, an deren Ende sich als Dichter Aḥmad ḫ^{w}āğa nennt: *bu qiṣṣa boldï tamām // Aḥmad ḫ^{w}āğa aydï-ya* (Die Geschichte ist zu Ende // Aḥmad ḫ^{w}āğa hat sie gedichtet).

Die Kasaner Universitätsdruckerei druckte 1890 diesen Text, jedoch ohne Nennung des Dichters. Eine kasachische "Imām-i Aᶜẓam qiṣṣasi̊" wurde 1903 in Kasan gedruckt.[122] Ob es sich um eine Variante oder um einen völlig anderen Text handelt, wäre zu prüfen. In SVR VII finden sich unter den Nummern 5551 bis 5554 vier Handschriften, zwischen drei und neunzehn Blatt, von denen 5552 als Autor ebenfalls Aḥmad ḫʷāǧa – unter Hinzufügung von b. Ṣūfī ᶜAzīz – nennt. Seit den neunziger Jahren kann die Dichtung wieder von allen Interessierten gelesen werden. Sie ist erstens, wie oben erwähnt, Bestandteil von "Qiṣṣa-i imām-i Ḥasan wa imām-i Ḥusayn", wovon sowohl eine Lithographie von ᶜĀrifǧānov von 1329 (1911) nachgedruckt wurde als auch eine Ausgabe in kyrillischer Schrift erschien (Chodschend 1998). Die Fassung in der Lithographie nennt den Dichternamen Aḥmad ḫʷāǧa. Diese oder eine ähnliche Lithographie dürfte die Grundlage für die neuen Abschriften der *ḫalpa* sein. Zweitens ist die Dichtung in einem Büchlein (Tāškent 1991) mit Gedichten von Sulaymān Baqi̊rǧanī (gest. 1186) enthalten. Diese Fassung hat kein *taḫalluṣ* am Ende. Drittens wurde die Dichtung in verschiedene neu abgeschriebene und vervielfältigte Büchlein aufgenommen, die man an den Heiligengräbern kaufen konnte. In meinem Besitz ist eines, das außer "Yari̊m alma" noch "Qiṣṣa-i Saᶜd Waqqāṣ", "Qiṣṣa-i Ǧābir" sowie Gedichte von ᶜAndalīb, Šams-i ᶜĀṣī, Šamsu 'd-dīn (eventuell identisch mit Šams-i ᶜĀṣī) und von Qul Sulaymān (Sulaymān Baqi̊rǧanī) enthält. In dieser Fassung endet die Dichtung mit: *bu qiṣṣa boldi̊ tamām // Qul Aḥmad ḫʷāǧa aydi̊-ya.*

So gibt es mindestens drei Möglichkeiten für den Namen des Autors: Aḥmad ḫʷāǧa, Qul Aḥmad ḫʷāǧa und Sulaymān Baqi̊rǧanī. Qul Aḥmad ḫʷāǧa kann ohne weiteres ausgeschlossen werden, denn in diesem Fall hätte die Verszeile durch das Hinzufügen von *Qul* acht statt sieben Silben. Der Abschreiber der letzten Handschrift oder bereits ein früherer Schreiber zweifelte wahrscheinlich nicht daran, daß Aḥmad ḫʷāǧa mit Qul ḫʷāǧa Aḥmad, das heißt mit Aḥmad Yasawī, identisch sein müsse, und fügte deshalb *Qul* hinzu. Gewollt oder ungewollt beteiligte er sich am weiteren Weben der Legenden um Aḥmad Yasawī. Ob mit Aḥmad ḫʷāǧa dennoch auf Aḥmad Yasawī hingewiesen werden sollte, ist ungewiß. Die Nennung des Vaters des Aḥmad ḫʷāǧa in einer der Handschriften des Šarqšunāslik Instituti der Akademie der Wissenschaften Usbekistans unterstützt diese Vermutung nicht, denn Aḥmad Yasawīs Vater

---

[122] Halen 1988, 334.

(Stiefvater) wird sonst Ibrāhīm genannt. So bleibt die Verbindung zu Aḥmad Yasawī unsicher. Wie verhält es sich mit Sulaymān Baqirġanī? Diesem werden mehrere Dichtungen des selben Typs wie "Yarim alma" zugeschrieben. In der genannten Ausgabe von 1991 sind es eine Dichtung über die Opferung Ismāʿīls (vgl. oben "Ibrāhīm Ḫalīlu 'llāh") und ein "Miʿrāğnāma", während in den jüngeren Ausgaben der Verse Aḥmad Yasawīs der Typ einer Dichtung mit dem Refrain *-di-ya* nicht vertreten ist. Eventuell erschien der Name Aḥmad ḫʷāğa als *taḫalluṣ* zu einem Zeitpunkt, als man der Meinung war, alles Sulaymān Baqirġanī Zugeschriebene stamme ohnehin von Aḥmad Yasawī. Sulaymān Baqirġanī oder ein Dichter, der in seiner Tradition schrieb, bliebe in diesem Fall als Autor am wahrscheinlichsten. Zu beachten ist aber, daß die der Volksdichtung entstammende Form mit dem Refrain auf *-di-ya*, die der Dichter von "Yarim alma" verwendet, noch mehrere Jahrhunderte nach Sulaymān Baqirġanī lebendig war. Sie tritt uns z. B. in Ḫāliṣ' Dichtung über Ğābir, in seiner Dichtung über den Monat *muḥarram* (*ʿāšūr ayi*) und in einer Dichtung "Gūdaknāma" ohne Autor entgegen, die alle drei Bestandteil der Lithographie über Ḥasan und Ḥusayn sind (vgl. oben "Imāmlar").

Erwähnt sei noch, daß eine 1993 oder kurz davor hergestellte Broschüre ohne Orts- und Jahresangabe auf S. 56-67 in Prosa zuerst die Ereignisse wiedergibt, welche den ersten Teil der Dichtung "Yarim alma" bilden, und dann mit oft erzählten Tatsachen und Legenden über Abū Ḥanīfa fortfährt. Berichtet wird von seiner Ablehnung des *qāżī*-Amtes, seinem Aufenthalt im Gefängnis, seiner Vergiftung und vom Streit um seinen Körper nach dem Tod. Die Broschüre ist überschrieben mit "Tağhīzu 'l-amwāt" (Herrichtung der Leichen) in arabischer Schrift und "Ūliklarni kafanlaš wa ularniñ āḫiratga safari" (Das Legen der Toten ins Leichentuch und ihre Reise ins Jenseits) in kyrillischer Schrift. Der Kompilator, dessen Name nicht genannt ist, begründet die Aufnahme der Geschichten um Abū Ḥanīfa in die Broschüre damit, daß die Reinheit (*pāklik*) dieser Person beispielhaft für alle diejenigen sei, die wünschen, daß ihr Gebet von Gott angenommen werde. Eventuell liegt diesem Heftchen eine so oder ähnlich gestaltete Lithographie zugrunde.

Aus den Berichten von Ethnologen ist zu erkennen, welch große Rolle die Gestalt des Imām-i Aʿẓam noch im mittelasiatischen Alltag des 20. Jahrhunderts gespielt hat.[123] Die Beliebtheit der Dichtung "Yarim alma"

---

[123] Über die Anrufung des heiligen Mannes in der Heilung dienenden Zeremonien siehe Murādov 1975, 103, Basilov 1986a, 102, Basilov 1992, 283.

bei den *ḫalpa* und den Zuhörerinnen hängt sicher hiermit wie auch mit ihrer Nähe zum Märchen einerseits und mit der gefälligen volksliedartigen Versform andererseits zusammen. Allerdings habe ich von einer *ḫalpa*, die den Text nicht besaß, die Meinung gehört, es handele sich um ein unwichtiges Buch.

Ein kleines *maṯnawī* mit drei eingefügten Ghaselen über Abū Ḥanīfa verfaßte Ummat. Das *taḫalluṣ* des Dichters steht in den Ghaselen. Die Dichtung ist in einer alten Handschrift mit Gedichten des Ummat enthalten (vgl. unter "Sulṭān Uways"). Das *maṯnawī* handelt nicht von der Geburt des Imām-i Aᶜẓam, sondern von seinem eine ganz Nacht währenden Gebet bei der Kaaba (*kaᶜba*), worin er Gott darum bittet, die *umma* trotz ihrer Sünden ins Paradies führen zu dürfen. Bei dem Gebet steht der heilige Mann auf einem Bein. Inhaltlich hat die Dichtung Anklänge an "Dēwāna-i Burḫ" und an "Sulṭān Uways".

6.2 Marginale Teile des Textcorpus

Bei diesen Texten in tschaghataischer Sprache handelt es sich nicht um Unwichtiges, doch sind die im folgenden genannten Texte nicht allen *ḫalpa* in Choresm und nicht allen *ātin āyi* im Ferghanatal bekannt.

Abdāl baba ᶜazīz oder **Abdāl buwa** oder **Kitāb-i Abdāl baba ᶜazīz**
Einen Text, der inhaltlich einem Epos gleicht, aber auch – wie viele *qiṣṣa* – viersilbige Strophengedichte enthält, besitzen die *ḫalpa* in Chiwa. Leider konnte ich nur einen Teil eines Textes fotografieren. Der Text handelt von Hamrāhǧān, einem spät geborenen Königsohn, den Gott den Eltern nur für fünfzehn Jahre geschenkt hatte. Abdāl baba ᶜazīz, der schon seit 770 Jahren in der Wüste lebt und über nichtirdische Kräfte verfügt, gelingt es, den Prinzen dem Todesengel ᶜAzrāʾīl zu entreißen, so daß dessen Leben nicht in früher Jugend beendet wird.

Einige *ḫalpa* aus Chiwa und dessen näherer Umgebung treffen sich dienstags und mittwochs in einem Mausoleum für Abdāl baba ᶜazīz. Die an dem Gebäude angebrachte Tafel lautete 1995 noch: Ŭzbek SSR maᶜmūrčilik yādgāri. Abdāl Baba maqbarasi VII-XIX yy. (Architekturdenkmal der Usbekischen SSR. Grab des Abdāl Baba, 7. - 19. Jh.). Die Jahreszahlen dürften die Jahre der legendären ersten Errichtung des Mausoleums und seiner Restaurierung bezeichnen. Eine *ḫalpa* sagte, die Frauen träfen sich dort mit mehreren *ḫalpa*, und diese läsen, einander abwechselnd, den Text, der für eine *ḫalpa* allein zu umfangreich sei. Einer anderen Aussage zufolge werden an dieser Stelle "Bibi Sešanba" und "Muškil kušād" gelesen. Die Tage Dienstag und Mittwoch verweisen auch eher darauf. Vielleicht kombiniert man diese beiden Texte oder einen von ihnen mit dem "Kitāb-i Abdāl baba ᶜazīz".

Im Ferghanatal kennt man den Text nicht.

Abū Muslim

Vámbéry spricht von einer Fassung im Chiwaer Dialekt. Das Buch gehöre zu den am meisten gelesenen Büchern. Er rechnet es nicht zur Volksliteratur, während er die Dichtungen von Ṣūfī Allāyār dazuzählt. Für ihn ist "Abū Muslim" ein historisches Werk.[124] Daß das Buch im 19. Jahrhundert in Mittelasien sehr bekannt war, beweist auch Čoqan Valichanovs Bemerkung, Zitate aus "Abū Muslim" gehörten in Kokand und Buchara ebenso zum Bildungsgut wie solche aus den Dichtungen von Ḥāfiẓ und Ǧāmī. Der kasachische Gelehrte berichtet daneben, daß es in Buchara in den zwanziger Jahren des 19. Jahrhunderts verboten gewesen sei, das Buch öffentlich vorzulesen, weil die Hörer den Text als Aufforderung zum Krieg gegen Iran mißverstehen konnten, was nicht erwünscht war.[125]

Am Anfang des 20. Jahrhunderts wurde "Abū Muslim" wahrscheinlich noch gern in tschaghataischer Sprache gelesen. Davon zeugen jedenfalls Lithographien wie die aus Buchara von 1908 und aus Taschkent von 1909. Eine Fassung aus Kaschgar hatte M. Hartmann mitgebracht, und I. Melikoff, die die osmanisch-türkischen Fassungen gründlich untersucht und vorgestellt hat, erwähnt ebenfalls zwei "osttürkische" Fassungen aus Chotan und Kaschgar in der Bibliothèque Nationale.[126] Groß ist die Zahl der persischen Handschriften in Mittelasien.[127] Eine tschaghataische Fassung in kyrillischer Schrift gab in bisher zwei Bänden B. Sarimsāqov heraus.[128] Mindestens ein weiterer Band soll folgen. Da keine Mittel für den Druck vorhanden waren, lag das fertige Manuskript 1999 noch ungedruckt im Schrank.

Zu den am meisten gelesenen Büchern hat "Abū Muslim" im 20. Jahrhundert nicht mehr gehört, weder im Männermilieu, worauf sich die

---

[124] Vámbéry 1867, 37.

[125] Valichanov 1904, 411, 127.

[126] Hartmann 1904a, 6 (Nr. 49); Melikoff 1962, 74.

[127] Z.B. SVR XI, Nr. 7321 bis 7330; vgl. auch Čillaev 1985, 11-40.

[128] Abū Muslim ǧangnāmasi, 1,2, Tāškent 1992, 1995.

Bemerkungen Vámbérys und Valichanovs bezogen, noch im Frauenmilieu. Einige *ḫalpa* besitzen eine Fassung von "Abū Muslim", doch gilt ihre Vorliebe nicht der in den Katalogen beschriebenen langen Prosafassung mit wenigen schmückenden Versen, die eventuell im 19. Jahrhundert am meisten verbreitet war und die auch der Neuausgabe in kyrillischer Schrift zugrunde liegt. Sie kennen eine Fassung vom Typ der *qiṣṣa* mit kurzen Prosateilen zwischen den längeren vierzeiligen Strophengedichten. Eventuell ist die in KFIR unter Nr. 882 erwähnte Handschrift von dieser Art. Die *ḫalpa*, die die Dichtung mögen, besitzen sie in ein oder zwei dickeren Schulheften. Eine *ḫalpa* in Taschaus sagte, daß sie Teile aus ihrer "Abū Muslim"-Version auch bei Totengedenkfeiern lese. Als ich meiner Verwunderung Ausdruck gab, da nur wenige *ḫalpa* den Text erwähnt hatten, erklärte sie, nur vier *ḫalpa* in Choresm besäßen den Text. Zur Wertung einer derartigen Äußerung vgl. 0.2.

Dem Geschmack der *ātin āyi* im Ferghanatal entspricht der Text nicht. Weder wurde das Buch dort erwähnt, noch habe ich ein Exemplar davon irgendwo gesehen.

Der Frage, welche historischen und welche literarischen Gegebenheiten dazu führten, daß man die Gestalt des Abū Muslim in Choresm kennt und daß man der Person ein Grabmal errichtet hat, geht G. Snesarev nach.[129]

Abū Šaḥama

Gut ausgebildete *ḫalpa* in Choresm kennen die Prosaerzählung mit wenigen eingeschobenen Versen über Abū Šaḥama, der von seinem Vater, dem Kalifen ʿUmar, grausam bestraft wurde: Die Eltern lieben Abū Šaḥama wegen seiner wunderbaren Stimme, mit der er den Koran so vorträgt, daß alle glauben, die Stimme des Propheten selbst zu hören. Da sich der junge Mann von einem Juden zum Weingenuß überreden läßt und im Rausch ein Mädchen schwängert, muß er nach ʿUmars Auffassung mit hundert Peitschenschlägen auf einem öffentlichen Platz der Stadt bestraft werden. Strafbar ist vor allem der Weingenuß. Das gezeugte Kind wird lediglich deshalb erwähnt, weil durch seine Existenz die verbotene Handlung offensichtlich wird. Die Bitte Abū Šaḥamas, ihn zu Hause und nicht in aller Öffentlichkeit zu strafen, das Flehen seiner Mutter und der *ṣaḥāba*, die Bestrafung abzubrechen, bevor alle 100

[129] Snesarev 1983, 100-111.

Peitschenhiebe ausgeführt wurden, können den Kalifen nicht von seiner Entscheidung abbringen. Abū Šaḥama stirbt und kommt ins Paradies.

In einer Variante der Erzählung, die ich fotografieren konnte, ruft Abū Šaḥama Gott mit der Bitte an, ihm Geduld zu geben, wie er Ibrāhīm, Zakariyā, Ǧirǧīs, Yūsuf und Ayyūb Geduld gab.

So ist es zwar nicht Ibrāhīm allein, dem Abū Šaḥama nach des Dichters Willen Bewunderung zollt, doch wird deutlich genug, daß es sich um eine weitere Sohnesopfergeschichte handelt. Da Ibrāhīm nun einmal genannt und auch Ismāʿīl erwähnt wird, kann wohl der Leser oder Zuhörer selbst erkennen, daß Abū Šaḥama in der Lage von Ismāʿīl ist und nicht in der von Ibrāhīm.[130]

Die Fassung aus Choresm endet nach Hinweisen über die Schädlichkeit des Weingenusses mit einem Gespräch, das ʿAlī mit dem toten Abū Šaḥama an dessen Grab führt.

Offenbar wurde die Geschichte in Choresm unabhängig von "Rāḥatu ʾl-qulūb" tradiert, während G. Jarring sie als 19. Kapitel eben dieses Buches publiziert hat.[131] Meine Fassung hat am Ende das Datum 1240 (1824/25), das entweder für die Abschrift oder – was wahrscheinlicher ist – für das Datum der Übersetzung aus dem Persischen steht. Bei G. Jarring findet sich auch eine von ihm als vorläufig betrachtete Übersicht über vorhandene Handschriften und Lithographien in persischer Sprache und in *türkī*. Ms. orient. octav 1684 der Staatbibliothek zu Berlin - Preußischer Kulturbesitz steht Jarrings Version nahe. In dieser fehlt die an Gott gerichtete Bitte Abū Šaḥamas, ihm Geduld zu schenken. Die eingeschobenen Gedichte sind in diesen beiden Fassungen *maṯnawī*, in der Fassung aus Choresm Ghasele. Die Zahl der Peitschenschläge, nach denen Abū Šaḥama stirbt, ist in der Handschrift aus Choresm neunzig, in den beiden anderen achtzig. In beiden Fällen müssen aber die restlichen Peitschenschläge – so versteht ʿUmar Gottes Willen – noch dem toten Körper zugefügt werden. In KFIR hat Nr. 957 den Titel "Abū Šaḥma".

Ein Vergleich der vorhandenen Handschriften wäre sowohl aus linguistischer Sicht als auch religionsgeschichtlich wegen des Hinzufügens von ʿAlī interessant. Hinsichtlich schiitischen Gedankenguts müßten

---

[130] Rabġūzī stellt die Frage, ob die Bereitschaft zur Opferung bzw. zum Geopfertwerden vom Vater oder vom Sohn mehr Großmut erfordert habe, und führt unterschiedliche Auffassungen dazu an, vgl. Rabghūzī 1995, I, 104.

[131] Jarring 1980, Einführung 69-70, Text in Transkription 71-76, Übersetzung 76-84.

andere paränetische Prosatexte aus Choresm wie auch Gedichte, beispielsweise die von Maḫtūmquli, herangezogen werden.

Die *ḫalpa* haben diesen Text nicht von sich aus erwähnt, zeigten aber, danach gefragt, daß sie ihn kennen. Eine deutliche Distanzierung von der Erzählung oder von den darin berichteten Vorgängen ist für sie nicht denkbar. Diejenigen, denen die Erzählung nicht gefällt oder als Mittel für erzieherische Zwecke ungeeignet erscheint, verdrängen sie höchstens. Eine *ḫalpa* erklärte, die Erzählung könne durchaus an einem der Donnerstage nach dem Tod eines Menschen vorgetragen werden. Ich nehme jedoch an, daß dies sehr selten geschieht. Bei der weiteren Erforschung der Rezeptionsweisen religiöser Literatur kann eine Erzählung wie diese nicht ganz unberücksichtigt bleiben, wenn sie auch nicht den wichtigsten Typus dieser Literatur darstellt.

Aḫtam ṣaḥāba oder **Aḫtamnāma** oder **Qiṣṣa-i Amīr-i Aḫtam** oder **Amīr-i Aḫtam qiṣṣasi** (Der Gefährte des Propheten Aḫtam; Erzählung über Amīr-i Aḫtam)
Das von Ṣayqalī (18. Jahrhundert) aus dem Persischen übertragene *masnawī* wurde 1991 in dem Band "Ibrāhīm Adham qiṣṣasi" (Reihe "Ḫalq kitāblari") erneut veröffentlicht. Es gehört zu den wenigen ʿAlī-Geschichten, die in Choresm auch im Frauenmilieu im Umlauf sind. Eine *ḫalpa* aus Chanka erklärte, der Text könne auch bei der Totengedenkfeier des *yil* und bei der sommerlichen Bewirtung nach dem Tod eines nahen Verwandten – beide *aš* genannt – gelesen werden. Weitere Bestätigungen dafür habe ich nicht erhalten. Im Ferghanatal wurde der Text nicht erwähnt.

Bahā'u 'd-dīn Naqšband (1318-1389)
Während die *maqāmāt* über den Begründer der *naqšbandiyya* nicht zum Leseprogramm der *ḫalpa* und *ātin āyi* gehören, sind in Choresm einzelne Gedichte verbreitet, in deren Mittelpunkt Bahā'u 'd-dīns Wunder stehen. Ein kleines *masnawī* im Versmaß *hazağ* zum Beispiel berichtet davon, wie Timur (Mīr Timur Ḫān) Bahā'u 'd-dīns *murīd* wurde.

Bāqir vgl. **Imām-i Muḥammadu 'l-Bāqir**

Burḫ (Burq) dēwāna oder **Dēwāna-i Burḫ (Burq)**, **Qiṣṣa-i Dēwāna-i Burḫni bayāni** oder **Qiṣṣa-i Burq-i sarmast** (Dēwāna-i Burḫ oder Erzählung über Dēwāna-i Burḫ oder über den trunkenen Burḫ)

Es handelt sich um ein *maṡnawī* im Versmaß *ramal*, das vom Streit des heiligen Mannes Burḫ mit Gott berichtet. Burḫ verlangt, Gott solle die Hölle abschaffen. Am Ende begnügt sich Burḫ mit der Zusage Gottes, daß er die Hölle am Jüngsten Tag zerstören werde. Einen Vermittlungsversuch zwischen Burḫ und Gott unternimmt Moses, doch bedarf Burḫ des Vermittlers nicht.

Ein Text (ohne Faksimile) mit deutscher Übersetzung liegt von Vámbéry vor. Einen weiteren, etwas umfangreicheren Text aus Ankara hat A. Bodrogligeti ediert und dabei einen Vergleich mit Vámbérys Text vorgenommen. D. DeWeese nennt weitere katalogisierte Handschriften und weist auf einige offensichtliche Irrtümer bei Bodrogligeti hin. Über die mögliche Zusammengehörigkeit von Burḫ und Sulṭān Uways einerseits und Burḫ mit dem Terminus *burḫān* andererseits finden sich bei DeWeese bestechende Ausführungen.[132] Zwei weitere Handschriften haben Ingeborg Baldauf und ich in Choresm fotografiert.

V. Basilov hat eine große Zahl von Legenden über Burḫ in Mittelasien zusammengetragen.[133] Bei Murādov, der eine Anrufung an heilige Personen durch eine von ihm als Schamanin bezeichnete Frau zitiert, erscheint Burḫ unter dem Namen Burḫ-i sarmast wie bei Hartmann.[134] Aus Basilovs Arbeiten läßt sich erkennen, daß die Tradition, welche sich in der Gestalt des Burḫ manifestiert, geographisch weiter und historisch tiefer ist, als man allein aus den Texten schließen könnte. Der Ethnologe ist sich auch darüber im klaren, daß es Texte über Burḫ gibt. Eine Erörterung über das Alter der von den Ethnologen aufgezeichneten Legenden hat jedoch noch nicht begonnen. Ähnlich wie bei Sulṭān Uways (vgl. 6.1) scheint ein Teil des Erzählten unmittelbar aus der Buchtradion zu stammen.

Den 134 Doppelversen bei Vámbéry stehen 174 bei Bodrogligeti gegenüber. Doch sind die Handschrift 1090/VI des Šarqšunāslik

---

[132] Vámbéry 1867, 59-70; Bodrogligeti 1974; DeWeese 1993, die kritischen Bemerkungen S. 29.

[133] Basilov 1963a, 42-52; Basilov 1970, 13-40, 52f.

[134] Murādov 1975, 101, 103. M. Hartmann 1904a, 14, Nr. 129: Volksbuch von Burq Sermest (Scherzerzählung), jetzt Staatbibliothek Preußischer Kulturbesitz Berlin, Signatur 8° 1728. Erwähnt ist Dēwāna-i Burḫ außerdem bei Bennigsen/Lemercier-Quelquejay 1970, 199, bei Snesarev 1983, 41, 50, und bei Ḥalīmov 1991, 103. Ḥalīmov nennt einen Begräbnisort östlich vom Hügel Qirq Mullā, der jedoch nach Auffassung einiger Leute nicht der Begräbnisort, sondern lediglich ein Denkmal für den Heiligen sei.

Instituti[135] und die zwei in Choresm fotografierten Handschriften noch etwas umfangreicher (198 bayt, 182 bayt, 201 bayt). Alle drei Handschriften enthalten auch wie die von Bodrogligeti edierte Handschrift den Dichternamen Aḥmad in ähnlich formulierten Versen kurz vor dem Ende.[136] Der Lesung des Namens des heiligen Mannes als Baraq statt Burq bei Bodrogligeti hat schon DeWeese widersprochen. Was Bodrogligetis Hinweis in diesem Zusammenhang auf R. Dankoffs Aufsatz "Baraq and Buraq" (1971) betrifft, so scheinen mir Berührungspunkte zwischen Burḫ/Burq und Baraq nicht ausgeschlossen (Baraq als Schamane, Kulturbringer, Haariger bei Dankoff, 119f, und die verschiedenen Funktionen des Burq, welche Basilov 1970 nennt). Aber es gibt keinen Grund dafür, den Namen des heiligen Mannes in den Texten als Baraq zu lesen. In Choresm, wo die schriftliche und mündliche Tradition in bezug auf den Heiligen noch lebendig ist, sprechen alle von Burḫ, Burq oder von Bṙq; in den Handschriften kommen Schreibungen mit *ḍamma* und sogar mit *waw* vor; und die Ethnologen haben hier keinen alternativen Namen Baraq notiert. Der Name Burq steht in den Texten oft am Anfang des Versfußes, wo er als lange plus kurze Silbe aufgefaßt werden muß. Da ihm sowohl mit Vokal als auch mit Konsonant beginnende Wörter folgen, ist Baraq nicht einmal für das Versmaß günstiger.

Die von M. Hartmann aus Ostturkestan mitgebrachte Handschrift ist nach dem *qiṣṣa*-Typ verfaßt, d.h. sie enthält Verse und Prosastücke im Wechsel. Die Verse sind Teile des *maṯnawī*, das die anderen Handschriften vollständiger enthalten. Das Ende mit dem *taḫalluṣ* des Verfassers fehlt, obwohl die Handschrift einen Abschluß hat. Auffallend ist eine eingefügte Episode, die jener ähnelt, die V. Basilov nach einer mündlichen Erzählung notiert hat.[137] Darin sendet Gott zwei verkleidete Engel (bei Basilov den verkleideten Ǧabrāʾīl) zu Burḫ, die den Heiligen mit Stockschlägen arg zurichten, weil er nicht bereit ist, die Lasten

[135] Dem Šarqšunāslik Instituti danke ich für die Kopie der Handschrift mit der Signatur 1090/VI. Der Band, in dem sich 1090/VI befindet, enthält außerdem, wie aus dem Katalog (SVR II, S. 307, 327) ersichtlich ist, als 1090/V Ghasele von Mašrab, was recht gut paßt, und der Band mit der zweiten Handschrift des Šarqšunāslik Instituti mit der Signatur 3764/III enthält daneben einen *dēwān* mit Gedichten von Qul ḫʷāǧa Aḥmad Yasawī als 3764/II (SVR II, S. 42, 327).

[136] Aus diesem Grund kann man, scheint mir, den Zweifel von D. DeWeese (1993, 29) an der Autorschaft des Aḥmad als erledigt betrachten. Völlig offen bleibt jedoch, wann und wo dieser Dichter gelebt hat.

[137] Basilov 1970, 17f.

aufzuheben, die sie vor seiner Höhle haben herunterfallen lassen (bei Basilov: weil er, ohne es zu bemerken, Getreideähren zertrampelt hat). So grausam belehrt, begreift Burḫ, daß es böse, ungerechte Menschen gibt, für die die Hölle doch einen Sinn habe.

Die *ḫalpa* nennen von sich aus den Text nicht, aber nicht wenige kennen ihn, wie man erfragen kann. Einige *ḫalpa* besitzen Handschriften. Es scheinen jedoch keine von ihnen selbst abgeschriebenen zu sein. Eine *ḫalpa* wußte von dem Grab des Dēwāna-i Burḫ bei den 360 Heiligen (*Üčyüz altmišlarda*), wahrscheinlich dasselbe, das Basilov erwähnt[138]. Im Ferghanatal habe ich den Text nicht bei den Frauen gesehen. Doch war er auch hier – zumindest früher – bekannt, wie ich aus einem Eintrag in dem handschriftlichen Katalog im Ḥamza-Literaturmuseum in Kokand erkennen konnte, wo er als "Burq-i sarmast" verzeichnet war.

Eventuell gehört dieser Text seit langem stärker zum Männer- als zum Frauenmilieu.

Die Legende um Dēwāna-i Burḫ ähnelt der um Sulṭān Uways, der sich ebenfalls nicht mit der Bestrafung der Sünder durch die Höllenqualen abfinden wollte. Beide Legenden wiederum können im Zusammenhang mit jenen Erzählungen über Muḥammad gesehen werden, die von seiner Bitte an Gott, seine *umma* vollständig ins Paradies zu führen, berichten (vgl. Qażā'-i kursī).

Der Verfasser des "Dēwāna-i Burḫ"-Textes – bzw. die Verfasser, falls noch andere Texttypen zu dieser Gestalt gefunden werden[139] –, wie auch die dem Autor oder den Autoren sicher vorausgegangenen Erzähler hatten eine wichtige Funktion bei der Integration einer sehr interessanten Gestalt in das muslimische Denken und in den Alltag der Muslime. Ein wenig von ihrer Arbeit schimmert noch hindurch, wenn es am Ende des Hartmannschen Textes heißt: Wer das Buch liest, mit dem hat Gott Erbarmen und dem hilft Dēwāna-i Burq. Außerdem gibt es in der mündlichen Überlieferung wie bei Bibi Sešanba und Muškil kušād das Bestreben, Burḫ durch Eingliederung in eine wichtige Verwandschaftslinie historisch vorstellbar zu machen und jede Fremdheit aufzuheben. So

---

[138] Basilov 1970, 21.

[139] Bei Togan 1964, 745, ist ein von Mevlikey Molla in Kazan herausgegebener Text "Šeyḫ Burqī Dīvāne" genannt. DeWeese, 1993, 29, macht auf A.A. Divaev, Iz oblasti kirgizskich verovanij: Baksy kak lekar' i koldun (Ėtnografičeskij očerk), Kazan 1899, S. 7, aufmerksam.

sagte eine *ḫalpa*, Dēwāna-i Burḫ sei der Vater von Bahā'u 'd-dīn Naqšband (*Bahā'u 'd-dīn pīrimizniñ ātasi*).

Dēwāna-i Burḫ vgl. **Burḫ dēwāna**

Ǧābir oder **Qiṣṣa-i aṣḥāb-i payġambar** oder **Qiṣṣa-i Ǧābir** (Ǧābir; Geschichte von einem Gefährten des Propheten)
Im Titel des Textes wird die Pluralform *aṣḥāb* als Singular verstanden, denn es ist nur von Ǧābir die Rede, der Muḥammad zum Abendessen einlädt. Ebenso wird *ṣaḥāba* als Singular verwendet (*Ǧābir atlïġ bir ṣaḥāba bar edi* "Es gab einen Begleiter des Propheten mit dem Namen Ǧābir"). Dieser Text berichtet von der Speisung Muḥammads und seiner Begleiter – mehrere Tausend in einem Text, vierhundert in einem anderen – in dem viel zu kleinen Haus des Ǧābir und von einem schrecklichen Unglück, das sich vor dem Kommen des Propheten mit seinen Begleitern zuträgt: Die beiden kleinen Söhne Ǧābirs kommen ums Leben. Es vollziehen sich aber mehrere Wunder: Das kleine Haus nimmt den Propheten und die große Zahl seiner Begleiter auf, Muḥammad erfährt von dem Unglück, obwohl die allein davon wissende Mutter es verschweigt, und Gott ruft auf des Propheten Bitte hin beide Kinder wieder ins Leben zurück.

Von zwei zur Verfügung stehenden Texttypen ist der erste Text ein *maṣnawī* im Versmaß *ramal*. Er findet sich in der alten Handschrift von Tüḫtaġān änä (vgl. "Bibi Fāṭima" unter 6.1) wie auch in einer neuen Abschrift. Der Dichter vergleicht seine Erzählung mit "Qiṣṣa-i Yūsuf" (Erzählung von Yūsuf) und nennt sich Aḥmad und in der neuen Abschrift außerdem Yazġučï bēčāra und Ġarīb (wie der Dichter von "Payġambarnï(ñ) küyäwläri ipṭāra čaqirišï"), aber zugleich auch Ṭālib-i bēčāra.

Der zweite Texttyp wird in der Regel ghaselförmig geschrieben, doch handelt es sich um ein vierzeiliges Strophengedicht mit 7 Silben je Verszeile und mit den Refrainsilben *-di-ya*. Sein Autor ist Ḫāliṣ. Der Text ist unter anderem Bestandteil der Lithographie mit dem "Imāmlar"-Text (vgl. 6.1). Auch eine vervielfältigte Handschrift von 1994 enthält die Ḫāliṣ'sche Dichtung neben "Qiṣṣa-i Saᶜd Waqqāṣ", "Qiṣṣa-i yarïm alma" und einem Gedicht von Aḥmad Yasawī. Eine *ḫalpa* besaß diesen Text in einer relativ neuen Abschrift. Ich halte es nicht für ausgeschlossen, daß sie ihn von einer in der ersten Hälfte der neunziger Jahre fotomechanisch vervielfältigten Lithographie abgeschrieben hat.

In KFIR ist eine weitere Dichtung über Ǧābir unter Nr. 411 (Signatur 1417/IX) genannt, deren Autor Ṣayqalī ist. Zur Handschrift mit der Signatur 1417 vgl. "Mūsā" in 6.1.

Ein kasachischer "Mawlūd"-Text, der den Titel "Naᶜt-i nabī" trägt (vgl. 6.1 "Mawlūd"), enthält neben anderen Geschichten die von Ǧābir in einer kasachischen Fassung (S.37-40), welche nur in ihren Hauptlinien mit den in Choresm gelesenen Texten zusammenhängt.

Inhaltlich steht die Ǧābir-Geschichte einerseits in der Nähe des etwas häufiger erwähnten Textes "Payġambarni(ñ) küyäwläri ipṭāra čaqirišī", der sich jedoch in der Form von den beiden hier genannten Texten unterscheidet (siehe unten). Andererseits muß er auch im Zusammenhang mit den Erzählungen über Sohnesopfer betrachtet werden.

Ḫazīnī (1867-1923)
Seine Verse sind besonders in Kokand und in dessen Umgebung beliebt. Daß eine *ātin āyi* sie auswendig rezitieren kann, ist dort sicher keine Seltenheit. Eine *ātin āyi* sagte, nach den Gedichten Ḫazīnī's werde hier oft verlangt, die Leute mögen sie sehr. Seine Gedichte finden eventuell im Männermilieu fast denselben Anklang wie im Frauenmilieu. 1999 hieß es, seit drei Jahren führe man jährlich im Geburtsort des Dichters in der Nähe von Kokand eine öffentliche Ḫazīnī-Lesung (*Ḫazīnī-ḫʷānlik*) durch. In Namangan und in vielen anderen Orten kennt man die Verse Ḫazīnī's nicht. In der Umgebung Namangans jedoch konnte man Blätter mit Gedichten aus einem *bayāż* finden. Die Lithographie "Bayāż-i Ḫazīnī" von ᶜĀrifǧānov, Tāškent 1328 (1910), die neben Ḫazīnī's eigenen Gedichten die anderer Dichter enthält, sowie die erweiterten Nachdrucke von 1329 (1911) und 1331 (1912/13) könnte man bei den *ātin āyi* in der Kokander Gegend vermuten. Doch hatte ich 1999 nur die Chance, sie im Kokander Literaturmuseum zu sehen. Ein vollständiger *dēwān*, den der Dichter zusammenstellte, sei verloren, erklärt der Herausgeber der beiden Ausgaben in kyrillischer Schrift von 1992 und 1999.[140]

Imām-i Muḥammadu 'l-Bāqir (gest. 731)
Die Legende über den Enkel Ḥusayns und fünften *imām* der *šīᶜa* existiert in Choresm in der Form einer *qiṣṣa*. Längere Prosateile wechseln mit Versen. Dies sind ein *muḫammas* und sieben vierzeilige Strophengedich-

---

[140] Aḥmad Madamīnov (Herausgeber, Autor des Vorwortes), Ḫazīnī. Taṣadduq, yā rasūlu 'llāh, Tāškent 1992, 5; Aḥmadǧān Madamīnov, Ātabek Ǧūrabāyev (Herausgeber, Vorwortautoren), Ḫazīnī. Dēwān.Tāškent 1999, 7.

te, davon sechs Elfsilber und ein Achtsilber. Berichtet wird über die Flucht Muḥammadu 'l-Bāqirs aus Medina, nachdem er im Traum vom Propheten Muḥammad auf eine Gefahr aufmerksam gemacht worden war, sowie von seinen Erlebnissen unterwegs und in der Stadt Basra. Er trifft Verleumder und ihm treu ergebene Menschen, denen ebenfalls der Prophet im Traum erschien und die ihre eigenen Kinder zu opfern bereit sind, damit der *imām* am Leben bleibt. Das Sohnesopfermotiv scheint hier am Rande auf. Am Ende gibt der Statthalter von Basra Ḥaǧǧāǧ die Verfolgung des *imām* auf und verspricht, ihm bis an sein Lebensende Achtung zu erweisen.

Einige *ḫalpa* kennen und lieben die Geschichte sehr. Wie häufig sie auch zu Totengedenkfeiern vorgetragen wird, ist ungewiß. Genannt wurde sie vor allem von den *ḫalpa* in Chanka für das *yil* (vgl. 2.1).

Den Text konnte ich in Urgentsch bei der Schülerin einer *ḫalpa*, die den Text keinesfalls fotografieren lassen wollte, fotografieren. Von ihr hatte die Frau ihn abgeschrieben. Auf meine Frage, ob sie eines Tages auch *ḫalpa* werde, antwortete sie, das wisse sie nicht. Die Kinder waren noch klein, und sie hatte noch kein Berufungserlebnis, so war die Antwort verständlich. Das Abschreiben der alten Texte bereitete ihr aber Vergnügen, und sie fuhr auch gern zu heiligen Plätzen. Mehrere *ḫalpa* kennen den Text, doch kommen auch Verwechslungen der Hauptgestalt mit Epengestalten vor.

Marǧuwwa

Die Dichtung berichtet vom Sterben des frommen Mädchens Marǧuwwa, von ihren letzten Gesprächen mit Mutter und Vater, mit den Freundinnen, die sie herbeizuholen bittet, und mit zwei Tanten. Die Tanten haben jeweils auch eine Tochter im Kindesalter verloren und bitten Marǧuwwa, diesen Grüße auszurichten, wenn sie sie im Jenseits treffe. Nach Marǧuwwas Tod haben Mutter und Vater einen Traum. Sie sehen ihre Tochter mit einer Krone versehen im Paradies sitzen. Auf die Frage der Eltern, wieso ihr solche Ehren zukämen, antwortet das Mädchen, die große Geduld der Eltern wie auch die von ihnen ausgerichtete feierliche Beerdigung, die einer Hochzeitsfeier vergleichbar gewesen sei, habe dies bewirkt, und Gott halte für die Eltern ebenfalls einen Platz im Paradies bereit.

Der Text ist wie eine *qiṣṣa* strukturiert. Kurze Prosaeinleitungen machen darauf aufmerksam, welche Person im folgenden spricht. Die Worte der Personen werden in der Form von Ghaselen und vierzeiligen Strophengedichten gegeben, seltener als *maṡnawī*. Doch kommen *maṡ*-

nawī-Verse mehrmals auch vor, um die Situation als Ganzes zu beschreiben, an Stellen demnach, die in anderen *qiṣṣa* als Prosa gegeben werden.

Da mir dieser Text anfangs nicht bekannt war, fragte ich einmal eine *ḫalpa*, ob es sich vielleicht um ein *bayāż*, also eine relativ neue Dichtung, handele. Sie lehnte dies heftig ab und erklärte, Marḡuwwa sei die Tochter ʿUmars (*Ḥażrat-i ʿUmarniñ qizi*), und die Dichtung sei sehr alt. Nach der Auffassung einer anderen *ḫalpa* ist Marḡuwwa die Tochter Abū Bakrs bzw. deren Wiederverkörperung. Schließlich überwog aber die Meinung, die man auch von dem einen oder anderen Mann hören konnte, es handele sich um die Tochter von Šīḫ Šarab (*Šīḫ Šarabniñ qizi)*, auch Šīḫ Šarab buwa genannt. Damit ist Šayḫ Šaraf, der Verfasser von "Muʿīnu 'l-murīd" (1313), gemeint.[141] Das vielbesuchte Grab von Tekeš, Schah von Choresm 1172-1200, wird häufig für sein Grab ausgegeben. [142]

In den zwei bis auf wenige Abweichungen gleichen Texten, die mir zur Verfügung stehen, heißt Marḡuwwas Vater Šayḫ Šafīq, d.h. "der Nachsichtige, Barmherzige". Einer der Texte befindet sich in jener unter "Sulṭān Uways" genannten alten Handschrift, die mehrere Dichtungen von Ummat (oder: Ummatī) enthält. Das *taḫalluṣ* des Dichters steht tatsächlich auch am Ende des "Marḡuwwa"-Textes in folgendem Halbvers: *ṣabr-u quwwat Ummata qilġil ʿaṭā'* (schenke dem Ummat Geduld und Kraft). Da mehrere Fassungen des "Sulṭān Uways"-Textes von Ummat datiert sind (1834/35 und 1840/41), darf man wohl annehmen,

---

[141] Vgl. Eckmann 1959, 115, und Eckmann 1964, 279f.

[142] So auch in der wissenschaftlichen Literatur, vgl. z.B. Snesarev 1973, Abbildung zwischen S. 64 und 65, derselbe 1976, zwischen S. 128 und 129 sowie zwischen S. 172 und 173 – an allen drei Stellen wird das Bauwerk als Scheich-Scheref-Mausoleum bezeichnet; dagegen sprechen Albaum/Brentjes 1976, die sich auf Ju.S. Jaralov, Architektura stran Sredizemnomor'ja, Afriki i Azii VI - XIX vv., t. 8, Moskva 1969, stützen, bezüglich der Abbildung zwischen S. 24 und 29 (Tafel 24) vom Mausoleum des Sultan Tekesch. Demidov 1978, 47, bringt beides auf einen Nenner und nennt das Tekesch-Mausoleum das "vermeintliche Grab des Šayḫ Šaraf". Eine Legende, die erklärt, warum das Grabmal der einen und der anderen Persönlichkeit zugeschrieben wird, ist unter der Bevölkerung in folgender Form in Umlauf: Šayḫ Šaraf kam aus Arabien nach Choresm. Er ist der Vorfahre der *ḫ*ᵛ*āǧa*. Er verlangte von Tekeš Šāh das Grabmal (*kümbez* < pers. *gunbaz*, *gunbad*), das dieser für sich selbst errichtet hatte. Tekeš wollte es ihm nur gegen Gold überlassen. Daraufhin vollbrachte Šayḫ Šaraf ein Wunder. Er ließ so viel Gold aus seinem Ärmel herausrieseln, daß schließlich das ganze Grabmal voll davon war. Aber danach hatte er kein Interesse an dem Denkmal mehr, denn es war für ihn nun ein unerlaubter Ort (*ḥarām*). In gleicher Weise war es jedoch auch für Tekeš Šāh *ḥarām*. In sowjetischer Zeit seien in dem Mausoleum Grabungen vorgenommen worden. Es habe sich tatsächlich als leer erwiesen.

daß der Dichter auch "Marğuwwa" vor der Mitte oder um die Mitte des 19. Jahrhunderts verfaßte.
Die alte Handschrift gehörte nicht jener *ḫalpa*, die sie mir für einige Tage lieh, und sie wußte offenbar fast nichts über deren Inhalt. So nahm ich zunächst an, es sei eine Handschrift, die gut aufbewahrt, aber nicht mehr gelesen werde. Dann fand ich immer wieder Eintragungen in kyrillischer Schrift, die ein schwer lesbares Wort in Umschrift wiedergaben. Der "Marğuwwa"-Text enthält mehrere solcher Eintragungen. Das heißt, er ist in den vergangenen Jahrzehnten gelesen worden.

"Marğuwwa" liest man bei den Totenfeiern, doch ist der Text nicht so verbreitet wie andere. Eventuell war es Zufall, daß zwei *ḫalpa* in Taschaus den Text ungefragt nannten. Ihr Interesse könnte sich aber auch durch die Nähe zum Grab oder vermeintlichen Grab des Šayḫ Šaraf erklären. Vom Alter und Geschlecht des Verstorbenen hänge das Lesen des Textes nicht ab, betonten die *ḫalpa*. Die Urgentscher Abschreiberin sagte, sie schreibe "Marğuwwa", wenn jemand danach verlange. Im Ferghanatal ist der Text nicht bekannt.

Nağmu 'd-dīn Kubrā (1145-1221)
Legenden über Nağmu 'd-dīn Kubrā und Personen, die in seinem Leben eine Rolle spielten (vgl. unter 1.2 und 6.1 Ğamīlğān) kann man in Choresm häufig hören. Evgenij Bertel's hat den Inhalt einer *qiṣṣa* ausführlich wiedergegeben, die er für unikal hielt. Doch enthalten die Handschriftenverzeichnisse des Šarqšunāslik Instituti und des Qūlyāzmalar Instituti der Akademie der Wissenschaften Usbekistans mehrere als "Manāqib" des Nağmu 'd-dīn Kubrā bezeichnete Handschriften, die – wie den Beschreibungen von ᶜAzīz Qayūmov und Niᶜmatulla Ğabbārov zu entnehmen ist – Varianten eben jener *qiṣṣa* sind.[143] Für die *ḫalpa* scheinen aber die Legenden um Ğamīlğān wichtiger als die um seinen Lehrer zu sein, vgl. 6.1.

Auch die *rubāᶜī* des Nağmu 'd-dīn Kubrā stehen nur am Rande des Interesses der *ḫalpa*. Daß sie inzwischen auch in usbekischen Nachdichtungen vorliegen, wird von ihnen kaum wahrgenommen.[144]

[143] Vgl. Bertel's 1965; SVR VII, Nr. 5602-5606; KFIR, Nr. 6119; Qayūmov 1995; Ğabbārov 1995.

[144] Über die *rubāᶜī* vgl. Bertel's 1924. Nachdichtungen von Ğamāl Kamāl in Šarq yulduzi 1988, Nr. 7, 139-141, und in Šayḫ Nağmiddīn Kubrā, Tāškent 1995, 72-75; sowie von M. ᶜAbdulḥakīm(ov) in: Tabarruk tašrīf, Tāškent 1991, 3-5; derselbe, Šayḫ Nağmiddīn Kubrā. Ğamāliñ meña bas, Tāškent 1994.

Nawāʾī (1441-1501)

Von den *ḫalpa* trug nur eine sehr alte – sogar ungefragt – etwas von Mīr ᶜAlīšēr Nawāʾī vor. Auch den in Mittelasien unter den Literaturkennern überall beliebten Bēdil (1644-1720) kannte sie nicht nur vom Hörensagen. Seit dem Ende der dreißiger Jahre des 20. Jahrhunderts gehörten ᶜAlīšēr Nawāʾīs Werke zum Literaturprogramm der Schulen und Universitäten. Sie wurden mehrfach herausgegeben. Die *ḫalpa* und *ātin āyi* aber interessierten sich in ihrer Mehrzahl nicht mehr für ihn. Für sie waren die Texte wichtig, die sie unmittelbar für die Totengedenkfeiern brauchten. Einige *ḫalpa*, weniger die *ātin āyi*, die anderen Traditionen verpflichtet waren, beherrschten daneben den Epenvortrag und gaben ihre Fertigkeiten weiter. Gelegenheiten zum Vortrag von Teilen daraus gab es immer. ᶜAlīšēr Nawāʾīs Ghasele zu rezitieren war jedoch schwer, und sie wären nicht so sehr von den Laien, sondern in einem Kreis von Kennerinnen geschätzt worden. Von diesen gab es in Choresm und wohl auch im Ferghanatal – jedenfalls im 20. Jahrhundert – unter den Frauen nur sehr wenige. Die jungen Mädchen und Frauen, die eventuell in Schule und Universität einen Geschmack an Nawāʾīs Dichtung gefunden hatten, waren fern von den Frauen, die an den religiösen Texten Gefallen hatten. Die jüngeren *ḫalpa* und *ātin āyi* sind selbst durch die Schulen gegangen. Sie kennen zumindest den Namen ᶜAlīšēr Nawāʾī, wissen ein wenig aus seinem Leben, aber mit ihrer spezifischen Tätigkeit bei den Feiern oder beim Lehren der Korankenntnisse hat der Dichter nichts zu tun. Die *ḫalpa* und *ātin āyi* hielten an den für sie wichtigen Teilen der Dichtung fest, ließen das weniger Wichtige in die Vergangenheit sinken bzw. überließen es der modernen Schule, die einen Teil davon pflegte. Die Kultur schien endgültig in zwei Teile auseinandergefallen zu sein. Auf der Seite der *ḫalpa* und *ātin āyi* sah man auch in den neunziger Jahren nicht das Bestreben, sich wieder anzueignen, was ihre Schwestern vor hundert Jahren gekannt hatten. Sie, besonders die *ātin āyi*, waren mehr bemüht, Wissen über den Islam im allgemeinen zu erwerben und ihre Korankenntnisse zu vertiefen. Eine Anstrengung, sich aus der tschaghataischen Literatur das anzueignen, was seit vielen Jahrzehnten zur freien Verfügung stand, oder das, was seit den neunziger Jahren wieder leicht zugänglich ist, war nicht erkennbar. Fand man bei einer *ḫalpa* oder bei einer *ātin āyi* ausnahmsweise einen Nawāʾī-Band, so betonte sie, daß sie darin nur für sich allein läse. Das bedeutete jedoch mit großer Wahrscheinlichkeit, daß sie eventuell einmal darin lesen möchte, wenn sie Zeit haben sollte, doch hat sie keine.

Pahlawān Maḥmūd (gest. 1331/32), **Palwan pīrigä siġinib aytilġan ġazallar** (Gedichte für Pahlawān Maḥmūd)
Über den Dichter, Ringer und heiligen Mann sind zahlreiche Legenden in Umlauf. Es gibt eine breite mündliche Überlieferungstradition, doch wurden einige Legenden auch schriftlich festgehalten, so nennt z.B. SVR VII unter Nr. 5608 eine Variante, die 1296 (1879/80) aufgeschrieben und 1929/30 noch einmal abgeschrieben wurde. Snesarev hat einiges notiert und 1983 publiziert.[145] Auch heute hört man die Legenden in Choresm häufig. Eine lautet so:

Pahlawān Maḥmūd war nicht verheiratet. Für ihn gab es nur die Gottesliebe. Als der Padischah von Indien ganz Choresm besetzt und viele Gefangene mit sich fortgeführt hatte, zog Pahlawān Maḥmūd ihm hinterher. Unterwegs kehrte er in ein Haus ein. Die Hausbesitzerin weinte bitterlich, und Pahlawān Maḥmūd fragte nach dem Grund. Sie sagte, am folgenden Tage solle in der Stadt auf Befehl des Padischah ein großer Ringkampf stattfinden. Die Ringer seien Pahlawān Maḥmūd einerseits und ihr Sohn, der als der beste indische Ringer gelte, andererseits. Der Besiegte werde getötet. Und sie fürchte um das Leben ihres Sohnes. Sie wußte nicht, daß sie Pahlawān Maḥmūd selbst vor sich hatte. Dieser versuchte, sie zu beruhigen. Als am nächsten Tag der Ringkampf stattfand, ließ Pahlawān Maḥmūd sich von seinem Gegner zwar nicht umwerfen, aber auf die Knie zwingen, so war er nicht ganz besiegt, dem anderen aber war das Leben gerettet. – Am nächsten Tag ging der Padischah zur Jagd. Dabei stürzte er mit seinem Pferd von einem Felsen in die Tiefe. Pahlawān Maḥmūd fing Pferd und König mit seinen Händen auf. Der Padischah wunderte sich, und fragte: "Wieso warst du denn unserem *pahlawān* unterlegen, wenn du soviel Kraft hast?" Darauf antwortete Pahlawān Maḥmūd: "Etwas gerade Stehendes kann jeder zu Fall bringen, aber einen Fallenden aufhalten kann niemand" (*tik turgan narsani hamma yiqadi, amma yiqilganni suyab qāliš hīč kimnin qūlidan kelmaydi*). Der Padischah bot ihm daraufhin an, er könne sich etwas wünschen. Pahlawān Maḥmūd bat um die Freilassung der Gefangenen aus Choresm, bzw. so vieler von ihnen, wie eine Stierhaut umfassen könne. Hier folgt die bekannte Geschichte von der in Streifen geschnittenen Tierhaut, die sonst im Zusammenhang mit Landerwerb erzählt wird.[146] So rettet Pahlawān Maḥmūd alle Landsleute.

---

[145] Snesarev 1983, 170-173.

[146] Z.B. Katanov 1902, 173-179.

Für Pahlawān Maḥmūd geschriebene Gedichte werden in Choresm im *ramażān* gern vorgetragen.

Seine eigenen *rubāʿī* stehen, da sie persisch geschrieben sind, nicht im Mittelpunkt der Aufmerksamkeit der *ḫalpa*. Doch wurden die *rubāʿī* mehrfach in usbekischer Sprache nachgedichtet.[147]

Payġambarni(ñ) küyäwläri ipṭāra čaqiriši (< ifṭāra; der im Tschaghataischen mögliche Dativ -a/-ä entspricht dem Dialekt in Choresm gut) oder **Ān Ḥażrat ṣallā ʾllāhu ʿalayhi wa sallam-ni(ñ) küyäwläri ifṭārġa čaqirġanlari** (Wie die Schwiegersöhne des Propheten, Gott segne ihn und spende ihm Heil, zum Fastenbrechen einluden)
Es handelt sich um eine längere Dichtung in vierzeiligen Strophen nach dem bekannten Reimschema mit dem durchgehenden Refrain *-di-ya* in jeder vierten Zeile. Die Verszeilen haben jeweils acht Silben. Die Dichtung berichtet davon, wie zunächst der vermögende ʿUs̱mān, dann der arme ʿAlī den Propheten Muḥammad zum abendlichen Essen nach dem Fasten einladen. Während ʿUs̱mān nicht nur das Essen reicht, sondern zu Ehren des Propheten Sklaven freiläßt, deren Zahl der Zahl der Schritte Muḥammads von der Moschee bis zu ʿUs̱māns Haus entspricht, gelingt es ʿAlī nur mit Gottes Unterstützung, ein seine eigentlichen Möglichkeiten weit überschreitendes Mahl für Muḥammad und die *ṣaḥāba* zu bereiten. Der Dichter nennt sich Bēčāra Ġarīb und Ḫʷāǧa Mulk.

Diesen Text findet man nicht all zu häufig. Von den drei Fotos, die mir zur Verfügung stehen, gibt eines eine alte Handschrift wieder, und zwei wurden von neuen Handschriften angefertigt. Der Text wird nicht oder selten zu den Totengedenkfeiern gelesen. Die *ḫalpa*, die ihn kennen, mögen ihn sehr. Er ist auch in seiner Liedhaftigkeit für sie selbst und für die Hörerinnen leicht verständlich.

Die in KFIR, Nr. 919, genannte Dichtung "Qiṣṣa-i ḥażrat-i ʿUs̱mān wa ʿAlī" könnte dieser Text sein. Vgl. hierzu das unter 6.1 zu Mūsā Angemerkte.

Eine kasachische Fassung hat Yūsuf Beg Šayḫu ʾl-Islām oġli unter dem Titel "Ḥażrat-i ʿUs̱mānniñ qonaqġa čaqirġani" (Wie ʿUs̱mān in sein Haus einlud) 1901 in Kasan veröffentlicht.

[147] Handschriften der *rubāʿī* z.B. SVR IX, Nr. 6114, und SVR X, Nr. 6810. Nachdichtungen z.B. von T. Ġalālov, M. Muʿīnzāda, Waṣfī: Rubāʿīlar, Tāškent 1962; von T. Ġalālov, M. Muʿīnzāda, A. Bāqir u.a.: Pahlawān Maḥmūd. Rubāʿīlar, Tāškent 1979; von M. ʿAbdulḥakīm(ov): Tabarruk tašrīf, Tāškent 1991, 9-26; derselbe, Pahlawān Maḥmūd, Kim agar āzāddur, Tāškent 1992.

Auch dieser Text ist in vierzeiligen Strophen gehalten, jedoch nach einem anderen Reimschema (*aaxa, bbyb, cczc*) als das der Texte aus Choresm.

Qażā'-i kursī (Das Höchste Gericht)

Der Text ist eine *qiṣṣa*, bestehend aus mehreren ghaselförmigen Gedichten, einem *muḫammas* und einem kleinen *masnawī*, die durch Prosaüberleitungen miteinander verbunden werden. In einem Text nennt sich der Autor Ġarīb bēčāra. Eine zweite Fassung ist von Anfang bis Ende in *masnawī*-Form gedichtet.

Am Jüngsten Tag will Muḥammad Gott um Verzeihung für die Sünden der Menschen bitten. Er bittet die älteren Propheten um Hilfe. Doch Adam sendet ihn zu Noah, dieser schickt ihn zu Ibrāhīm, dieser zu Mūsā und dieser schließlich zu ʿĪsā. Keiner der Propheten kann Beistand leisten. Endlich sagt Fāṭima, daß sie den Muslimen die Tötung ihrer Söhne Ḥasan und Ḥusayn verzeihe. So kann Muḥammad auch vor dem höchsten Thron Verzeihung für seine *umma* erreichen.

Der Text gehört nicht zum Kern des *corpus*. Beide Fassungen sind nicht sehr verbreitet und wurden offenbar selten oder gar nicht neu abgeschrieben. Gut gebildete *ḫalpa*, besonders jene, in deren Familien *ḫalpačilik* Tradition war, besitzen jedoch alte Handschriften und erwähnen den Text gern.

Qiṣaṣu 'l-anbiyā' von **Rabġūzī**

Dieser Text erscheint unter den marginalen, weil er von den *ḫalpa* und *ātin āyi* nicht oft genannt wird. Was sie daraus kennen, haben sie sich bei sehr guter Ausbildung in der Kindheit oder frühen Jugendzeit angeeignet und bei mittlerer und geringerer Ausbildung von anderen gehört.

Bei den rituellen Lesungen spielt das Buch selbst weder in Choresm noch im Ferghanatal eine Rolle. Lithographien sind noch vorhanden, im Ferghanatal mehr, in Choresm weniger.

Unter den männlichen Universitätlehrern kann man die Auffassung antreffen, das Buch sei für die *ātin āyi* eines der wichtigsten. Durch die Gespräche mit den Frauen wurde diese Meinung nicht bestätigt. Besonders die jetzt heranwachsende Generation von *ḫalpa* und *ātin āyi* kennt zwar Prophetengeschichten, doch nicht die von Rabġūzī, sondern die aus der im *ramażān* übertragenen synchronisierten arabischen Fernsehserie über die Propheten. Ob man später trotzdem wieder zum Buch greifen wird, von dem neuerdings auch eine Ausgabe in kyrillischer

Schrift vorliegt[148] und sicher bald eine in Lateinschrift produziert wird, ist ungewiß.

Daran daß "Qiṣaṣu 'l-anbiyā'" stets eine reiche Quelle für neue Texte war, besteht kein Zweifel.

Qiṣṣa-i ḥażrat-i ʿUṣmān wa ʿAlī vgl. **Payġambarni(ñ) küyäwläri ipṭāra čaqiriši**

Ṣūfī Allāyār (gest. um 1723), **Ṣabātu 'l-ʿāǧizīn** (Festigkeit der Schwachen)
Waren die Texte Ṣūfī Allāyārs früher in ganz Mittelasien in Kasaner Drucken aus dem 19. Jahrhundert und in Lithographien weit verbreitet,[149] so spielen sie im Frauenmilieu heute in Choresm keine Rolle mehr, während die *ātin āyi* des Ferghanatals sie sehr schätzen, vgl. 2.4. Ṣūfī Allāyār kann man nach der Aussage einer *ātin āyi* aus der Namanganer Umgebung auch bei Totenfeiern lesen, und zwar beginnend mit dem dritten Tag. Von der früheren Bekanntheit des Dichters im Männermilieu zeugt u.a. die Tatsache, daß seine Verse neben denen von Aḥmad Yasawī, Ġaybī, Nesīmī u.a. bei den *ẕikr* einiger türkmenischer Stämme rezitiert wurden.[150]

Uwaysī (ca. 1780 Marghilan bis ca. 1845 ebenda)
Das Literaturmuseum in Kokand zeigt von der Dichterin in der Ausstellung eine Handschrift, die in der Auslage als "Šāhzāde Ḥusayn" bezeichnet ist, und eine Lithographie von Il'in unter dem Titel "Ǧangnāma-i ḥażrat-i imām-i Ḥasan", Tāškent 1325 (1907/08). Diese zwei *dāstān* sind sicher neben den Ghaselen der Dichterin die Ursache dafür, daß nicht wenige *ātin āyi* Uwaysī kennen und schätzen.

---

[148] Rabġūzī 1990, 1991. Vgl. auch die Ausgabe Rabghūzī 1995.

[149] H. Halen 1964, 341 und 349, nennt einen Druck des "Ṣabātu 'l-ʿāǧizīn" aus Kasan von 1836 und Lithographien des persisch verfaßten "Maslaku 'l-muttaqīn" von 1900, 1903 und 1910 aus Taschkent. Druckauflagen von "Ṣabātu 'l-ʿāǧizīn" wie auch eines Kommentars dazu sind u.a. aus Smirnov 1888, 1892, 1893/94 ersichtlich. Die Auflagenhöhe erreichte 1885 z.B. 13.000 Exemplare. Hartmann 1904b, 95, enthält zwei Lithographien von Il'in in Taschkent von 1896 (ohne Titel) und einen Druck von "Ṣabātu 'l-ʿāǧizīn" aus Kaschgar von 1894/95. Vgl. auch Eckmann 1964, 380.

[150] Demidov 1976, 156.

6.3 *Bayāż*

Unter *bayāż*, manchmal auch *yādgārlik* oder *yādgārnāma* genannt, verstehen die Frauen in Choresm neue Gedichte, in denen vom Leben eines verstorbenen Menschen die Rede ist. Durch ein *bayāż* erhält die Trauer einerseits einen persönlicheren Charakter, als es beim Rezitieren der alten, bekannten Bücher möglich ist, andererseits wird die Klage um das eigene Familienmitglied durch die bekannten Versformen und Rhythmen in das Leid eingebunden, das alle Menschen einmal betrifft. Viele Männer, auch einige, die sich für Literatur interessieren, wissen nichts oder fast nichts von der Existenz dieses Genres. Es ist denkbar, daß den *bayāż* noch eine Blütezeit bevorsteht. Sie bringen den Verfasserinnen moralische und materielle Anerkennung und eröffnen einigen Frauen ein sinnvolles Tätigkeitsfeld. Denn nicht viele Menschen werden so streng sein wie ein Dichter in Choresm, der in einem Gespräch die ganze Schreiberei eine nicht akzeptable Nekrophilie nannte. Man könnte zuweilen den Eindruck gewinnen, als käme die ganze Erinnerungsarbeit allein den Frauen zu. Doch findet man bei Männern Ähnliches, nur bemühen sich diese weniger um Nähe zu den bekannten religiösen Dichtungen und sprechen nicht von *bayāż*. Als Beispiel seien zwei als *dāstān* bezeichnete Dichtungen des Choresmer Dichters ᶜĀšiq Erkin, das ist Erkin Madraḥīmov, geb. 1939, erwähnt: "Iskandarnāma" von 1992, gewidmet einem Baumwollbauer mit dem Namen Iskandar, und "Būzqalᶜalik būz yigit" ("Ein junger Mann aus Buskala") von 1994, gewidmet dem Vater des Chefs einer Handels- und Bau-Firma.[151]

In Mittelasien wird sonst – sowohl im Usbekischen als auch im Tadschikischen – der Begriff *bayāż* für eine neu zusammengestellte Sammlung von Gedichten eines oder öfter mehrerer Autoren verwendet. In den Handschriftenkatalogen findet man den Begriff häufig. Er dient zur Unterscheidung von dem Begriff *dēwān*, denn ein dēwān wird zumeist vom Verfasser der Gedichte selbst zusammengestellt. Yā. Isḥāqov und M. Ḥamīdova haben in ihren Arbeiten den Unterschied zwischen *bayāż*, *maǧmūᶜa* und *antologija* herausgearbeitet und den Beginn des Verfassens von *bayāż* in Mittelasien auf das Ende des 14. bzw. auf das 15. Jahrhundert datiert, obwohl der Begriff *bayāż* damals noch nicht verwendet wurde. Ḥamīdova hat ihrer Arbeit 230 von den mehr als 400 *bayāż* im Besitz des Handschriftenfonds des Šarqšunāslik Instituti der

[151] In dem Gedichtband "Qūymadiñiz", Tāškent 1992, 410-437 und in dem Band "Bir ḥikmat bār muḥabbatdą", Tāškent 1994, 74-111.

Akademie der Wissenschaften Usbekistans zugrundegelegt.[152] Nicht untersucht zu sein scheint bisher, inwiefern ein derartiges *bayāż* nur den Zeitgeschmack oder auch die individuelle Vorliebe eines Verfassers und Schreibers spiegelt; ob der Schreiber, soweit er nicht im Auftrag eines Chans handelte, das *bayāż*, als es noch keine Vervielfältigungsmöglichkeiten durch Lithographieren und Drucken gab, nur für sich selbst oder für andere schrieb; ob man, falls es für andere geschah, auf Bestellung schrieb oder zum freien Verkauf auf dem Basar; ob das *bayāż* der Vorbereitung auf ein *gap*, d.h. auf eine Zusammenkunft von Männern, bei der der Vortrag und die Interpretation von Gedichten im Mittelpunkt stand, diente und ob es während dieses *gap* benutzt wurde; ob es auch zur Bildung der Kinder in der Familie oder in der alten Schule und in der *madrasa* verwendet wurde. Zu überlegen wäre auch, in welchem Maße bei dieser Verwendungsform des Begriffes die Bedeutungen "weiß" und "Unbebautes" zum Tragen kommen. D.h. betonte man ursprünglich, als es noch nicht üblich geworden war, von *bayāż* zu sprechen, das Unkonventionelle, vom Traditionellen Abweichende?

Die Verwendung des Begriffes *bayāż* im heutigen Choresm jedenfalls ist eine erneute Bedeutungserweiterung, über deren Entstehungszeit nichts bekannt ist.

Man gibt ein *bayāż* nach der Aussage aller befragten *ḫalpa* in Auftrag, wenn der Tod besonders schmerzhaft ist, z.B. wenn ein Kind oder ein junger Mensch nach einer schweren Krankheit stirbt oder durch einen Unfall ums Leben kommt. Das hindert jedoch nicht daran, die *bayāż* aus einem anderen Anlaß wieder zu lesen. Man kann hören, daß die Umstände dann möglichst ähnlich sein sollen. Aber nichts zwingt die *ḫalpa*, sich an eine derartige Bestimmung zu halten, um so mehr als man beim Lesen der unter 6.1 und 6.2 vorgestellten Texte, soweit sie für eine Totengedenkfeier geeignet sind, kaum nach dem Alter des Verstorbenen und den Todesumständen unterscheidet.

Im Laufe der Gespräche hat sich ergeben, daß manche Familien aus Prestigegründen *bayāż* schreiben lassen. Dies ist die Ursache dafür, daß es auch *bayāż* für ältere Menschen gibt. Einen Sonderfall stellt das unten genannte "Maġpiraġān" dar.

Frauen, die die Traditionen sehr schätzen, wissen, daß im Islam das übermäßige Klagen nicht gebilligt wird. So sagte G., vgl. 5.4, sie sei wirklich von hartem Leid getroffen worden, denn innerhalb eines halben

[152] Isḥāqov 1976, Ḥamīdova 1981.

Jahres starben ihr Vater und ihre Mutter. Doch haben beide ein gutes Alter erreicht (sie waren etwas älter als sechzig Jahre), haben ihre Kinder heranwachsen sehen und auch die Geburt eines oder zweier Enkel erlebt. Aus diesem Grund habe sie nicht das Recht, besonders zu klagen. Gott habe es so eingerichtet. Es würde ihm nicht gefallen, wenn sie ein *bayāż* schreiben ließe. So habe sie die gut gemeinten Ratschläge von Freunden und Verwandten in dieser Richtung zurückgewiesen. Unter jenen, die ihr vorschlugen, ein *bayāż* schreiben zu lassen, könnten – das ist meine Interpretation – auch Bekannte der *ḫalpa* gewesen sein, die gern einen derartigen Auftrag übernommen hätten. Eine von ihnen hätte dann nicht nur etwas verdient, sondern auf sie wäre auch ein Abglanz des Ruhmes, den sich G. schon erworben hatte, übergegangen.

Eine andere *ḫalpa* unterschied *ḥaqīqī kitāb* (echte Bücher) und *bayāż*, die ihr also als unecht erschienen. An einer Stelle des Gesprächs sagte sie, daß sie auch Ghasele schreibe – etwa in zwei Jahren eins. Eventuell waren diese gerade von dem Typ, den die Mehrzahl der *ḫalpa bayāż* nennt. Es ist möglich, daß sie den Begriff nicht liebt, weil sie die Stümperarbeit ihrer Kolleginnen nicht achtet. Sie hatte dafür manches verächtliche Wort. Gewiß wollte sie zum Ausdruck bringen, daß man Gedichte nicht auf Bestellung schreiben könne.

Einige der Frauen, die das *bayāż*-Schreiben ihrer Bekannten prinzipiell ablehnen, dürften skeptisch gegenüber jeder Neuerung sein. Es gibt genügend Dichtungen, die sich für die Totengedenkfeiern eignen, und diese soll man lesen. Andere verstehen eventuell soviel von Poesie, daß sie die *bayāż* nicht als Dichtung akzeptieren können. Wenn die *bayāż* neue Dichtungen sind, so bedeutet dies jedoch nicht, daß die Tradition, derartige Dichtungen zu verfassen, erst im 20. Jahrhundert entstand. Zwei *marṯiya*, die zum Handschriftenband einer Frau gehörten und die in KFIR beschrieben sind (vgl. 6.1 unter Ḫāliṣ, 9.), haben, wie man den kurzen Beschreibungen entnehmen kann, den Charakter, den heutige *bayāż* haben. Für eine der *marṯiya* vermuten die Autoren des Katalogs, daß sie am Ende des 19. oder am Anfang des 20. Jahrhunderts abgeschrieben wurde. Die Arbeit, Handschriften vom Typ der *bayāż* in den Handschriftensammlungen zu suchen, deren Entstehungszeit zu bestimmen und die Texte mit den Texten der neunziger Jahre zu vergleichen, steht noch bevor.

Daß man selbst für ein nahestehendes Familienmitglied, das verstorben ist, ein *bayāż* schreibt, erklären einige *ḫalpa* für ausgeschlossen.

Ein *bayāż* kann nach der Auffassung von G. zum ersten Mal am siebenten Tag gelesen werden, dann an jedem Donnerstag bis zum *qirq*. Es muß aber auch andere Vorschriften geben. Denn S. (vgl. unten) zeigte ein angefangenes *bayāż*, das sie in den nächsten Monaten fertigstellen müsse. Es war für das *yil* eines achtzehnjährigen jungen Mannes bestellt worden.

B. (vgl. 5.4) hat "verraten", wie man ein *bayāż* schreibt. Es sei gar nicht notwendig, die Literatur besonders gut zu kennen und nach einem eigenen Stil zu suchen. Man nehme von hier einige Ghasele, von da ebenfalls (z.B. aus "Ibrāhīm b. Adham", "Baba Raušan" u.a.), tausche einige Wörter aus, füge in kurzen Prosastücken ein paar Ereignisse aus dem Leben des verstorbenen Menschen hinzu, und schon sei ein *bayāż* fertig. Offenbar hatte sie diese Kunst schon einige Male geübt. Mit Versatzstücken zu arbeiten ist aus Zeitgründen auf jeden Fall dann notwendig, wenn das *bayāż* schon am siebenten Tag gelesen werden soll. Welcher von den zu den Totenfeiern gelesenen Texte auch immer als "Rohstoff" gewählt wird – recht gut geeignet ist sicher auch die Übernahme von Versen aus "Rūḥnāma" – seine Verarbeitung garantiert, daß der neue Text dem religiösen Denken adäquat ist. Er kann damit eine der Funktion der alten Texte ähnliche Funktion erlangen.

Für die Zuhörer, die den Tod eines nahen Menschen beklagen, ist es wahrscheinlich irrelevant, wieviel Eigenes in das Gedicht hineingelegt wurde. Sie hören die für sie verfaßte Dichtung und bekommen in einigen Fällen auch eine Abschrift hiervon.

Gewiß ist nicht jedes *bayāż* nach dem Rezept jener *ḫalpa* geschrieben. Und es wird auch nicht allen Frauen, die auf diese Weise schreiben, bewußt sein, daß sie Fertiges nur neu zusammenstellen. Die *ḫalpa* können ihre Texte in der Regel auswendig. So entsteht ein *bayāż* gleichsam aus ihrer eigenen Vorstellungskraft, obwohl Rhythmus, Reim, Wortbestand, Bilder und Ton ganz den alten Büchern entsprechen.

Wahrscheinlich ist es kein Zufall, daß man in den Heften, die *bayāż* enthalten, hin und wieder auch solche sehen konnte, die in kyrillischer Schrift geschrieben waren. Die *ḫalpa*, die genügend Tatkraft und Ehrgeiz besitzen, um Gedichte auf eben Verstorbene zu verfassen und deren Tod zu beklagen, kommen häufig aus Berufen, in denen sie mit Schriftlichem zu tun hatten, doch mit Schriftlichem in kyrillischer Schrift. Es sind in der Regel nicht langjährige Hausfrauen, sondern jene Frauen, die in den vergangenen Jahrzehnten in ihrem jeweiligen Beruf besonders aktiv waren, die nun das *bayāż*-Schreiben übernehmen. An Gründen für diesen Wechsel von einer Tätigkeit zu einer anderen gibt es mehrere. Man versinkt nach dem Eintritt ins Rentenalter (mit 50 bis 55 Jahren für die Frauen in Usbekistan) oder nach der Entlassung in die Arbeitslosigkeit nicht in Einsamkeit und Bedeutungslosigkeit, sondern erobert sich die Achtung der Frauen- und teilweise auch der Männerwelt im Stadtviertel und ersetzt damit die Anerkennung, die man vorher unter den Berufskollegen genoß. Sicher erhalten die Frauen durch die sozial wichtige Tätigkeit des Trostspendens auch eine innere Befriedigung.

Man kann auch mit einer gewissen Arbeitsteilung je nach dem Talent, das eine Frau besitzt, rechnen. Eine beherrscht das Vortragen der Dichtungen sehr gut, eine andere daneben noch das Dichten, eine dritte das Transkribieren eines Textes aus kyrillischer Schrift in arabische Schrift, eine vierte das Abschreiben, und eine fünfte übernimmt eventuell neben einer dieser Tätigkeiten auch die Distribution. Ein in arabischer Schrift geschriebener Text hebt dessen Wert, macht ihn gleichsam alt und ehrwürdig und geeignet für Rituale, die in sakraler Atmosphäre durchgeführt werden müssen. Wenn nun eine Frau ein *bayāż* schreibt, das nicht nur dem Tod eines einzelnen Menschen gewidmet ist, sondern auch manches von seinem Leben erzählt, wenn es gestaltet ist wie eine alte Geschichte vom Typ einer *qiṣṣa* und wenn sie diesen Text in kyrillischer Schrift verfaßt, ist es günstig, wenn sie diese Fassung möglichst wenigen Personen zeigt, sondern sofort eine Abschrift in arabischer Schrift in Umlauf bringt. Dies wurde bei dem Text "Saᶜādatǧān" sichtbar, den man bei zwei oder drei *ḫalpa* noch in kyrillischer und in arabischer Schrift sehen konnte. Der Text war von den *ḫalpa* noch nicht voll angenommen.

Nicht jede *ḫalpa* ist bestrebt, ihr *bayāż* an möglichst viele Frauen weiterzugeben. Manche hüten ihre *bayāż* gleichsam, weil sie ihnen als sehr wertvoll erscheinen, oder sie wollen zumindest den Eindruck erwekken, als täten sie es. So sagte eine *ḫalpa*, sie habe ihr *bayāż* nur sehr wenigen zum Abschreiben gegeben.

Aus der Mehrzahl der *bayāż* kann man fast nichts über den verstorbenen Menschen erfahren außer seinem Namen und den Namen einiger Angehöriger. Von Leiden wird stets die Rede sein. Doch ob der Tod infolge einer längeren oder kürzeren Krankheit auftrat, ob es ich um einen Unglücksfall, um einen Mord oder um ein Suizid handelte, wird man aus dem Text nicht erfahren. Konkretes wird möglichst vermieden. An Gründen dafür läßt sich Verschiedenes denken. Das allzu Konkrete hat in einem Trauerbuch traditionell keinen Platz. Das Buch bzw. die Dichtung dient der gemeinsamen Erinnerung an einen Verstorbenen während der Trauerfeiern, bei denen es vorgetragen wird, und dem Gedenken über die Trauerfeiern hinaus. Andererseits stellt es, wie die anderen Texte auch, gleichsam eine Vermittlung zwischen den kummervollen Gedanken der Trauernden und Gott dar. Deshalb soll man sich an die Vorschriften halten und auf übermäßiges Klagen wie auf übermäßiges Herausstellen einer Persönlichkeit verzichten. Eventuell sind auch die Trauernden, die um die näheren Umstände wissen, mental noch nicht in der Lage, der Erörterung dieser Dinge zuzuhören. Weiterhin könnten die Trauernden ein Schuldbewußtsein haben, das sie für sich behalten oder höchstens mit einer vertrauten Person erörtern wollen. Es kann schließlich eine Schuld offizieller Stellen vorliegen, die man nicht durch eine Erwähnung angreifen soll. So kann der Interessierte Genaueres über Leben und Sterben eines Menschen nicht aus dem für ihn oder über ihn verfaßten *bayāż* erfahren. Wenn der Zufall hilft, erzählt eine *ḫalpa* das, was nicht im *bayāż* steht. Denn die *ḫalpa* haben dadurch, daß sie um das Schreiben von *bayāż* gebeten werden, ein weit über das Stadtviertel hinausreichendes Wissen über Familienverhältnisse, Krankheitsverlauf, Selbstmordursachen und andere Hintergründe. So sagte S., vgl. 5.4, sie schreibe seit ihrem dreißigsten oder fünfundreißigsten Lebensjahr *bayāż*. Das erste habe sie 1972 geschrieben. In Wirklichkeit war sie damals sechsundzwanzig Jahre alt. Eventuell schickt es sich nicht, in so jungem Alter *bayāż* zu schreiben, und sie gab das höhere Alter aus diesem Grund an. Damals hatte ihre Mutter verlangt oder ihr geraten, daß sie ein *bayāż* schreiben solle. Anfangs hat sie einiges Fertige aus verschiedenen Büchern übernommen, was sie jetzt nicht mehr tue. Das *bayāż* mußte zum *qirq* des jungen Mannes, für den es geschrieben war, fertig sein. Dieser hatte sich, nachdem er vom Armeedienst zurückgekommen war, erschossen. Über die Ursache des Selbstmordes hat sie nie etwas erfahren. Ein anderes *bayāż* (in einem A 4-Heft) schrieb sie 1984 für einen Soldaten, der beim Hausbau ums Leben gekommen war. Sie las es zum ersten Mal zum *yil* dieses jungen Mannes. Damals waren Totengedenkfeiern dieser Art noch nicht erlaubt, doch wurden sie trotzdem durchgeführt. Ein *bayāż* war einer nervenkranken jungen Frau gewidmet, die plötzlich gestorben war. Von ihr wußte die *ḫalpa* immerhin, daß sich ihr Ehemann von ihr getrennt und das Kind behalten hatte. Die Kranke hatte vierzig Tage lang im Haus ihrer Mutter in Fesseln gelegen. Die traditionelle Methode der Heilung von Nervenkranken in Mittelasien war eben so, und nicht wenige Leute sind auch heute noch der Auffassung, daß dies die besten Methode der Heilung sei.[153] Als sie am vierzigsten Tag

[153] Die Dschadiden haben bereits gegen einen derartigen Umgang mit Kranken protestiert, vgl. ᶜAbdullā Awlānīs Theaterstück "Biz wa Siz". In: ᶜAbdullā Awlānī, Tāškent tāñi, Tāškent 1979, 333-372, und in: ᶜAbdullā Awlānī, Tanlangan aṡarlar, 2-ǧild, Tāškent 1998, 156-186.

aufgestanden sei, um sich zu waschen, sei sie tot zusammengebrochen. So die Legende. Im Dezember 1995 war gerade ein *bayāż* für den achtzehnjährigen Zayniddīn, der sich im Juni aus Liebeskummer das Leben genommen hatte, im Entstehen. Im Schreibheft von S. lagen die zwei kurzen Abschiedsbriefe des Jungen an seine Eltern und an das geliebte Mädchen. Keinesfalls werde sie die Todesursache im *bayāż* nennen, sagte sie auf meine Frage. Das ist einfach nicht üblich. Dieses *bayāż* sollte zum *yil* vorgetragen werden, das man im Februar 1996, also acht bis neun Monate nach dem Tod, geben wollte. Sie trägt die *bayāż* selbst bei der Totengedenkfeier vor. Ist in der Familie des Verstorbenen jemand, der einen Text in arabischer Schrift lesen kann, so übergibt sie diesem ihr Gedicht. Eine Kopie für sich selbst schreibt sie nicht. Denn jedes Schicksal sei ohnehin anders, und man könne deshalb ein fertiges Gedicht nicht für einen anderen Todesfall verwenden. Das *bayāż* von 1984 liest sie dennoch aus ähnlichen Anlässen erneut, d.h. immer dann, wenn ein Mensch jung gestorben ist. In den neunziger Jahren schrieb sie jedes Jahr zwei bis drei *bayāż*.

Von den im folgenden genannten *bayāż* haben "Sa^{c}ādatğān" und "Yādgārlik qiṣṣa" eine Stellung zwischen *bayāż* und Trivialliteratur. Eine Dichterin kann mit viel Energie erreichen, daß ihr Text weithin als *bayāż* angenommen wird. Der Text wird leben, aber ihr Name wird nicht bekannt sein. Ist sie ungeduldig und bringt einen bescheidenen Text all zu schnell zu einem Verlag, hat sie alle Chancen vertan. Die Bedeutungslosigkeit ist ihm garantiert. Denn daß ein in kyrillischer Schrift bzw. künftig in lateinischer Schrift publizierter Text nachträglich von den *ḫalpa* als *bayāż* akzeptiert würde, scheint mir ausgeschlossen. Anders wäre es mit einem originellen neuartigen Text, der andere Rezipienten als die *ḫalpa* und ihre treuesten Zuhörerinnen finden könnte.

Interessant wäre es, den Unterschied von *tolġau* bei den Kasachen und von *bayāż* in Choresm zu untersuchen. Hier wie dort arbeitet man mit Klischees, Versatzstücken, *formulae*. Worin unterscheiden sich diese, worin ähneln sie sich, wie werden sie zusammengefügt, wie ist die Rezeption und wie die Tradierung, falls sie über das einzelne Schicksal hinaus Gültigkeit erlangen.

Ayimpaša (Āyimpāšā)

Diesen Text kennt und liest man in Chanka. Ayimpaša ist die Tochter eines *ēšān*. Der Vater stirbt. Der jüngere Bruder stirbt. Ayimpaša kümmert sich um dessen zwei Kinder. Von der Ehefrau des Bruders erfährt man – wie es üblich ist, könnte man fast sagen, – nichts. Auch ihr Name wird nicht genannt. Die Familie siedelt von Chiwa nach Urgentsch über, weil sie in Chiwa kein Auskommen mehr hat. Die Übersiedlung ist eventuell als eine Art Flucht in den zwanziger Jahren zu verstehen. Vor dem Weggang besucht die Tochter noch einmal das Grab des Vaters. In Urgentsch stirbt ihre Mutter. Ayimpaša besucht erneut das Grab ihres Vaters. Wahrscheinlich sind inzwischen Jahrzehnte vergangen. Sie beklagt ihre Kinderlosigkeit. Die Zeit des Sterbens kommt. Sie inszeniert ihre eigene Totenfeier, wie es auch für Maǵpiraǧān in dem unten genannten Text beschrieben ist. Mit denselben Worten wie dort wird erklärt, daß einige Frauen diese Tatsache ernst aufnahmen, andere sich des Lachens nicht enthalten konnten.

Vier Gedichte werden von der mit Namen nicht genannten Verfasserin des Textes aus Anlaß des Todes von Ayimpaša gesprochen. Den größten Teil des Textes bilden die zwölf Gedichte in vierzeiligen Strophen, die Ayimpaša in den Mund gelegt werden. Sie berichten vom Tod ihrer Verwandten, von ihrer Kinderlosigkeit und von ihrem eigenen bevorstehenden Tod. Daß es zwischen dem Sterben der Menschen auch Leben gab, kann man aus diesem Text nicht erfahren. Seine Funktion, bei den Totengedenkfeiern gelesen zu werden, macht die Beschreibung des Lebendigen überflüssig.

Die Nähe dieses Textes zu "Maǵpiraǧān" kommt außer der oben genannten Tatsache auch in der Ähnlichkeit der Verse zum Ausdruck. Häufig wird derselbe Refrain verwendet, manche Strophen sind identisch oder fast identisch. Für Ayimpaša ist wie für Maǵpiraǧān die wichtigste Bezugsperson der Vater. In beiden Dichtungen widerfährt nicht nur der gestorbenen Frau, sondern auch ihrem Vater – dem *ēšān* – Ehre. Da "Maǵpiraǧān" gekonnter komponiert ist, nehme ich an, daß dies die Vorlage war. Wahrscheinlich kann man noch in Erfahrung bringen, wann die wirkliche Ayimpaša gestorben ist, und somit Licht in die Entstehung dieses Textes bringen.

Bibi Hāǧarǧān

In der Einleitung spricht die Autorin kurz vom Schicksal Bibi Hāǧarǧāns. Diese starb 1992 im Alter von 21 Jahren. Sie sei krank geworden, und niemand habe die Krankheit heilen können. Eine Frau, der ich hiervon erzählte, sagte, sie erinnere sich, daß es einen Mordfall gegeben habe. Ihrer Meinung nach könne es sich gerade um jenes Mädchen handeln, für das das *bayāż* geschrieben war.

Die Verfasserin erklärte mir, diesen Text könne man auch aus Anlaß des Todes anderer Menschen lesen, und zwar ab dem dritten Tag nach dem Tod. Eine ihrer Schülerinnen habe ihn sich schon abgeschrieben und aus Anlaß des Todes eines Mannes vorgetragen. Falls der Text wirklich von jener Frau stammte (ebenso konnte sie ja auch eine Abschreiberin sein), dürfte er jedenfalls das erste Mal nicht am dritten Tag gelesen worden sein. Denn in diesem Fall hätte sie nur eineinhalb Tage für Dichten und Niederschrift zur Verfügung gehabt. Das wäre auch bei einem raschen Zusammenfügen aus fertigen Teilen zu wenig Zeit. Aus ihrer Äußerung konnte man aber den Wunsch erkennen, daß ihr Text genauso bekannt werden möge wie "Maġpiraǧān", und vielleicht auch die Hoffnung, daß er noch mehr Bedeutung erlangen möge als dieser Text. Denn "Maġpiraǧān" wird, wie die meisten Frauen erklärten, ab dem *qirq* gelesen. Je weiter sich die Zeit vom Tod eines Menschen entfernt, um so eher ist es möglich, neue Texte neben die alten zu stellen. Und je bedeutender ein Text ist, um so näher kann er an den Tag des Todes heranrücken. Dann steht er neben Texten wie "Ḥikmat", "Ibrāhīmǧān" und "Rūḥnāma" und ist schon fast aus der profanen Sphäre in die sakrale hinübergewechselt.

Maġpiraǧān (Maġfiraǧān)

Maġpiraǧān aus dem unter den *ḫalpa* beliebten Text hat zwei große Sorgen. Eine ist ihre Kinderlosigkeit, und die andere ist die Sorge um ihren toten Vater, den *ēšān* Muḥammad Yaᶜqūbǧān. Er ist auf einem Friedhof begraben, der geschlossen wird und dessen Tote an andere Orte gebracht werden sollen. Maġpiraǧān ist sehr beunruhigt. Sie weiß nicht, was der Vater hierzu sagen wird. Er erscheint ihr im Traum und erklärt sein Einverständnis mit der Umbettung. Auch die *ᶜulamā'*, mit denen sie sich berät, stimmen zu. Fünf Jahre lang liegt er auf einem zweiten Friedhof. Dann erscheint er ihr wieder im Traum und verlangt eine erneute Umbettung in seinen früheren Wohnort. Die offiziellen Stellen erlauben das nicht, denn er ist ein heiliger Mann (*uluġ buzruk*), und die Leute pilgern seinetwegen hierher. Maġpiraǧān schläft in einer Nacht am Grab. Im Traum erscheinen ihr heilige Männer (*äränlär*), gebieten ihr aufzustehen und sagen, daß sie den Körper des Vaters tragen werden. Sie erwacht, läßt einige Leute noch in der Nacht den Körper ausgraben, in die Gegend von Jangiariq bringen, wo sein ursprünglicher Wohnort war, und dort erneut bestatten. An Stelle eigener Kinder zieht sie Waisen groß. Dann ist sie selbst alt. Sie bespricht mit ihrer Freundin Saᶜādatǧān die Einzelheiten der Totenfeier. Sie stirbt am 16.4. 1975 im Alter von 84 Jahren. Die Trauergedichte werden von Bibi Maryam und Saᶜādatǧān gesprochen.

Der Text hat die Form einer *qiṣṣa*. Achtsilbige (insgesamt drei) und elfsilbige (insgesamt neun) vierzeilige Strophengedichte stehen im Wechsel mit Abschnitten in Prosa.

"Maġpiraġān" kannten alle *ḫalpa* in Choresm, und es war bald zu erkennen, daß der Text zum Grundfundus der meisten von ihnen gehörte. Nach der Lektüre entstand aber die Frage, ob es sich wirklich um einen neuen Text handelte, wie die darin vorkommende Jahreszahl 1975 suggerierte, oder ob in einen älteren Text nur wenige neue Zeilen eingefügt worden waren. Der ganze Text unterscheidet sich kaum von den jahrhundertealten Texten. 1995 fragte ich mehrere *ḫalpa* danach, wer den Text geschrieben habe. Einige Frauen wußten keine Antwort. Andere nannten Saᶜādatġān, die am Ende des Textes erwähnt ist. Das hielt ich zuerst für wenig wahrscheinlich. Die *ḫalpa* interessieren sich ja prinzipiell nicht für den Autor eines gelesenen Textes. So war es denkbar, daß sie, um auf die für sie unwichtige Frage wenigstens irgendeine Antwort geben zu können, die Frau nannten, die im Text selbst vorkommt. Trotzdem fragte ich mehrere *ḫalpa*, ob es nicht möglich sei, Saᶜādatġān kennenzulernen. So erfuhr ich schließlich, daß sie gestorben sei. Das überraschte mich nicht sehr, hatte ich doch gar nicht an ihr Leben geglaubt. Trotzdem bedauerte ich, daß alle Spuren verwischt schienen und nicht herauszubekommen sei, wie ein derartiger Text entsteht. Dann erzählte mir plötzlich jemand, daß Saᶜādatġāns Freundin am Leben sei, und wieder etwas später erschien diese selbst. Sie sagte, daß Saᶜādatġān nur ein bis zwei Gedichte des Textes verfaßt habe und das übrige von ihr, der Freundin, stamme.

So erfuhr ich, daß der erwähnte *ēšān* Anfang der zwanziger Jahre hatte fliehen müssen und sich mit seiner Familie 50 oder 60 km weiter nördlich im heutigen Karakalpakistan niederließ und daß Maġpiraġān nach dessen Tod, irgendwann nach Beendigung des Krieges, nach Jangiarik zurückging, wo sie als *ḫalpa* tätig war. Von ähnlichen Schicksalen konnte man wiederholt hören. Bekannte religiöse Männer oder deren Söhne zogen des öfteren nur wenige Kilometer von ihrem Wohnort weg, wo sie einer anderen Administration unterstanden und keine Denunziation zu fürchten hatten. Im Verlaufe der Zeit gliederten sie sich in das normale Alltagsleben ein. Daß man ihren Körper jedoch nach dem Tod zurückholte, um einen neuen Pilgerort zu begründen, wird nicht allzu häufig vorgekommen sein. Das Muster allerdings existierte in Mittelasien seit langer Zeit, so etwa im Zusammenhang mit Mašrab.[154] Im Fall von Maġpiraġāns Vater scheinen die Bemühungen sich gelohnt zu haben. Zumindest seit Maġpiraġāns Tod sind das Grab ihres Vaters und ihr eigenes das Ziel von Pilgern. Die Tochter hatte sich schon zu Lebzeiten ein Grab neben dem ihres Vaters bereit gemacht. Als bevorzugte Pilgerzeit galt in den neunziger Jahren Maġpiraġāns Todestag im April.

Maġpiraġān war die *ustāẕ* von Saᶜādatġān, die eine heilende *ḫalpa* war. Saᶜādatġāns Freundin, die ich kennenlernte, ist, ob sie nun wirklich die Autorin des bekannten Textes ist oder nicht, sehr klug vorgegangen. Daran, daß sie die Verbreitung des Textes in Gang setzte, besteht kein Zweifel. Da der nach dem Muster der alten Texte gedichtete Text dem Geschmack der *ḫalpa* gut entspricht, konnte die Verschleierung der Autorschaft seiner Wirkung nur entgegenkommen. Ursprünglich wird der Text, zumindest von einigen *ḫalpa*, als *bayāż* begriffen worden sein. Ein Mensch ist gestorben, und es wird ein Text verfaßt, der bei einer der Totenfeiern vorgetragen wird. Doch heute würde keine der Frauen, die ihn lesen, ihn den *bayāż* zuordnen. Für sie hat er ein ausreichendes Maß an Ehrwürdigkeit, das die *bayāż* nicht besitzen. Auffallend war, daß eine gut gebildete *ḫalpa*, die auch ᶜAlīšēr Nawāʾī und Bēdil rezitierte, neben Ayyūb, Huwaydā und Mašrab "Maġpiraġān" in ihrem Programm hatte. Aus der Sicht jüngerer Frauen, die die Tätigkeit als *ḫalpa* gerade erst aufgenommen haben, liegt das Leben von Maġpiraġān und von Saᶜādatġān ohnehin sehr weit zurück, was die Erhabenheit des Textes steigert. Heute kann eine *ustāẕ* sogar auf der Grundlage von "Maġpiraġān" das Lesen und Vortragen lehren.

Die wenigen *ḫalpa*, die den Text grundsätzlich ablehnen, weil ein Mensch, den man selbst gekannt hat, kein Heiliger sein kann, stellen ihn neben die neu verfaßten, für sie wertlosen Texte.

Hat man einmal einige Einzelheiten über einen Gegenstand in Erfahrung gebracht, kommen, weil man als halb Eingeweihter gilt, auch weitere Einzelheiten hinzu. Ich erfuhr, daß der *ēšān* auch ein *ṭabīb* war. Die Tatsache wurde so berichtet, obwohl eine andere *ḫalpa* von ihrem Vater gesagt hatte, ein *ēšān*, der heilt, werde nicht *ṭabīb* genannt (vgl. S. unter 5.4). Zu Beginn der sowjetischen Zeit dürfte die Heilertätigkeit als reine Quacksalberei betrachtet worden sein und besonders starken Verdacht erregt haben. Andere der berichteten Einzelheiten widersprechen einander, und ihr größter Wert liegt darin, daß man erfährt, wie erzählt

[154] Vgl. Hartmann 1902a, 154, 189.

wird. So heißt es, daß Maġpiraǧān verheiratet war, was man nach der Textlektüre nicht vermutet hätte. Ihr Ehemann sei jedoch bald nach der Hochzeit verstorben. Maġpiraǧān hat nach einer Version sieben, nach einer anderen elf Waisen großgezogen. Sie haben es ihr aber nicht gedankt und haben das Haus verlassen. Die Zahlen sind natürlich auffallend, und der Wirklichkeitsgehalt ist gering. Bibi Maryam, die im Text erwähnt ist, sei eine der von Maġpiraǧān großgezogenen Waisen. Sie dichte Ghasele.

Für einige *ḫalpa* ist Maġpiraǧān gleichsam die Verkörperung von ᶜUmars Tochter mit demselben Namen. Hierzu ist die Wiederverkörperung von Fāṭima in Bibi Sešanba und Bibi Muškil kušād (vgl. 6.1) und die von Marǧuwwa (vgl. 6.2) zu vergleichen. Eine fromme Frau begründete die Tatsache, daß sie den "Maġpiraǧān"-Text gerne lese, folgendermaßen: Zwar sei Maġpiraǧān keine Heilige, jedoch sei ihr Vater heilig; das könne man daran erkennen, daß er seiner Tochter im Traum erschien und ihr mitteilte, wie sie handeln solle. Die nächste Generation der *ḫalpa* wird sicher an der Heiligkeit Maġpiraǧāns nicht zweifeln ...

Einmal wurde erwähnt, daß es einen Text über Maġpiraǧāns Vater gäbe, den ich jedoch nicht gesehen habe. Es sei denn, daß eine zweite Variante des "Maġpiraǧān"-Textes gemeint war, der in der Einleitung einiges aus dem Leben des *ēšān* berichtet. Die Verfasserin ist dieselbe Freundin von Saᶜādatǧān. Der Text enthält neben den Gedichten historische Details und sogar Angaben über das Leben der Verfasserin.

Nach der Auffassung einiger *ḫalpa* soll "Maġpiraǧān" nur beim Tod von Frauen oder Mädchen vorgetragen werden, nach der Auffassung anderer ist das Geschlecht des Gestorbenen nicht ausschlaggebend.

Saᶜādatǧān

Dieser Text kann bedingt in der Reihe der Texte, die zum Textcorpus gehören, genannt werden.

Die Struktur von "Saᶜādatǧān" gleicht der von "Maġpiraǧān". Bisher besitzen nicht viele *ḫalpa* den Text, die *ḫalpa* in Chiwa kannten ihn noch nicht. Doch zweifle ich kaum daran, daß die *ḫalpa* "Saᶜādatǧān" annehmen werden, wenn vielleicht auch nicht noch einmal so ein durchschlagender Erfolg wie bei "Maġpiraǧān" eintritt. Die Autorin ist jene Frau, die die Autorin oder die Koautorin von "Maġpiraǧān" ist. Sie hat das Buch etwa dreißigmal abschreiben lassen. Nach ihrer Auskunft kann der Text ab dem siebenten Tag nach dem Tod eines Menschen gelesen werden, falls die Leute danach verlangen. Diese Einschränkung wirkte wie Bescheidenheit, brachte aber auch zum Ausdruck, daß die Nachfrage ein wenig organisiert werden muß. Der Text ist Mitte der neunziger Jahre bereits in Urgentsch sowie in Orten südlich und nördlich der Hauptstadt von Choresm bekannt gewesen. Eine *ḫalpa* besaß ihn in einer Schreibmaschinenfassung in kyrillischer Schrift und in einer Fassung in Schulheftgröße in arabischer Schrift. Sie sagte 1995, sie besitze den Text seit einem Jahr und seit dieser Zeit sei er auch berühmt. Sie erklärte mir, daß Saᶜādatğān zu den Nachkommen von Bahā'u 'd-dīn Naqšband gehöre (*Bahā'u 'd-dīn pīrimiz awlādidan*). Diese seien häufig *arqalï* (vgl. 1.1). Deshalb sei Saᶜādatğān auch krank gewesen und habe keine Kinder bekommen. Auf meine Frage, ob es sich um ein *bayāż* handele, antwortete sie ausweichend, es sei ein altes Buch und es sei arabisch – d.h. in arabischer Schrift – geschrieben. Hieraus war zu erkennen, daß ein *bayāż*, weil es neu ist, eben doch als viel geringer denn ein altes Buch geschätzt wird. Dieses aber war nach der Aussage der *ḫalpa* ein sehr schönes Buch (*dum yaḫšï kitab*). Eine andere *ḫalpa* hielt die Herkunft Saᶜādatğāns von Bahā'u 'd-dīn Naqšband für erfunden. Ihre Vorfahren seien einfach *ēšān* gewesen.

Saᶜādatğān ist die in "Maġpirağān" erwähnte Frau. Sie war wie Maġpirağān kinderlos und war als Heilerin tätig, was aus dem Text selbst nicht hervorgeht, jedoch vielen Frauen zwischen Jangiarik, Chiwa und Urgentsch bekannt ist. Nach deren Überzeugung war niemand anders als Saᶜādatğān auch die Autorin von "Maġpirağān". Sie habe den Auftrag, diesen Text zu verfassen, von der toten Maġpirağān im Traum erhalten. Saᶜādatğān ist am 4.12. 1990 gestorben.

Zu den Schülerinnen Saᶜādatğāns gehörten lesende und heilende *ḫalpa*.

Yādgārlik qiṣṣa

Die Autorin oder Helferin der Autorin von "Maġpiraǧān", die Autorin von "Saᶜādatğān", hat ein drittes *bayāż* verfaßt, dem eine andere Wirkung als die von "Maġpiraǧān" und "Saᶜādatğān" zugedacht ist.

Der Text wurde aus Anlaß des Todes eines im Alter von siebenundvierzig Jahren 1981 verstorbenen Kolchosvorsitzenden geschrieben. Wie aus der Nachbemerkung hervorgeht, entstand der Text eineinhalb Monate nach dem Tod des Mannes und wurde 1990 zum Druck vorbereitet, lag aber Mitte der neunziger Jahre noch nicht in gedruckter Form vor. Er wurde wahrscheinlich zum *qirq* des Kolchosvorsitzenden gelesen. Der Mann war nach einem dreiwöchigen Krankenhausaufenthalt gestorben, als er gerade gesund entlassen werden sollte.

Am Anfang steht eine kurze *šağara*, eine Herkunftsgeschichte. Drei

Generationen vor dem Verstorbenen werden genannt. Die kurze Vorgeschichte enthält mehrere für das Leben im usbekischen Dorf und in der usbekischen Kleinstadt typische Details. Eine Heirat zwischen Cousin und Cousine kommt vor. Ein Vater von vier kleinen Kindern fällt im Krieg. Seine Kinder nennt man Waisen. Ein Wort für Halbwaisen hat das Usbekische nicht herausgebildet. Ein Kind wird einer kinderlosen Cousine geschenkt, ein Junge, wie es häufig vorkommt. Dieses Kind ist der spätere Kolchosvorsitzende. Der Junge wird mit 17 Jahren verheiratet. Eine andere Cousine – es ist die Freundin der Verfasserin des *bayāż*, die es auch in Auftrag gegeben hat – wird gerühmt, weil sie und ihr Mann die Mittel dafür bereitstellten, daß der Junge etwas lernen konnte. Kurz nach der Heirat kehrt der junge Mann zu seiner leiblichen Mutter zurück, weil deren anderer Sohn, Buchhalter im Kolchos, plötzlich verstarb und die Mutter jetzt ohne einen Mann im Haus war. Zwei Schwestern des Verstorbenen werden am Rande erwähnt, wie sie auch im Alltag, weil zu den Familien ihrer Ehemänner gehörend, häufig eine geringere Rolle als die Brüder spielen. Auch die Ehefrau des Verstorbenen hat einen viel geringeren Platz in der Dichtung als die Mutter und die geldspendende Cousine. Diese beiden Frauen aber treten mehrmals eine nach der anderen mit ihren klagenden Gedichten auf, bilden sozusagen ein Mutterpaar. Die Frau, die den Jungen großgezogen hat, weil sie kinderlos war und weil die alleinstehende Mutter mit den vier Kindern einer Hilfe bedurfte, erscheint nicht unter den Klagenden. Sie wurde – ob nur im Text oder auch im Leben, weiß man nicht – durch die Geldspenderin und Freundin der Autorin verdrängt.

In den Klagen der Familienmitglieder werden mehrere der in den islamischen Literaturen wichtigen Propheten und heiligen Männer genannt, so Ādam, Yaᶜqūb, Ayyūb, Mūsā, Sulaymān, Yūnus, ᶜĪsā, Muḥammad, ᶜAlī, Ḥasan und Ḥusayn, Sulṭān Uways, Saᶜd Waqqāṣ, ᶜAbdu 'l-qādir Gīlānī, Mašrab, Huwaydā. Dies ist ein sowohl aus anderen Texten als auch aus dem Leben bekanntes Mittel, Trauer in gewissem Sinn auf breitere Schultern zu verlagern.

Am meisten Mühe verwendete die Autorin auf ein Ghasel im *hazağ*-Versmaß, worin sie ihre eigene Klage formuliert. Für die fiktiven Sprecher der übrigen Klagen hat sie Strophengedichte im *barmaq* gedichtet. Deren Namen werden in dem jeweils vorgeschalteten Satz in Prosa und in der letzten Strophe wie ein *taḫalluṣ* genannt. Diese Art der Gedichtzuschreibung könnte ein Licht auf die Autorschaft in anderen Fällen werfen. Das *taḫalluṣ* muß eben nicht unbedingt Auskunft über den wirklichen Verfasser geben. Es kann auch mitteilen, wie dieser und jener hätte dichten können. Eventuell erklärt sich aus derselben Haltung das Fortdichten von Versen in der Art Qul ḫʷāğas (Aḥmad Yasawīs), Qul Sulaymāns (Sulaymān Baqirġanīs) und anderer.

Dieses *bayāż* wirkt professionell geschrieben und verbindet Elemente der traditionellen Gebrauchslyrik aus Anlaß eines Todesfalles mit Elementen einer realitätsnahen Beschreibung von Familienbeziehungen. Während die meisten *ḫalpa*, wenn sie ein *bayāż* schreiben, vor allem den Trost für die Familie, die den Tod eines nahen Verwandten zu beklagen hat, und eventuell noch einen kleinen Nebenverdienst im Auge haben, kann die Verfasserin von "Yādgārlik qiṣṣa" auch darauf hoffen, daß ihre Dichtung von einer größeren Öffentlichkeit angenommen wird.

Schluß

Diese Arbeit bezieht sich im wesentlichen auf die Tätigkeit der *ḫalpa* und *ātin āyi* in den neunziger Jahren des 20. Jahrhunderts. Einbezogen in die Untersuchung wurden nur Beobachtungen aus Choresm und aus dem Ferghanatal. Eine Erweiterung des betrachteten Raumes wäre unbedingt wünschenswert, weil – anders als bei der Erforschung der modernen Literatur – die spezifischen Traditionen der jeweiligen Gegend unübersehbar stark sind. Einen Versuch, zeitlich hinter die neunziger Jahre zurückzugreifen, habe ich unternommen. Wenn die Ergebnisse im einzelnen auch fragmentarisch sind, bin ich doch sicher, daß sich das rekonstruierte Textcorpus kaum von dem früherer Jahrzehnte unterscheidet. Die Vorleserinnen religiöser Texte haben stets Wege gefunden, hinsichtlich der Texte und der Vortragsweisen an früher Vorhandenes anzuknüpfen, so daß es niemals einen völligen Kontinuitätsbruch gab. Es ist nicht erstaunlich, daß von den *ḫalpa* und *ātin āyi* keine großen Anstrengungen zur Veränderung des überlieferten Textcorpus ausgegangen sind. Sie verstanden sich als Bewahrerinnen einer Tradition und als Personen, denen es oblag, Leerstellen im Alltagsleben zu füllen, für die die neue Kultur des 20. Jahrhunderts keine oder keine ausreichenden Alternativen geschaffen hatte. Trotzdem ließ sich beobachten, daß auch das Traditionelle in Bewegung war und ist. Das zeigte sich in Choresm darin, daß – teilweise mit großem Erfolg – neue Dichtungen zu dem bekannten Textcorpus hinzugefügt wurden (*bayāż*). Der Grund war nicht, daß die Frauen des Alten überdrüssig geworden wären, sondern daß sie auch das aktuelle Leben auf die alte Weise reflektiert sehen wollten. Die Tradition wurde durch die neuen Texte nicht durchlöchert oder zersetzt, sondern – im Gegenteil – gefestigt. In den neuen Texten tauchten die überlieferten Bilder, Symbole und Versformen mit solcher Beharrlichkeit wieder auf, daß ein außenstehender Leser starke Zweifel an ihrer Neuheit hegen konnte. Die *bayāż* zeugen eher von der Dauerhaftigkeit des Überlieferten als von seiner Veränderbarkeit. Gedruckte Gedichte der *ḫalpa*, die es hin und wieder gab, fanden keinen Eingang in das Textcorpus, das ihnen für den Vortrag bei verschiedenen Feiern zur Verfügung stand.

Die selbst verfaßten Gedichte der *ātin āyi* im Ferghanatal hatten keinerlei Chance, auf eine Erweiterung ihres Textcorpus für die ritualisierten Feiern einzuwirken. Sie blieben entweder im privaten Milieu oder sie wurden gedruckt und sprachen dann die Leser wie die vergleichbaren

Gedichte der *ḫalpa* auf andere Weise an als die bei den Feiern vorgetragenen Texte. Im Ferghanatal liegt aber eine Möglichkeit für die Veränderung der Tradition darin, daß eine junge Frau, die in einen weiter entfernt liegenden Ort verheiratet wurde, die in ihrem Geburtsort geschätzten Dichtungen mitbringt. Dann tauchen die Verse eines Dichters oder einer Dichterin, die vorher vor allem Bedeutung in der Nähe seines oder ihres Geburtsortes hatten, plötzlich auch an anderer Stelle auf. Gemeint sind damit nicht Schöpfungen von rein lokaler Bedeutung. Zumeist handelt es sich um Werke, die nicht nur in Handschriften, sondern auch in Lithographien bereits vorliegen. Doch ist auch das Lithographierte nur dann in der Öffentlichkeit oder im Alltag einzelner Gruppen der Bevölkerung präsent, wenn es rezipiert wird. Zur Belebung und teilweise zur Erneuerung der Rezeption tragen die *ātin āyi* bei. Für die Zukunft ist zu erwarten, daß die außerordentlich große Offenheit für Arabischsprachiges im Ferghanatal – auch wenn dies heute zumeist nur zu einem geringen Teil verstanden wird – zu einer gewissen Veränderung des Textcorpus der *ātin āyi* führt, falls in politisch beruhigten Phasen für die Aneignung weiterer arabischer Texte Tür und Tor offenstehen sollten.

Dichter mit hohem poetischen Anspruch haben sich im 20. Jahrhundert in keiner der Gegenden Usbekistans an der Veränderung des Textcorpus von *ḫalpa* und *ātin āyi* beteiligt. So herrschten hinsichtlich der Lebensdauer der alten Texte Sonderbedingungen. Die tradierten Dichtungen brauchten sich fast nicht gegen neuere desselben oder eines ähnlichen Inhalts zu behaupten. Nur die *bayāż* in Choresm bildeten für die alten Texte eine gewisse Konkurrenz. Sollte die Rückkehr zum tief religiösen Denken, die in den neunziger Jahren des 20. Jahrhunderts begann, nur die Einleitung zu einem erneuten Verharren im traditionellen Denken vergangener Jahrhunderte sein, so ist auch mit neuen Texten zu rechnen, die die Konturen des Textcorpus stärker verändern könnten, als dies im 20. Jahrhundert der Fall war.

Mit der Neuherausgabe der tschaghataischen Texte in arabischer Schrift und in einer etwas modernisierten Sprache in kyrillischer Schrift erhielt am Ende des 20. Jahrhunderts das gesamte Literaturgefüge eine neue Gestalt. Was bis dahin nur noch in nichtöffentlicher Weise und in reduzierter Form bei den *ḫalpa* und *ātin āyi* existierte, ist nun für jeden interessierten Leser zugänglich geworden: Dichtungen von Aḥmad Yasawī, Ṣūfī Allāyār, Huwaydā, Ḫilwatī und Ḥazīnī, als Volksbücher oder Buchepen begriffene *qiṣṣa* und Auszüge aus den "Manāqib" bekannter heiliger Männer. Die großen Anstrengungen zur Publikation dieser Texte, die die Herausgeber bisher vor allem als Beitrag zur Rückgewinnung einer "eigentlichen" Identität verstehen, sind noch längst nicht abgeschlossen. Auf den ersten Blick mag es scheinen, als würde sich aus der Rezeption dieser Texte zusammen mit den Wirkungsfeldern der *ḫalpa* und *ātin āyi* ein großer religiöser Raum herausbilden, der die Literatur der kommenden Zeit allein bestimmen könnte. Doch meine ich, daß irgendwann auch die ebenfalls zum usbekischen Erbe gehörenden Überlegungen der Dschadiden, die sich keineswegs affirmativ auf die überlieferte religiöse Literatur bezogen, erneut in die Debatten um die Literatur eingebracht werden. Die neu veröffentlichten alten Texte könnten dann auch oder sogar vor allem zu einer Anregung für Wissenschaftler werden, sich mit der Literatur und den Denkformen vergangener Jahrhunderte auseinanderzusetzen, um auf souveräne Weise ein kritisches Bild vom geistigen Leben der Vergangenheit zu schaffen.

Die dann neu entstehende usbekische Literatur wird nicht weniger vielfältig sein als die des 20. Jahrhunderts. Religiös bestimmte Seiten des Alltagslebens wie auch religiöse Dimensionen des Denkens können dann sowohl für triviale als auch für äußerst anspruchsvolle Dichtungen und Prosawerke maßgeblich werden. Daneben wird die nicht abnehmende Begegnung mit anderen Lebensformen und Denkweisen – ob sie nun als Provokation oder als fruchtbarer Impuls begriffen werden – zur Materialbasis der künftigen Literatur gehören.

Abkürzungen

CAJ: Central Asiatic Journal
CAS: Central Asian Survey
EI: The Encyclopaedia of Islam
İA: İslâm Ansiklopedisi
KFIR: Katalog fonda Instituta rukopisej, I tom, Taškent 1989.
MSOS: Mitteilungen des Seminars für Orientalische Sprachen
SRV: Sobranie Vostočnych rukopisej Akademii Nauk Uzbekskoj SSR
ŬAT: Ŭzbek adabiyāti ta'rīḫi III, IV, Tāškent 1978
ŬRĖ: Ŭzbekistān Respublikasi. Ėnciklopedija, Tāškent 1997
ŬSĖ 4, 8: Ŭzbek Sovet Ėnciklopedijasi, 4, Tāškent 1973, 8, Tāškent 1976
ŬTIL: Z.M. Ma^c^rūfov, Ŭzbek tiliniñ izāḥli luġati, ikki tomli, Moskva 1981.
VOHD: Verzeichnis der orientalischen Handschriften in Deutschland
ZDMG: Zeitschrift der Deutschen Morgenländischen Gesellschaft
ZVORAO: Zapiski Vostočnago otdelenija imperatorskago russkago archeologičeskago obščestva.

Literaturverzeichnis

^c^Abdullāeva 1989: B. ^c^Abdullāeva, Tāšbāsma bayāżlariniñ ^c^ilmī tawṣīfi. In: Adabī mīrāṣ 4 (50), 37-44.

Aḥmedov 1995: B. Aḥmedov, Amīr Temur, Tāškent.

Albaum/Brentjes 1976: J.I. Albaum, B. Brentjes, Herren der Steppe, Berlin.

Algar 1990: H. Algar, Political Aspects of Naqshbandī History. In: Naqshbandis. Cheminements et situation actuelle d'un ordre mystique musulman. Historical Developments and Present Situation of a Muslim Mystical Order, Istanbul-Paris = Varia Turcica XVIII, 123-152.

^c^Āripov 1992: ^c^Abdulla (^c^Abdullā) ^c^Āripov, hier: Ḥāğ(ğ)ī ^c^Abdullā ^c^Ārif, Ḥāğ(ğ) daftari, Tāškent.

Āstānaqulov vgl. Ostonaqulov

Ataev 1963: K. Ataev, Nekotorye dannye po ėtnografii turkmen-šichov. In: Trudy Instituta istorii, archeologii i ėtnografii AN Turkmenskoj SSR, t.VII, serija ėtnografičeskaja, Ašchabad, 71-80.

Ātağānova 1992: Ālmaḫān Ātağānova, Mehr gulšani, Urganč.

Ātaḫūğaev 1995: F. Ātaḫūğaev, Nikāḥ wa uniñ ḥuqūqī tartībga sālinišī, Tāškent.

ᶜAynī 1926: Ṣadriddīn ᶜAynī, Namūna-i adabiyāt-i tāğīk, Moskva.

Baldauf 1989: I. Baldauf, Zur religiösen Praxis özbekischer Frauen in Nordafghanistan. In: Religious and Lay Symbolism in the Altaic World and Other Papers. Proceedings of the 27th Meeting of the Permanent International Altaistic Conference, Walberberg, Federal Republic of Germany, June 12th to 17th, 1984, Wiesbaden, 45-54.

Baldauf 1993: I. Baldauf, Schriftreform und Schriftwechsel bei den muslimischen Russland- und Sowjettürken (1850-1937), Budapest.

Baldick 1993: J. Baldick, Imaginary Muslims. The Uwaysi Sufis of Central Asia, London, New York.

Bartol'd 1964: V.V. Bartol'd, Sočinenija II, 2, Moskva 1964.

Basilov 1963a: V.N. Basilov, O turkmenskom "pire" doždja Burkut-baba. In: Sovetskaja ėtnografija Nr. 3, 42-52.

Basilov 1963b: V.N. Basilov, O perežitkach totemizma u turkmen. In: Trudy Instituta istorii, archeologii i ėtnografii Akademii Nauk Turkmenskoj SSR, t. VII, 135-150.

Basilov 1970: V.N. Basilov, Kul't svjatych v islame, Moskva.

Basilov/Niyāzqličev 1975: V.N. Basilov, K. Nijazklyčev, Perežitki šamanstva u turkmen-čovdurov. In: Domusul'manskie verovanija i obrjady v Srednej Azii, Moskva, 123-137.

Basilov 1975: V.N. Basilov, O proischoždenii turkmen-ata. In: Domusul'manskie verovanija i obrjady v Srednej Azii, Moskva, 138-168.

Basilov 1986a: V.N. Basilov, Perežitki šamanstva u turkmen-geklenov. In: Drevnie obrjady, verovanija i kul'ty narodov Srednej Azii, Moskva, 94-110.

Basilov 1986b: V.N. Basilov, New Data on Uzbek Shamanism. In: Beşinci Milletler Arası Türkoloji Kongresi, İstanbul, 23-28 Eylül 1985, Tebliğler III. Türk Tarihi, cilt 1, İstanbul.

Basilov 1992: V.N. Basilov, Šamanstvo u narodov Srednej Azii i Kazachstana, Moskva.

Basilov 1995: V.N. Basilov, Blessing in a dream. A story told by an Uzbek musician. In: Turcica, t. XXVII, 237-246.

Bečka 1971, 1972: J. Bečka, Traditional Schools in the Works of Sadriddin Aynī and Other Writers of Central Asia. In Archiv Orientální 39, 284-321; 40, 130-163.

Bellér-Hann 2001: I. Bellér-Hann, 'Making the oil fragrant' - dealings with the supernatural among the Uighur in Xinjiang. Manuskript. Erscheint voraussichtlich in: Asian Ethnicity, 2001, Nr. 2 oder 3.

Bendrikov 1960: K.E. Bendrikov, Očerki po istorii narodnogo obrazovanija v Turkestane (1865-1924 gody), Moskva.

Bennigsen 1975: A.A. Bennigsen, The Crisis of the Turkic National Epics, 1951-1952: Local Nationalism or Internationalism? In: Canadian Slavonic Papers, vol. XVII, Nos. 2-3, 463-474.

Bennigsen/Lemercier-Quelquejay 1970: A. Bennigsen, Ch. Lemercier-Quelquejay, Le soufi et le commissaire. Le confréries musulmanes en URSS, Paris.

Bertel's 1924: E.Ė. Bertel's, Četverostišija šejcha Nadžm ad-Dina Kubra. In: Doklady Rossijskoj Akademii nauk, Serija B, 36-39. Erneut publiziert in: E. Ė. Bertel's, Izbrannye trudy. Sufizm i sufijskaja literatura, Moskva 1965, 324-328.

Bertel's 1960: E.Ė. Bertel's, Machtumkuli o chudožestvennom tvorčestve. In: Machtumkuli (Sbornik statej o žizni i tvorčestve poėta), Aščabad, 93-107 (Übernommen aus der Zeitschrift Sovet ädebiyati Nr. 7, 1944).

Bertel's 1965: E.Ė. Bertel's, Roman o šejche Nadžm ad-Dine Kubra (konspekt). In: E. Ė. Bertel's, Izbrannye trudy. Sufizm i sufijskaja literatura, Moskva, 329-334.

Bodrogligeti 1974: A. Bodrogligeti, Aḥmad's Baraq-nāma: A Central Asian Islamic Work in Eastern Middle Turkic. In: CAJ 18, 83-128.

Bodrogligeti 1975: A.J.E. Bodrogligeti, Ḫāliṣ's Story of Ibrāhīm. A Central Asian Islamic Work in Late Chagatay Turcic. Edited with an Introduction, a Translation, and a Glossary by A. J. E. Bodrogligeti, Leiden.

Bürgel 1991: J.Ch. Bürgel, Allmacht und Mächtigkeit. Religion und Welt im Islam, München.

Calmard 1998: J. Calmard, Mohammad b. al- Hanafiyya dans la religion populaire, le folklore, les légendes dans le monde turco-persan et indo-persan. In: Cahiers d'Asie Centrale, No. 5-6, 201-220.

Castagné 1914: I. Kastan'e, Sledy jazyčestva sredi tuzemcev v okrestnostjach Čusta Namanganskago uezda. In: Izvestija Turkestanskago Otdela imp. Russkago Geografičeskago Obščestva, t. X, vyp. 1, Taškent, 146-154.

Castagné 1951: J. Castagné, Le culte des lieux saints de l'islam au Turkestan. In: L' Ethnographie N. S., Nr. 46, 46-124.

Chalimov 1991: N. Chalimov, Pamjatniki Urgenča, Aščabad.

Cumbur 1982: Müjgân Cumbur, Folklorumuzda Geyik Motifi Üzerine. In: II Millellerarası Türk Folklor Kongresi Bildirileri, c. II, Ankara, 71-94.

Çağatay 1953: Saadet Çağatay, Karaçay Halk Edebiyatında Avcı Bineger. In: Fuad Köprülü Armağanı, İstanbul, 93-112.

Çağatay 1956: Saadet Çağatay, Türk Halk Edebiyatında Geyiğe Dair Bazı Motifler. In: Türk Dili Araştırmaları Yıllığı Belleten, 153-177.

Chodzko 1842: A. Chodzko, Specimens of the Popular Poetry of Persia, London.

Čillaev 1985: K. Čillaev, Narodnyj roman "Abu Muslim-name", Dušanbe.

Dankoff 1971: R. Dankoff, Baraq and Buraq. In: CAJ XV, 102-117.

Demidov 1963: S. Demidov, O perežitkach verovanij, svjazannych s vodnoj stichijej i rybolovstvom, u turkmen. In: Trudy Instituta istorii, archeologii i ėtnografii AN Turkmenskoj SSR, t.VII, serija ėtnografičeskaja, Aščhabad, 119-134.

Demidov 1975: S.M. Demidov, Magtymy (Istoriko-ėtnografičeskij ėtjud). In: Domusul'manskie verovanija i obrjady v Srednej Azii, Moskva, 169-190.

Demidov 1976: S.M. Demidov, Turkmenskie ovljady, Aščhabad.

Demidov 1978: S.M. Demidov, Sufizm v Turkmenii (ėvoljucija i perežitki), Aščhabad.

DeWeese 1993: D. DeWeese, An "Uvaysī" Sufi in Timurid Mawarannahr: Notes on Hagiography and the Taxonomy of Sanctity in the Religious History of Central Asia. Papers on Inner Asia No. 22. Indiana University, Bloomington.

DeWeese 1996: D. DeWeese, The Tadhkira-i Bughrā-khān and the "Uvaysī" Sufis of Central Asia: Notes in Review of Imaginary Muslims. In CAJ 40/1, 87-127.

Dorn 1868: B. Dorn, Chronologisches Verzeichnis der seit dem Jahre 1801-1866 in Kasan gedruckten arabischen, türkischen, tatarischen und persischen Werke, als Katalog der in dem asiatischen Museum befindlichen Schriften der Art. In: Mélanges Asiatiques 5, 1864-1868, 533-649.

Eckmann 1959: J. Eckmann, Das Chwarezmtürkische. In: Philologiae Turcicae Fundamenta, tom. prim., Wiesbaden, 113-137.

Eckmann 1964: J. Eckmann, Die kiptschakische Literatur; Die tschaghataische Literatur. In: Philologiae Turcicae Fundamenta, tom. sec., Wiesbaden, 275-402.

Eckmann 1966: J. Eckmann, Chagatay Manual, Bloomington, The Hague 1966.

Ehlert 1993: T. Ehlert, Muḥammad. In: EI VII, Leiden, 360-387.

Eyuboğlu 1972: S. Eyuboğlu, Yunus Emre, İstanbul.

Fathi 1997: Habiba Fathi, Otines: the unknown women clerics of Central Asian Islam. In: CAS 16 (1), 17-43.

Fathi 1998: Habiba Fathi, Le pouvoir des otin, institutrices coraniques, dans l'Ouzbékistan indépendant. In: Cahiers d'Asie Centrale N° 5-6, 313-333.

Fiṭrat 1927: ᶜAbdurra'ūf Fiṭrat, Aḥmad Yasawī. In: Maᶜārif wa ūqutġuwči, Nr. 6, 29-33; Nr. 7-8, 39-43; Nachdruck in: Yassawī kim edi, Tāškent 1994, 18-33.

Fiṭrat 1928: ᶜAbdurra'ūf Fiṭrat, Yasawī maktabi šāᶜirlari tūġrisida tekširišlar. In: Maᶜārif wa ūqutġuwči, Nr. 5-6, 49-52; Nachdruck in: Yassawī kim edi, Tāškent 1994, 33-38.

Fiṭrat 1930: ᶜAbdurra'ūf Fiṭrat, XVII ᶜaṣrniñ mašhūr ḫalq šāᶜiri Mašrab. In: ᶜIlmī fikr, I, 40-57.

Fuchs/Pekolcay 1960: H. Fuchs/N. Pekolcay, Mevlid. In: İA, 8 cilt, İstanbul, 1960, 171-176.

Gavrilov 1912: M. Gavrilov, Risolja sartovskich remeslennikov. Issledovanie predanij musul'manskich cechov, Taškent.

Götz 1979: Türkische Handschriften, VOHD Band XIII, 4, beschrieben von Manfred Götz, Wiesbaden.

Gramlich 1987: R. Gramlich, Die Wunder der Freunde Gottes, Wiesbaden.

Ǧabbārov 1967: ᶜI. Ǧabbārov, Eᶜtiqād, ᶜādat, adab, Tāškent.

Ǧabbārov 1995: N. Ǧabbārov, Millat wa dīn yulduzi, Šayḫ Naǧmiddīn Kubrā ḥaq(q)idagi riwāyatlar. In: Šayḫ Naǧmiddīn Kubrā, Tāškent, 63-71.

Halen 1988: H. Halen, Addenda to *The Handbook of Oriental Collections in Finland:* Turcica, Arabica, Persica and Caucasica. In: Studia Orientalia 64, 327-351.

Ḫalīlbekov 1998: ᶜA. Ḫalīlbekov, Namangan adabī muḥīṭi, Tāškent.

Ḥalīmov 1991: N. Chalimov, Pamjatniki Urgenča, Aščhabad.

Ḥamīdova 1981: M. Ḥamīdova, Qūlyāzma bayāżlar – adabī manbaᶜ, Tāškent.

Hartmann 1902a: M. Hartmann, Mešreb der Weise Narr und fromme Ketzer. Ein zentralasiatisches Volksbuch, Berlin = Der islamische Orient. Berichte und Forschungen V, 147-193.

Hartmann 1902b: M. Hartmann, Der čaghataische Diwan Hüwēdā's. In: MSOS, Zweite Abteilung: Westasiatische Studien, Jahrgang V, 132-155.

Hartmann 1904a: M. Hartmann, Die osttürkischen Handschriften der Sammlung Hartmann. In: MSOS, Zweite Abteilung: Westasiatische Studien, Jahrgang VII, Berlin 1904, 1-21.

Hartmann 1904b: M. Hartmann, Das Buchwesen in Turkestan und die türkischen Drucke der Sammlung Hartmann. In: MSOS, Zweite Abteilung: Westasiatische Studien, Jahrgang VII, 1904, 69-103.

Hofman 1969: H.F. Hofman, Turkish Literature. A Bio-Bibliographical Survey. Section III, part 1, vol 1-3, Utrecht.

Isḥāqov 1976: Yā. Isḥāqov, Bayāż wa bayāżčilik ta'rīḫi. In: Ŭzbek adabiyāti ta'rīḫi mas'alalari, Tāškent, 78-100.

Jarring 1980: G. Jarring, Literary Texts from Kashghar, Edited and Translated with Notes and Glossary, Lund.

Kamp 1998: M.R. Kamp, Unveiling Uzbek Women: Liberation, Representation and Discourse, 1906-1929, Chicago, Illinois.

Karmyševa 1976: B.Ch. Karmyševa, Očerki ėtničeskoj istorii južnych rajonov Tadžikistana i Uzbekistana (po ėtnografičeskim dannym), Moskva.

Karmyševa 1986: B.Ch. Karmyševa, Archaičeskaja simvolika v pogrebal'no-pominal'noj obrjadnosti uzbekov Fergany. In: Drevnie obrjady, verovanija i 'ty narodov Srednej Azii, Moskva, 139-181.

Katanov 1902: N.F. Katanov, Türkische Sagen über die Besitznahme von Ländern nach der Art der Dido. In: Keleti Szemle 3, 1902, 173-179.

Kirgizsko-russkij slovar' v dvuch knigach (Sostavil K. K. Judachin), Frunze 1965, ²1985.

Kleinmichel 1998: S. Kleinmichel, Mittelasiatische *qiṣṣa* als Problem turkologischer Forschung. In: Turkologie heute – Tradition und Perspektive. Materialien der dritten Deutschen Turkologen-Konferenz, Leipzig, 4.-7. Oktober 1994, herausgegeben von Nurettin Demir und Erika Taube, Wiesbaden, S.151-170.

Kocatürk 1964: Vasfi Mahir Kocatürk, Türk Edebiyatı Tarihi, Ankara.

Köprülü 1919: M. Fuad Köprülü, Ahmed Yesevî ve Te'sirleri. In: Türk Edebiyatı'nda İlk Mutasavvıflar, İstanbul, Neudruck Ankara 1966, 5-153.

Koroteyeva/Makarova 1998: V. Koroteyeva and E. Makarova, Money and social connections in the Soviet and post-Soviet Uzbek city. In: CAS 17 (4), 579-596.

Laffasī 1992: Laffasī, Taẕkira-i šuʿarā, Urganč.

Lykošin 1910, 1992: N.S. Lykošin, Divana-i Mašrab. Žizneopisanie populjarnejšago predstavitelja misticizma v Turkestanskom krae; zuerst in: Srednjaja Azija, Nr. 7-12, Taškent 1910; dann (o.O.) 1911; dann Samarkand 1915; Nachdruck Taškent 1992.

Maḫtūmqulī 1983: Magtïmgulï, Saylanan äsärlär, t. I-II, Ašgabat.

Maḫtūmquli 1990: Magtimguli. Bagišla bizni. Čāp ädilmädik gošgular, Ašgabad.

Malov 1918: S.E. Malov, Šamanstvo u sartov Vostočnogo Turkestana. In: Muzej antropologii i ėtnografii pri AN SSSR, t. V, vyp.1, Petrograd.

Matčān 1991: Āmān Matčān, Ādamniñ sāyasi quyāšga tušdi, Tāškent.

Meier 1994: F. Meier, Zwei Abhandlungen über die Naqšbandiyya. Beiruter Texte und Studien, Bd. 58, İstanbul.

Mélikoff 1962: I. Mélikoff, Abū Muslim. Le "Port-Hache" du Khorassan dans la tradition épique turco-iranienne, Paris.

Mify narodov mira, t. 1-2, Moskva 1980-1982.

Mirzāev/Sarimsāqov 1981: T. Mirzāev, B. Sarimsāqov, Dāstān, uniñ turlari wa ta'rīḫī taraqqiyāti. In: Ūzbek fol'kloriniñ ėpik ǧanrlari, Tāškent, 9-61.

Monogarova 1969: L.F. Monogarova, Sem'ja i semejnyj byt. In: Ėtnografičeskie očerki uzbekskogo sel'skogo naselenija, Moskva, 193-243.

Mu'minov 1996: A.K. Muminov, Veneration of Holy Sites of the Mid-Sïrdar'ya Valley: Continuity and Transformation. In: Muslim Culture in Russia and Central Asia from the 18th to the Early 20th Centuries, Berlin, 355-367.

Murādov, 1975: O. Murodov, Šamanskij obrjadovyj fol'klor u tadžikov srednej časti doliny Zerafšana. In: Domusul'manskie verovanija i obrjady v Srednej Azii, Moskva, 94-122.

Murādov, 1979: O. Murodov, Drevnie obrazy mifologii u tadžikov doliny Zerafšana, Dušanbe.

Ostonaqulov 2000: I. Ostonaqulov, Histoire orale et littérature chez les shaykhs Qâdirî du Fergana aux XIXe et XXe siècles. In: Journal of the History of Sufism, 1-2, 509-530.

Ostroumov 1907: Machtum-kuli, Izdal N.P. Ostroumov, Taškent.

Ottuz ikki tuḫum qiṣṣasi wa Maḫtūmquli. Lithografie von ᶜĀrifǧānov, Tāškent o.J.

Paret [5]1993: R. Paret, Der Koran, Kommentar und Konkordanz, Stuttgart, Berlin, Köln.

Paul 1991: J. Paul, Die politische und soziale Bedeutung der Naqšbandiyya in Mittelasien im 15. Jahrhundert, Berlin, New York.

Pekolcay 1967: N. Pekolcay, İslâmî Türk Edebiyatı, İstanbul.

Poliakov 1992: S.P. Poliakov, Everyday Islam. Religion and Tradition in Rural Central Asia, Armonk, New York, London.

Qādirova 1989: Maḥbūba Qādirova, Bir šāᶜira taqdīri. In: Adabī mīrāṡ 4 (50), 74-75.

Qāsimov 1998: Begᶜalī Qāsimov, Āq tāñlarni ārzūlagan šāᶜir. In: ᶜAbdullā Awlānī. Tanlangan aṡarlar, 1- ǧild, Tāškent, 5-78.

Qayūmov 1995: ᶜA. Qayūmov, Naǧmiddīn Kubrā tūġrisidagi qiṣṣaniñ yana bir qūlyāzmasi ḥaq(q)ida. In: Šayḫ Naǧmiddīn Kubrā, Tāškent, 48-54.

Rabġūzī 1990, 1991: Nāṣiru 'd-dīn Burhānu 'd-dīn Rabġūzī, Qiṣaṣ-i Rabġūzī, 1, Tāškent 1991, 2, Tāškent 1992.

Rabghūzī 1995: Al-Rabghūzī, The Stories of the Prophets Qiṣaṣ al-Anbiyā'. An Eastern Turkish Version; vol. 1: Critically edited by H.E. Boeschoten, M. Vandamme and S. Tezcan, Leiden, New York, Köln; vol. 2: Translated into English by H. E. Boeschoten, J. O'Kane and M. Vandamme, Leiden, New York, Köln.

Radloff 1870, 1872, 1886: W. Radloff, Proben der Volkslitteratur der türkischen Stämme Süd-Sibiriens, III. Teil, Kirgisische Mundarten, Sanktpeterburg 1870; IV. Teil, Die Mundarten der Barabiner, Taraer, Toboler und Tümenischer Tataren, Sanktpeterburg 1872; VI. Teil, Dialekte der Tarantschi, Sanktpeterburg 1886.

Raḥīm 1992: Dawlatyār Raḥīm, Sulṭān Uways. ᶜIlmī-badīᶜī lawḥalar, Tāškent.

Raḥmatullāeva 1987: M. Rachmatullaeva, Naučnoe opisanie nekotorych bajazov. In: Adabī mīrāṣ 3 (41), 37-44.

Reichl 1992: K. Reichl, Turkic Oral Epic Poetry. Traditions, Forms, Poetic Structure, New York, London.

Rūzimbāyev 1985: Ṣ. Rūzimbāyev, Ḫʷārazm dāstānlari, Tāškent.

Salemann 1898: C. Salemann (Zaleman), Legenda pro Chakim-ata. In: Izvestija Imp. Akademii Nauk, ser. V, t. IX, S.-Peterburg, 105-150.

Samojlovič 1909: A.N. Samojlovič, Kratkij otčet o poezdke v Taškent, Bucharu i v Chivinskoe chanstvo komandirovannogo Spb. Universitetom i Russkim komitetom dlja izučenija Srednej i Vostočnoj Azii privatdocenta A.N. Samojloviča v 1908 godu. In: Izvestija Russkago komiteta dlja izučenija Srednej i Vostočnoj Azii v istoričeskom, archeologičeskom, lingvističeskom i ėtnografičeskom otnošenijach, No. 9, aprel'.

Šarīpov 1965: Ǧ. Šarīpov, Ŭzbekistānda tarǧima ta'rīḫidan. Revoljucijadan āldingi dawr, Tāškent.

Ščeglova 1975: O.P. Ščeglova, Katalog litografirovannych knig na persidskom jazyke v sobranii LO IV AN SSSR, čast' I-II, Moskva 1975.

Schimmel ²1992: A. Schimmel, Mystische Dimensionen des Islam. Die Geschichte des Sufismus, München.

Schmitz 1996: A. Schmitz, Die Erzählung von Edige. Gehalt, Genese und Wirkung einer heroischen Tradition, Wiesbaden = Turcologica 27.

Smirnov 1885-1894: V. Smirnov, Musul'manskija pečatnyja izdanija v Rossii za 1885 god, za 1886 god, za 1887 god, za 1888 god. In: ZVORAO t. III, S.-Peterburg 1888, 97-114, 395-398; za 1890 god. In: ZVORAO t. VI, S.-Peterburg 1891, 389-396; za 1891 god. In: ZVORAO t. VII, S.-Peterburg 1892, 390-393; za 1893 god. In: ZVORAO t. VIII, S.-Peterburg 1893/94, 392-398.

Snesarev 1969a: G.P. Snesarev, Relikty domusul'manskich verovanij i obrjadov u uzbekov Chorezma, Moskva.

Snesarev 1969b: G.P. Snesarev, Duchovnyj oblik uzbekskogo krest'janina. In: Ėtnografičeskie očerki uzbekskogo sel'skogo naselenija, Moskva, 244-291.

Snesarev 1973: G.P. Snesarev, Pod nebom Chorezma (Ėtnografičeskie očerki), Moskva.

Snesarev 1976: Gleb Snesarew, Unter dem Himmel von Choresm. Reisen eines Ethnologen in Mittelasien, Leipzig.

Snesarev 1983: G.P. Snesarev, Chorezmskie legendy kak istočnik po istorii religioznych kul'tov Srednej Azii, Moskva.

Sovet dawri ḫalq qūšiqlari, Tāškent, 1983.

Steinbach 1998: Th. Steinbach, Die mystische Autobiographie des Qul Xoca Ahmad. Zur Dämonologie in einem Abschnitt des 'Dewan-i Hikmat', Magisterarbeit FU Berlin, Manuskript.

SVR, t. II, Taškent 1954, t. IV, 1957; t. VII, 1964; t. IX, 1971; t. X, 1975; t. XI, 1987.

Subtelny 1989: M.E. Subtelny, The Cult of Holy Places: Religious Practices among Soviet Muslims. In: The Middle East Journal No. 43, 593-604.

Suchareva 1960: O.A. Suchareva, Islam v Uzbekistane, Taškent 1960.

Suchareva 1975: O.A. Suchareva, Perežitki demonologii i šamanstva u ravninnych tadžikov. In: Domusul'manskie verovanija i obrjady v Srednej Azii, Moskva, 5-93.

Thalhammer 1984: I. Thalhammer [Baldauf], Die Liedkategorien der Özbeken Nordwestafghanistans. Eine prosodisch-folkloristische Studie, Wien.

Tezcan 1995: Nehcü'l-ferādīs. Uştmaḫlarınıng açuq yolı. Cennetlerin açık yolu. I Metin, II Tıpkıbasım. Tıpkıbasım ve çevriyazı: János Eckmann, Yayınlayanlar: Semih Tezcan, Hamza Zülfikar, Ankara.

Togan 1964: La littérature kazakh, Material von Zeki Velidi Togan, bearbeitet von der Redaktion von Philologiae Turcicae Fundamenta, Wiesbaden, 741-760.

Troickaja 1927: A.L. Troickaja, Ženskij zikr v starom Taškente. In: Muzej antropologii i ėtnografii pri AN SSSR, t. VII, Leningrad, 173-199.

Troickaja 1929: A.L. Troickaja, Lečenie bol'nych izgnaniem zlych duchov (kučuruk) sredi osedlogo naselenija Turkestana. In: Bjulleten Sredneaziatskogo Gosudarstvennogo universiteta, vyp. 10, Taškent, 145-156.

Troickaja 1975: A.L. Troickaja, Iz prošlogo kalandarov i maddachov v Uzbekistane. In: Domusul'manskie verovanija i obrjady v Srednej Azii, Moskva, 191-223.

Tyson 1997: D. Tyson, Shrine Pilgrimage in Turkmenistan as a Means to Understand Islam among the Turkmen. In: Central Asia Monitor, No. 1, 15-32.

Ullmann 1970: M. Ullmann, Die Medizin im Islam. In: Handbuch der Orientalistik. Erste Abteilung, Ergänzungsband VI, Erster Abschnitt, Leiden, Köln.

Ullmann 1972: M. Ullmann, Die Natur- und Geheimwissenschaften im Islam. In: Handbuch der Orientalistik. Erste Abteilung, Ergänzungsband VI, Zweiter Abschnitt, Leiden, Köln.

Ŭzbek še^{c}riyati antologijasi, t. 1, Tāškent 1961.

Uzbeksko-russkij slovar' (Redaktion: S. F. Akabirov, Z. M. Magrufov, A.T. Chodžachanov, Chefredakteur A. K. Borovkov), Moskva 1959.

Valichanov (Walīḫānov) 1904: Zapiski Imperatorskago Russkago Geografičeskago Obščestva po otdeleniju ėtnografii, t. XXIX. Sočinenija Čokana Čingisoviča Valichanova. Izdano pod redakcieju d.č. N. I. Veselovskago, S.-Peterburg.

Valichanov (Walīḫānov) 1905: Skazanie ob Edigee i Toktamyše. Kirgizskij tekst po rukopisi, prinadležavšej Č.Č. Valichanovu, izdal P. M. Melioranskij. In: Zapiski Imperatorskago Russkago Geografičeskago

Obščestva po otdeleniju ėtnografii, priloženie k tomu XXIX. S.-Peterburg.

Vámbéry 1867: H. Vámbéry, Ćagataische Sprachstudien, enthaltend grammatikalischen Umriss, Chrestomathie und Wörterbuch, Leipzig. Neudruck, Amsterdam 1975.

Vámbéry 1879: H. Vámbéry, Die Sprache der Turkomanen und der Diwan Machdumkuli's. In: ZDMG 33, 387-444.

Vámbéry 1901: H. Vámbéry, Der orientalische Ursprung von Shylock. In: Keleti Szemle 2, 18-29.

Vasil'eva 1969: G.P. Vasil'eva, Preobrazovanie byta i ėtničeskie processy v severnom Turkmenistane, Moskva.

Veccia Vaglieri 1986: L. Veccia Vaglieri, ᶜAbd Allāh b. al-ᶜAbbās. In: EI I, Leiden 1986, 40-41.

Voprosy 1958: Voprosy izučenija ėposa narodov SSSR, Moskva.

Walther ²1983: W. Walther, Die Frau im Islam, Leipzig.

Wāsiqova 1996: M. Wāsiqova, ᶜĀ'ila wa qānūn, Tāškent.

Winner 1958: Th.G. Winner, The Oral Art and Literature of the Kazakhs of Russian Central Asia, Durham.

Zarcone 2000: Th. Zarcone, La Qâdiriyya en Asie Centrale et au Turkestan Oriental. In: Journal of the History of Sufism, 1-2, 295-338.

Ẓarīfov 1958: Ch.T. Zarifov, K izučeniju uzbekskogo narodnogo ėposa. In: Voprosy izučenija ėposa narodov SSSR, Moskva, 101-125.

Žirmunskij/Ẓarīfov 1947: V.M. Žirmunskij, Ch.T. Zarifov, Uzbekskij narodnyj geroičeskij ėpos, Moskva.

Žirmunskij 1974: V.M. Žirmunskij, Tjurkskij geroičeskij ėpos, Leningrad.

Verzeichnis der Termini

Verzeichnis der Ortsnamen

Bei Fragen zur Produktsicherheit wenden Sie sich bitte an:
If you have any questions regarding product safety,
please contact:

Walter de Gruyter GmbH
Genthiner Straße 13
10785 Berlin
productsafety@degruyterbrill.com